未来の多国籍企業

市場の変化から戦略の革新、そして理論の進化

浅川和宏・伊田昌弘・臼井哲也・内田康郎 監修
多国籍企業学会 著

文眞堂

多国籍企業学会

1972年12月2日，故入江猪太郎教授（神戸大学）の呼びかけで約40名の研究者・エコノミストが集まり「多国籍企業研究会」として発足。多国籍企業問題を多面的に研究する学際的研究集団として，多くの研究成果を発表してきたが，多国籍企業の研究者の増加と研究テーマの多様化・拡大に対応して，2007年8月，よりオープンな多国籍企業学会に改組した。これまでも『日本的多国籍企業論の展開』，『多国籍企業と中進工業国』，『国際経営リスク論』，『国際経済紛争と多国籍企業』，『21世紀多国籍企業の新潮流』，『多国籍企業と新興国市場』など多数の研究書を公刊している。2019年時会長は臼井哲也教授（日本大学）。学会公式ホームページは〈http://www.mne-jp.org/〉。

執筆者紹介（執筆順）

浅川　和宏	慶應義塾大学大学院経営管理研究科教授	序章　第6章
伊田　昌弘	阪南大学経営情報学部教授	序章　第13章
臼井　哲也	日本大学法学部教授	序章　第9章
内田　康郎	兵庫県立大学大学院経営研究科教授	まえがき 序章　第7章
エレノア・ウエストニー	マサチューセッツ工科大学スローン経営大学院名誉教授	特別寄稿
鈴木　仁里	白鷗大学経営学部講師	翻訳
大石　芳裕	明治大学経営学部教授	第1章
富山　栄子	事業創造大学大学院教授	第2章
古沢　昌之	近畿大学経営学部教授	第3章
徳田　昭雄	立命館大学経営学部教授	第4章
安室　憲一	兵庫県立大学名誉教授	第5章
桑名　義晴	桜美林大学名誉教授	第8章
石田　修	九州大学経済学研究院教授	第10章
關　智一	立教大学経済学部教授	第11章
劉　永鴿	東洋大学経営学部教授	第12章
安田　賢憲	創価大学経営学部准教授	第14章
笠原　民子	静岡県立大学経営情報学部講師	第15章
田端　昌平	近畿大学経営学部教授	あとがき

まえがき

本書の構想は，2017年7月に開催された本学会第10回全国大会（主催校：日本大学）より開始された。当時の本学会代表理事3名（浅川和宏氏，伊田昌弘氏，臼井哲也氏）と私ども企画・出版委員会の間においてそのとき形成された共通認識は，目の前で起きている現象を正面から捉え，未来社会における多国籍企業にはどのような経営課題が出現し，どのような解決策が求められるのかについて，本質に迫りながら議論していくことを目指そうというものだった。

ここで言う未来社会とは，単にこれまでの延長線上で捉えられるものでは無いとの認識がその前提にある。当然のことながら，現在の人間社会は過去の歴史からの繋がりによって成り立つものであるため，未来の多国籍企業の存立基盤も過去からの連続性の中で捉えることは可能である。しかしながら，今日見られる新たなうねりは，こうした過去からの連続の中で引き継がれてきた前提を大きく覆す展開となることもまた予想させる。このような問題意識を持ちながら，本書では議論していきたいと考えている。

こうした意識のもと，本書の執筆者は第10回全国大会における統一論題「未来社会の多国籍企業」，および第11回全国大会の統一論題「多国籍企業が越える境界の再考」にて登壇した会員に加え，学会内での公募を通じて集められたという経緯を持つ。本学会全体に広く呼びかけ，上で掲げた問題意識を共有する会員が集まって作成された書籍となっている。

ただ，それぞれの執筆者が論じる内容には，未来社会を捉える上ではどうしても今日の現象を踏まえる必要があるため，記載内容に重複部分もみられる。しかしながら，それぞれの論点は各執筆者の掲げる固有のテーマにフォーカスされており，今日の現象が一様に捉えられているわけではない部分に本書の特長を見出すことができるものと考えている。それはちょうど，別々の料理人が，同じ食材を使いながら趣向の異なる料理を創り上げるのと似ている。本書を監修した者としては，本書の最初から順に読み進めてもらいたい思いもあるが，各章はそれぞれが完成されたものであるため，どこから読み始めても十分に味わうことのできる構成となっているものと自負している。

本書の主たる読者層は，これからの国際ビジネスや多国籍企業について深く考えている若手研究者や学生を想定している。それは，多国籍企業研究においてわが国で最も歴史のある研究者集団である本学会にとって，次世代を担う人々を応援することが学会としての責務であるということが挙げられる。こうした人々が，将来，当該学術領域における研究において，未来の多国籍企業問題を議論する際に，本書が役立てられることを切に願っている。

最後に，本書は多くの方々の協力によって公刊することができていることを申し添えたい。本学会で会長を務められた諸上茂登先生からは本書の構成についてさまざまなご助言をいただいた。本書の帯文は，本学会の研究会時代より長く本学会を率いてくださっている元多国籍企業研究会会長の竹田志郎先生（横浜国立大学名誉教授）に書いていただいた。そして，この学会のことを深く理解していただき，何よりも本書の構想段階から温かく見守っていただいた文眞堂の前野隆氏と前野弘太氏にも心より感謝申し上げる。

2020年1月吉日

内田康郎（監修者を代表して）

目　次

序章
多国籍企業の過去，現在そして未来

1. いま生じている「新たなうねり」

今日，多国籍企業を取り巻く環境は新たな段階に突入している。新興国の発展は多国籍企業研究にとって依然として重要課題のひとつであることには変わりないが，近年の国際政治の分極化に伴う資本主義体制の課題の噴出，AI（人工知能）やIoT（Internet of Things）などにみるテクノロジーの凄まじい進化が，多国籍企業の舵取りをますます複雑にしている。この新たなうねりが，何を今後の私たちにもたらすのかを考えるとき，それまで描いてきた前提とは大きく異なる様態を想定する必要があるのかもしれない。

多国籍企業を取り巻く環境はこれまでも大きな変化の連続であった。1960年代に欧米で始まった製造業を中心とする企業の大規模化と直接投資を伴った多国籍企業への発展の流れは，独占的な巨大企業が世界経済へ大いに影響力を持つ時代の到来を告げた。80年代に入ると新たなプレーヤーとして日系多国籍企業が競争に加わった。米欧日の3極市場体制（トライアド・パワー）の時代である（大前, 1989）。日系多国籍企業は後発であったにも関わらず，その卓越した生産技術の海外自社工場への移転を通じて世界的な競争優位を構築していった。そして1989年のベルリンの壁崩壊が東西冷戦の終焉を告げ，東側諸国もグローバル競争に加わった。WTO，EU，NAFTA, ASEANなど，国家間の貿易をさらに推進する国際的なルールづくりもこの時期に加速した。90年代，日系多国籍企業はバブル経済の崩壊とともに成長が停滞するが，アジアのライバル企業は急速な成長を遂げ，新興国発の多国籍企業としてグローバル競争の一角を占めるに至った。とくに中国企業の成長は目覚ましく，国家を後ろ盾にした巨大企業も多数出現した。その結果，2000年代にはグローバル競争はさらに激しさを増すことになった。

そして2010年代に入ると，国家と多国籍企業による激しいグローバル競争の結果，富の格差が拡大し，世界各地において反グローバリズムの動きが活発化するようになる。これまでグローバル化は世界経済の成長と人類の繁栄の礎であると捉えられてきた。しかし近年の国際政治の変調は国や地域の境界を再び鮮明化させる事態を招き，また，人々の生活を豊かにすると信じられてきたテクノロジーの進歩，たとえばAIが拓く新たな可能性は，逆に人間の職を奪い，格差社会を加速させるという指摘もある。IoTの社会への浸透は，業界の垣根を越えた越境連携を容易にし，伝統的な事業者を脅かす影響力を持ち始めている。さらには中央銀行を持たない仮想通貨が新たな経済価値をつくり出し，所得格差が解消されるどころか拡大の一途を辿る状況が目前で展開されている。今，多国籍企業はまさにこうした新たなうねりのなかでの活動を強いられている。

こうした中，多国籍企業学会第10回全国大会が2017年7月に日本大学において開催された。学会として節目を迎えた全国大会の統一論題は「未来社会における多国籍企業」であった。この統一論題の下，未来社会におけるイノベーションのあり方（浅川和宏），ICTの進展のもたらす意味（伊田昌弘），多国籍企業の業際化への対応の重要性（内田康郎），さらにはEUにおける先進的オープンイノベーションがもたらす意味（徳田昭雄）等，すぐ目の前に迫った社会において，多国籍企業の世界経済への影響と戦略的な特殊性に関する議論が展開された。また続く2018年7月の第11回全国大会では「多国籍企業が越える境界の再考」と題して，内部化から外部化への理論の進化（臼井哲也），グローバル・バリューチェーン組織とグローバル・イノベーションの関係（井口知栄），国境の復活（吉原英樹），そしてAIがもたらす新しいグローバル競争（安室憲一）など，最先端のテーマが検討された。不確実性の高まるグローバル市場において，柔軟性を追求する多国籍企業の新たな戦略と組織の在り方，そして理論の再構築について，会員による活発な議論が展開された。

いつの時代も未来へ向けた活発な議論が巻き起こるのが多国籍企業学会の伝統である。多国籍企業学会の前身となる多国籍企業研究会が発足したのは1972年12月のことであった。2020年には実に48年目を迎える。1972年の創立以来，本会は多国籍企業問題を多面的に研究する学際的研究集団として，多くの研究成果を世に送り出してきた。我が国において国際ビジネスの主役として多国籍企業が形成されていく，その歴史的なプロセスを詳細に分析し，その時々の未来予測に挑戦してきた。その後本会は，さらなる発展を企図し，2007年8月に多国籍企業学会へと改組した。学会となってからも研究会時代の伝統を継承し，2012年には多国籍企業研究会設立40周年を記念して『多国籍企業と新興国市場』（文眞堂）を出版した。そこでは，新興国市場の急速な勃興による「第2次グローバリゼーション」のもたらす意味について，本学会を代表する会員により，さまざまな角度から真剣な議論が展開された。

我々はこれら多国籍企業学会を舞台とした活発な議論をさらに発展させ，また20年後，30年後を見据え，「未来の多国籍企業」に関する理解を深めることを目的とし，本書の出版を企画した。本書では多国籍企業学会によるこれまでの知見を踏まえ，新たな時代における多国籍企業の実態および多国籍企業理論の未来像を提示する。確かな未来像を描くためには，既存の英知も総動員せねばならない。本書は，多国籍企業の活動と深く関わる国際ルール，国家や政治，市場，革新的技術，さらには新興国企業との関わりなど，多面的な視点に基づき，未来の多国籍企業の姿に迫り，理論の進化を展望する。そこで以下では，多国籍企業の理論と戦略に関する過去から現在までの議論を簡潔に振り返り，本書の対象，すなわち「未来の多国籍企業」の議論への架橋を試みる。

2. 多国籍企業理論—過去から現在へ

多国籍企業理論は伝統的に経済学をその基礎とし，ビジネスの形態としての貿易（輸出）との比較において巨大企業による海外直接投資行動を説明する理論として発展してきた。入江猪太郎（1979）はこれを「投資国の輸出に代替する海外直接投資の発展形態」と呼んだ（同, 14頁）。多国籍企業理論は伝統的国際経済論への批判として展開してきた歴史的側面を持つ。輸出から企業内貿易（intra-enterprise trading），すなわち競争優位に基づく多国籍企業内での分業への進化である。巨大企業による海外直接投資（FDI: Foreign Direct

Investment）を伴った海外進出形態（国際生産分業）に関する研究は1970年代から80年代にかけて発展し，英国のレディング大学のジョン・ダニング（John Dunning）を中心とした研究グループ（レディング学派）により「内部化理論」としてまとめられた。

内部化理論は企業が海外直接投資を伴って多国籍化していく論理を説明しており，内部化誘引がその論理の根幹をなす。企業は，現地企業が持つ優位性を超える優位性（技術やブランドなど）を所有する場合，この優位性そのものを国境を越えて活用するために，海外直接投資を通じて組織内部での海外移転を企図するのである。ただし，この理論は欧米企業の技術的優位性が前提であった時代に誕生したことには注意が必要である。ハーバード大学のレイモンド・バーノン（Raymond Vernon）による国際プロダクト・ライフ・サイクル論も同様に，欧米企業の技術的な優位性を背景として立論された。1970年代に我が国の論壇では，この欧米の多国籍企業にキャッチアップする日本型多国籍企業に関する分析が活発化した（入江，1974）。

内部化理論を支えるもうひとつの要素に立地優位がある。立地優位とは現地市場において獲得が期待できる優位性である。安価な労働力や豊富な天然資源へのアクセスなどがこれにあたる。直接投資を伴う海外進出は，（輸出形態との比較において）企業へこれら立地優位へのアクセスを容易にする。いずれの優位性であっても多国籍企業は複数の国境を越えて知識や資源を内部化しながら巨大化し，世界市場において独占的な地位の獲得を目指す経済主体として理解されてきた（小島，1990）。

内部化理論が多国籍企業成立の一般理論として定着しつつあった1980年代，小島清は内部化理論の批判を展開している（小島，1990：伊田，2011）。内部化理論（小島は「国際ビジネスアプローチ」と呼んでいる）は，なぜ多国籍企業が誕生するのか，利益の源泉はどこから発生するのか，について言及したものであるが，小島は，レディング学派の主要な関心事は個別企業の利潤最大化と最適行動であり，マクロ経済学的視点が全くといっていいほど欠落しているというのが，最大の問題点であるとして批判した。たとえば，投資国と受入国での経済厚生（welfare）や最適資源配分問題が考慮されず，1企業の絶対比較から脱却できないフレームワークでは2財以上の国際分業による「共存共栄」

（比較優位原則）を説明することができず，内部化理論は結局のところ「企業行動の正当化」を表現し，「独占の賛美」に帰着するであろうとして懸念を表明したのである。これらは，すべて今日的理解では，本書の出発点である国家主権の相克によって紡がれる国民経済の諸相と未来の多国籍企業のあり様を考察するという点でつながっている。そうした意味では，本書は本学会が研究会時代から面々と繋いできた学際的伝統を正当に継承するものである。

多国籍企業が，世界経済において確固たる地位を築いていく中，我が国では，多国籍企業の特性，とりわけその巨大企業としての行動特性に関する議論が活発化した。竹田志郎（1976, 2016）は，多国籍企業は，国家独占段階における市場開発目的の海外直接投資を進める独占資本（特に，産業資本）であるところにその本質があるとする。そしてこの本質は，① 複数国での生産拠点を含む継続企業体の所有，② グローバルな経営理念を持つ最高経営者の存在，③ 企業グループ全体としての利潤極大化を図る仕組みの形成，となって発現されるという。こうした本質を持つ多国籍企業を研究するためには，企業行動の不変側面と可変側面の両面への注目が必要であると同氏は強調してきた。具体的には，多国籍企業の企業行動は環境与件（とりわけ，要素・製品市場の条件）によって規制されるが，一方でその経営活動により環境与件に働きかけ，この集積が与件自体を変質させる。この係わりあいから企業行動の可変側面が生ずるとの認識が示されている。

多国籍企業はその巨大さゆえに国家や国際機関との対立もしばしば観察されてきた。そして今日，多国籍企業はグローバルな活動範囲において資源を獲得し，結合し，活用する経済主体として世界経済へ多大な影響を与える存在へと成長を遂げた。かつて世界経済の主役は国家間の貿易であったが，現在まで多国籍企業は着実にその影響力を高めきたのである。

なお，多国籍企業理論の進化は，特に80年代以降，組織理論，戦略理論といった経済学アプローチ以外の学問的ディシプリンに依拠した展開も見せていったことも忘れてはならない。ビジネスの国際化が進展し，分権と集権，分化と統合，現地適応とグローバル統合といった一見相矛盾する論理が両立しうる組織設計が模索され，多国籍企業こそ，その解であった。その知的潮流の源泉を形作ったミシガン大学のC. K. プラハラード（C. K. Prahalad），INSEAD

のイブ・ドーズ（Yves Doz），ハーバード大学のクリス・バートレット（Chris Bartlett），INSEAD, LBSのスマントラ・ゴシャール（Sumantra Ghoshal），ストックホルム経済大学のグンナー・ヘドランド（Gunnar Hedlund），LBSのジョン・ストップフォード（John Stopford），MITのエレナー・ウエストニー（Eleanor Westney），といった研究者らの知的貢献は大きい（Ghoshal and Westney, 1993）。更に，経営戦略論において，オハイオ州立大他のジェイ・バーニーらによるリソースベース理論（Resource-based view）などを背景として進化を遂げた知識ベース理論（Knowledge-based view）も，その後の多国籍企業理論の発展に大いに貢献した。コロンビア大学のブルース・コグート（Bruce Kogut）とストックホルム経済大学のウド・ザンダー（Udo Zander）は，多国籍企業の存在意義を説明する既存の取引費用理論的解釈の代替論として，多国籍企業内部でこそ知識の遠隔移転の効率性が高まるという説を提示し，知識移転の効率性に多国籍企業の存立基盤を求めた（Kogut and Zander, 1993）。そして，2000年以降，世界中に分散する内外の知的資源の探索，獲得，活用を促進する知識のオーケストレーターとしての多国籍企業に注目したINSEADのドーズらは，知識ベース論をベースにグローバル・イノベーターとしての多国籍企業の理論構築を行った。このように，80年代以降，これまで主流であった経済学を基盤とした多国籍企業理論構築に加え，新たな知的潮流として組織論，戦略論，イノベーション論的アプローチによる多国籍企業理論構築が急速に進展していったことは見逃せない。

3. 学会誌『多国籍企業研究』にみる未来への鼓動

21世紀を迎え，すでに22世紀へ向けて走り出した現在，未来の多国籍企業が直面する政治・経済的環境，市場環境，必要となる戦略，そしてそれらを十分に説明しうる理論構築は新しい局面を迎えている。多国籍企業学会では，学会誌『多国籍企業研究』を舞台に，かつて内部化理論を唱えたレディング学派の権威たちとの対話を続けている。ここで，2009年以降，現在までに『多国籍企業研究』へ寄稿いただいた論文を紹介し，未来の多国籍企業研究に関する論点を素描したい。

2009年，『多国籍企業研究』第2号に安室憲一（2009）より「多国籍企業の新しい理論を求めて」と題した論文が寄稿された。これは，製品品質の競争力を説明する分析枠組みであった「アーキテクチャー論」を多国籍企業組織のデザインへ応用することを提案する野心的な論稿であった。「組織のモジュール化」である。安室は，内部化を通じた巨大な多国籍企業組織の先行きに疑問を投げかけ，次の時代に到来する柔軟なネットワーク型組織構造の有用性を逸早く説いている。曰く，

「研究開発・設計ユニットは日本に置き，主要なモジュールの生産は，アメリカ，EU，日本に配置する。ビジネス・プロセス（組立て／物流）は，インドと中国に立地させ，そこから世界の販社へと供給する（サプライチェーン）。組織の機能を標準化し，共通のOSをベースにシステムを構築（例，ERP），それぞれの組織ユニットを最適な場所に立地させ，それを繋げば，ネットワーク型（水平分業型）のグローバル組織が形成される。もちろん，一つひとつのユニットは標準化されているので，それを費用対効果の観点から，アウトソースすることも可能である」（安室, 2009:12）。安室はこの時点ですでに未来の多国籍企業の姿を描いている。

続く2012年の『多国籍企業研究』第5号において，レディング大学のマーク・カッソン（Mark Casson）が「サプライチェーンの観点から考える多国籍企業の理論」を論じている（Casson, 2012）。カッソンは多国籍企業組織をグローバル・サプライチェーンとして分析することを提唱し，企業中心の視点ではなく，サプライチェーンを「システム」として捉えることの有用性を説く。企業を中心とした（これまでの）視点は，多国籍企業の経営陣やマネジャーにとって，一企業の戦略を立案することに適していた。しかし多国籍企業をグローバル・サプライチェーンの「システム」の一部として捉えることで，システム全体（参画企業全体）における協働利潤の最大化を長期的な視点で分析することができる。これは，巨大な多国籍製造業を単一体の視点から分析した従来の内部化理論とは以下の点で異なる。すなわち，多国籍企業は，グローバル・サプライチェーンの一員として，どの部分を内部化するのかを決定し（研究開発と生産のリンクあるいは生産と流通のリンク），同時に内部化する活動

の最適な立地を選択するのである。このようにカッソンもまた，変移する世界経済においては，多国籍企業の活動範囲をグローバル・サプライチェーンの一部と捉えて，より柔軟な戦略を立案・実践することを提唱している。

2014年の『多国籍企業研究』第7号には同じくレディング大学のアラン・ラグマン（Alan Rugman）が「多国籍企業における子会社特殊優位と複合的埋め込み（multiple embeddedness）」と題した論文を寄稿している。多国籍企業における子会社の知識や資源の活用の重要性についてはこれまでもしばしば議論されてきた。子会社の自律性や企業家精神が，子会社による新しい知識の開発と多国籍企業本社への逆移転の駆動因として期待されている。これに対してラグマンは，「複合的埋め込み」という概念を新たに用いて，なぜ子会社が自身の開発した知識や資源を過大評価したり，過小評価したりするのかという問題に一定の解を与えている。知識や資源は，本国の立地と現地の立地，そして本社と子会社のそれぞれの組織内部に「複合的に」埋め込まれたものであるため，この価値を互いに正しく評価して，多国籍企業全体で企業特殊優位として活用することは極めて困難となる。多国籍化による優位性の獲得や知識移転は容易ではない。ラグマンは改めて，企業活動がグローバルに分散化する多国籍企業組織の固有の問題を浮き彫りにしている。ここから，知識の移転と活用は，内部化（直接投資）のみでは到底解決できないという示唆が導き出せよう。

そして2015年の『多国籍企業研究』第8号には，英国リーズ大学のピーター・バックレー（Peter Buckley）とレディング大学のラジニーシュ・ナルーラ（Rajneesh Narula）よりそれぞれ寄稿いただいている。バックレー（2015）は「国際ビジネス・アジェンダのための鍵となる研究課題」と題した刺激的な論文を寄稿している。彼は，新興国発の多国籍企業（EMNEs）の登場と新興国における中間層市場の成長が既存の多国籍企業理論へ修正を迫ると指摘している。たとえば，EMNEsは，しばしば，国家所有の巨大企業（SOEs: State Owner Enterprises）である場合がある。またEMNEsは本社に企業特殊優位を保有せずに，国際市場を開発していくとも言われている（資源探索型直接投資：現地企業の買収を目的としたFDIを含む）。これら新しい多国籍企業の行動は既存の理論では十分に説明できない。バックレーはまた，国際ビジネス分野における新しい概念開発のチャレンジとして「ビジネスモデル」をあげている。戦略はビジネスモデル間の競争に移行しているが，ビジネスモデルの理論化には課題があるとバックレーは考えている。

ナルーラ（2015）は，現地国の産業開発のために，多国籍企業の支援を伴ったFDIの重要性を指摘している。FDIの量のみならず，質，すなわち，当該多国籍企業がどのようにしてFDI受入国内の産業育成を支援する役割を担っているのかを分析することの必要性を説いている。現地の企業や産業が，多国籍企業から学ぶためには，吸収能力の研鑽が求められる。FDI受入国は輸出代替工業化するための道筋として多国籍企業を利用する。すなわち現地での多国籍企業の役割は小さくない。ナルーラ論文は，先進国多国籍企業による途上国経済の開発に与える影響力に改めて注目しており，未来の多国籍企業が引き続き国際ビジネスの主役であり続けるためのヒントを示唆している。

以上，『多国籍企業研究』に寄稿された論稿を紹介した。ここで共通する未来の多国籍企業に関する論点は，「ますます複雑化する立地問題（子会社の能力活用や国家との関係）」と「企業外部の活用も含めた柔軟な多国籍企業組織の開発と管理」である。20年ないしは30年先の未来の多国籍企業は，いま生じており，これからも加速するであろう「新しいうねり」を十分に分析し，柔軟に対応する戦略と組織を備えなくてはならない。しかしそこでの課題は，多国籍化の本質に関わる問題であろう。本書に特別寄稿をいただいた米国MITスローン・スクールのエレノア・ウエストニー（Eleanor Westney）によれば，2000年代初期に多国籍企業における重要な組織的変化が2つ生じたという。アウトソーシングの増加と子会社の分散化である。グローバルなサプライチェーンの開発と機能別に役割を担う現地子会社の活用に関する組織能力に未来の多国籍企業の競争優位の源泉を見出すことができるだろう。

未来の多国籍企業は多国籍であることによる優位性をいかにして獲得し，拡大させていくのだろうか。あるいはもはや複数の国や地域にあたかも国籍があるがごとく活動する多国籍企業の優位性は失われていくのだろうか。これを，GAFAのようなバーチャルなネットワーク組織が代替できるのだろうか。本書ではこのような未来の多国籍企業問題を正面から議論したい。多国籍企業研究の過去，現在そして未来への展望を受けて，次節では，本書「未来の多国籍企業」において扱う各部と各章の内容を紹介したい。

4. 本書の構成

本書の巻頭を飾るのはMIT スローン・スクールのエレノア・ウエストニー（Eleanor Westney）による特別寄稿「変貌する多国籍企業」である。ウエストニーは，すべての多国籍企業が唯一の理念モデルへ収斂していくという想定からの脱却を説く。90年代に活発となった日系多国籍企業研究は，多国籍企業研究に新しい論点を提供した。その意味において，引き続き日系多国籍企業の独自性を1社，1社丁寧に紐解いていく作業は，未来の多国籍企業に関する研究テーマの開発に資するとウエストニーは期待を寄せている。

特別寄稿に続き，本書は以下の3部構成をとる。「第Ⅰ部：今日すでに生じている新しい現象」，「第Ⅱ部：未来の多国籍企業に関する新たな理論構築」，「第Ⅲ部：個別の業界や業態に関する未来予測」である。それぞれの簡単な内容を以下で紹介する。

第Ⅰ部では，今，目の前で起こっている新しい現象を，市場（第1章），戦略（第2章），組織（第3章），技術（第4章）の4つの視点から見ていく。まず第1章で市場の変化について，いわゆるミレニアル世代の出現が，一方的な買い手（客体）としてではなく経済の主体としての消費者を意味することが論じられる。第2章では戦略の変化を迫る環境問題に対して，ESGとSDGsが多国籍企業の経営戦略にどのような変化を与えているかを明らかにしていく。第3章では，近年進みつつある進出先国での本国人採用（現地採用本国人）の問題を取り上げ，未来社会における人的資源のあり方について探っていく。第4章では，イノベーション政策の現状について，技術標準の先進地域である欧州のイノベーション・プログラムの取り組み事例に基づきながら論じられる。

続く第Ⅱ部は，未来の多国籍企業の事業活動に向けて，技術（第5章，第6章，第7章），組織（第8章），事業構造（第9章，第10章）の各視点から大胆な理論構築を行っていくパートとなっている。第Ⅱ部の最初である第5章では，AIをベースとしたプラットフォーム企業の出現が，伝統的多国籍企業理論にどのようなインパクトを与えるかについて論じられる。第6章では，イノベーションのオープン化やデジタル化の急速なグローバル展開に目を向けるとき，多国籍企業の本社機能はどうあるべきかについて，既存研究との関係から理論的な検討が行われる。第7章は，かつて収益源とされていた知財が無償化されつつある現状を捉え，その背景にあるのが多国籍企業の事業活動の国際化と業際化の同期化であることが論じられる。第8章は，ビジネス・エコシステムによるイノベーションに注目し，ここで求められるのがグローバルなアントレプレナー型共創組織であるとする見解が述べられる。第9章は，新たな巨大ICT企業の出現に注目し，伝統的多国籍企業理論の限界を指摘する一方，ビジネスモデルの理論化が目指されている。第10章では，デジタル化の進展がグローバル・バリューチェーンに影響をもたらし，伝統的多国籍企業理論との違いとして生じる地理的空間の再編成について論じられる。

そして，第Ⅲ部は個別の業界動向や事例に基づきながら未来予測が展開されるパートとなる。ICT関連業界（第11章，第12章，第13章），自動車産業（第14章），そしてコンサルティング業界（第15章）である。冒頭の3つの章はICT関連事業を対象としている。第11章では当該業界における巨大企業のイノベーションの進め方と伝統的多国籍企業のそれとの間で大きく異なるスピルオーバー（技術伝播）の問題に注目し，その課題について論じられる。第12章は，中国のICT巨大企業であるHUAWEIとZTEを取り上げ，これらの事例に基づきながら先発多国籍企業とは異なる新興国多国籍企業（EMNEs）の国際化戦略の特徴が論じられる。第13章では，日本の化粧品や日本酒業界の事例に基づきながら，ICTの進展が越境ECを容易化かつ多様化していることを示すことで国際市場参入方式の新たな参入モードについて論じられる。第14章では，自動車業界の事例に基づきながら，オープン標準の進展が産業のオープン化をもたらし，その結果として多国籍企業における競争戦略の変化に繋がる態様について論じられる。本書最終章となる第15章は，未来の多国籍企業にて活躍する人材を輩出するコンサルティング業界の事例に基づきながら，AIの進展がグローバルタレントにどのような影響をもたらすかという視点から考察されていく。

本書は，未来の多国籍企業を検討する際に，議論すべきテーマのすべてを網羅しているわけではない。しかし，いずれの章も未来の多国籍企業が備えるべき優位性の源泉を紐解くヒントを与えてくれる。とりわけ第Ⅱ部では，伝統的な多国籍企業理論へのチャレンジを企図する。20 年後，30 年後の未来においては，唯一の理想的な多国籍企業組織モデル，戦略モデルの追求は幻想となるのだろうか。これまでの多国籍企業理論やグローバル戦略理論がほとんど通用しない世界が果たして到来するのだろうか。本書において未来の多国籍企業の姿に迫り，これを分析するための新しい理論構築の方向性を示したい。

浅川和宏・伊田昌弘・臼井哲也・内田康郎

参考文献

伊田昌弘（2011）「小島理論 VS レディング学派—80 年代論争の回顧と今日的意義」『世界経済評論』世界経済研究協会，Vol.55, No.3, 45-51 ページ。

入江猪太郎編（1974）『多国籍企業：12 人の経済学者がえがく未来像』ダイヤモンド社。

入江猪太郎（1979）『多国籍企業論』丸善株式会社。

大前研一（1989）『トライアド・パワー—21 世紀の国際企業戦略』講談社。

小島清（1990）「多国籍企業と内部化理論」池間誠・池本清編（1990）『国際貿易・生産論の新展開』文眞堂，203-246 ページ。

竹田志郎（1976）『多国籍企業の支配行動』中央経済社。

竹田志郎（2016）「多国籍企業研究の対象と方法：『多国籍企業学会』の研究推移を中心に」，第 9 回多国籍企業学会全国大会大会要旨集，多国籍企業学会。

安室憲一（2009）「多国籍企業の新しい理論を求めて」『多国籍企業研究（*MNE Academy Journal*）』第 2 号，3-20 ページ。

Buckley, P. (2015), Key Research Issues for the International Business Agenda, *MNE Academy Journal*, 8, 1-14.

Casson, M. (2012), The Theory of the Multinational Enterprise from a Supply Chain Perspective, *MNE Academy Journal*, 5, 1-17.

Ghoshal S. and Westney D. E. (1993), *Organization Theory and the Multinational Corporation*, Palgrave Macmillan, London.

Kogut, B. & Zander, U. (1993), “Knowledge of the firm and the evolutionary-theory of the multinational corporation,” *Journal of International Business Studies*, 24 (4), 625-645.

Narula, R. (2015), “The Importance of Domestic Capabilities for FDI-assisted Development: Lessons from Asia and Latin America,” *MNE Academy Journal*, 8, 1-23.

Rugman, A. (2014), “Subsidiary Specific Advantages and Multiple Embeddedness in Multinational Enterprises,” *MNE Academy Journal*, 7, 1-18.

【特別寄稿】

変貌する多国籍企業

エレノア・ウエストニー
米国 MIT スローン・スクール・オブ・ビジネス名誉教授

1972 年に『エコノミスト』誌は国際ビジネスに関する調査を発表し，「国際ビジネスにおける革命が起こりつつある」（Macrae 1972, viiiページ），そして，現代の国際ビジネス界を支配している巨大多国籍企業は衰退期に直面していると主張した。その 45 年後，同誌は，巨大多国籍企業は 21 世紀に入っても世界のビジネスを支配しているが，彼らは今や「ガタがきて，拡張しすぎて」おり，「グローバル企業は退却期にある」と力説している（エコノミスト 2017)。この間，巨大な多国籍企業は滅びつつあるという同様のビジネス誌の予測が続き，いずれの予測もあたかも以前にはなされなかったように公表された。多国籍企業の差し迫った破滅に与えられた理由は，数十年間にわたって極めて類似していた。1972 年と 2017 年の記事の双方において，多国籍企業の危機は 3 つの要因に起因している。それは，多国籍企業内部の複雑さが増大し効果的な経営コントロールに抗すること，グローバルなビジネス環境のオープンさに対する国家政府からの切迫した脅威，そして，規模および地理的分散という多国籍企業の優位性を弱める技術変化である。しかしながら，非常に巨大な多国籍企業は国際ビジネスを支配し続けてきたし，今日もなお支配を行っている。

これらの繰り返しなされる多国籍企業が衰退するであろうという予測は，国際ビジネス論の受講生に興味深い題材を提供している（そして，おそらく，我々の学生に，彼らがビジネス記事で読むことに対して健全な懐疑心を植え付けるだろう)。そのような悲観的な予測を嘲笑することは容易かもしれないが，我々は，ジャーナリストや恐らく読者によっても認識されていない根底にある現実に気づかなければならない。それは，ユニリーバ，IBM，シェル，あるいは，ジェネラル・モーターズといった1972年には組織がつくられていた巨大多国籍企業は，未だ存在するものの，もはや実際には昔日のものではないということである。多国籍企業は，内部及び外部の課題に応じて変化し続けることで生き残り，事実，繁栄してきたのである。多国籍企業が自己の活動を組織化し，その活動を地理的に分散させるやり方は，その後数十年にわたって繰り返し変容してきたのである。

だが，我々は問うことができる。極めて巨大な多国籍企業が1972年の世界から2017年の世界へと移行するなかで，国際ビジネスの分野はどれだけうまく多国籍企業のこれらの変化を理解し，描いてきたのかと。私が本書にこのエッセイを寄稿するよう依頼された時，世界の最も巨大な多国籍企業の変化し続ける姿について，我々が学んできたこと，そして，尚も学ばねばならないことについて振り返る機会に抗うことができなかった。もしかしたら単に最近退職したばかりの学者の愚痴なのかもしれないが，国際ビジネス分野に所属する我々は，世紀の変わり目以降，世界の巨大多国籍企業の組織形態をうまく解明，および理解できなかったと思われる。

このエッセイでは過去の研究を概観することから始める。次に，既存の巨大多国籍企業におけるより最近の変化を，そして，いかに国際ビジネス分野がそれらの変化を扱ってきたか—あるいは，こなかったか—を簡単に見ていく。最後に，特に日本の多国籍企業に対する深い，ケース・スタディー・ベースの研究の潜在的な可能性についての短い覚え書きで結ぶ。

20世紀における多国籍企業組織研究の概観

20世紀の最後の30年間に，いかに多国籍企業が国際的な活動を組織化したかに対して国際ビジネス研究の2つの連続的な「長い波」を識別することができる。第1の波は，Ray VernonによるHarvard Multinational Enterprise Projectに根ざしている。このプロジェクトは1966年に始まり，1970年代を通じて多国籍企業の組織についての研究の多くを形成し，80年代にも及んだ。

第2の波は，C. K. Prahalad，Yves Doz，Chris Bartlett によって1970年代後半から1980年代初頭にかけて開始され，Bartlett と Ghoshal の影響力を持った著作『地球市場時代の企業戦略：トランスナショナル・マネジメントの構築』につながった。同書は1980年代後半から2000年代初頭までの多国籍企業組織研究に影響を与えた。

(a) 第1の波：HMEP および多国籍企業の戦略と構造

The Harvard Multinational Enterprise Project（HMEP）は，国際ビジネスにおける多国籍企業組織研究に大きな影響を与えた。その最初の段階では，大規模な研究者チームが，5か国以上で製造子会社を有する187社の米系フォーチュン500企業について，年次報告，プレスリリース，ビジネス誌の記事といった公表された情報源を中心としてデータを収集した。1970年代の後半には，西欧および日本の多国籍企業からもデータが収集された。

1960年代の後半にこのプロジェクトが始まった時，グローバルな経済成長は過去10年間にわたって加速しており，米国企業の国際的活動も急速に拡大していた。アメリカの経営者は，国際的な拡大が企業戦略にとって一層中心的になってくるにつれ，母国に支配されている組織から脱却して，海外でより効果的に活動しうる組織になるための最善の方法を求めていた。1964年にマッキンゼー社の2人のコンサルタント（Clee and Sachtjen, 1964）によって執筆された『ハーバード・ビジネスレビュー』の論文は，大半の経営者の関心が，潜在的な可能性がある解決策として，組織アーキテクチャに集中していることを例証した。

この論文では，多国籍企業の3つの基本アーキテクチャの強みと弱みを提示している。それは，国際部門（the international division），地理的構造（the geographic structure），そして世界製品構造（the worldwide product structure）である。これらのアーキテクチャのカテゴリーは，HMEP の調査設計でも取り上げられ，1960年代後半から1970年代初期にかけてもうひとつのアーキテクチャが追加された。それは，地理的マトリクス構造（the matrix of geography）と世界的製品事業部（the worldwide product divisions）である。

アーキテクチャ・アプローチは1962年に出版されて大きな影響力を持った

Alfred Chandlerの著書『組織は戦略に従う』に基礎をおいている。Chandlerは機能別構造から製品部門別構造へのシフトに関する段階モデルを開発した。このモデルでは，アーキテクチャは，製品多角化という企業戦略によって変化する。当該モデルの組織アーキテクチャへの焦点と多角化との連結は，組織変化の段階モデルと相まって，HMEPを形作っている。Stopford and Wells (1972) は，米国のデータに基づいた影響力を持つモデルを作り，2×2のグリッド上に4つの多国籍企業のアーキテクチャ（国際部門，世界製品部門，地理的部門，マトリクス）をマッピングした。このモデルにおいて，海外市場における製品多角化と地理的多様化（海外売上高比率で測定）が2つの変数であった。彼らは，企業は国際部門構造に始まり，製品拡張ないし地理的拡張のいずれが初めに進展するかに依存して，製品構造あるいは地理的構造のいずれかに移行し，そして，結果的に最も進んだ構造であるマトリクスに達すると仮定した。HMEPの傘下で行われた西欧の多国籍企業の分析（Franko, 1976）や日本の多国籍企業の分析（Yoshino, 1976）は段階モデル・アプローチを採用しているが，いずれのケースにおいても研究者は，米系多国籍企業のケースよりも，国際部門がより広範囲の国際化にとってのアーキテクチャであり続けていることを見出している。Frankoもまた，アメリカの多国籍企業には見られない，ヨーロッパにおける多国籍企業の形態を識別した。それは，「親－子」構造であり，そこでは，海外子会社は，公式的システムないし報告系統よりはむしろ，トップ・マネジメント間の強い非公式的な関係性によって，本社と連結されている。しかし，様々な出身国に立地する多国籍企業は初期段階において国際活動のためのアーキテクチャが異なるだろうという認識，そして，さらに多国籍企業は国際的に拡張するにつれて異なる組織経路を辿るかもしれないという認識によって，国際ビジネス研究者は，「進んだ」多国籍企業は母国，国際化軌道，あるいは，産業に関わらず同様のアーキテクチャを共有すると仮定することを回避することはできなかった。この仮定は，多国籍企業組織に対する国際ビジネスのアプローチに深く埋め込まれるようになった。

(b) 第2の波：ネットワーク多国籍企業

確立した巨大多国籍企業の組織形態に関する国際ビジネス研究の第2の波も

またハーバード・ビジネス・スクールを起源とするのであるが，HMEPとは対照的であり，それと全く別のものだった。初期の主役となる研究者は，1970年代のハーバード・ビジネス・スクールの大学院生（C. K. Prahalad, Yves Doz，そして，Chris Bartlett）で，彼らは全員ビジネススクールの経営政策論の教授であったJoe Bowerの教え子であり，HMEPとは無関係であったが，彼らがハーバード・ビジネス・スクールに在籍していた間にもHMEPは進行中であった。彼らはハーバード・ビジネス・スクールを卒業した後も共に仕事をし続けていた。3人全員は，大学院の研究に戻ってくる前に，多国籍企業のマネジャーとして幅広い経験を積んでおり，また，彼らは現行の組織や戦略上の課題に対応するためには企業のマネジャーと協働すべきであることを強く主張していた。

1970年代から1980年代初期における課題は，HMEPに特徴づけられた1960年代のそれとはかなり異なっていた。それは，世界経済の拡大状況から停滞への突然のシフト，新しい輸送，およびコミュニケーション技術を活用した日本企業との競争，そして，新たな方法で規模の経済と立地優位性から利益を得るための国境を超えた取引に対する規制緩和といった課題である。既存の巨大多国籍企業の経営者たちの関心は，海外への拡張や有能な国別子会社の構築から，自社の地理的に分散した活動をより効果的に統合していくことに移っていった。

HMEPとは対照的に，これらの研究者は構造よりもむしろ戦略プロセスに焦点を当てていた。つまり，彼らはAlfred Chandlerの研究よりも，Lowrence and Lorschのコンティンジェンシー理論に依拠している（広く用いられたグローバル統合／現地適応の枠組みを開発している）。また，彼らは量的データよりもむしろ，深いケーススタディを用いた。そして，彼らは現在我々が「アクション・リサーチ」と呼ぶものにコミットした（つまり，重要な戦略上の問題に対処するために経営者チームと緊密に協働することによって，特定の多国籍企業に関する深い知識を開発しているのである）。しかし，彼らは，多国籍企業が出身国や「経営管理上の遺産」に基づく差異から単一モデルへと収斂するという仮定を共有していた。皮肉なことに，この究極的なモデルに対する用語法までも差異（ヘテラルキー，マルチ・フォーカル企業，トランスナショナル）から収斂（ネットワーク多国籍企業）するに至った。この中枢の研究者グループは，1980年代に規模が拡大し（スウェーデンのGunnar HedlundやSumantra Ghoshalは初期の加入メンバーであった），1990年代までには多国籍企業のトランスナショナル・ネットワーク・モデルが，確立された多国籍企業に対する国際ビジネス研究において主流となり，子会社の役割，本社－子会社関係，そして，多国籍企業のネットワークを超えた様々な資源のフローに対する膨大な研究へとつながっていった。1990年代には，多国籍企業ネットワークの分析の大半が，ますますネットワーク組織の創発を中心とした組織社会学における理論や方法論に基礎を置くようになっていった。今日に至るまで，現象自体は変化し続けているものの，ネットワークモデルが多国籍企業に関する国際ビジネス研究の主流となっている。

(c) 21世紀：変わりゆく現象に正面から取り組む

1990年代に始まり，2000年初期に加速化した2つの重要な組織的変化によって，多国籍企業は著しく変貌を遂げた。その1つ目は，多国籍企業に特有なものではないが，サプライチェーンや支援活動（例えばITなど）のアウトソーシングがますます用いられるようになったことである。もう1つは多国籍企業に特有の事だが，国別子会社の分散化である。驚くべきことに，国際ビジネスの研究者は，後者よりも前者に関してより早く受け入れてきたのである。

この2つの変化の進展はともに，日本のビジネスモデルによって刺激され，情報通信技術の急激な発展によって可能となった。日本の多国籍企業は，海外に拡張するとともに自社のサプライヤー・ネットワークを再創造した。サプライヤーに対する部品やサブシステムのアウトソース，そして，サプライヤーとの緊密な関係は，トヨタ生産システムに基礎を置く「リーン生産システム」モデルの中心的側面であり，最初に米国の製造業者によって，後にヨーロッパの製造業者によって採用された。日本の多国籍企業は，従前の国別子会社の代わりに，機能的に分離したサブユニットを最初に設けた。日本企業が海外に拡張するとき，まずマーケティングの子会社を設立し，それから製造のサブユニットを設立し，そして時にはR&Dユニットを設立した。これらの子会社やユニットは，従前の西欧の多国籍企業モデルにおける統合化した国別子会社に収まるものではなく，日本における機能別ユニットに直接報告し返し，同じ国における他のサブユニットよりも自国のカウンターパートとより強固に統合されていた。1980年代の国際ビジネス研究者はこのモデルを現地適応性が欠如していると批判したが，2000年代初めまでにはほとんどの西欧の多国籍企業は，自社の国別子会社を，同じく特化し，機能に焦点をあてたサブユニットに分解した。このサブユニットは，グローバルな製品ユニットにおける機能別のマネジャーに報告を行う。これによって，立地を超えてより中央主導の統合が可能となった。また，特に成熟した産業において，M&Aが国際的拡張の一層重要な形態となるにつれ，買収した企業を多国籍企業のネットワークの中に統合することも促進された。多国籍企業のネットワークモデルが主流になってくると，国際ビジネス研究者はこの変化を彼ら自身の現行のモデルに取り入れ，現地適応性ないし多国籍企業構造の複雑性に対する含意を探求することなく，単に「国別サブユニット」とそれらを呼ぶようになった。

外部のパートナーやサプライヤーの重要性の高まりが認識されると，国際ビジネスや戦略論における関心が「企業エコシステム」にシフトした。Doz, Santos, and Williamson（2001）は，次の段階である「トランスナショナルを超えて」としての「メタナショナル」モデルを構築するためにイノベーションに焦点を当てた。さらに最近では，Peter Buckleyは，経済地理学，グローバル・サプライチェーンとその開発に対するGary Gereffiらの社会学的研究，そして，もちろん企業の経済理論を用いて，現代の多国籍企業のモデルとして「グローバル・ファクトリー」を提唱している。さらに，多国籍企業のエコシステムの経営管理上の課題を記述するために，国際ビジネスにおいて（そして，戦略研究において）「オーケストレーション」の例えがますます一般的となってきたが，構造，システム，プロセスに関してもっとも広い意味での多国籍企業の組織アーキテクチャに対するインプリケーションは未だに見つかっていない。

21世紀の国際ビジネスのモデルと20世紀のそれとで共通なのは，多国籍企業は多様性から1つの「理念型」（ウェーバー的な意味でも規範的な意味でも）に収斂していくという想定である。1つの理由は，国際ビジネスが（1つの一般モデルである)「企業の理論（the theory of the firm)」という経済学的アイデアを刷り込まれているかもしれないというものである。別の理由は，企業が進まねばならない（そして，企業が学者やコンサルタントの洞察や専門知識を要する)「唯一最善の道」を識別しようとするビジネススクールやコンサルタントの悪癖を，批判的な組織理論家が見つけ出したことの表れかもしれない。まだ擁護できるのは，確立した巨大多国籍企業は，組織に同様の圧力をかける共通のグローバルな制度，および競争環境を共有しており，収斂に至るという命題である。

しかしながら，最近の組織進化論では，巨大で複雑な組織は，内部の淘汰レジーム（internal selection regimes）が異なるため，同一環境の変化に対して異なる反応をすることを示している。国際ビジネス研究において，いかに2つ，ないしはそれ以上の多国籍企業が，彼らの地理的足跡や海外のサブユニット組織における変化，トップマネジメントチーム構成の変化（出身国籍（passports）よりも報告責任体制（reporting responsibilities）において)，公式的に公表されているグローバルな組織とのパートナーシップの性質に関する変化，を含む激動の国際ビジネス環境に対応して継時的に進化するかを比較した実証研究は極めて少ない。Bartlett と Ghoshal のトランスナショナル研究の影響力は多分にその注意深いリサーチ・デザインに負うところが大きい。つまり，3つの産業ごとに，出身地域の異なる3社の多国籍企業が含まれていることである。彼らは，同じ出身地域における多国籍企業は3つの産業を越えて類似の特徴を共有しているものの，彼らが研究した時点では，互いに異なっていることを証明している。しかし，彼らは日本やヨーロッパや米国の多国籍企業が異なる組織的形態に進化していくとは真剣に考えず，代わりに，9つの企業すべてが1つの形態，すなわちトランスナショナルに進んでいると仮定していた。1970年代のヨーロッパ多国籍企業に関する Franko の HMEP に基づく研究における観察はずっと前に行われたものではあるが，地理的足跡が重要であることを示している。つまり，親－子構造からの脱却に対する最良の予測因子は，地理的ないし製品の多角化ではなく，その企業が米国で大規模かつ成功裏に事業を行っているか否かである。Alan Rugman が多国籍企業は地理的足跡と戦略的志向の両方においてグローバルではなくリージョナルである（リージョナルによって彼が意味するのは1ないし2の地域であって，3地域ではない）という議論を行ったにも関わらず，国際ビジネスは多国籍企業における組織変化の軌道に対する出身母国や地理的足跡の影響を探索する機会を逸した。国際ビジネスの研究者は（私も同罪だが），グローバル戦略概念に対するいささか論争的なAlanの攻撃にだけに注目しすぎたきらいがある。我々は，なぜ，異なる地域的な足跡を有する多国籍企業が，いかに組織化されるか，いかに自社の地域におけるプレゼンスを拡張ないし深化させるか，そして，Rugmanの類型において「グローバル」の資格を与えられた小数の企業と異なるかどうかを検討するために組織の比較を行ってこなかったのであろうか。

『ジャーナル・オブ・インターナショナル・ビジネス・スタディーズ』の最近の論説では，企業のグローバル化の理解は，国際ビジネス研究において「誤った目標」であると論じられている（Verbecke *et al.* 2018）。同論説はまた，もし，AIBの全メンバーがたった一社の国際的に活動する企業を深く研究すれば，「国際ビジネス研究の現状は劇的に改善するだろう」（Ibid, p1108）というAlan Rugmanの主張を肯定的に引用している。私は特に強調したいと思うが，日本の多国籍企業を長期にわたって研究することは，変貌する国際ビジネス環境と多国籍企業の組織形態との間の相互作用を理解するために大きな可能性を秘めている。日本の多国籍企業は初の国際的に拡張した非西洋の企業であり，日本が海外直接投資に対するコントロールを撤廃した1970年代において多国籍企業として台頭した。研究分野としての国際ビジネスは，日本の多国籍企業が，1980年代に多国籍企業の新しい組織形態を提示したこと，初めて国別子会社の代わりに特化した現地のサブユニットを構築したこと，そして，特に自動車産業において国内の生産組織を海外活動にかつてないほど強力に移転したことを認めることなく，「未熟」と見なし，時とともに西欧のカウンターパートの様になると運命付けられていると見なす傾向があった。1990年代に集中的な研究の焦点となっていた日本の多国籍企業が，次の数十年間にどのように変わっていったかは，潜在的に価値ある研究の焦点だろう。実用主義的には，日本の企業レベルのデータはしばしば，米国やヨーロッパよりも豊富であり，これがどれだけ重要かは，参入形態のトピックスに対する日本の多国籍企業の分析によってなされた膨大な貢献に見られる。これは牧野成史

(Shige Makino）が東洋経済社のデータベースをアイヴィ・ビジネス・スクールに紹介してくれたおかげである（しかし，もう一度述べるが，国際ビジネス分野では，実は，これらが日本の多国籍企業に対する日本のデータだということがほとんど認識されていない)。

『エコノミスト』誌による予測にもかかわらず，多国籍企業は国際ビジネスを支配し続けている。いかに多国籍企業が刻々と変化し，ますます予測がつかなくなるグローバルな環境に対応し，反応し続けてきたかを理解することは，今でも国際ビジネス分野の中心的課題であり続けている。我々もこの課題に関して良い研究をしていく必要があり，そして，その重要な第1歩は，すべての多国籍企業は1つのモデルに収斂していくという我々の長年にわたる仮定から脱却することである。

参考文献

Clee, G. H. & Sachtjen, W. M. (1964), “Organizing a Worldwide Business.” *Harvard Business Review* 42-6: 55-67.

Doz, Y., Santos, J., & Williamson, P. (2001), *From Global to Metanational: How Companies can win in the Global Economy*, Boston: Harvard Business School Press.

Franko, L. G. (1976), *The European Multinationals: A Renewed Challenge to American and British Big Business*, Stamford, CT: Greylock Publishers.

Macrae, N. (1972), “The future of international business,” *The Economist* January 22: v-xxxvi.

Stopford, J. M. & Wells, L. T. (1972), *Managing the Multinational Enterprise: Organization of the Firm and Ownership of the Subsidiaries*, New York: Basic Books.

The Economist (2017), “Multinationals: The retreat of the global company,” January 28. Available at https://www.economist.com/briefing/2017/01/28/the-retreat-of-the-global-company. Accessed December 18, 2018.

Verbecke, A., Coeurderoy, R. & Matt, T. (2018), “The future of international business research on corporate globalization that never was...,” *Journal of International Business Studies*, 49-9: 1101-1112.

Yoshino, M. (1976), *Japan's Mutlinational Enterprises*, Cambridge, MA: Harvard University Press.

（鈴木仁里 訳）

第1部

今日すでに生じている新しい現象

第1章
ミレニアル世代の影響

1. はじめに：問題の所在

本書の主題である「未来の多国籍企業」を考える際，後章のような規制・企画の変化や技術の進展，人材の変容，貧困問題や環境問題，組織問題，戦略問題など多岐にわたる課題を検討する必要があることは言うまでもない。筆者もそれぞれの課題に関心を寄せてはいるが，本章では消費者問題，とりわけ近年注目を浴びているミレニアル世代（いろいろ定義はあるが，ここでは1980年代と1990年代生まれとおおまかに定義しておく。中国でいう80后・90后である）の特徴を取り扱いたい（図表1-1参照）。その主な理由としては3点ある。

第1に，従来の多国籍企業理論において，消費者問題はほとんど等閑視されてきたからである。たとえば，ハイマー／キンドルバーガーの寡占的優位理論においては，母国の寡占で培った優位性が海外における地元企業に対する不利な状況を克服するものとされ，特許技術やノウハウ，資金調達力，経営者能力，マーケティング技術などが取り上げられた。バーノンのPLC理論においては，嗜好は所得に応じて異なり製品は所得水準ごとに標準化可能であることが前提とされ，労働力不足と豊富な資本を有する米国から先進国，途上国へと生産拠点がシフトしていくものとされた。ダニングのOLIパラダイムにおいては，所有特殊優位と立地特殊優位，内部化優位の3者から網羅的に企業の多国籍企業化を分析している。バックレー／カソン，ラグマンらの内部化理論においては，ダニングの内部化優位を純粋化し，主として取引コストの観点から企業の内部化（多国籍企業化）を説明している。このほか，ニッカーボッカーの寡占反応理論もアリバーの為替リスク理論も小島の比較劣位理論も，そこに

図表 1-1　世界の世代概観

<table>
<tr><th></th><th>1950</th><th>1960</th><th colspan="2">1970</th><th colspan="2">1980</th><th colspan="2">1990</th><th colspan="2">2000</th></tr>
<tr><td>中国</td><td></td><td>50 后</td><td colspan="2">60 后</td><td colspan="2">70 后</td><td colspan="2">80 后</td><td>90 后</td><td></td></tr>
<tr><td>インド</td><td></td><td colspan="3">伝統的世代</td><td colspan="2">非伝統的世代</td><td colspan="3">Y 世代</td><td></td></tr>
<tr><td>韓国</td><td></td><td>475 世代</td><td colspan="2">386 世代</td><td colspan="5">X 世代と Y 世代</td><td></td></tr>
<tr><td>日本</td><td>第一次
ベビー
ブーマー</td><td>断層の世代</td><td colspan="2">新人類</td><td>第二次
ベビー
ブーマー</td><td colspan="2">ポスト
バブル</td><td colspan="2">新人類　ゆとり
ジュニア　世代</td><td></td></tr>
<tr><td>ロシア</td><td colspan="3">ベビーブーマー</td><td colspan="3">X 世代</td><td colspan="3">Y 世代</td><td></td></tr>
<tr><td>ブルガリア</td><td colspan="3">戦後世代</td><td colspan="3">共産主義世代</td><td colspan="3">民主主義世代</td><td></td></tr>
<tr><td>チェコ</td><td colspan="3">ベビーブーマー</td><td colspan="3">X 世代</td><td colspan="3">Y 世代</td><td></td></tr>
<tr><td>南アフリカ</td><td colspan="4">ベビーブーマー</td><td colspan="4">X 世代</td><td>Y 世代</td><td></td></tr>
<tr><td>ブラジル</td><td colspan="3">ベビーブーマー</td><td colspan="3">X 世代</td><td colspan="3">Y 世代</td><td></td></tr>
<tr><td>米国</td><td colspan="3">ベビーブーマー</td><td colspan="3">X 世代</td><td colspan="3">Y 世代</td><td></td></tr>
</table>

原出所：Hole, D., Zhong, L. and Schwartz, J. (2010), "Talking About Whose Generation, Whya Western Generation Models Can't Accout for a Global Workforec," On Talent, The Talent Paradox: A 21st Century talent and leadership agenda, Deloitte University Press, p.100.
出所：Orden (2015), p.41.

は明示的に消費者は登場しない。たとえ前提として消費者を想定していたとしても，バーノンの前提に見られるように，所得や労賃で代表される「経済人仮説」に基づいていた。確かに，かつてはそのような「経済人仮説」で消費者を捉えることができたとも言えるが，現代の多国籍企業あるいは未来の多国籍企業を考えるときには実態にそぐわないのである。

第２に，多国籍企業理論に限らず，従来，企業と消費者のパワー関係は大きく企業側に片寄っていたが，近年，パワーシフトが生じているからである。かつて企業は，情報量の圧倒的格差に加え，情報を伝える手段の多様性においても，情報の内容を操作化して相手に影響を及ぼす能力においても，消費者と比較にならないパワーを有していた。それらを支える資金においても，それらを運営する人材においても，企業は大きな優位性を有していたのである。それがインターネットの発達により様変わりしてきた。周知のように民間におけるインターネットの発達は，1995 年のマイクロソフトによる Windows95 発売以降，飛躍的に発達した。インターネットを基盤として Facebook（2004 年）や

YouTube（2005年），Twitter（2006年），WhatsApp（2009年），Instagram（2010年）などのSNS（Social Networking Service）やチャットアプリ，静止画・動画配信サービスが生まれ，アップルによるiPhone（2007年）やiPad（2010年）の発売によってインターネット利用デバイスがモバイルに移行した。日本でもヤフージャパンの開業（1996年），NTTドコモのiモード（1999年），LINEのサービス開始（2012年）などが始まり，中国でもWeibo（新浪微博2009年），WeChat（微信 2010年），TikTok（2016年）など人気を博している。これらのSNSやチャットアプリ，静止画・動画配信サービスを入手した消費者は，企業に対してさまざまな情報発信をすることができるようになった。それも老若男女，時間・場所，世界の国・地域を問わず，文書・静止画・動画を発信することができる消費者のパワーは，インターネット確立以前とは比べものにならないくらい高まった。

第3に，上記のような1990年代から2010年代に新しく登場したSNSやチャットアプリ，静止画・動画配信サービスを経験しながら育ったミレニアル世代は「デジタル・ネイティブ」（生まれつきのデジタル世代）となったからである。ミレニアル世代は，ビジネスの世界でもデジタル・デバイスを駆使しハードウェアやソフトウェアの開発に携わっている。2019年現在，多くの国における最大の労働人口を占めるミレニアル世代はビジネスの世界でも重要な存在である。YouTubeやTwitter，WeChatを提供する騰訊控股（テンセント）の創業者は1970年代生まれだが，Facebookのマーク・ザッカーバーグ（1984年）やInstagramのケビン・シストロム（1983年）とマイク・クリーガー（1986年），TikTokを提供する北京字節跳動科技有限公司（バイトダンス）の張一鳴（1983年）などは1980年代生まれのミレニアル世代である。日本でもユーグレナの出雲充（1980年），プリファード・ネットワークスの西川徹／岡野原大輔（ともに1982年）などミレニアル世代が活躍している。ただし，本章で注目しているのは消費者としてのミレニアル世代である。彼らはデジタル化社会の中で育ち，デジタル化の影響を以前の諸世代よりもはるかに大きく受けている。確かに，ミレニアル世代に続く「Z世代」はミレニアル世代以上にデジタル・ネイティブであるが，消費者人口・消費額などの点でミレニアル世代にははるかに及ばない。さらに，ミレニアル世代はインターネット，

SNS，チャットアプリ，静止画・動画配信サービスなどで世界的に繋がり，さまざまな課題や現象，事件などを共有することによって，かなり共通の特性を有しているのである。次節で，ミレニアル世代に共通な特徴をみてみよう。

2. ミレニアル世代についての先行研究

2-1. ミレニアル世代の研究

ミレニアル世代の特徴を論じる前に，世界の研究者間でミレニアル世代がどの程度研究されているのかを概観しておこう。

図表1-2は，ミレニアル世代に関する研究論文が，英語論文検索サイト「Web of Science」にどれだけ発表されたかを年ごとに示している。なお，ミレニアル世代といっても表現の仕方はいろいろあるので，ここでは「Generation Y」と「Millennial Generation」および「Millennials」をキーワードに検索している。比較のために，1つ前の世代の「Generation X（X世代）」と1つ後の世代「Generation Z（Z世代）」に関する論文数も掲載している。さらに，単純に「Millennial」と付いた論文数も最下段に掲載した。2000年以降，継続的に数字はとれるが，長くなるので2000年と2005年の数字を掲載し，2010年以降だけ各年で表記している。検索したのは2019年5月10日で

図表1-2 「Web of Science」にみる研究論文数
"Generation Y", "Millennial Generation"および"Millennials"

（単位：件）

Year	2000	2005	2010	2011	2012	2013	2014	2015	2016	2017	2018	2019
Generation X	3,071	3,880	5,497	6,211	6,667	7,071	7,689	8,734	9,401	10,716	11,161	2,843
Generation Y	385	636	1,033	1,193	1,310	1,319	1,407	1,444	1,705	1,760	1,740	494
Generation Z	397	477	576	631	726	762	788	867	993	1,151	1,248	393
Millennial Generation	4	7	32	35	39	40	46	52	75	91	130	54
Millennials	1	6	46	34	45	53	59	94	156	232	280	112
Millennial	379	178	313	296	365	384	408	427	494	535	627	208

出所：「Web of Science」を用いて2019年5月10日に実施した結果に基づき筆者作成。

ある。実は2018年11月9日にも同じように検索したが，その時と数字が大幅に異なっているので注意が必要である。検索するたびに過去の数字も含め，論文数は変動する。

図表1-2から分かることは，第1に，「X世代」に関する論文が圧倒的に多い。歴史が古いために当然といえば当然であるが，2000年以降でも論文数は増大しており他の世代に関する論文数とは1桁異なる。第2に，「Y世代」に関する論文数は2010年頃から増大しているが，「ミレニアル世代」や「ミレニアルズ」に関する論文数は2016年頃から増大している。一般的な世代論としての「Y世代」という呼称に対して，「ミレニアル世代」や「ミレニアルズ」という呼称は比較的新しいものと言える。単純に「Y世代」と呼ばず，「ミレニアル世代」や「ミレニアルズ」と独特な呼び方をしたのは，それだけ特徴が明白だったからだろう。ちなみに，世代論に限定しない一般的な表現である「ミレニアル」に関する論文数は以前からあり，年ごとに微増している。第3に，「ミレニアル世代」に関する論文数よりも「ミレニアルズ」に関する論文数の方が多い。英語では「Millennials」という表現が一般的であることが分かる。同じ日に，日本語論文検索サイト「CiNii Articles」を用いて論文数を検索したら，「ミレニアル世代」が64件，「ミレニアルズ」が29件，「ジェネレーションY」が5件検出できた。この数字は単年度分ではないので，日本語論文は英語論文に比べると圧倒的に少ないことが分かるが，同時に日本では「ミレニアル世代」が一般的であることも分かる。したがって，本章でも「ミレニアル世代」を代表して用いている。

2-2. ミレニアル世代の研究分野

ミレニアル世代の研究について，物理的にもすべての研究を網羅することはできない。そこで入手できた2010年以降に発刊された25本の英語論文と34本の日本語論文・調査報告，計59本の論文を一覧し，それを研究分野別に分けてみたのが図表1-3である。研究分野は，「消費行動」，「労働」，「金融」，「旅行」，「コミュニケーション」の5分野に集約された（図表1-3には抜粋されたもののみを掲載している)。「消費行動」は範囲も広く，もっとも研究されている分野であるので，次節で詳述することにする。

図表 1-3　さまざまな調査（2010 年以降の論文抜粋）

研究調査分野は，彼らの消費行動のみならず労働（働き方），金融，旅行，コミュニケーションなど多岐に亘っている。

【消費行動】
Black, A（2010）
Eastman J, K. and Thomas S. P.（2013）
Gurău, C.（2012）
Ordun, G.（2015）
Septiari, E. D. and Kusuma G. H.（2016）
新井場茉莉子（2016）
小山田裕哉（2016）
博報堂買物研究所（2016）
平山洋介（2017）

【金融】
岡田功太／幸田祐（2016）
田中克典（2015）
みずほ証券（2018）

【旅行】
Garikapati, V. M. et al.（2016）
大橋昭一（2013）
JTB（2014）
松本龍人（2016）

【労働】
Bald, J. B. and Mora, f.（2011）
Farrel, L. and Hurt, A. C.（2014）
Ismail, M. and Lu, H. S.（2014）
Levenson, A. R.(2010)
Myers, K. K. and Sadaghiani, K.（2010）
経済同友会（2016）
デロイト（2017）
デロイト（2018）
PwC（2015）
プレスマン, H.（2015）
Manpower Group（2016）

【コミュニケーション】
Berthon, P. R.（2012）
Moore, M.（2012）
ニールセン（2017）

出所：筆者作成。

「消費行動」に次いで多いのは「労働」である。ミレニアル世代のキャリア観についてはマレーシアのミレニアル世代を研究した Ismail and Lu（2014）や経済的アプローチをとった Levenson（2010）など数多い。リーダーシップについては Bald and Mora（2011）なども研究している。Manpower Group（2016）はミレニアル世代のキャリア観を尋ねており，PwC（2015）はミレニアル世代の女性の労働観を明らかにし，ミレニアル世代の女性をリーダーとして活用するにはどうすべきかを論じている。経済同友会の米州委員会の 2015 年提言のタイトルは「ミレニアル世代がもたらす変化を先取りし，企業の成長戦略の核に」となっている。経営者はミレニアル世代の価値観・働き方をしっかり理解し，経営者自ら変革を牽引すべきだとしている（経済同友会 2016, 11-12 頁）。デロイト（2017, 2018）は「ミレニアル年次調査」を毎年実施しており，全世界 30 カ国以上，1 万人前後のミレニアル世代から意見を集めている。ミレニアル世代が労働現場や企業に何を求めているのかを理解するのには大いに役立つ。たとえばデロイト（2017）では，ミレニアル世代は，柔軟な勤務形態を望んでいるものの総じて企業への帰属意識が高く，企業の経営者は社会貢献に熱心に取り組んでいると感じているなど企業への好意的態度を示している。一方で，デロイト（2018）では，ミレニアル世代は企業の経営者が「インダストリー4.0」への備えができていないと不満を感じている。企業は従業員や社会，自然環境よりも自社の利益を優先していると，デロイト（2017）と比べると企業への信頼が悪化している。INSEAD准教授のブレスマン（2015）は，「世界各地域のY世代は，仕事に何を求めるのか」と題して，43カ国，1万6,637人のミレニアル世代を対象とした大規模調査の結果を披瀝している。たとえば，ミレニアル世代が上司に求めるもので最も重視するのは北米や西欧では「部下への権限移譲」であるものの，アジア・太平洋や中欧・東欧では「管轄分野の技術／職能の専門家であること」である。他方，ワーク・ライフ・バランスでは「私生活での十分な自由時間」を全世界共通して最も重視している。

全体として，Myers and Sadaghiani（2010）が指摘するように，経営者・管理者が前世代と異なる価値観を持つミレニアル世代と労働現場でどのようなコミュニケーションを保つべきか，に苦慮している姿が浮かぶ。

「金融」については，英語論文の中には見当たらなかったものの，日本語の論文にはいくつか見られた。岡田功太／幸田祐（2016）は，デジタル化社会に生きモバイル・バンキングに慣れ親しんだ米国のミレニアル世代がスマートフォン等を通じて個人の資産運用に関する提案を行う金融サービスの総称であるロボ・アドバイザーに抵抗がないこと，ゴールドマン・サックスやメリルリンチなどの大手金融機関が導入していることを明らかにしている。田中克典（2015）は，ITに対して利用ハードルが低いミレニアル世代がデジタル・ウォレットをどのように活用しているかをアジアに限定してだが説明している。みずほ証券（2018）の報告書は，もっと直截に「グローバル新世代関連株式ファンド」の提案をしており，デジタル世代，堅実な消費，ウエルネス（健康やレジャーなど）を重視する新しい価値観という特徴を持つミレニアル世代向けのファンドの紹介をしている。

スマートフォンによる決済が注目されているが，ミレニアル世代の場合，それだけに留まらず，銀行取引や証券取引，デジタル・ウォレットなどの多種多様なモバイル活用がなされている。AI 活用が進む金融業界が，デジタル・ネイティブのミレニアル世代にどのように対応するのかが注目される。

「旅行」については，「モノからコトへ」というミレニアル世代の特徴を反映し，研究が進められている。前掲図表 1-3 では 4 つの論文しか取り上げていないが，「消費行動」に含まれる論文の中でも言及が多い。Garikapati, et al. (2016) は，米国ミレニアル世代の行動パターンと時間活用および旅行について，2003–2013 年の American Time Use Survey のデータを用いて分析している。それによると，ミレニアル世代は X 世代よりも自動車運転を避ける傾向にある。もっとも彼らはミレニアル世代も前半と後半に分けて分析しており，20 年の幅があるミレニアル世代を同一に捉える考え方に警鐘を鳴らしている。和歌山大学観光学部の大橋昭一 (2013) は，オーストラリアにおける調査・研究に基づき，ミレニアル世代がとくに旅行志向が高いわけではないこと，旅行の質に違いがみられるがそれは表面的なことに過ぎず，本質的な違いはないと主張している。一方，JTB (2014) やみずほ証券 (2018) は，日本におけるミレニアル世代の旅行に関する調査を行っている。JTB (2014) は，首都圏・名古屋圏・大阪圏に住む 18 歳から 69 歳までの男女 3 万名からスマートフォンを利用し過去 1 年以内に 1 回以上旅行経験のある 2,060 名を対象に調査を行い，ミレニアル世代は全世代の中で「小学生の頃の家族旅行の経験」が最も豊富な世代であり，旅行のきっかけとして「(フェイスブックやツイッターなどを含む) 友人や家族との会話」を他の世代よりも重視し，「電車やバスなどの公共交通機関」を利用する割合ももっとも高かった。公共交通機関利用の理由として，ミレニアル世代は「費用が安いから」を他の世代以上に重視しており，Garikapati, et al. (2016) の研究結果同様，ミレニアル世代の堅実性を明らかにしている。ミレニアル世代の堅実性については松本龍人 (2016) も指摘するところである (彼の立論は JTB，2014 の調査に基づいている)。彼はまた，モノに執着せず贅沢を好まない日本のミレニアル世代を，海外からのインバウンドに加えて旅行業界はもっと注目すべきとしている。

確かに，ミレニアル世代を一括りにはできず，1980 年代生まれと 1990 年代生まれの違いにも注意する必要がある。さらに，表面的な違いが本質的な違いを意味するものかどうかについても慎重に議論すべきであろう。加えて，ミレニアル世代の中でも学歴格差や所得格差があり，それによって価値観や行動が異なる。それでも，ミレニアル世代を前後の世代と比較し，その特徴を明らかにすることは現代の消費者理解にとって一定の意義はあるものと思われる。そこからさらに細分化された研究を行うことは重要であるが，前項で述べたようにミレニアル世代の研究そのものも日が浅いので，まずはミレニアル世代の特徴をしっかり把握することが必要である。

「コミュニケーション」については，Berthon et al. (2012) が21世紀のグローバル・マーケティング戦略においては，マーケターはWeb 2.0とソーシャル・メディア，そしてクリエイティブな消費者と対峙しなければならないと主張している。すなわち，Web 2.0では情報の流れがデスクトップを通して企業から消費者へ一方的に流れていたものが，モバイルなどを活用して消費者が自由に情報を発信するようになったこと，ソーシャル・メディアでは，その結果，パワーの所在が企業から消費者などの集団へ移行したこと，クリエイティブな消費者では，価値創造の源泉が企業から消費者へ移行したこと，を強調する。企業とミレニアル世代とのコミュニケーション関係の変化が，パワーシフトや価値創造の源泉シフトをもたらしている。Moore (2012) は，ミレニアル世代がそれ以前のベビーブーマー世代やX世代に比べより頻繁に双方向メディアを利用していること，しかしながらさまざまなアプリケーションを前世代に比べて購買しようとはしないことを明らかにしている。ミレニアル世代による双方向のデジタル・デバイスの利用は多くの研究で触れられているところであるが，アプリケーションを利用はしても購買はしないというのは，これまでにも触れたミレニアル世代の堅実性を示すものであるし，一方では彼らを対象としたフリーミアム・モデルが主流になっていることを示している。ニールセン (2017) は，「ミレニアル・オン・ミレニアル」の第2回調査で，メディア利用時間やメッセージング・アプリの使用状況などを通して，デジタル・ミュージックの進展とデジタル・コミュニケーションの変容を指摘している。

コミュニケーションについては，労働のところでも触れたように，あるいは金融のロボ・アドバイザーのところでも触れたように，ミレニアル世代をそれ以前の世代と分ける大きなポイントである。それはもちろん，コンピュータの発達やスマートフォンなどのモバイル・デバイスの発達，4Gから5Gに移行しようとしている通信技術の発達，さまざまなアプリケーションを生み出すソフトウェアの発達など，供給側の技術進歩の賜物であるが，それらの手段を入手したミレニアル世代が独自の価値観と行動様式を発揮して「コミュニケーションの主体として」大きく飛躍したことを意味している。一部の企業はこのような変化を生み出す主体であるが，多くの企業はこのような変化に対応しなければならない客体となっている。

3. ミレニアル世代の消費行動

3-1. いくつかの研究概観

では，残された「消費行動」について詳しくみていこう。まずは，前掲図表1-3に挙げられた研究の特徴と彼らが指摘した点に触れておきたい。

ミレニアル世代の「消費行動」で企業が一番気に掛かるのは「購買行動」であろう。Orden (2015) は，ミレニアル世代の購買選択と知覚マップについて，ベビーブーマー，X世代，Y世代，Z世代の比較をしている。価格，トレンド，ロイヤルティ，品質，サービスなど13項目を取り上げ，世代間の分散分析を行っている。ミレニアル世代はとくにトレンドについて他の世代より敏感であるという。そして，それはソーシャル・メディアによる友人等の意見に左右されるという。Eastman et al. (2013) は，ミレニアル世代の買物スタイルと威信消費（status consumption）の関係を調査し，威信消費のために買物をするミレニアル世代はブランド意識（高品質イコール高価格）や新規製品／ファッション意識が高く，リクレーション的購買者でかつ衝動的購買者であり，ブランド・ロイヤルティも高いという結果を導き出している。ただ，これらは互いに矛盾することもあり，威信消費に限定した調査であるということに注意が必要であろう。これに対して，Black (2010) はニューヨークのサニー・オリオンタ大学の学生を調査し，ミレニアル世代を古い世代と比較して彼らの価値観や消費行動を明らかにしている。Guráu (2012) のように，フランスとルーマニアのミレニアル世代を比較したり，Septiari and Kusuma（2016）のようにインドネシアのミレニアル世代が伝統的小売に対する知覚を調べたものもある。前掲図表1-1で世界の世代概観を示したが，いまやミレニアル世代の研究は世界中で行われていることが分かる。

ジェトロ海外調査部米州課の新井場茉莉子（2016）は，米国のミレニアル世代の特徴として，① 店頭で試着しネットで買う，② 移民2世や3世が多く無宗教や無党派の割合が高い，③ 価格を重視するもののSNSなどの口コミを参考にして慎重に購買する，④ 社会貢献型ビジネスに関心がある，⑤ シェアリングやオンデマンド志向が強い，などを挙げている。小山田裕哉（2016）は，ミレニアル世代が従来型広告よりもオンラインの口コミや企業サイトを信用していることを挙げ，購買に際して① 自分のライフスタイルに合うかどうか，② その製品が自分にとって意味があるか，③ 製品を提供している企業は環境や倫理などの社会性に配慮しているか，④ 製品や企業にストーリー性があるかどうか，を重視するという。博報堂買物研究所（2016）は，消費にシビアな米国のミレニアル世代と同様，日本のミレニアル世代も従来の消費に懐疑的になっているという。たとえば，消費性向は1999-2014年の間に82.7％から73.5％に落ち，自動車購買は1996-2016年の間に26.3％から10.3％に急落し，飲酒も1996-2016年の間に76.6％から67.7％に低下している。総じて日本のミレニアル世代の特徴は，① 共働きは当たり前で男女平等意識が高い，② デジタルとともに成長し効率志向が強い，③ 不安定な時代の中で身についた現状楽しみ体質である，と結論づけている。そして，日本のミレニアル世代の家事労働や買物行動の三大原則は「偏らない，頑張りすぎない，敢えて楽しむ」ことだという。神戸大学大学院人間発達環境学研究科教授の平山洋介（2017）は，都市計画の観点から日本のミレニアル世代の住まい状況を明らかにしている。たとえば，世帯主35～39歳の持ち家比率は1983年の60.1％から2013年の46.3％に低下した。これには未婚率の上昇や不正規雇用の増大，住宅価格の上昇などが影響している。博報堂買物研究所（2016）が指摘する「不安定な時代の中で身についた現状楽しみ体質」は，このような厳しい不安定な時代にミレニアル世代がやむにやまれず選択した消費行動とも言えるだろう。世代論が一定の意味を持つのは，同じ世代を生きてきた人々（cohort）が同じような環境を共有することで一定のシコウ（思考・志向・嗜好）を示すからである。

3-2. ミレニアル世代の価値観と消費行動

国連の世界人口予測 2017 によれば，2015 年時点のミレニアル世代は世界総人口 73 億 8,300 万人のうち 23 億 6,000 万人で構成比は 32% である（UN, 2017）。米国は 27%，中国は 30%，タイも 28% だが，日本は 21% と少ない。一般に，途上国ほど若い世代が多く，ミレニアル世代の構成比も高くなっている。また Manpower Group（2016）によれば，2020 年における労働力人口の 35% がミレニアル世代で，割合は X 世代と同じであるが，Z 世代の 24%，ベビーブーマーの 6% よりもはるかに大きい。2020 年過ぎあたりからミレニアル世代が労働力人口の中心となり，購買力も最大となる。

(1) デジタル・ネイティブ

ミレニアル世代の最大の特徴は，前述したように，デジタル・ネイティブであることである。しかも利用するデバイスがデスクトップ型のコンピュータからスマートフォンなどのモバイルにシフトしている。かつては机についてインターネットを利用していた人々が，公園であれ電車の中であれレストランであれ，どこででも利用できるようになった。しかも，通信技術の発達とアプリの使い勝手の良さ，あるいはゲームや音楽，映画などのコンテンツの充実で，むしろモバイルの方を重宝するようになっている。図表 1-4 は年代別のメディア利用時間を示しているが，18－34 歳のミレニアル世代はメディア利用時間そのものが短いことが分かる。成人の平均が 78.88 分なのに対し，ミレニアル世代は 57.71 分しか利用していない。そしてメディア利用時間のうち，スマートフォンやタブレットなどのモバイル利用割合が，成人平均の 26.4% に対してミレニアル世代は 38.9% となっている。

ミレニアル世代は，単にモバイルとりわけスマートフォンの利用割合が高いだけでなく，そこでいろいろなことをやり遂げてしまう。たとえば，商品やサービスの購買に際して，それらの品質情報収集から評判収集，友達との口コミ，購買，支払い，そして購買後の自己評価のシェアまで，購買行動のあらゆることをモバイルで済ませる。このような購買行動を，AISAS（Attention, Interest, Search, Action, Share）とか SIPS（Sympathize, Identify, Participate,

図表 1-4　メディア利用時間（週当たり利用時間：分）

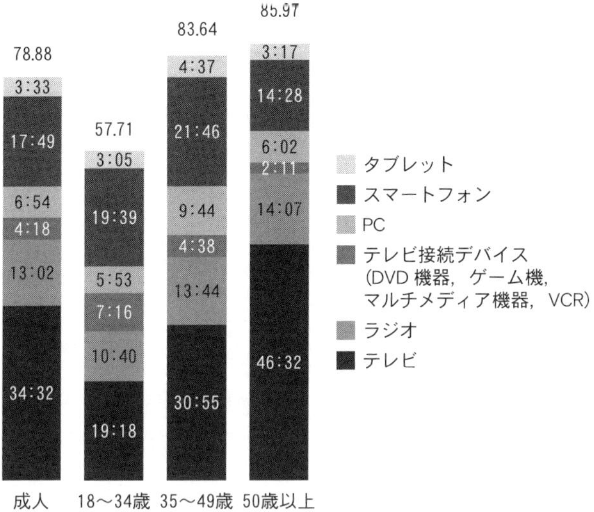

原出所：Nielsen Comparable Metrics Report, 2017 年第 4 四半期。
出所：ニールセン（2017），3 ページに総利用時間を追加。

Share & Spread）とか SAUSE（Search, Action, Use, Share, Evaluation）などと表現するようになった。

(2)　堅実消費

前項でも述べたように，ミレニアル世代は旧世代と比べて堅実な消費志向が強い。第1に，価格に対してシビアである。ネットで簡単に価格比較ができるようになり，オンラインとオフライン，オンライン内の価格比較を頻繁にやっている。また，そのような価格比較サイトも充実してきて，いっそうこの傾向に拍車をかけている。第2に，価格は重要であるが，一方で気に入ったものにはお金を惜しまないという側面もある。自分のライフスタイルに合うものや企業のストーリーを気に入ったもの，あるいは所属集団の価値観に沿ったものなどに対しては，なけなしのお金をはたいても購買する。第3に，所有から利用へと重点がシフトしている。自動車や自転車のシェアリング，宿泊施設のシェアリング，バッグや洋服などのシェアリング，映画や音楽のストリーミングなど，ありとあらゆるものが所有するのでなく利用するように変化している。

(3)　ウエルネス（健康やレジャーなど）重視

一般に，ミレニアル世代は旧世代に比べてウエルネスへの関心が高い。健康関連の消費が大きく，フィットネスや健康食品，健康機器，美容，旅行，レジャー，スポーツ（観戦も含む），コンサート，フェスティバルなどへの消費が大きい。「モノからコトへ」の重点の移動に伴い，とりわけフィットネスや旅行，レジャー，スポーツ（観戦も含む），コンサート，フェスティバルなどの活動に熱心である。ゲームは必ずしも健康的ではないが，ストレス解消という点では一定の健康効果を有する。「ポケモン GO」が「外へ出よう」という点をうたい文句にしたことなどはその典型だろう。

(4)　社会性重視

ミレニアル世代は，気温上昇やそれに伴う異常気象，オゾン層破壊，熱帯雨林減少などを目の当たりにしている。加えて，2001年の米国同時多発テロ，2003年のイラク戦争，2008年のリーマンショック，2011年の東日本大震災などを経験してきた。人口の最大割合を占め，将来を担うべきミレニアル世代は，経済成長一辺倒で幸せな未来が保証されるものではないことを認識しつつある。そうした未来への悲観から，ミレニアル世代の一部には現状快楽主義に走ったり，極端な保守主義に傾いたり，暴力による現状打破を目指したりする者も出ているが，他方で地球環境保全や貧困問題への対応，途上国の開発支援，社会的弱者の救済，人種・宗教・年齢・性別などの多様性擁護，LGBTや同性婚への理解など社会性重視の傾向も強まっている。

3-3.　4カ国調査

以上のような特徴を持つミレニアル世代をよりよく理解するために，筆者は株式会社ドゥ・ハウスに協力して日米中泰の4カ国でネットリサーチを行った。期間は2018年7月9日から同年7月17日まで9日間，対象は株式会社ドゥ・ハウスおよび海外提携会社が有するモニターである。サンプルサイズは各国ミレニアル世代が302～345名，上位世代が230～276名で，合計2,302名である。男女比はほぼ同数になるように配慮した。「食」，「住居」，「仕事」，「健康」などについても調査しているが，ここでは「自国愛」，「環境意識」，「グローバル意識」，「シェアリング」，「人生観」についての調査結果のみ報告する（詳細は筆者近刊を参照のこと）。

紙幅の都合により図表は割愛するが，4カ国のミレニアル世代は同じ形のレーダーチャートを形成している。「2カ国以上で生活したことがある」という項目はいずれの国でも「はい」の回答が少なくなっているが，「環境についてもっと考えるべきだ」や「必要なときに必要なモノがあればよい」などは共通して多くなっている。ただし，同じミレニアル世代でも国によってレーダーチャートの大きさが異なる。日本が一番内側にいて（「はい」の回答が少なく），米国が中間で，中国とタイが一番外側にいる（「はい」の回答が多い）。国民性による回答バイアスも考慮する必要があるが，「シェアリング」への「はい」の回答の少なさなどは現状を表していると思われる。

ここで重要な点は，米国の場合，ミレニアル世代のレーダーチャートが上位世代のそれよりも外側にきているのに対して，日本の場合，ミレニアル世代のレーダーチャートは上位世代のそれよりも内側にきていることである。つまり，米国の場合，自国愛や環境意識，グローバル化度，シャアリング，人生観においてミレニアル世代の方が上位世代よりも意識が高いのに，日本の場合，ミレニアル世代は上位世代よりも自国愛や環境意識が低い。さすがにグローバル化度やシェアリングについてはミレニアル世代の方が高い。なお，中国とタイの場合，ミレニアル世代と上位世代はほぼ同じようなレーダーチャートを描き，環境意識やグローバル化度，シェアリングでミレニアル世代の方が上位世代よりもやや高いことが理解できる。

4. ミレニアル世代と未来の多国籍企業

多国籍企業理論においては，これまでその戦略や組織，経営資源やケイパビリティ，財務や人事などの企業内部の議論や，受入国の経済・社会へ及ぼす影響，伝統的公害問題や地球環境問題への影響など外部効果に関する議論が多くなされてきた。それらは現在においても重要な課題であり，今後も研究が進められていくべきである。ただ，重要な経済ファクターである消費者については，それらの諸課題に比べ語られることが少なかった。語られるとしても，消費者は一定の所得を有した経済人としかみなされてこなかった。消費者が一方的な買い手（客体）にとどまっている間はそれでも合理性はあったものの，現在のミレニアル世代のように単純な買い手ではない経済の主体として現れるようになると，従来の多国籍企業理論はかなり修正されなければならない。

第1に，多くの論者が想定した「巨大製造企業による海外生産拠点の設立」を多国籍企業のメルクマールとする考え方は不十分である。既に小売業やサービス業，中小企業などの多国籍企業化は論じられているが，デジタル・ネイティブであるミレニアル世代を対象としたGAFAなどの活動を含めなければ実態に沿わない。今後はクラウド・サービスを活用した実態の見えないグローバルな事業も増大するものと思われる。

第2に，モノの販売に邁進してきた製造企業も，ミレニアル世代の「モノからコトへ」を重視する考え方に同調し，新たな「コト」を生み出す努力をしていかねばならない。自動車製造企業が自動車を売るのではなくMaaS（Mobility as a Service）に変身しようと奮闘しているように，製造設備製造企業も建設機械製造企業も食品製造企業も，すべて顧客経験をいかに高めるかに尽力するであろう。

第3に，多国籍企業はウエルネス重視の経営を行う必要がある。これは健康機器や旅行を提供するというだけにとどまらず，社内においてもウエルネス重視が必要となる。従業員へ快適な労働環境を提供し従業員の健康を向上させ，家族や取引先を含むウエルネスを高めることができる企業のみが優秀な人材を集めることができる。優秀でES（Employee Satisfaction）の高い従業員だけがCS（Customer Satisfaction）を高めることができる。

第4に，ミレニアル世代は経済合理性だけでは動かない。社会性やストーリーなどを尊重し，SDGsの実現に邁進する企業を応援するだろう。労働部門や消費者の中で最有力のミレニアル世代の意向を反映し，金融資本もESG投資などで企業を後押しする。CSRから戦略的CSR，CSVと企業側もこの流れを活用せざるを得ない。未来の多国籍企業は技術力よりも社会貢献力が最大の競争優位になっているかもしれない。

〔大石芳裕〕

参考文献

新井場茉莉子（2016）「米国：ミレニアル世代の心をつかめ！」『ジェトロセンサー』11月号，70-71ページ。

大橋昭一（2013）「Y世代とツーリズム」『Tourism Studies』，1-9ページ。

岡田功太／幸田祐（2016）「米国ミレニアル世代顧客化の重要性とロボ・アドバイザー」『野村資本市場クオータリー』夏号，111-122ページ。

小山田裕哉（2016）「ミレニアル世代の価値観にアパレル企業はどう対応すべきか」『繊維トレンド』9-10月号，35-40ページ。

経済同友会（2016）『ミレニアル世代がもたらす変化を先取りし，企業の成長戦略の核に』https://www.doyukai.or.jp/policyproposals/articles/2016/pdf/160804a.pdf, 2018/11/9アクセス，1-23ページ。

JTB総合研究所（2014）「ミレニアル世代（19〜25歳）の価値観と旅行に関する調査」『JR GAZETTE』，41-45ページ。

田中克典（2015）「ミレニアルズ，Z世代が主役の金融市場を考える」『金融ジャーナル』8月号，100-103ページ。

デロイト（2017）『2017年　デロイト　ミレニアル年次調査』https://www2.deloitte.com/content/dam/Deloitte/jp/Documents/about-deloitte/about-deloitte-japan/jp-group-millennial-survey-2017.pdf, 2018/11/9アクセス，1-41ページ。

デロイト（2018）『2018年　デロイト　ミレニアル年次調査』https://www2.deloitte.com/jp/ja/pages/about-deloitte/articles/about-deloitte-japan/millennial-survey-2018.html, 2018/11/9アクセス，1-41ページ。

ニールセン（2017）「ミレニアル・オン・ミレニアル」https://www.nielsen.com/content/dam/nielsenglobal/jp/docs/report/2017/JP%20millennials-on-millennials-report-aug-2017.pdf, 2018/11/9アクセス，1-10ページ。

博報堂買物研究所（2016）『買物フォーキャスト2016』http://kaimonoken.jp/assets/pdf/millennial.pdf, 2018/11/9アクセス。

PwC（2015）『ミレニアル世代の女性：新たな時代の人材』PwC，全32ページ。

平山洋介（2016）「若い世代の住まいの状況をどう読むか」『都市計画』326，36-39ページ。

ブレスマン，H.（2015）「世界各地域のY世代は，仕事に何を求めるのか」DHBRネット論文，http:www.dhbr.net/articles/3391, 2018/5/29DL，全6ページ。

松本龍人（2016）「『贅沢はしない』ミレニアル世代のお金の使い方」『激流』，76-78ページ。

Manpower Group（2016）『ミレニアル世代のキャリア：2020年に向けたビジョン』https://www.manpowergroup.jp/company/r_center/w_paper/pdf/Millennial_Careers_2020_Vision.pdf, 2018/11/7アクセス，1-20ページ。

みずほ証券（2018）『ミレニアルズ』https://www.mizuho-sc.com/product/toushin/pdf/fund_global_newgeneration.pdf, 2018/11/7アクセス，1-24ページ。

Balda, J. B. and Mora, F. (2011), "Adapting Leadership Theory and Practice for the Networked, Millennial Generation," *Journal of Leadership Studies*, Vol.5, No.3, pp.13-24.

Berthon, P. R., Pitt, L. F., Plangger, K. and Shapiro, D. (2012), "Marketing meets Web 2.0, social media, and creative consumers: Implications for international marketing strategy," *Business Horizons*, No.55, pp.261-271.

Black, A. (2010), "Gen Y: Who They Are and How They learn," *educational HORIZONS*, winter, pp.92-101.

Eastman, J. K., Iyer R. and Thomas, S. P. (2013), "The Impact of Status Consumption on Shopping

Styles: An Exploratory Look at the Millennial Generation, T*he Marketing Management Journal,* Vol.23, Iss. 1, pp.57–73.

Farrell, L. and Hurt, A. C. (2014), "Training the Millennial Generation: Implications for Organizational Climate," *Journal of Organizational Learning and Leadership*, Vol.12, No.1, pp.47–60.

Garikapati, V. M., Pendyala, R. M., Morris, E. A. and McDonald, N. (2016), "Activity patterns, time use, and travel of millennials: a generation in transition," *Transport Reviews,* Vol.36, No.5, pp.558–584.

Gurău, C. (2012), "A life–stage analysis of consumer loyalty profile: comparing Generation X and Millennial consumers," *Journal of Consumer Marketing*, Vol.29, Iss.2, pp.103–113.

Ismail, M. and Lu H. S. (2014), "Cultural Values and Career Goals of the Millennial Generation: An Interated Conceptual Framework," *the Journal of International Business Studies*, Vol.9, No.1, pp.38–49.

Levenson, A. R. (2010), "Millennials and the World of Work: An Economist's Perspective," *J Bus Psychol,* No.25, pp.257–264.

Myers, K. K. and Sadaghiani, K. (2010), "Millennials in the Workplace: A Communication Perspective on Millennials' Organizational Relationships and Performance," *J Bus Psychol,* No.25, pp.225–238.

Moore, M. (2012), "Interactive media usage among millennial consumers," *Journal of Consumer Marketing*, Vol.29, No.6, pp.436–444.

Orden, G. (2015), "Millennial (Gen Y) Consumer Behavior, Their Shopping Preferences and Perceptual Maps Associated With Brand Loyalty," *Canadian Social Science,* Vol.11, No.4, pp.40–55.

Septiari, E. D. and Kusuma, G. H. (2016), "Understanding the Perception of Millennial Generation toward Traditional Market (A Study In Yogyakarta)," *Review of Integrative Business and Economics Research*, Vol.5, No.1, pp.30–43.

UN (2017), "World Population Prospects 2017," https://population.un.org/wpp/Download/Standard/Population/, 2019/6/9 アクセス。

第2章
ESGとSDGsによる経営戦略の変化

1. はじめに

地球温暖化やプラスチック海上汚染，大気汚染等環境問題が悪化し，深刻化している。社会では，女性活用や少子高齢化，働き方改革等の問題が議論されている。地球は経済，社会，環境の面で大きな課題に直面している。SDGsはこの認識に立ち，2030年までの達成をめざして，地球社会のサステナビリティのために解決すべき優先課題を包括的に整理したものであり，国連で，2015年に採択された。世界共通言語として，2030年までの「ありたい姿」の集大成である。SDGsを内包する国連文書A/70/L.1「持続可能な開発のための2030アジェンダ(1)」の，ターゲット12.6では「特に大企業や多国籍企業などの企業に対し持続可能な取り組みを導入し，持続可能性に関する情報を定期報告に盛り込むよう奨励する」と企業への要請が述べられている。

また，企業が環境・社会・企業統治の課題に適切に取り組んでいるかを考慮して，投資の意思決定を行う「ESG投資」と呼ばれる投資行動基準の採用が機関投資家を中心に拡大している。SDGsやESGにより，企業には経済的利益と社会的利益の両方の役割が求められるようになっている。

そこで，本章では，ESGとSDGsによって企業の経営戦略がこれまでとどう変化しているのかについて明らかにする。

本章の叙述の構成は次の通りである。第1に，グローバルリスクの変化について，概括する。第2に，SDGsとESG，日本政府や日本経団連等の取組みについて概括する。第3に，企業と投資家のための「価値協創ガイドライン」と企業による統合報告書の作成の変化について分析する。第4に，統合思想や統合報告書の概略を示し，従来の報告書との違いについて述べる。最後に，本章の要約と今後の見通しを示す。

2. グローバルリスクの変化

2-1. 環境リスクの変化

年々，自然災害や環境破壊の問題が増加している。世界経済フォーラムの『第13回グローバルリスク報告書2018』によると，発生可能性が高いリスクトップ5は，1位　異常気象（環境），2位　自然災害（環境），3位　サイバー攻撃（テクノロジー），4位　データ詐欺，データ盗窃（テクロノジー），5位　気候変動緩和・適応への失敗（環境）である。10年前と比べると環境問題とテクノロジー問題を発生可能性が高いリスクとして考えるようになっている（図表2-1）。同報告書によると，環境分野の5つのリスクすべてが，10年間にわたって，起きる可能性とその影響の両方について平均よりも高くランク付けされている。それは，ハリケーン，高温，4年間のCO_2排出量の増加等による。生物多様性の大量絶滅問題，大気や海の汚染も人間の健康にとってますます差し迫った脅威となっている。一方，自国第一主義への傾向が，地球温暖化や地球環境の悪化に対抗するために必要とされる長期的な多国間の対応を維持することをより困難にする可能性があると同報告書では指摘している（World Economic Forum, 2018b）(2)。

図表2-1　グローバルリスクトップ5の変化

	2010年	2018年
1位	資産価格の崩壊（経済）	異常気象（環境）
2位	中国経済減速（経済）	自然災害（環境）
3位	慢性疾患（途上国含む）（社会）	サイバー攻撃（テクノロジー）
4位	財政危機（経済）	データ詐欺，データ盗窃（テクノロジー）
5位	グローバルガバナンスの欠如（地政学）	気候変動緩和・適応への失敗（環境）

出所：World Economic Forum（2018a）, The Global Risks Report 2018.

2-2. MDGsとSDGs

2000年代の世界の問題は，貧困，飢餓，HIV/AIDS，南北問題，債務危機，紛争，衛生，水のアクセスと質，非識字，教育のアクセスと男女格差，社会的公正などであったため，2001～2015年の国連のミレニアム開発目標（MDGs）[3]の課題は，貧困・社会的排除問題で，開発アジェンダは，人権，社会的公正，開発（経済・社会・人間）であった。

環境破壊が進み，2016年以降の問題は，気候変動，生物多様性喪失，自然災害，高齢化，エネルギー問題，社会的公正，ガバナンス，肥満，紛争，貧困格差，教育の質，若者の雇用問題，人工知能に奪われる職，グローバルな金融・経済危機等へと変化し，貧困・社会的排除問題，地球環境問題等が喫緊の課題となってきた。そして，MDGsの後継として国連により採択された2016～2030年の持続可能な開発目標（SDGs）の開発・環境アジェンダは，地球資源制約・環境保全，自然生存権・人権，社会的公正，開発（経済・社会・人間）へと変化した。

気候変動の問題が，ESG（環境（Environment），社会（Social），ガバナンス（Governance）の英語の頭文字を合わせた造語）の「E」の中でも，SDGsの中でも，最重要課題になっている。

2-3. SDGsとは

SDGsは，2015年9月の国連サミットで，193か国の加盟国の全会一致で採択され，2030年までに達成することを目指し世界が合意した，持続可能な世界を実現するための17の開発目標で，169の目標，230の指標の三層構造である。すべての国，企業，NGO，投資家はSDGsの達成に協力を求められた。「持続可能な開発」とは，「将来世代のニーズを損なわずに，現役世代のニーズを満たす開発」のことをいう。グローバルな性質ですべての国に普遍的に適用で，法的義務はないが進捗状況のモニタリングと評価がある。そして，多様なコラボレーションとイノベーションが期待されている[4]。

2-4. SDGsの特長

SDGsの特長は，民間企業を課題解決を担う主体として位置付けその役割を重視している点にある。貧困や地球温暖化など世界の複雑な問題を解決するためには，企業の力が不可欠であり，企業活動により問題解決が促進されると期待されるからである。日本企業の間でも，SDGsが設定する目標を経営戦略に取り込み，事業機会として生かす動きが広がっている。

2017年1月に発表された「ビジネス&持続可能な開発委員会」の報告書(5)によると，SDGsを達成することで年間約12兆ドルの市場機会を獲得できる。それゆえSDGsは企業戦略上，ビジネス機会であると述べている（ビジネス&持続可能な開発委員会，2017)。企業は，SDGsに取り組むことで，地域との連携，新しい取引先や事業パートナーの獲得，新たな事業の創出など，今までになかったイノベーションやパートナーシップを生むことができ，事業機会が拡大すると考えられている。

SDGsの特長は，以下の点にある(6)。

①　普遍性：先進国を含め，すべての国が行動する。

②　包摂性：人間の安全保障の理念を反映し「誰ひとり残さない」

③　参画性：全てのステークホルダーが役割を担う。

④　統合性：社会・経済・環境に統合的に取り組む。

⑤　透明性と説明責任：政府の取組みの実施状況について高い透明性を確保し，定期的に評価・公表し，説明責任を果たす。

2-5. SDGsを巡る機会と必要性

(1)　企業がSDGsに取り組む必要性と活用の意義とチャンス

企業がSDGsに取り組む必要性と活用の意義とチャンスは以下の通りである(経済産業省, 2019;村上, 2019;デトロイトトーマツ, 2018等)(7)。

第1に，SDGsの目標が示すものは，満たされていない世界のニーズ，すなわち未開拓の巨大な市場であり，目標を達成するためには，多様なプレイヤーの参画が不可欠である。SDGsという共通言語を使うことにより，調達・製造・販売のサプライチェーン全体を含むステークホルダーとの関係の強化につながり，多様な経営戦略の展開が可能になる。SDGsはグローバルな共通言語であり，途上国のみならず先進国にとっての目標でもある。国連や各国の政府だけでなく，地域やコミュニティ，個人が力を合わせて達成すべき目標である。このため，国内や海外で優先課題と目標の共有化につながり，投資先，NGO/NPO等と目的を共有することができるため，中長期成長戦略を描く羅針盤となる。企業はSDGsを共通言語として世界中のステークホルダーとコミュニケーションをしながら，その活動の正当性と公共性を示すことができ，SDGsというフレームワークの中で評価される。SDGsの各目標を達成するためには，企業自身の力に加え，様々なステークホルダーが有する視点と資源が必要となる。「連携」がSDGs経営の重要なカギである。社外との連携でSDGsは共通言語であるため協働に入っていきやすく，イノベーションも起こしやすい。

第2に，企業に長期的な視野をもたせ，企業の持続可能性，社会にとっての付加価値を新たに考え直す機会を与えてくれる。持続可能な開発への貢献により，企業ブランド力の強化，ガバナンスの向上，リスク回避，企業の持続可能性の増強につながり企業価値を向上させることができる。SDGsを経営に活用して発信できるかどうかがコーポレートブランドによって重要になり，競争力に差がつくことが予想される。

第3に，経営者や社員が社会的な課題に取り組み，経済価値との同時実現に向けて自信をもつことで，社員のモチベーションを向上させる効果が期待される。

第4に，環境意識が強いミレニアム世代から好感を持たれることが予想され，優秀な人材確保につながる。若い人の考え方は「SDGsネイティブ」であり，社会課題を解決したいと考えている。ミレニアル世代の人たちは以前からの会社のコミットメントやバリューを見ているため，儲かるというエビデンスがそろってからESG経営に振るのでは遅い。彼らは働く目的，消費する目的を求めており，それを可視化できない企業は投資家のESG資金も引き寄せられず，ミレニアル世代の優秀な人材も採用できない[8]。

(2)　企業がSDGsに取り組まないリスク

企業がSDGsに取り組まないリスクとして以下の点が指摘できる。

第1に，企業の事業活動において配慮すべき人権問題，環境問題，労働問題，腐敗などの問題は，SDGsの17の目標とも深く関連しているので，これらの対応が不十分な企業は，従業員・サプライヤー・地域社会・NGO・消費者など様々なステークホルダーとの関係が悪化し，事業継続のリスクにもなりえる。

第2に，WBCSD（World Business Council for Sustainable Development：持続可能な開発のための世界経済人会議）が公表した報告書『Better Business, Better World（より良きビジネス，より良き世界）[9]』の中で，「今日の経済モデルには重大な欠陥があり，世界中でこれまでと同様の経済モデルが続いた場合，環境面および社会面への負荷が増加し，長期的には企業自身のビジネスコストが増長する」と指摘している。同報告書では，企業活動における社会的，環境的側面での改善が見られない場合，地域社会やNGO/NPO，サプライヤー，従業員などによる企業への反発が強まり，政府や自治体による強固な規制が導入され，企業にとってはよりビジネスがしづらい状況に陥る，と指摘している[10]。

第3に，SDGsに取り組まなかった場合の「リスク」として，企業の評判が下がる，規制が強化された際に規制に抵触する，消費者が商品を購入してくれなくなる等である。どの企業も取り組むようになりつつある中，取り組まないこと自体がリスクである。

3. 日本政府の対応

3-1. 2015年はパラダイムシフト年

日本政府は川村（2018）が述べている通り，2014年の「日本再考戦略」において，「稼ぐ力」を取り戻す構想を立て，JPX日経インデックスの設定や社外取締役選任等について改革を進めた。そして，2014年に企業の持続的な成長と中長期的な企業価値の向上を目的とした日本版スチュワードシップ・コード（行動指針）を，2015年にコーポレートガバナンス・コード（企業統治指針）を導入し，ESG投資環境が整備された。金融機関や企業は，「稼ぐ力」「コーポレートガバナンス」そして「対話」を意識せざるをえなくなり，より総合的に経営姿勢が検証される体制が整った。さらに，2015年，年金積立金管理運用独立行政法人（GPIF）が2015年に「責任投資原則」（PRI：Principles for Responsible Investment）に署名し，2017年に1兆円規模からのESG指数が公開され，SDGsと関連の深いESG投資への流れが加速した。

同2015年にSDGsが採択された他にも，パリ協定[11]が合意され，全会一致で地球の平均気温の上昇を2度未満に抑える「2℃目標」が採択された。さらに，トヨタ自動車が2015年10月に，「トヨタ環境チャレンジ2050[12]」を公表し，クルマの環境負荷をゼロに近づけるとともに，地球・社会にプラスとなる取り組みを通じて，持続可能な社会の実現に貢献するためのチャレンジを実施していくことを宣言した。

このように，2015年は持続可能な社会の実現に向けて日本でもパラダイムシフトが起きた年と捉えられている。こうした事象が世界的に企業の長期戦略に構造的な変化をもたらし，企業の競争軸やビジネスモデルも大きく変えようとしている。多くの機関投資家もサステナビリティの観点から投資の基本方針や判断基準の見直しを始めている。こうしたメガトレンドを背景に世界的にも国内的にも投資家はESG投資へ，企業はESG経営へシフトしている（川村2018）[13]。

3-2. 日本政府の対応

日本政府は2015年のSDGs採択を受け，首相を本部長とする持続可能な開発目標（SDGs）推進本部を設置し（平成28年5月20日閣議決定　本部長内閣総理大臣），SDGsアクションプラン2018を策定した。「Society 5.0」（サイバー空間（仮想空間）とフィジカル空間（現実空間）を高度に融合させたシステムにより，「経済発展と社会的課題の解決を両立する，人間中心の社会」や「次世代・女性のエンパワーメント」などを推進するとしている。SDGsに対し，2030アジェンダに掲げられている5つのP（people 人間，planet 地球，prosperity 繁栄，peace 平和，partnership パートナーシップ）と日本の8つの優先課題について関係性を整理し，関係する省庁が施策を立案した[14]。

日本政府は4つの「特定優先課題」を指定している。それは，「貧困・格差の拡大」，「地方の持続可能性の喪失」，「ジェンダー不平等」，「気候変動と災害の多発世界」である。気候変動を含め，「地球の限界」が明らかになっており，ここで何ができるかはSDGを「アウトサイド・イン」でやってみようとしている。「アウトサイド・イン・アプローチ」とは企業が目標設定に対し過去のデータや現在の潮流といった内部中心的なアプローチで臨むのではなく，SDGsが定めるような世界的な視点から何が必要とされているかを検討し，それに基づいて目標を設定し，現状の達成度と求められる達成度のギャップを埋めていくことが推奨されている。そして，危機の全貌を把握し，外部の視点で客観的に分析し，期限付きの目標と指標を設定し，政策総動員でSDGs＝「持続不能」の危機を乗り越えようとしている（首相官邸）[15]。

3-3. 日本経団連のSDGs推進体制

日本経団連は2017年11月，Society 5.0の実現を通じたSDGsの達成を柱として，企業行動憲章を改訂した。それまで同様，企業倫理や社会的責任には十分配慮しつつ，それらを超えて持続可能な社会の実現を牽引する役割を担うことを明示している[16]。

サブタイトルを「持続可能な社会の実現のために」へと変更し，イノベーションを発揮して，持続可能な経済成長と社会的課題の解決を図ることを新たに追加し（第1条），人権の尊重を新たに追加した（第4条）。多様化・複雑化する脅威に対する危機管理に対応（第9条）を加え，自社・グループ企業に加え，サプライチェーンにも行動変革を促す（第10条）点が主要な変更点である[17]。

さらに，2018年11月に提言「Society 5.0―ともに創造する未来―」を発表した。Society 5.0は，デジタル革新を通じて，経済成長だけでなく，社会課題の解決や自然との共生を目指すものである。また，国連が掲げるSDGsの達成にも貢献することができる。提言では，「目指すべき具体的な社会像を「Society 5.0 for SDGs」の社会と位置付けた。今後，経団連はこの提言をさらに磨き上げ，実現の旗振り役を担い，日本の経済社会の変革を主導していく[18]」とのことである。

3-4. 日本のSDGs達成状況の評価

日本はSDGsの達成状況についてどのような評価を受けているのだろうか。2016年，各国のSDGs達成状況を評価する報告書『SDG INDEX &

DASHBOARDS』がドイツのベルテルスマン財団と国連のシンクタンク機能を有する持続可能な開発ソリューション・ネットワーク（SDSN）によって発表された[19]。それによると，日本は全149か国中18位。同報告書2017年版では，全157か国中11位であった。2018年度版では全156か国中，日本は15位である。個別のゴールで見てみると日本は，目標5（ジェンダー），目標12（責任ある生産と消費），目標13（気候変動），目標14（海の豊かさ），目標17（パートナーシップ）が低い。3年連続で達成に程遠いという評価を受けた目標は，目標5（ジェンダー），目標13（気候変動），目標17（パートナーシップ）である。

ここからも日本は先進諸国の中でSDGsが進んでいるとは言えないことが看取される。西口・紺野（2018）が指摘しているように，企業向けに発行され，SDGsを企業経営に組み込むことの利点が示されているSDGs Compass（『SDGsコンパス―SDGsの企業行動指針』）で取り上げられている先進的な例は，ダノンやネスレなどの食品関連企業や，グラクソ・スミスクラインなどの製薬会社，KPMGやスカンディアなどの金融機関，Ayzhなどのスタートアップ企業等いずれも外資系企業である。日本企業はSDGsの浸透が遅い（西口・紺野 2018）[20]。

GPIFが，東証一部上場企業を対象に2018年1月から2月にかけて実施したアンケート調査では，「SDGsへの取り組みを始めている」と回答した企業が24%，「SDGsへの取り組みを検討中」と答えた企業は40%を占めた。2019年1月から2月にかけてのGPIFのアンケート調査ではSDGsについて「知っている」と回答した企業が96.7%と2018年の8割超から認知度が向上した。「取組みを始めている」と回答した企業も44.7%と大きく増加している[21]。このように日本でもSDGsに取り組む東証一部企業が増加している。

4. ESGとSDGsとの関係

4-1. ESG投資[22]

GPIFによると，企業が環境・社会・企業統治の課題に適切に取り組んでいるかを考慮して，投資の意思決定を行う「ESG 投資」と呼ばれる投資行動基準の採用が機関投資家を中心に拡大している。「ESG 投資」とは従来は，定量的な財務情報が企業の価値を測る材料として使われてきたが，非財務情報であるESG 要素も加えて考慮する投資を指す。2006 年に国連のアナン事務総長（当時）が機関投資家に対し，ESG を投資プロセスに組み入れる「責任投資原則」（PRI：Principles for Responsible Investment）を提唱したことがきっかけでESG 投資が知られるようになった。2008 年のリーマン・ショック後に資本市場で短期的な利益追求に対する批判が高まったこともPRI の署名機関増加につながった[23]。ESG を投資プロセスに組み入れるPRI の提唱により，欧米ではESG 投資は一般的な投資手法になりつつある。また，事業だけでなく社会戦略を評価の対象とする潮流になった[24]。

ESG 投資に似た概念は，社会的責任投資（SRI，Socially Responsible Investment）であるが，SRI は倫理的な価値観を重視することが多い。ESG 投資は長期的にリスク調整後のリターンを改善する効果がある。このためGPIF にとってのESG 投資は，「年金事業の運営の安定に資するよう，専ら被保険者の利益のため，長期的な観点から，年金財政上必要な利回りを最低限のリスクで確保することを目標とする」というGPIF の投資原則に沿い，受託者責任を果たすことができる投資手法であるとGPIF は述べている（GPIF）[25]。

ESG 投資では，財務情報としては直接的に表われにくい非財務的な情報や

図表 2-2　非財務情報（ESG 情報）と投資時間軸との関係

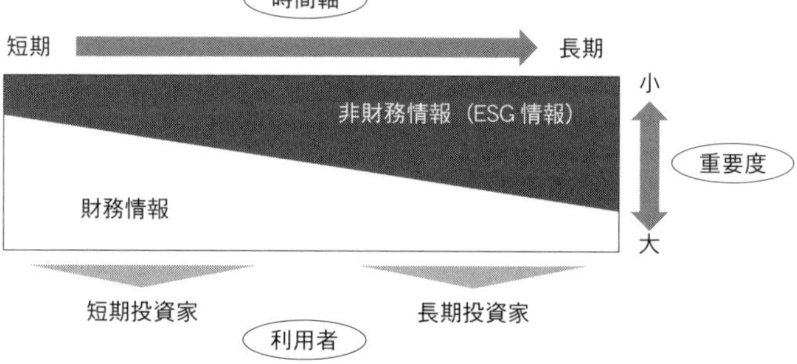

出所：持続可能性を巡る課題を考慮した投資に関する検討会（2017）「ESG 検討会報告書」6 ページ，図表 2 抜粋。

価値が，時間の経過とともに売上や利益等の財務数値に転化する「企業の成長力の源泉」として考慮の対象となる。時間軸が短いほど，「財務情報」が重要となり，時間軸が長いほど財務情報だけでは説明のつかない「非財務情報」が重要になる（図表2-2）。

さらに，GPIFによると，SDGsに賛同する企業が17の項目のうち自社にふさわしいものを事業活動として取り込むことで，企業と社会の「共通価値の創造」（CSV＝Creating Shared Value）が生まれるので，その取り込みにより企業価値が持続的に向上すれば，GPIFにとっては長期的な投資リターンの拡大につながると述べている。

4-2. ESG投資とSDGsの関係

ESG投資と，投資先企業のSDGsへの取り組みは，GPIFは表裏の関係にあると指摘している（図表2-3）。GPIFは株式を直接保有せず，外部の運用会社を通じて投資しているため，GPIFから運用を受託する金融機関にESGを考

図表2-3　ESG投資とSDGsの関係

社会的な課題解決が事業機会と投資機会を生む

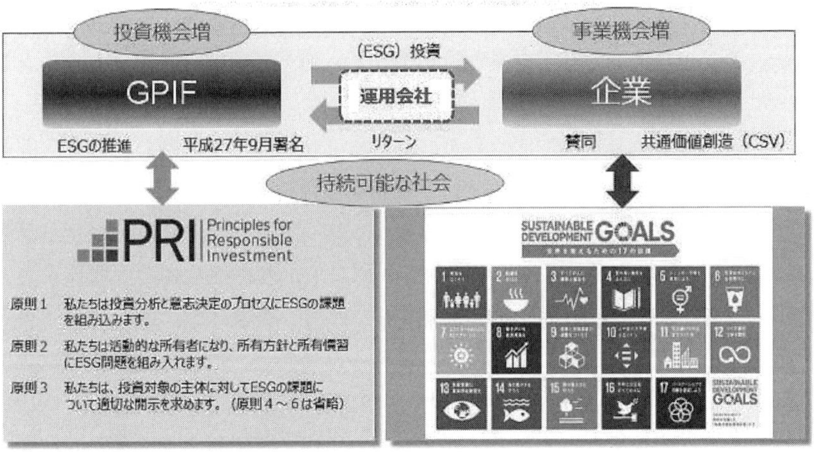

原出所：国連等よりGPIF作成。

出所：GPIFホームページ https://www.gpif.go.jp/investment/esg（2019年4月1日閲覧）より引用。

慮して投資するよう求めている。とくに運用受託機関が重大なESG課題だと認識する項目については，投資先企業と積極的に「建設的な対話」（エンゲージメント）を行うよう促している。SDGsやESGの理念は長期的な企業価値を判断するための手がかりとなる。社会が変化する中で投資先の長期的・持続的な成長が期待できるのかどうか，将来の企業価値を投資家は判断する。

既存の運用にESGを取り込まなければ，契約が取れず，選考で落とされるというのが欧州，特に北欧・ユーロ圏の流れである。このように欧州の投資家はESGの意識が高い（GPIF）[26]。

また，ESG経営は企業の取り組みのプロセスであり，SDGsはその取り組みのゴールである。つまり，経営にESGに配慮した取り組みを進めていれば，おのずとSDGsの達成に寄与し得る（足達他, 2018）[27]。

4-3. 環境および社会リスクの監視・監督

環境問題や社会問題への取り組み等ESG経営について議決権行使助言会社等外部からの監視・監督の力が強まっている。機関投資家の議決権行使に影響を与え，その結果，企業統治にも影響を与えているのは，世界最大手のインスティテューショナル・シェアホールダーズ・サービス（ISS）やグラス・ルイス等の議決権行使助言会社である。両社は，それぞれの基準に基づき，全上場会社の株主総会議案の賛否推奨を行っている。海外の機関投資家はISSやグラス・ルイスの推奨通りに行使という会社も多い[28]。

グラス・ルイス（2019）によると，同社は「重大な環境問題および社会問題への取組みの欠如が，直接的な財務，規制およびレピュテーションなどのリスクを企業にもたらし，株主の利益に害を及ぼす可能性があると考え，企業活動の持続可能性の確保を重要視している。」他にも，多様性に富んだ取締役会を推奨している。「取締役会の多様性の視点，能力，経験等が，偏った集団思考を防ぎ，企業に利益をもたらす」と考えるからである。取締役会の多様性確保の問題については，「日本だけではなく，世界各国における課題である。近年，欧州各国の立法者やガバナンスの専門家が，上場企業に対して，多くの女性取締役を設置することを提唱している。この欧州での試みにより，多くの欧州の市場において，女性取締役選任の新規制や法律が制定された。日本では，男性が支配するビジネス社会問題に対応するため，2018年6月に改正されたコーポレートガバナンス・コードが，上場企業に対し女性役員の登用を推奨した。日本社会に深く根付く男女性別役割分業の固定観念が，企業におけるジェンダー・ダイバーシティーの促進を妨げている」と指摘している[29]。

このように，環境問題や社会問題への取り組みや取締役会の多様性やジェンダー・ダイバーシティー等をはじめ，ESG経営に対する監視・監督に議決権行使助言会社が影響を与え，日本企業もそれに応じて変化してきている。

2015年以降，企業には経済的な価値創造のみならず，環境や社会の課題の解決を通じて持続可能な発展に貢献することが求められるようになり，中長期的な価値創造に取り組むことが期待されている。

5. 企業と投資家のための「価値協創ガイドライン」と統合報告書

企業には経営・ビジネスモデル，地球環境等さまざまな面でサステナビリティを求められるようになっている。本節では，企業と投資家のために経済産業省が作成した「価値協創ガイドライン」と企業による統合報告書の作成の変化について述べる。

5-1. 「価値協創ガイドライン」と伊藤レポート2.0

2016年6月に閣議決定された「日本再興戦略 2016」で，持続的な企業価値向上と中長期投資の促進を図るための総合的な政策が打ち出された。その中の政策課題として，「ESG（環境，社会，ガバナンス）投資の促進といった視点にとどまらず，持続的な企業価値を生み出す企業経営・投資の在り方やそれを評価する方法について，長期的な経営戦略に基づき，人的資本，知的資本，製造資本等への投資の最適化を促すガバナンスの仕組みや経営者の投資判断と投資家の評価の在り方，情報提供の在り方について検討を進め，投資の最適化等を促す政策対応」を検討することが掲げられた。これを受け，2016年8月，「持続的成長に向けた長期投資（ESG・無形資産投資）研究会（以下「本研究会」）」が設立され，企業と投資家等の長期投資を巡る現状と課題，方策について，集中的な検討が行われた。

そして，2017年5月29日にガイドラインとして『価値協創のための統合的開示・対話ガイダンス―ESG・非財務情報と無形資産投資―』が公表された。その狙いは，企業のコーポレートガバナンス責任並びに投資家のスチュワードシップ責任を果たすための対話の在り方，その前提としての情報開示の在り方を示す枠組み，両者の「共通言語としての指針として活用されることである。企業と投資家の対話や情報開示の質を高めるための基本的な枠組みとして提示されたものである。価値協創ガイドラインでは長期投資家が情報開示と対話において求める本質的な情報があり，社会とのかかわりが強く意識されている。

2017年10月26日に，その報告書として『伊藤レポート2.0』が公表された（経済産業省，2017b）。この報告書は，研究会における検討の成果を取りまとめ，今後の政策展開に向けた提言等を行っている。同報告書では，企業価値の持続的成長のために，無形資産の構築を推進するとともに，SDGs・ESGに注力する必要性を強調している。そして，第四次産業革命が企業の競争の在り方を変化させ，無形資産に対する戦略投資の重要性が競争力の源泉として高まってきていることを指摘している[30]。同報告書は企業と投資家を繋ぐ「共通言語」であり，企業（企業経営者）にとり，投資家に伝えるべき情報（経営理念やビジネスモデル，戦略，ガバナンス等）を体系的・統合的に整理し，情報開示や投資家との対話の質を高めるための手引となっている。企業は，自社のビジネスモデルや戦略にとって重要なものを選択し，これを自らの価値創造ストーリーに位置づけるなどして，活用することが期待されている（図表2-4）。

『伊藤レポート2.0』の中では，企業が留意すべき経営戦略として以下の点にある。

・「価値観」の中で社会に価値を提供することが重要であり，社会との関係性や社会の受容性等「1.2.社会との接点」を明確に挙げている。
・リスク・機会の与件として，無形資産が確保できなくなる等「事業環境，外部環境への認識」を強調している。
・「持続可能性・成長性」において，「3.1.ESGに対する認識」と「3.2.主要なステークホルダーとの関係性の維持」を明確に示している。例えば，以下の通り述べている。

図表 2-4　価値協創ガイダンスの全体像

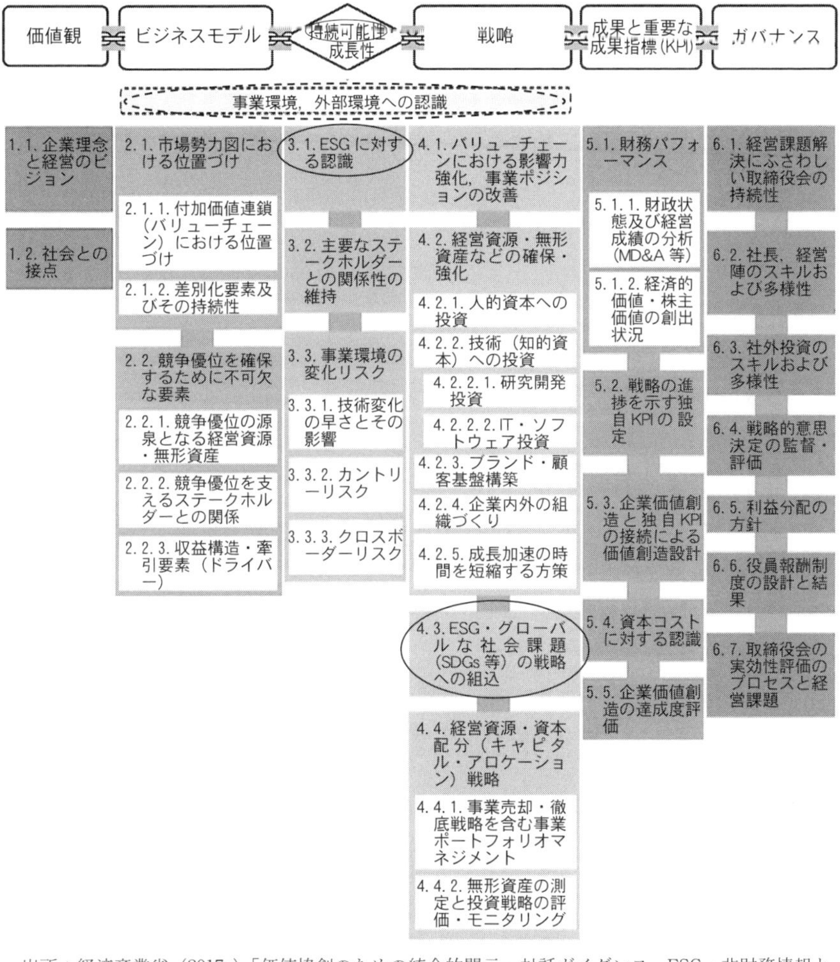

出所：経済産業省（2017a）「価値協創のための統合的開示・対話ガイダンス―ESG・非財務情報と無形資産投資―（価値協創ガイダンス）」5 ページに加筆修正。

「03. ビジネスモデルを持続させる上での最も大きな脅威は，その中核となる経営資源・無形資産やステークホルダーとの関係を確保，維持できなくなることである。特に，長期的な視点に立てば，企業の存続の前提となる社会との関係性や社会の受容性をどのように捉え，どのように維持し，社会に価値を提供し，企業価値につなげていくのかが重要になる（経済産業省,2017b:12ページ）。」

・「戦略」において「3.2. ESG・グローバルな社会課題（SDGsなど）の戦略への組み込み」を明記している。

・「戦略」において，「4.2. 経営資源・無形資産等の確保・強化」を指摘している。

・ESGを自社のビジネスモデルの持続可能性にとっての重要性（Materiality），中長期的な企業価値向上の中での位置づけを重視している。例えば，以下の通り述べている。

「04. 長期的な視野に立つ投資家が，ESG（Environment（環境），Social（社会），Governance（ガバナンス））といった要素を重視するのも，このような考え方によるところが大きい。投資家にとって，企業がこれら要素を個別に捉えるのではなく，自社のビジネスモデルの持続可能性にとっての重要性（Materiality），ひいては中長期的な企業価値向上の中でどのように位置づけているかを理解することが重要である（経済産業省,2017b:12ページ）。」

・企業のリスク・収益機会をESGの要素と関連付けて影響を与えるのか理解する必要性を述べている。例えば，以下の通り述べている。

「05. 特に機関投資家にとっては，顧客・受益者に対するスチュワードシップ責任（機関投資家が，投資先の日本企業やその事業環境等に関する深い理解に基づく「建設的な対話」（エンゲージメント）などを通じて，当該企業の企業価値の向上や持続的成長を促すことにより，顧客・受益者の中長期的な投資リターンの拡大を図る責任）を果たす観点からも，企業のリスク・収益機会，あるいは企業価値を毀損するおそれのある事項を把握することが求められており，例えば，ESGの要素がこれらとどのように関連し，影響を与えるのかを理解することは重要である（経済産業省,2017b:12ページ，スチュワードシップ責任の説明は筆者が追加した）。」

このように，企業は，ビジネスモデルや企業の持続可能性，自社のビジネスモデルの持続可能性にとってのESGの重要性とリスク・収益機会への影響を把握することが求められるようになっている。そして，ESG・グローバルな社会課題（SDGs等）を戦略へ組み込み，自社の強みを活かし，本業を通じて社会に貢献していくSDGs，ESG経営が求められている。

5-2. 統合思想による経営

このような企業に求められる経営戦略の変化とともに，それを投資家に説明するアニュアルレポート等の報告書にも求められる内容が変化した。

2013年の国際統合報告評議会（IIRC）が国際統合報告フレームワーク（IIRCフレームワーク）を公表してから，上場企業は財務報告とCSR報告書やサステナビリティ報告書を統合した「統合報告書」を発行しはじめている。こうした背景には次の2つの事情があると村井（2018）は指摘する[31]。

第1に，企業価値における非財務のウエイトが80％以上にまで高まっているため，財務情報だけでなくマテリアル（重要）な非財務情報を開示することが求められている。また企業の生き残りにとって不可欠であるとしたマイケルE. ポーター教授ら（2011）の社会的価値と経済的価値を創出するCSV（共通価値の創造）の取り組みが企業の競争力につながることが広範囲に知られるようになった。さらに企業が価値創造に取り組めるようコーポレートガバナンスを改善し，投資家との建設的な目的をもった対話を行う必要性が指摘され，そのためのツールとして統合報告書への期待が高まっているためである。

第2に，地球環境問題の深刻化により持続可能な企業活動が求められている。しかし，持続可能性に関する企業報告は，CSRやサステナビリティ報告書として企業の財務報告とは別に独立した報告書として発行されており，企業の持続可能性への取り組みと経営戦略との関係が不明瞭であった。統合報告により，持続可能性を経営戦略の中に組み入れることが期待されているからである（村井, 2018）[32]。

統合報告とは「統合思考を基礎とし，組織の，長期にわたる価値創造に関する定期的な統合報告書と，これに関連する価値創造の側面についてのコミュニケーションにつながるプロセス[33]」である。統合思考とは，「組織内の様々な事業単位及び機能単位と，組織が利用し影響を与える資本（財務資本，製造資本，人的資本，知的資本，社会・関係資本及び自然資本）との間の関係について，組織が能動的に考えることである。統合思考は短，中，長期の価値創造を考慮した，総合的な意思決定と行動につながる[34]」である。企業は統合報告により，経済的価値（ROE等）と社会的価値（SDGs等）の向上を両立させる経営を目指すように変化している。

持続可能な社会では社会価値と経済価値の向上が必要である。宮崎（2018）によると，財務や製造資本，自然資本，知的資本，社会関係資本を含め活用し，経済価値を生み続けていくための経営が統合思考である。中長期的に価値創造を行っていくことが，ESG経営には求められている。ESG投資家にとって十分条件となるのは，長期的ストーリー性のある「価値創造プロセス」である。これが「統合報告」につながる（宮崎, 2018）。

5-3. 経営パラダイムと企業価値概念の変革，企業価値を左右する経営デザイン力

日本企業の多くは，長谷川（2018）によると，機能，品質，価格を強みとするビジネスモデルを確立してきた。日本企業の技術力や品質に対する世界からの評価は高いが，社会的な課題の解決に貢献できなければ，人々から信頼と共感は得られない。社会や顧客にとり新しい価値を創出し，広く普及・浸透させていく必要がある。未来社会の構築にむけて変革をリードする価値観を作り出せなければ，社会から共感されるビジネスにならない。日本の高度成長期のように，基盤技術に基づく連続的なイノベーションが創出可能な時代には，機能・品質・価格面でのイノベーションに注力することで企業価値は安定的に向上してきた。投資家もビジネスモデルの連続性をよりどころとして，財務情報に基づく短中期の業績予想をベースに投資判断を下してきた。しかし，AIやIoTによる技術の急進化によって，非連続的なイノベーションが企業の将来を左右するようになった。長期投資の下で企業価値を推計するには，非財務情報を通じて，サステナブル経営の中核となる経営デザイン力を読み解く能力が欠かせなくなっている。長期的な価値創造のためには，過去のデータである財務だけでは不十分であり，ESGなどの非財務的要素との統合の重要性が指摘されている。長期的な視点での企業価値の推計に欠かせない情報とは，「誰に価値を提供し，誰からその対価を受け取るのか，必要不可欠な経営資源が何で，それをどのように確保し，どのような価値を創造して持続していくのか」という価値創造のビジョンとプロセスである（長谷川, 2018）[35]。

5-4. 21世紀の経営はサステナビリティ経営

21世紀社会の中核理念は長谷川（2018）が述べているように，サステナビリティである。先進企業の間では，イノベーション，投資，協働を通じて，企業が責任あるビジネスを実践することで，新しいビジネス機会の獲得につながるという期待が芽生えている。そのため，持続的成長に向けて，企業はSDGsに関与すべきであるという認識が浸透しつつある。企業の成功を支える環境を改善し，新たな方向性を与えることで，企業のビジネス機会を拡大させることができるとも考えられている。

機関投資家は，ESG投資をツールとして，統合思考経営から生みだされた経済価値と社会価値に対する評価を行い，投資先企業を選択していく。事業戦略にSDGsの要素を組み込み，事業活動のプロセスと成果の中からSDGsへのインパクトを評価している。SDGsの実現に向け，企業には統合思考の実践，機関投資家はESG投資が求められている（長谷川, 2018）[36]。

5-5. 優れた統合報告書の事例

本節では，企業がSDGsやESGによりどのように経営戦略を変化させているのかを統合報告書から事例でみていく。統合報告書のアウォード（賞）が2つある。

ひとつはWICIジャパン統合報告表彰で，主催者はWICIジャパンである。目的は事業報告の簡潔・明瞭化により事業体のステークホルダーとの双方向コミュニケーションを高め，事業体と社会の持続可能性を向上させようとする国際統合報告評議会（IIRC）の活動を，日本で推進するために設けられた表彰制度である。評価対象は東京証券取引所市場第一部上場銘柄のうち，時価総額上位200社である。第6回（2018年度）が2018年11月にWICIジャパンウェブサイトにて発表された。審査委員約20名の審査委員は，研究者やコンサルタント・金融機関などである。

2018年度の統合報告優秀企業大賞[37]はMS&ADインシュアランスグループホールディングス株式会社「統合レポート2018」，統合報告優秀企業賞[38]は，味の素株式会社「統合報告書2018」，コニカミノルタ株式会社「統合報告書2018」，大和ハウス工業株式会社「統合報告書2018」，日本精工株式会社「NSK

レポート2018」，統合報告優秀企業賞は，シスメックス株式会社「シスメックスレポート2018」，株式会社丸井グループ「共創経営レポート2018」である。

WICIジャパン統合報告表彰の評価基準は以下の点が重視されていた。

①IIRCが定める〈IR〉フレームワークに定められた必須記載事項を反映して，価値創造ストーリーが簡潔明瞭に記されているか否か。②過去の事業活動で達成された成果と残された課題が整理され，それと今期の実績との繋がりが明確にされていると共に，それを踏まえた将来の事業展開が，そのリスクと合わせて的確に見通せるようになっているか。③営む各事業活動の価値創造ドライバーがKPIとして，経時的ないしピアグループ間で比較できるような形で提供され，KPIと開示する企業データとの繋がりが示されているか。④事業活動の長期にわたる持続可能性を支えるコーポレート・ガバナンスが当該発行体に相応しい形で保たれているか。⑤経営執行陣が自社の資本コストを自覚し，上場企業として株主への意識，及びその他のステークホルダーへの配慮とのバランスをもって経営に取り組んでいるか。

もうひとつは「日経アニュアルリポートアウォード2018」であり，日本企業が発行するアニュアルリポート（年次報告書）の中で特に優れたものが表彰される。「第21回 日経アニュアルリポートアウォード」の審査の結果，グランプリはMS&ADインシュアランスグループホールディングス，準グランプリに大和ハウス工業，中外製薬，三井化学。特別賞にコニカミノルタと丸井グループが選ばれた。

「日経アニュアルリポートアウォード2018」の審査では，以下の点が重視されていた[(39)]。

マテリアリティ特定やSDGsとの関係，持続的な成長を前提とした企業価値の尺度として，非財務情報であるESGに対する関心が高まる中，アニュアルリポートもこれを意識した構成にしてあるか。2030年までに世界が達成すべきSDGsに基づいた事業戦略，株主価値創造ツールとしての統合報告―中長期の株主価値向上を意識しているか。ESGを長期の企業価値創出という目線で語っているか。

持続的な企業価値向上を伝え，短期（財務情報）と中長期（ESG情報）のバランス，非財務の取り組みの進捗を示すKPIが活用されているか。ビジネスモデルとその競争力の源泉，資本コストの議論とそれを長期的に上回るための資本配分・政策，SDGsと事業のリンケージとESGへの取り組み，それらが持続的な企業価値拡大に繋がるか。ビジョンの明確化，フリーキャッシュフローによる経営管理など，長期視点で整合的な企業価値向上に取り組んでいるか。トップメッセージで，世の中を広く俯瞰し課題把握と解決のビジョンを自らの言葉で語っているか。

ESGマテリアリティ・SDGs目標を見据え価値創造プロセスの確立に取り組んでいるか。財務情報はもちろんのこと，非財務情報の開示の充実，特に経営陣と従業員との一体感を持った価値向上活動への取り組みや実効性の開示がされているか。

アニュアルリポートもそのほとんどが統合報告書として，財務・非財務の両面から企業情報が開示されるようになる中で，財務情報を経済的価値，非財務情報を社会的価値と捉え，経営戦略にどのように落とし込み，企業価値向上につなげているのかを明確に示しているか。

持続的な成長に向けた経営陣の明確な意思表明のもと価値向上ストーリーを示しているか。サステナビリティー経営の必要性が真摯に語られ，人財を付加価値源泉に据え育成への実践を示しているか。いかなる価値を創造し，いかに社会と関わっていくのか，企業価値向上の観点から真剣にマテリアリティと向き合っているか。

ESG関連項目の記載を充実させ社会の持続可能性に配慮した企業の真摯な取り組み姿勢を伝えているか。長期のビジョンや中期経営計画の位置付け等と絡めて，企業自身の企業価値向上に結び付くストーリーを持った記載になっているか。経営者の情熱や覚悟や思いが伝わるメッセージになっているか。

以上のことから，今後の企業経営には，持続可能性を支えるコーポレートガバナンスの強化，SDGsに基づいた事業戦略，非財務の取り組みの進捗を示すKPIの活用，ESGマテリアリティ・SDGs目標を見据え価値創造プロセスの確立，財務情報を経済的価値，非財務情報を社会的価値と捉え，経営戦略への落とし込み，企業価値向上につなげているESG関連項目の記載の充実と社会の持続可能性に配慮した企業の真摯な取り組み姿勢が強く求められていることがわかる。

5-6. トヨタ自動車のサステナビリティ経営に向けた組織改革

「トヨタ環境チャレンジ2050」を2015年に公表したトヨタ自動車は，2019年6月1日，「サステナビリティ推進室」を新設し，SDGsやESGに本格的に取り組む体制を構築した。今後は，CFO（チーフ・ファイナンシャル・オフィサー）やCRO（チーフ・リスク・オフィサー）を務める小林耕士副社長がサステナビリティ推進を担当し，全社的にSDGsやESGに取り組む。これまで同社は，ガバナンスやCSRレポートは経営支援室が，環境対策は環境部が，社会貢献は社会貢献推進部が担当しており，部署間の連携も十分ではなかった。これまで日本の自動車業界では，環境関連部署とCSR・社会貢献の担当部署が別々に存在し，連携も十分ではないケースが多かった。一方，他業界では，リコーや富士通などが環境部門とCSR部門を統合する動きも出ている。トヨタは部門間で兼務の社員を置き，副社長の担当も明確にするなど，全社的なSDGsやESGの取り組みに向けて動き出した[40]。トヨタがサステナビリティ経営に大きく舵を切ったことで，日本の自動車産業各社にも影響を与えることが予想される。

6. まとめ

本章で明らかになったことをまとめると以下の通りである。

第1に，2014年企業の持続的な成長と中長期的な企業価値の向上を目的とした日本版スチュワードシップ・コード，2015年コーポレートガバナンス・コードの導入でESG投資環境が整備された。GPIFがPRIに署名し，SDGsと関連の深いESG投資への流れが加速した。2015年は持続可能な社会の実現に向けて世界的に企業の長期戦略に構造的な変化をもたらし，企業の競争軸やビジネスモデルも大きく変わろうとしている。サステナビリティの観点から機関投資家も投資の基本方針や判断基準の見直しを始め投資家はESG投資へ企業はESG経営へシフトしている。

第2に，企業には経済的な価値創造のみならず，環境や社会の課題の解決を通じて持続可能な発展に貢献や，中長期的な価値創造に取り組むことが期待され，ビジネスモデルや企業の持続可能性，自社のビジネスモデルの持続可能性にとってのESGの重要性とリスク・収益機会への影響を把握することが必要である。ESG・グローバルな社会課題（SDGs等）を戦略へ組み込み，自社の強みを活かし，本業を通じて社会に貢献していくSDGs，ESG経営が求められるようになっている。

第3に，2013年IIRCが国際統合報告フレームワークを公表してから，東証一部上場企業は「統合報告書」を発行しはじめている。企業が価値創造に取り組めるようコーポレートガバナンスを改善し，投資家との建設的な目的をもった対話を行う必要性が指摘され，そのためのツールとして，そして持続可能性を経営戦略の中に組み入れることが期待されているからである。

第4に，これからの企業経営には，持続可能性を事業戦略の中核に据え，事業を通じてSDGsの達成とそれを支えるコーポレートガバナンスの強化，SDGsに基づいた事業戦略，ESGマテリアリティ・SDGs目標を見据え価値創造プロセスの確立，ESG関連項目の記載の充実と社会の持続可能性に配慮した企業の真摯な取り組み姿勢が強く求められている。企業がSDGsを活用することで，中長期的な価値創造戦略を再構築し，自社のサステナビリティにつなげることができる。

今後は，東証一部企業のみならず，市民社会や中小企業，非上場企業もSDGsを推進する動きは加速化していくことが予想される。

〔富山栄子〕

注

⑴　国連ホームページ，United Nations（2015），General Assebmly A/70/L.1　https://www.un.org/ga/search/view_doc.asp?symbol=A/70/L.1（2019年6月3日閲覧）。

⑵　World Economic Forum（2018a）『第13回グローバルリスク報告書』（The Global Risk Report 2018, 13th Edition）https://www.mmc.com/content/dam/mmc-web/.../Global-Risks-2018(Japanese).pdf（2019年4月1日閲覧）。

⑶　ミレニアム開発目標（Millennium Development Goals: MDGs）は，2000年9月にニューヨークで開催された国連ミレニアム・サミットで採択された国連ミレニアム宣言を基にまとめられた（外務省ホームページ，https://www.mofa.go.jp/mofaj/gaiko/oda/doukou/mdgs.html，2019年4月1日閲覧，国際連合広報センターホームページ，https://www.unic.or.jp，2019年4月1日閲覧）。

⑷　国際連合広報センターホームページ，https://www.unic.or.jp/activities/economic_social_development/sustainable_development/2030agenda/（2019年6月15日閲覧）。UNDP駐日代表事務所ホームページ，http://www.jp.undp.org/content/tokyo/ja/home/sustainable-developmentgoals.html（2019年6月15日閲覧）。

(5) ビジネス＆持続可能な開発委員会は，2016年1月にダボスで設置された。この委員会は，国連の持続可能な開発目標が達成された場合に入手可能な経済上の恩恵のマッピング，およびビジネスによるこれらの目標達成の貢献に関する説明の目的で，ビジネス，金融，市民社会，労働，および国際機関のリーダーを一つにまとめたものである（Business and Sustainable Development Commission, 2017）。

(6) 外務省ホームページ（2019年4月1日閲覧）。

(7) 経済産業省（2019），村上周三（2019）序章「地方創生と自治体SDGs：グローバル目標の実践」村上周三・遠藤健太郎・藤野純一・佐藤真久・馬奈木俊介『SDGsの実践：自治体・地域活性化編』20ページ，デロイトトーマツ（2018）を参照。

(8) デロイトトーマツ（2018）「2018年デロイトミレニアル年次調査」，https://www2.deloitte.com/content/dam/Deloitte/jp/Documents/about-deloitte/about-deloitte-japan/jp-group-millennial-survey-2018.pdf（2019年4月1日閲覧）。

(9) ビジネス＆持続可能開発委員会（2017）『より良きビジネスより良き世界概要　ビジネス＆持続可能開発委員会報告書』http://report.businesscommission.org/uploads/Japanese.pdf，http://report.businesscommission.org/uploads/BetterBizBetterWorld_170215_012417.pdf（2019年5月31日閲覧）。

(10) Business and Sustainable Development Commission（2017），*Better Business Better World: The Report of the Business & Sustainable Development Commission*, http://report.businesscommission.org/uploads/BetterBiz-BetterWorld_170215_012417.pdf（2019年3月1日閲覧），p.31，wbcsd（2017）『持続可能な開発目標CEOガイド』https://docs.wbcsd.org/2017/03/CEO_Guide_to_the_SDGs/Japanese.pdf（2019年4月10日閲覧）。

(11) COP21（第21回国連気候変動枠組み条約締結国会議）における，21世紀後半にCO_2排出量の実質ゼロをめざす（外務省ホームページ，2019年4月1日閲覧）。

(12) トヨタ自動車ホームページ，https://global.toyota/jp/sustainability/esg/challenge2050/（2019年6月16日閲覧）。

(13) 川村雅彦（2018）第4章「国内外における「統合思考」の動きと課題」長谷川直哉編著，宮崎正浩・村井秀樹・環境経営学会統合思考・ESG投資研究会著『統合思考とESG投資』88-90，93ページ，文眞堂。

(14) 持続可能な開発目標（SDGs）推進本部（平成28年12月22日SDGs推進本部決定）持続可能な開発目標（SDGs）実施指針（本文）https://www.kantei.go.jp/jp/singi/SDGs/dai2/siryou1.pdf，首相官邸（2019年4月1日閲覧）。

(15) 首相官邸（n.d.）「資料5-2 SDGs＝「持続不能」の危機を」，https://www.kantei.go.jp/jp/singi/sdgs/entakukaigi_dai2/siryou5_2.pdf（2019年6月16日閲覧）。

(16) 経団連ホームページ，http://www.keidanren.or.jp/announce/2017/1108.html（2019年4月1日閲覧）。

(17) 経団連ホームページ，http://www.keidanren.or.jp/policy/cgcb/2017shiryo1.pdf（2019年4月1日閲覧）。

(18) 経団連ホームページ，https://www.keidanren.or.jp/speech/2019/0101.html（2019年4月1日閲覧）。

(19) Bertelsmann Stiftung, Sustainable Development Splutions Network（2018），*SDG Index and Dashboards 2018 GLOAL RESPONSIBILITIES IMPLEMENTING THE GOALS*, https://www.sdgindex.org/reports/2018/（2019年4月11日閲覧）。

(20) 西口尚宏・紺野登（2018）『イノベーターになる』日本経済新聞社，153ページ，GRI/United

Nations/wbcsd（2016）『SDGs Compass：SDGs の企業行動指針―SDGs を企業はどう活用するか』，https://sdgcompass.org/wpcontent/uploads/2016/04/SDG_Compass_Japanese.pdf（2019 年 4 月 10 日閲覧）。

(21)　GPIF（2019）「「第 4 回 機関投資家のスチュワードシップ活動に関する上場企業向けアンケート集計結果」の公表について」https://www.gpif.go.jp/investment/stewardship_questionnaire_04.pdf（2019 年 5 月 16 日付），GPIF（2018）「「第 3 回 機関投資家のスチュワードシップ活動に関する上場企業向けアンケート集計結果」の公表について」https://www.gpif.go.jp/operation/pdf/stewardship_questionnaire_03.pdf（平成 30 年 4 月）（2019 年 5 月 16 日閲覧）。

(22)　GPIF ホームページ，https://www.gpif.go.jp/investment/esg（2019 年 5 月 16 日閲覧）。

(23)　2018 年 4 月時点で 2,000 近い年金基金や運用会社などが PRI に署名している。このうち年金基金などアセットオーナーの署名は 373 にのぼり，その運用資産残高の合計は 19 兆ドル（約 2,100 兆円）近くに達した（GPIF ホームページ https://www.gpif.go.jp/investment/esg（2019 年 5 月 16 日閲覧））。

(24)　ESG 投資の世界全体の資産残高は増加している。ESG 投資の世界全体の資産残高は，GSIA（Global Sustainable Investment Alliance）の報告書によれば，2016 年時点で 22.9 兆米ドルとなり，2014 年から 25.2％増加した。ESG 投資資産の運用資産全体に占める割合は世界全体で 26.3％に達している。国・地域別では，欧米の残高割合が約 9 割と高い。国連がサポートする責任投資原則（PRI）の ESG 投資は，機関投資家は受託者責任に反しない範囲で ESG 投資を行うとされている。ESG 評価の高い企業は長期投資のリスクが低いとされ，ESG 情報を考慮することで運用パフォーマンスを改善できると考えられている（GPIF ホームページ同上）。

(25)　GPIF ホームページ，https://www.gpif.go.jp/investment/esg（2019 年 5 月 16 日閲覧）。

(26)　GPIF ホームページ，同上。

(27)　足達・村上・橋爪（2018）『ビジネスパーソンのための SDGs の教科書』日経ＢＰ社，2 ページ。

(28)　例えば，グラス・ルイスは，野村ホールディングスの古賀信行会長の取締役選任案に対する反対推奨を 2019 年 6 月 19 日までに取り下げた。取締役会議長である古賀氏が指名委員会や報酬委員会のトップを兼任することを問題視していたが，野村が 18 日に両委員長候補を別の社外取締役に変更することを発表したことを受けて，反対推奨を取り下げたとみられる（日本経済新聞朝刊，2019 年 6 月 21 日付）。

(29)　Glass Lewis（2019），*2019 PROXY PAPER GUIDELINES: An Overview of the Glass Lewis Approach to Proxy Advice Japan*, https://www.glasslewis.com/wp-content/uploads/2016/02/Guidelines_Japan_Japanese.pdf（2019 年 5 月 31 日閲覧）。

(30)　経済産業省（2017a）『価値協創のための統合的開示・対話ガイダンス―ESG・非財務情報と無形資産投資―（価値協創ガイダンス）』（2017 年 5 月 29 日付），経済産業省（2017b）『伊藤レポート 2.0―持続的成功に向けた長期投資研究会（ESG・無形資産投資）研究会報告書』（2017 年 10 月 26 日付）2019 年 5 月 29 日閲覧。

(31)　これまで社会・環境などサステナビリティ関連の非財務情報開示については GRI（Global Reporting Initiative）ガイドラインが，情報開示のデファクトスタンダードと位置付けられ，統合報告においては国際統合報告評議会（IIRC）のＩＲフレームワークが，開示の原則や具体的な開示方法の提示をすることにより，任意情報開示をリードしてきた。各国の企業はこれらのガイドラインを利用しつつ，非財務情報の開示への流れに対応してきた。この非開示に対して，ヨーロッパではフランス，イギリス，デンマーク，オランダがいち早く社会，環境情報の精度開示を進め，EU 全体に広がっている（長谷川，2018，252 ページ）。

(32)　村井秀樹（2018）第 1 章「統合思考とは何か」『統合思考と ESG 投資』文眞堂，11 ページ。

(33)　IIRC（2013）『国際統合報告フレームワーク日本語訳』37 ページ。

(34)　IIRC（2013）同上。

(35)　長谷川直哉（2018）第8章「企業と投資家は非財務情報にどう向き合うか」環境経営学会統合思考・ESG投資研究会（2018）『統合思考とESG投資：長期的な企業価値創出メカニズムを求めて』文眞堂。

(36)　長谷川（2018）274-278ページ。

(37)　「統合報告優秀企業賞」に値するものと評価された中から，「統合思考経営」の実践に取り組み，その成果を簡潔に示すことで，企業の将来を見通せるようにした報告の模範例として，これまで3年間にわたり統合報告優秀賞を受賞し，かつ毎年報告書の内容に改善を加えてきた企業へ授与された。

(38)　株主・投資家向けか，CSR向けかを問わず，財務・非財務のデータを統合し，企業の価値創造活動を簡潔に示し，企業の将来が見通せる優れた統合報告書を作成した企業へ授与された。

(39)　日経アニュアルリポートアウォードホームページ，adnet.nikkei.co.jp/a/ara，2019年4月11日閲覧。

(40)　「トヨタがSDGs/ESGの本格取り組みへ専門組織」『alterna』，2019年5月31日付，http://www.alterna.co.jp/26949（2019年6月1日閲覧）。

参考文献

足達英一郎・村上芽・橋爪麻紀子『ビジネスパーソンのためのSDGsの教科書』日経BP社。

一般社団法人 日本経済団体連合会（2018）『Society5.0―ともに創造する未来―』2018年11月13日，https://www.keidanren.or.jp/policy/2018/095_gaiyo.pdf（2019年4月11日閲覧）。

川村雅彦（2018）第4章「国内外における「統合思考」の動きと課題」長谷川直哉編著，宮崎正浩・村井秀樹・環境経営学会　統合思考・ESG投資研究会著『統合思考とESG投資：長期的な企業価値創出メカニズムを求めて』文眞堂，88-116ページ。

首相官邸（n.d.）「資料5-2 SDGs＝「持続不能」の危機を」，https://www.kantei.go.jp/jp/singi/sdgs/entakukaigi_dai2/siryou5_2.pdf（2019年4月11日閲覧）。

経済産業省（2017a）『価値協創のための統合的開示・対話ガイダンス―ESG・非財務情報と無形資産投資―』，2017年5月29日 https://www.meti.go.jp/policy/economy/keiei_innovation/kigyoukaikei/Guidance.pdf（2019年4月11日閲覧）。

経済産業省（2017b）『伊藤レポート2.0―持続的成長に向けた長期投資（ESG・無形資産投資）研究会報告書』，2017年10月26日，https://www.meti.go.jp/policy/economy/keiei_innovation/kigyoukaikei/itoreport2.0.pdf（2019年4月11日閲覧）。

経済産業省（2019）『SDGs経営ガイド』2019年5月，https://www.meti.go.jp/press/2019/05/20190531003/20190531003-1.pdf（2019年6月20日閲覧）。

持続可能性を巡る課題を考慮した投資に関する検討会（2017）『ESG検討会報告書』平成29年1月，https://www.env.go.jp/policy/esg/pdf/rep_h2901.pdf（2019年6月1日閲覧）。

持続可能な開発目標（SDGs）推進本部（平成28年12月22日SDGs推進本部決定）持続可能な開発目標（SDGs）実施指針（本文）https://www.kantei.go.jp/jp/singi/SDGs/dai2/siryou1.pdf，首相官邸ホームページ（2019年4月1日閲覧）。

デロイトトーマツ（2018）『2018年デロイトミレニアル年次調査』，https://www2.deloitte.com/content/dam/Deloitte/jp/Documents/about-deloitte/about-deloitte-japan/jp-group-millennial-survey-2018.pdf（2019年6月1日閲覧）。

西口尚宏・紺野登（2018）『イノベーターになる』日本経済新聞社。

日本ユニセフ協会（2017）『Sustainable Development Goals（SDGs）「持続可能な開発目標」を伝える先生のためのガイド』第2版，https://www.unicef.or.jp/kodomo/nani/siryo/pdf/siryo_SDGs.

pdf, 2017年10月発行（2019年5月31日閲覧）。

長谷川直哉（2018）第5章「SRIからESG投資への潮流」第8章「企業と投資家は非財務情報にどう向き合うか」環境経営学会統合思考・ESG投資研究会『統合思考とESG投資：長期的な企業価値創出メカニズムを求めて』文眞堂。

ビジネス＆持続可能開発委員会（2017）『より良きビジネスより良き世界概要　ビジネス＆持続可能開発委員会報告書』, http://report.businesscommission.org/uploads/Japanese.pdf（2019年5月31日閲覧）。

マイケル・E・ポーター，マーク・R・クラマー（2011）「Creating Shared Value」『経済的価値と社会的価値を同時実現する共通価値の戦略』DIAMOND ハーバード・ビジネス・レビュー，2011年6月号，8-31ページ。

宮崎正浩（2018）第1章第2節「統合思考の論点：先行研究のレビュー」環境経営学会統合思考・ESG投資研究会『統合思考とESG投資：長期的な企業価値創出メカニズムを求めて』文眞堂。

村井秀樹（2018）第1章「統合思考とは何か」環境経営学統合思考・ESG投資研究会『統合思考とESG投資：長期的な企業価値創出メカニズムを求めて』文眞堂。

村上周三（2019）序章「地方創生と自治体SDGs：グローバル目標の実践」村上周三・遠藤健太郎・藤野純一・佐藤真久・馬奈木俊介著『SDGsの実践：自治体・地域活性化編』事業構想大学院大学出版部。

Bertelsmann Stiftung, Sustainable Development Splutions Network (2018), *SDG Index and Dashboards 2018 GLOAL RESPONSIBILITIES IMPLEMENTING THE GOALS*, https://www.sdgindex.org/reports/2018/（2019年4月11日閲覧）。

Business and Sustainable Development Commission (2017), *BETTER BUISINESS BETTER WORLD: The report of the Buisiness & Sustainable Development Commissions*, http://report.businesscommission.org/uploads/BetterBiz-BetterWorld_170215_012417.pdf（2019年3月1日閲覧）。

Glass Lewis (2019), *PROXY PAPER GUIDELINES: An Overview of the Glass Lewis Approach to Proxy dvice*, Japan, https://www.glasslewis.com/wpcontent/uploads/2016/02/Guidelines_Japan_Japanese.pdf（2019年5月31日閲覧）。

GPIF（2018）「「第3回機関投資家のスチュワードシップ活動に関する上場企業向けアンケート集計結果」の公表について」https://www.gpif.go.jp/operation/pdf/stewardship_questionnaire_03.pdf, 平成30年4月，（2019年5月16日付）。

GPIF（2019）「「第4回機関投資家のスチュワードシップ活動に関する上場企業向けアンケート集計結果」の公表について」https://www.gpif.go.jp/investment/stewardship_questionnaire_04.pdf（2019年5月16日付）。

GRI/United Nations/wbcsd（2016）『SDGs Compass：SDGsの企業行動指針—SDGsを企業はどう活用するか』, https://sdgcompass.org/wpcontent/uploads/2016/04/SDG_Compass_Japanese.pdf（2019年4月10日閲覧）。

IIRC（2013）『国際統合報告フレームワーク日本語訳』IIRC (2013), *The International <IR> Framework*, http://integratedreporting.org/wpcontent/uploads/2015/03/International_IR_Framework_JP.pdf（2019年6月1日閲覧）。

wbcsd（2017）『持続可能な開発目標CEOガイド』https://docs.wbcsd.org/2017/03/CEO_Guide_to_the_SDGs/Japanese.pdf（2019年4月1日閲覧）。

World Economic Forum (2018a), *The Global Risks Report 2018*, 13th Edition, http://reports.weforum.org/global-risks-2018/?doing_wp_cron=1559280967.3509800434112548828125（2019年4月1日閲覧）。

World Economic Forum（2018b）『第 13 回グローバルリスク報告書』（The Global Risk Report 2018, 13th Edition）, https://www.mmc.com/content/dam/mmc-web/.../Global-Risks-2018（Japanese）.pdf（2019 年 4 月 1 日閲覧）。
World Economic Forum（2019）, *The Global Risks Report 2019*, 14th Edition, http://www3.weforum.org/docs/WEF_Global_Risks_Report_2019.pdf（2019 年 5 月 31 日閲覧）。

第3章

多国籍企業における新たな人材オプションとしての「現地採用本国人」の活用

—中国の日系進出企業及び現地採用日本人社員に対する調査から—

1. はじめに

多国現地採用本国人籍企業の人的資源管理（国際人的資源管理）に関する従来の研究は，本国人の「海外派遣」と現地人の「登用」（現地化）を巡るものが中心であった（古沢,2017;Furusawa & Brewster, 2018）。しかし，海外派遣と現地化には各々厄介な問題が伴う。まず海外派遣については，多くの研究が「派遣の失敗」（任期満了前の帰国や解任）の原因を論じてきた。例えば，専門的・技術的能力に偏重した「選抜基準」（Tung, 1981･1982･1984），不十分な「事前研修」（Mendenhall & Oddou, 1985;Black & Mendenhall, 1990;Ehnert & Brewster, 2008），不適切な「赴任後のフォローアップ」（Mendenhall, Dunbar & Oddou, 1987），さらにはデュアル・キャリアや子女教育をはじめとする「帯同家族問題」（Solomon, 1994;Shaffer & Harrison, 1998）などである。また，同時多発テロ以降は，社員の「海外勤務忌避傾向」が見られるという（Briscoe & Schuler, 2004;Hu & Xia, 2010）。加えて，「帰任」に関しては，「逆カルチャーショック」や「帰任後のステイタス・裁量権の低下」「海外経験が本社で活用されないことへの不満」といった“repatriation blues”が人的資源管理上の深刻な課題となっている（Mendenhall, Dunbar & Oddou, 1987;Tung, 1988;Johnston, 1991;石田, 1994･1999;Inkson et al., 1997;Brewster et al., 2011）。そして，海外駐在に付随する各種手当等が企業のコストアップ要因となることは多言を要しないであろう（Furusawa & Brewster, 2015）。

他方，現地化を巡っては，現地人の「能力・資質」に対する不安が存在する。そのため，追加の「教育訓練」の必要性が生じ，それが現地人の人件費面での優位性を相殺してしまう恐れがある（Scullion & Collings, 2006；Schuler, Jackson & Tarique, 2011）。また，彼（彼女）らの低い「忠誠心」「帰属意識」や高い「転職志向」「離職率」について報告した研究も多い（今田・園田, 1995；Gross & McDonald, 1998；鈴木, 2000；馬, 2000；Selmer, 2004 など）。さらに，現地人幹部と本社社員との「コミュニケーション」（Scullion & Collings, 2006 及び本社－子会社間の「活動の調整」の難しさ（Mayrhofer & Brewster, 1996）を指摘する声も聞かれる。

翻って，今日の経済社会においては，従来からの政治的・経済的理由による移民や多国籍企業の海外駐在員（assigned expatriates：AEs）に加え，高学歴者の自発的な海外移住・海外就労が増加し，労働市場はますます国際化している（Collings, Scullion & Morley, 2007；Mäkelä & Suutari, 2013；Cerdin & Selmer, 2014）。わが国も例外ではなく，2017 年の「海外在留邦人数」は 135 万 1,970 人に達して過去最多を更新したが（外務省領事局政策課, 2018），先行研究は自発的な海外移住・海外就労が増加している背景として次のような点を挙げている。第 1 は，テレビやパソコンといった電子メディアを通して海外での生活を想像できるようになり，そうした「想像力の作動」（work of imagination：Appadurai, 1996）が海外移住を活発化させているということである（藤田, 2008）。第 2 に，親の海外駐在への帯同や自身の海外留学等を通して，若年世代の日本人を中心に，海外移住・海外就労への心理的抵抗感が小さくなりつつある点が指摘されよう（中澤・由井・神谷, 2012）。そして第 3 は，求職者と求人側のマッチメーカーとして，国境を越えて活動する人材紹介会社の存在である。とりわけ昨今では，IT 化の進展により，人材紹介会社は登録者のデータベースを容易に構築でき，求職者は日本にいながらにして海外就職活動を行えるようになるなど，そのマッチング機能が強化されつつある（Yui, 2009；中澤・由井・神谷, 2012）。

このように，海外派遣と現地化を巡る問題が顕在化する一方で，人材のグローバルな移動が活発化する中，多国籍企業は旧来型の「本国人駐在員か，現地人か」という二分法を超克した新たな人材オプションを模索するようになってきた。その 1 つが“self-initiated expatriates”（SIEs）である（Andresen,

Al Ariss & Walther, 2012；Vaiman & Haslberger, 2013など)。SIEsは一般的には「企業のサポートを受けずに他国へ移動し，現地人と同様の契約で雇用されている個人」と捉えられるが（Crowley-Henry, 2007；Biemann & Andresen, 2010など)，多国籍企業を念頭に置けば，「海外子会社に勤務する現地採用の本国人社員」と定義できよう（古沢, 2015・2017；Furusawa & Brewster, 2018)[(1)]。

「現地採用本国人」(SIEs）は，前述のとおりローカル社員として雇用されることが通常なので，企業にとっては駐在員（AEs）に比して「人件費が低廉」という魅力がある。また，SIEsはホスト国の文化や言語に精通している場合が多く，「バウンダリー・スパナー」(boundary spanner：本社所在国の文化と海外子会社所在国の文化の「橋渡し役」）としての働きが期待できる（Harzing, Köster & Magner, 2011；古沢, 2013・2015・2017；Furusawa & Brewster, 2018)。しかし一方で，SIEsを巡っては，駐在員との処遇・キャリア機会の格差や自らの知識・スキルが正当に評価・活用されない“underemployment”等に起因する「職務不満足」に言及した文献も散見されることから，その人的資源管理には留意すべき点が多いと思われる（Ben-Ari & Vanessa, 2000；Lee, 2005；中澤ほか, 2008；横田, 2010ab；齋藤, 2011；Doherty & Dickmann, 2012・2013；古沢, 2015)。

以上のような問題意識のもと，本章の目的は，日本企業の最大の海外進出先である中国における「現地採用日本人」(日本人SIEs）を巡る状況について，理論的・実証的に考察することにある。具体的には，まず上記の問題意識に則してSIEsの「バウンダリー・スパナー」としての可能性や「職務満足」に関して論じた関連研究のレビューを行う。次に，筆者（古沢）が在中国日系進出企業及びそこに勤務する日本人SIEsに対して実施したアンケート調査の結果を報告する。そして，同調査からのインプリケーションを提示したいと考える[(2)]。

2. 文献レビュー

2-1. SIEsに対する「バウンダリー・スパナー」としての期待

バウンダリー・スパナーとは,「組織内・組織間において, 多様な文化的・制度的・組織的コンテクストを横断する諸活動を統合すべく, コミュニケーション及び調整のための活動を行う個人」(Schotter et al., 2017),「関係する内外のグループから両グループ間の相互作用に関与し, それを促進していると認識されている個人」(Barner-Rasmussen et al., 2014) などと定義されるが, 多国籍企業の経営という文脈においては, 先述のとおり「本国の文化とホスト国の文化の橋渡し役」と捉えられよう。

多国籍企業の海外子会社は, ホスト国のコンテクストに埋め込まれると同時に, 当該企業のグローバルなネットワークの一員でもある。こうした「二重の埋め込み」(dual embeddedness) は, 企業内に地理的・言語的・文化的な「境界」を作り上げる (Schotter et al., 2017)。それゆえ, 多国籍企業は「境界の束」であると言える (Carlile, 2004:566)。そして, 境界は「一体感と分裂」及び "us and them mentality" の源泉となる (Barner-Rasmussen et al., 2014)。従って, 多国籍企業が「多国籍性」(multinationality) からの果実を得るには, 境界 (異文化インターフェイス) のマネジメントが肝要であり (Kogut, 1990; 林, 1994; 馬越, 2011; Barner-Rasmussen et al., 2014; Schotter et al., 2017), そこにバウンダリー・スパナーの存在意義があると言えよう。

先行研究の知見を総括すれば, 多国籍企業におけるバウンダリー・スパナーの共通要件は「複数の文化スキーマの内面化」と「複数の言語能力の保有」にあると考えられる (林, 1985・1994; Brannen & Thomas, 2010; Hong, 2010; Fitzsimmons, Miska & Stahl, 2011; 古沢, 2013; Barner-Rasmussen et al., 2014)。Selmer (2004) によれば, 文化と言語は密接不可分で, ホスト国での滞在期間は言語能力と正の相関関係を有し, 言語能力は異文化適応にプラスに作用する。例えば, Peltokorpi & Froese (2012) が実施した日本在住のAEsとSIEsへの実証研究では, SIEsの方が日本語能力に優れ, 日本での生活経験が長く，それが両者の異文化適応面での差異をもたらしていることが示されている。また，Okamoto & Teo（2012）の在オーストラリア日系企業へのインタビュー調査によると，日豪双方での生活・勤務経験があり，両国の文化に通じた現地採用の日本人社員が“cultural mediators”として活躍しているという。こうした中，Harzing, Köster & Magner（2011）は，SIEsが複数の文化と言語への精通を通して，多国籍企業における理想的なバウンダリー・スパナーになりうる旨を述べている。

本章で取り扱う在中国日系進出企業の人的資源管理を巡っては，日本人駐在員と中国人社員の「文化スキーマ」の相違による「コミュニケーション問題」（西田，2007；辻，2007・2011）のほか，「現地化の遅れ」や「低い賃金水準・年功的な賃金体系」「労働に対する価値観の差異」等と関連づけて中国人社員の「低い忠誠心・勤務先への弱いアイデンティティや高い転職率」を論じた研究が多数見られる（馬，2000；古沢，2003；Hong, Snell & Easterby-Smith, 2006；李ほか，2015）。他方，難解な言語や特殊な文化，さらには政治システムと結合した中国の経営環境・ビジネス慣行を数年単位のローテーションで派遣され，帰任していく日本人駐在員が短期間のうちに理解することは容易でないと思われる（Snell & Tseng, 2001；Murray & Fu, 2016）。実際，Furusawa & Brewster（2016）は，日本企業の海外駐在経験者を対象とした実証研究に基づき，中国駐在員は他国への駐在員に比して，異文化適応や仕事成果に関わるスコアが劣位であることを示している。また，白木（2009）が在中国日系企業で働く中国人ホワイトカラーに対して実施した調査では，彼（彼女）らは全体的な傾向として，日本人上司よりも中国人上司を高く評価しており，「部下に対する気配り・関心」「部下への信頼」「部下を叱るよりほめることが多い」「明確な業務目標」「部下の成果の客観的評価」「部下の間違いを的確に指摘」「部下のアイディア・提案をよく聞く」「部下の今後のキャリアに関心を持つ」「部下の要望をよく聞く」「上の人が間違ったら指摘する」「仕事以外の話をよくする」といった項目で有意差が検出されたという。すなわち，在中国日系企業は，中国人社員と日本人駐在員の双方への人的資源管理において困難に直面している様子が窺える。かような状況下，バイリンガルでバイカルチュラルな日本人SIEsに日中の文化を架橋する「バウンダリー・スパナー」としての役割が期待されるのである。

2-2. SIEsの「職務満足」に関する考察

先述のとおり，現地採用本国人の多くはローカル社員として雇用される。従って，AEsの場合は企業が移動の費用を負担し，現地赴任後も駐在員手当や子女教育手当，住宅手当といった各種手当が支給されるのに対し，SIEsは自己資金で海外へ赴き，AEsのような報酬パッケージが提示されることは通常ない（Inkson et al., 1997；Mäkelä & Suutari, 2013）。また，SIEsはAEsと比べて本社との関係性が弱いため，重要な知識や資源へのアクセスの面で不利な立場に置かれていると言われる（Mäkelä & Suutari, 2013）。そして，駐在員との処遇・キャリア機会の格差や知識・スキルが正当に評価・活用されない"underemployment"がネガティブな仕事態度・職務満足の低下，さらには高い転職志向・低い定着率を誘発する危険性も指摘されている（Ben-Ari & Vanessa, 2000；Lee, 2005；中澤ほか, 2008；横田, 2010a, b；齋藤, 2011；Doherty & Dickmann, 2012・2013；古沢, 2015）。

続いて，在外日系企業に勤務する現地採用日本人を巡る研究のレビューに移ろう。酒井（1998）によれば，香港における日本人SIEsは，駐在員と現地人との「バウンダリー・スパナー」としての役割，あるいは日系企業を顧客とする業務に従事するケースが多い。しかし，SIEsの中で賃金が日本勤務時よりも上昇している者は少なく，住宅手当は支給されない場合が主流である。シンガポールでも，現地採用者の就労状況は香港と類似しており，「バウンダリー・スパナー」として日本人駐在員をサポートする役割，あるいは「日本語能力＋日本的気配り」が要求される日系企業向けの営業などが中心とされるが，処遇については，月給が2,500～3,500シンガポールドル（中澤ほか, 2008），住宅手当は「なし」の場合が多く，SIEsは長期勤続をしたとしても，そのキャリア機会は限定的で，駐在員を凌ぐ地位には就けないことが指摘されている（Ben-Ari & Vanessa, 2000；中澤ほか, 2008）(3)。その反面，女性SIEsの中には，仕事に満足しなければ，現地人と同様，いとも簡単に会社を辞めて転職する者も多いという。そして，彼女らは有給休暇を完全消化するといったように，マージナルなステイタスを逆利用して"my space"を確保する戦略を取っているとの議論も見られる（Thang, MacLachlan & Goda, 2006）。タイに関しては，横田（2010a, b）の調査によると，現地採用者の学歴は大卒・大学院修了が7割で，日本での勤務経験者が8割強，タイ語学修経験者が5割弱に及ぶが，現在の職位は一般職が43.0%で最も多く，次いで課長クラスが18.9%となっている。また，月給は4〜5万バーツ＝33.8%，5〜6万＝18.2%，6〜7万＝11.7%，10万以上＝11.7%で，「ボーナスなし」が39.0%に達し，諸手当は殆ど支給されておらず，賃金や福利厚生に「不満」と回答した者が約半数に上ることが示されている(4)。そして，日本人SIEsの「今後のタイでの滞在予定」は「未定」が46.7%，「4年以内」が26.1%で，特に20代女性では「5年以上」「一生」はゼロとなっている。こうした結果を受けて，同調査は現地採用者が低賃金ゆえに長期就労に不安を抱える一方，日系企業側はSIEsのそうした短期就労意識のために採用を躊躇するというミスマッチが生じているとの論評を加えている。なお，タイ人の配偶者を持つ長期滞在志向の日本人SIEsの中には，キャリアの初期段階では日系企業で経験を積み，昇進の限界に達した段階で日系企業よりも処遇が魅力的な欧米系企業等へ転職するパターンも多いとのことである（齋藤, 2011）。

3. 在中国日系進出企業及び現地採用日本人社員に対するアンケート調査報告

3-1. 調査概要とリサーチクエスチョン

本調査は，科学研究費助成事業（研究課題名：日本企業の海外現地経営における「現地採用日本人」の活用に関する研究，研究代表者：古沢昌之，2016〜2019年度）の一環として，2016年に実施したものである(5)。調査対象は，上海市と江蘇省に所在する日系進出企業（現地法人・支店）及びそこに勤める現地採用日本人で，在上海日系人材会社のLead-S社（本調査の共同実施主体）のクライアントを中心に個別に協力をお願いした(6)。手順としては，まず日系進出企業に対して「日系進出企業用」「現地採用日本人用」双方のアンケート票をeメールで送付し，日系企業分については各社の日本人駐在員（1名）に企業を代表して回答いただくよう依頼した。一方，現地採用日本人分は各企業から自社の現地採用日本人社員にアンケート票を回送してもらうという方式を基本的に用いた（SIEsを雇用していない場合は，日系進出企業分のみ回答）。有効回答数は日系進出企業＝188社，現地採用日本人＝121名であった。

なお，本調査では「現地採用日本人」を「日本本社でなく中国現地法人（支店）で採用された日本国籍者」または「中国現地法人（支店）とのみ労働契約を締結し，日本本社とは雇用関係にない日本国籍者」と定義した。前者と後者を敢えて区別したのは，「中国で採用され，その後勤務国に変更はないものの，処遇上は駐在員待遇に転換した者」や「当初は駐在員として中国に赴任し，その後日本本社との労働契約を解除し，現地法人（支店）とのみ契約を締結している者」を現地採用日本人に含めるためである。

本研究のリサーチクエスチョンは次の3点である。

①現地採用日本人の「雇用状況」（雇用の有無，雇用を規定する要因など）。

②現地採用日本人の「バウンダリー・スパナー」としての可能性（中国での在住・勤務経験，中国語能力など）。

③現地採用日本人の「職務満足」に関する状況（衛生要因・動機付け要因を巡る状況，職務満足と定着志向との関係性など）。

3-2. 主な調査結果と分析

(1)　回答企業・回答者のプロフィール

1）日系進出企業調査

a．業種

・製造業＝72.9%，非製造業＝27.1%。

b．進出方式

・会社新設＝96.3%，M&A＝3.7%。

c．出資形態

・独資＝87.2%，合弁＝12.8%。

d．平均操業年数

・12.6年。

e．平均社員数

・833.1人。

f．総経理の国籍

・日本人＝82.5％，中国人＝13.8％，第三国籍人（香港・マカオ・台湾出身者を含む）＝3.7％。

g．中国国内販売に関する状況

・中国国内販売有り＝90.4％。

・中国内の主要顧客：中国企業・中国人＝83.5％，日系企業・日本人＝77.6％，日系以外の外資系企業＝48.8％，その他＝4.7％（複数回答可）。

2）現地採用日本人調査

a．性別

・男性＝60.3％，女性＝39.7％。

b．年齢層

・20代＝9.1％，30代＝41.3％，40代＝28.1％，50代＝16.5％，60代以上＝5.0％。

c．職位

・一般職＝32.2％，専門職＝5.8％，係長レベル＝10.7％，課長レベル＝16.5％，副部長・次長レベル＝9.9％，部長レベル＝15.7％，副総経理＝4.1％，総経理＝2.5％，顧問・相談役＝2.5％。

d．主たる担当業務

・営業・販売・マーケティング＝51.2％，物流事務＝16.5％，カスタマーサポート＝15.7％，経営企画・事業開発・調査＝12.4％，コンサルティング＝12.4％，など（複数回答可）。

e．帰化と永住権に関する状況

・外国籍から帰化した日本人＝9.9％（うち83.3％が元中華人民共和国国籍者）。

・中国永住権保有者＝5.0％。

f．労働契約

・現地法人採用待遇で有期限契約＝81.8％，現地法人採用待遇で無期限契約＝14.9％，駐在員待遇＝0.8％。

g．給与水準（賃金・ボーナス）

・同一ランク・同一職務の中国人社員よりも良い（駐在員と中国人社員の中間レベル）＝61.2%，同一ランク・同一職務の中国人社員と基本的に同じ＝14.0%，日本人駐在員と基本的に同じ＝10.7%，駐在員・中国人社員の給与水準を知らない＝10.7%。

(2)　現地採用日本人の「雇用状況」

1）雇用の有無

全体で現地採用日本人を雇用している企業は26.6%（平均3.2人を雇用）で，過去に雇用したことがある企業を加えると42.6%となる（図表3-1）。これを業種別に見ると，製造業で雇用しているのは20.4%で，過去に雇用したことがある企業を加えても33.5%に留まるのに対して，非製造業は各々43.1%・66.6%に達した（0.1%水準の有意差を検出）。

また，紙幅の関係上，表の掲載は割愛するが，中国内の主要顧客として「日系企業・日本人」を抱える企業の中で現地採用日本人を雇用しているのは32.6%で，それ以外の企業の雇用比率（12.5%）と比べて高いことが分かった（1%水準の有意差）。さらに，現在日本人SIEsを雇用している企業の日本人駐在員比率が平均6.0%であるのに対して，雇用していない企業ではそれが9.6%に及んだ（5%水準の有意差）。なお，現在雇用していない企業のうち39.4%が「今後雇用したい（雇用してもよい）」と回答したが，過去に雇用経験のある企業ではその比率が56.7%となり，雇用経験のない企業（34.6%）を20ポイント以上上回った（5%水準の有意差）。

図表3-1　「現地採用日本人」の雇用状況（%）

項目	全体	製造業	非製造業
①現在雇用している	26.6	20.4	43.1
②現在は雇用していないが，過去に雇用したことがある	16.0	13.1	23.5
③これまでに雇用したことはない	57.4	66.4	33.3
合計	100.0	100.0	100.0

出所：筆者作成。以下，同様。

図表 3-2 「現地採用日本人を雇用する」理由

項目	平均値
①日本人駐在員と比べて「人件費」が安い	3.31
②中国人の日本語人材の「人件費・賃金相場」が高騰している	1.78
③「海外駐在に適した，あるいは海外勤務を希望する日本人社員」が本社に少ない	2.59
④日本人駐在員の「交代・引き継ぎに伴うロス」を回避したい（現地法人の継続的な経営体制を維持したい）	2.45
⑤日本人駐在員と比べて「中国語能力」が優れている	2.94
⑥日本人駐在員と比べて「中国人の考え方や中国のマナー・ビジネス慣行」を理解している	2.94
⑦中国人社員と比べて「日本語能力」が優れている	3.61
⑧中国人社員と比べて「日本人の考え方や日本のマナー・ビジネス慣行」を理解している	3.94
⑨「取引先が日本人社員による対応」を求めてくる	3.37
⑩「日本人の有能人材をグローバルに（日本国外で）発掘」したい	2.47

注：5点法による回答（5＝全くそのとおり，4＝どちらかと言えばそのとおり，3＝どちらとも言えない，2＝どちらかと言えば違う，1＝全く違う。以下，同様）の平均値。

2）SIEsを雇用する理由

現地採用者を雇用している企業にその理由を尋ねた。具体的には，先に見たSIEsの人的資源としての魅力や先行研究での議論を踏まえ，10項目を提示し，その各々に対して5点法による回答（5＝全くそのとおり，4＝どちらかと言えばそのとおり，3＝どちらとも言えない，2＝どちらかと言えば違う，1＝全く違う。以下，同様）を求めた。その結果，全体の平均値は「中国人社員に比べ日本人の考え方や日本のマナー・ビジネス慣行をよく理解している」(3.94) がトップで，「中国人社員に比べ日本語能力に優れる」(3.61) と「取引先が日本人社員による対応を求める」(3.37) が続いた（図表3-2）。すなわち，SIEsの「日本人性」(Japaneseness：Furusawa & Brewster, 2015) を重視した雇用である様子が窺える。

3）今後もSIEsを雇用しない理由

現在日本人SIEsを雇用していない企業のうち「今後も雇用するつもりはない」と答えた企業に対し，その理由について質問した。先行研究において指摘された日系企業側の不満点も含め18項目を提示したところ，5点法による回答の平均値は「中国人の日本語人材を重視している」(3.49) が最高で，「現地

図表 3-3 「今後も現地採用日本人を雇用しない」理由

項目	平均値
①「思考・行動が過度に現地化」している	2.10
②「権利意識が強いわりに責任感」に欠ける	2.18
③「不平・不満や愚痴を言うこと」が多い	2.00
④「言い訳」が多い	2.04
⑤「モチベーション」が低く，「指示されたこと」しかしない	2.03
⑥会社に対する「忠誠心・帰属意識」が低く，「転職志向」が強い	2.62
⑦「グローバルな視野・知識」を欠いている	2.19
⑧「人件費・賃金相場」が高騰している	2.49
⑨「日本人の考え方や日本のマナー・ビジネス慣行」を理解していない	2.03
⑩「中国人の考え方や中国のマナー・ビジネス慣行」を理解していない	2.25
⑪「労働争議やストライキ」など会社とのトラブルを起こすことが多い	1.89
⑫「就労ビザの取得」が困難（費用面も含む）になっている	2.32
⑬中国人社員の中に「日本語や日本の文化」に精通している者がいる	3.04
⑭日本人駐在員の中に「中国語や中国の文化」に精通している者がいる	2.29
⑮「日本人の中国語人材」より「中国人の日本語人材」を重視している	3.49
⑯「社内公用語の英語化」を推進している	1.53
⑰「現地採用日本人に適した職務」が社内に見当たらない	3.41
⑱「日本本社の日本人の雇用（駐在員ポスト）」を奪う恐れがある	1.32

採用日本人に適した職務が社内に見当たらない」(3.41）が第2位，「中国人社員に日本語・日本文化に精通している者がいる」(3.04）が第3位となった（図表 3-3)。上で見た日本人 SIEs を雇用している企業とは対照的に，雇用する意向のない企業では「中国人の日本語人材」に「日本人性」を求めていることが読み取れよう。

4）雇用の規定要因

次に，これまでの記述統計も踏まえ，「現地採用日本人の雇用」を規定する要因に関して探るべく，ロジスティック回帰分析を行った。具体的には，従属変数は「日本人 SIEs の雇用の有無」(雇用していない＝0，雇用している＝1）とし，独立変数については回答企業の基本的属性である「業種」「出資形態」，記述統計で有意差が検出された「中国内の主要顧客」(主要顧客として日系企業・日本人を抱えていない＝0，抱えている＝1）と「日本人駐在員比率」に加え，「総経理の国籍」「日本語能力に関する施策」に関してもその影響力を検証すべく投入した。このうち，総経理の国籍については「日本生まれの（外国籍からの帰化者ではない）日本人総経理＝1，それ以外＝0」としてダミー変数化した。日本生まれの日本人総経理は，大抵の場合，中国の文化や言語への精通度という点で中国出身者と比べて劣位にあると思われることから，そうした状況と日本人 SIEs の雇用との因果関係を考察するためである。また，日本語能力に関する施策に関しては，先に述べたように，SIEs の役割として期待される「バウンダリー・スパナー」の要件の１つが複数の言語能力の保有であることに鑑み，各企業の日本語能力に関する施策と SIEs の雇用との関係性についても吟味する必要があると考えた。そこで，「日本語能力を重視した中国人経営幹部・管理職の採用・登用」「中国人社員に対する日本語能力手当の支給・日本語研修」の各々の実施状況について別途尋ねた上で，「実施していない＝0，実施している＝1」として操作化した。

では，分析結果の論述に移ろう。まず Hosmer と Lemeshow の適合度検定では，$p > 0.05$ であったことから，回帰モデルはデータに適合していると判断できる（図表 3-4）。次に，日本人 SIEs の雇用の規定要因としては，記述統計から予測されたとおり，「非製造業」「中国内の主要顧客として日系企業・日本

図表 3-4 「現地採用日本人の雇用」の規定要因（ロジスティック回帰分析）

	β	Exp（β）	95% 下限	95% 上限
業種ダミー（製造業＝0，非製造業＝1）	1.362	3.903**	1.746	8.723
出資形態ダミー（独資＝0，合弁＝1）	0.188	1.207	0.420	3.468
日系企業・日本人顧客ダミー	1.098	2.998*	1.173	7.662
日本人駐在員比率	−0.058	0.944*	0.894	0.996
日本生まれの日本人総経理ダミー	1.248	3.482*	1.146	10.579
日本語能力を重視した中国人経営幹部・管理職の採用・登用ダミー	−0.771	0.463*	0.218	0.982
中国人社員に対する日本語能力手当・日本語研修ダミー	−0.432	0.649	0.309	1.364
χ 2 乗値	31.201***			
Nagelkerke R2 乗値	0.225			
Hosmer と Lemeshow の適合度検定	χ 2 乗値＝3.961，p＝0.861			

注：***:p＜0.001，**:p＜0.01，*:p＜0.05。

人を抱えること」がSIEsの雇用を有意に規定することが確認できた。また,「総経理が日本生まれの日本人であること」がプラス,「日本人駐在員比率」「日本語能力を重視した中国人経営幹部・管理職の採用・登用」はマイナスの係数で有意となった。

(3)　現地採用日本人の「バウンダリー・スパナー」としての可能性

ここでは,現地採用日本人(外国籍からの帰化者を除く)の「海外経験」「中国語能力」を日本人駐在員と比べてみた(ともに自己申告による回答。SIEs分は現地採用者本人調査,AEs分は日系進出企業調査のデータ)。まず海外経験に関しては,両サンプル間で「半年以上の在住経験のある外国数」に殆ど差異はなかったが,「海外での在住年数」に1%水準,「中国での在住年数」に0.1%水準,「海外での勤務年数」に5%水準,「中国での勤務年数」に0.1%水準の有意差が現れ,いずれも現地採用者のスコアの方が大きかった(図表3-5)。また,表の掲載は割愛するが,「中国への半年以上の留学経験(語学留学を含む)」を有する者はAEsが14.2%に留まったのに対して,SIEsでは

図表 3-5　現地採用日本人と日本人駐在員の「海外経験」の比較

項目	現地採用日本人(SIEs)	日本人駐在員(AEs)	t値
①半年以上の「在住経験のある外国数」	1.4カ国	1.5カ国	−0.501
②海外での延べ「在住年数」	9.5年	7.5年	2.752**
③中国での延べ「在住年数」	8.5年	5.8年	4.083***
④海外での延べ「勤務年数」	8.4年	7.0年	2.057*
⑤中国での延べ「勤務年数」	7.6年	5.5年	3.554***

注:***:$p<0.001$, **:$p<0.01$, *:$p<0.05$。

図表 3-6　現地採用日本人と日本人駐在員の「中国語能力」の比較

項目	現地採用日本人(SIEs)	日本人駐在員(AEs)	t値
①話す	3.96	3.18	5.725***
②読む	3.94	3.27	5.070***
③書く	3.74	2.94	5.713***

注:5点法による回答(5=問題なくできる,4=まあまあできる,3=少しできる,2=殆どできない,1=全くできない)の平均値。
***:$p<0.001$。

47.7％に及んだ（0.1％水準の有意差）。

次に，SIEs と AEs の中国語能力を「話す」「読む」「書く」の３側面から比較した。５点法（5＝問題なくできる，4＝まあまあできる，3＝少しできる，2＝殆どできない，1＝全くできない）による回答の平均値は，全側面においてSIEs の方が高く，0.1％水準で有意差が現れた（図表 3-6）。

(4)　現地採用日本人の「職務満足」を巡る状況

1)「動機付け要因・衛生要因」に関する状況

Herzberg（1966）の「動機付け―衛生」理論の枠組みに基づき，「達成感」「承認」「仕事そのもの」「責任」「昇進」「成長の可能性」「会社の政策と経営」「監督技術」「対人関係」「作業条件」「身分」「個人生活」「職務保障」「給与」の各側面に関して，先に見た SIEs 関連の先行研究，及び在外日系企業の経営・人的資源管理を巡る代表的研究（安室, 1982･1992；White & Trevor, 1985；吉原, 1989･1996；石田, 1994･1999；白木, 1995･2006；古沢, 2008･2013）での議論を踏まえて 28 項目を提示し，その各々が自身にどの程度該当するか，SIEs 本人に５点法で回答してもらった。全体の平均値が最も高かったのは「中国人社員との人間関係は良好」で 4.15 に達した。第２位は「日本人駐在員との人間関係は良好」（4.13）が続き，第３位は「日本人駐在員は私の良い行動や成果を賞賛してくれる」（4.02），以下「仕事から達成感・やりがいが得られている」（3.95），「キャリアアップにつながる知識・スキルや経験が得られている」（3.89）の順となった（図表 3-7）。一方，否定的側面に関する９項目（逆転項目）はいずれも平均値が３点未満で，最高でも「中国人が日本人の考え方や日本のマナー・ビジネス慣行を理解してくれない」の 2.77 に留まった。

属性別の分析については，上記諸項目は自身の職業人としての現況を尋ねたものであるゆえ，性別や職位も回答に影響を与えるかもしれない。そこで，回答者を「男性・下位職」「男性・上位職」「女性・下位職」「女性・上位職」の４つに分けて分散分析を行った（下位職＝係長以下，上位職＝課長以上）。その結果，「現地採用者も実力次第で昇進できる会社と感じる」に 0.1％水準，「当現地法人の戦略・方針に賛同」「現在のポジションに満足」「休暇が取得しやすい」に１％水準，「当現地法人は能力アップのための投資をしてくれてい

図表 3-7　現地採用日本人の「職務満足」に関する状況

項目	全体	男性・下位職	男性・上位職	女性・下位職	女性・上位職	F 値
〈動機付け要因〉						
【達成感】						
①仕事から「達成感」や「やりがい」が得られている	3.95	4.08	4.13	3.60	4.00	2.416
【承認】						
②「日本人駐在員は，私が良い行動を取った際や高い成果を収めた時には「賞賛」してくれる	4.02	4.04	4.17	3.69	4.33	2.345
【仕事そのもの】						
③担当業務は，仕事のやり方や手続きが「文書化・標準化」されており，取り組みやすい	2.52	2.50	2.48	2.43	2.92	0.701
【責任】						
④「責任と権限」が明確である	3.22	3.17	3.44	2.97	3.15	1.243
【昇進】						
⑤現地採用日本人も実力次第で「昇進」できる会社であると感じている	3.44	3.50	3.71	2.74	4.23	6.489***
【成長の可能性】						
⑥キャリアアップにつながる「知識・スキルや経験」が得られている	3.89	3.96	3.88	3.83	4.00	0.129
⑦当現地法人は「能力アップのための投資」をしてくれている	2.93	3.08	3.02	2.43	3.62	3.362*
⑧現地採用日本人も実力次第で「駐在員待遇への切り替え」や「日本本社への逆出向・転籍」が可能な会社であると感じている	2.93	2.96	3.06	2.57	3.38	1.545
〈衛生要因〉						
【会社の政策と経営】						
⑨当現地法人の「経営戦略や経営方針」に賛同している	3.54	3.58	3.79	3.06	3.85	4.329**
⑩当現地法人の「人事労務管理」は「モチベーション向上」につながっている	2.82	2.71	3.02	2.51	3.08	1.867
【監督技術】						
☆⑪日本人駐在員が「現地採用日本人に対して傲慢（ごうまん）」であると感じている	2.03	1.88	2.00	2.26	1.75	0.854
☆⑫「中国語能力だけの便利屋」として使い捨てにされるように感じている	1.73	2.04	1.44	2.03	1.38	3.875*
【対人関係】						
⑬「日本人駐在員との人間関係」は良好である	4.13	4.25	4.28	3.74	4.42	3.150*
⑭「中国人社員との人間関係」は良好である	4.15	4.13	4.27	4.03	4.08	0.719
☆⑮日本人駐在員と中国人社員の「板挟み」で苦しんでいる	2.19	2.04	2.17	2.20	2.50	0.389
☆⑯日本人駐在員が「中国人の考え方や中国のマナー・ビジネス慣行」を理解してくれない	2.41	2.38	2.34	2.57	2.25	0.371
☆⑰中国人社員が「日本人の考え方や日本のマナー・ビジネス慣行」を理解してくれない	2.77	2.71	2.77	2.74	2.92	0.144
【作業条件】						
☆⑱「残業や休日出勤」など労働時間が長い	2.56	2.54	2.86	2.23	2.38	1.663
☆⑲「サービス残業」が多い	2.43	2.33	2.80	2.03	2.31	2.576
☆⑳社内の「規則が細かく，厳しい」	2.36	2.33	2.57	2.03	2.46	1.704
㉑勤務するオフィスや工場での「作業環境は良好」である	3.72	3.50	3.92	3.54	3.85	1.318
【身分】						
㉒現在の「ポジション」（役職や等級）に満足している	3.27	2.71	3.46	3.14	3.92	4.371**
【個人生活】						
☆㉓「アフター５の付き合い」が多くて困る	1.83	1.50	2.04	1.71	2.00	2.174
㉔「仕事とプライベートのバランス」が上手く取れている	3.65	3.54	3.59	3.77	3.77	0.366
㉕「休暇」が取得しやすい	3.80	4.04	3.39	4.03	4.31	5.176**
㉖会社・仕事に束縛されない「自由や気楽さ」がある	3.36	3.25	3.08	3.71	3.69	3.577*
【職務保障】						
㉗雇用が「安定」しており，解雇や契約不更新の心配は少ない	3.25	3.21	3.19	3.23	3.62	0.509
【給与】						
㉘「能力や成果に相応しい賃金やボーナス」が支給されている	3.38	3.38	3.44	3.11	3.85	1.691

注）☆は逆転項目。***: $p<0.001$，**: $p<0.01$，*: $p<0.05$。

る」「中国語能力だけの便利屋として使い捨てにされるように感じる」「日本人駐在員との人間関係は良好」「会社・仕事に束縛されない自由や気楽さがある」に５％水準の有意差が検出された。そして，多重比較では「現地採用者も実力次第で昇進できる」に関して，平均値が最低の女性・下位職と男女の上位職の差が有意となった。また，「当現地法人の戦略・方針に賛同」は女性・下位職（平均値最低）と男性・上位職，「現在のポジションに満足」は男性・下位職（平均値最低）と男女の上位職，「休暇が取得しやすい」は男性・上位職（平均値最低）と他の３つの属性，「能力アップのための投資」は女性・下位職（平均値最低）と女性・上位職（平均値最高），「中国語能力だけの便利屋」は男性・上位職と女性の下位職，「日本人駐在員との人間関係は良好」は男性・上位職と女性・下位職（平均値最低），「自由・気楽さ」は男性・上位職（平均値最低）と女性・下位職（平均値最高），「サービス残業が多い」は男性・上位職（平均値最高）と女性・下位職（平均値最低）の間で有意差が現れた。

最後に，「動機付け要因－衛生要因」間の差異を検証すべく，各々に関わる項目の総平均値を算出したところ，動機付け要因＝3.36，衛生要因＝3.63となり，0.1％水準の有意差が認められた（「逆転項目」については，５点法による回答の数値を反転（5→1，4→2，2→4，1→5）させた上で分析を行った）。属性別（上記同様の性別×職位の４分類）では，分散分析の結果，動機付け要因に５％水準の有意差が現れ，多重比較において女性・下位職（平均値最低）と男女の上位職の差が有意となった。

2）SIEsの「定着志向」の規定要因

第２節でレビューしたように，現地採用本国人に対しては，高い転職志向や低い定着率といった批判的評価も見られる。そこで，「職務満足」を巡る状況と日本人SIEsの「定着志向」との関係性を分析してみる。その目的は，SIEsの当該現地法人への「定着志向」の規定要因を職務満足の観点から探ることにある。

具体的な作業としては，まず「３年後の居住地」について質問し，「中国に引き続き居住したい」と回答した人（全体の43.0％）に「３年後の勤務先」に関する希望を尋ねた(7)。分析の結果，５点法による回答の平均値は「当現地法人に継続勤務」が4.08で最高となった（図表3-8）(8)。その他の項目について

図表 3-8　現地採用日本人の「3 年後の勤務先」に関する希望

項目	全体	男性	女性	t 値
①「当現地法人」に継続して勤務していたい	4.08	4.22	3.75	1.553
②「他の日系進出企業」に転職したい	2.00	1.94	2.13	−0.603
③（進出企業でない）「日系の地場企業」に転職したい	1.83	1.81	1.88	−0.254
④「日系以外の外資系企業」に転職したい	1.87	1.81	2.00	−0.574
⑤「中国企業」に転職したい	1.65	1.67	1.63	0.148
⑥「独立開業」（自営業）をしたい	2.04	2.17	1.75	1.096

は，平均値が 3 点台のものはなく，「独立開業」（2.04）と「他の日系進出企業」（2.00）以外は全て 1 点台であった。

次に，中国に引き続き居住を希望している回答者を対象として，前掲の職務満足に関わる各項目を因子分析にかけて整理・集約した。なお，「逆転項目」については，先と同様の手続きで 5 点法による回答の数値を反転させて統計処理した。結果は，図表 3-9 のとおり，4 つの因子（固有値＝1 以上）が抽出された。第 1 因子は SIEs の昇進や駐在員待遇への切り替え・本社への逆出向・転籍の可能性，当現地法人による能力アップのための投資，さらには駐在員からの賞賛や能力・成果に相応しい賃金の支給等が中心であることから，「キャリアアップの可能性と成果の認知」（$\alpha=0.853$）と命名した。第 2 因子は仕事とプライベートのバランス，（サービス）残業・休日出勤，休暇の取得，自由・気楽さに関連する項目から成るので，「ワーク・ライフ・バランスの実現と自由・気楽さ」（$\alpha=0.806$）と呼ぶこととする。そして，第 3 因子は日本人駐在員及び中国人社員との関係や駐在員の SIEs への態度に関した事項ゆえ，「良好な対人関係」（$\alpha=0.849$）とした。最後に，第 4 因子は「仕事からの達成感」と「中国語能力だけの便利屋使い」で構成されているため，「仕事のやりがい」（$\alpha=0.790$）と名付けた。

続いて，日本人 SIEs の当該現地法人への「定着志向」を従属変数とした階層的重回帰分析を行った。定着志向は，図表 3-8 に示した「当現地法人に継続して勤務していたい」のスコアから「他の希望（他の日系進出企業・日系地場企業・日系以外の外資系企業・中国企業・独立開業の各項目）」の平均値を引いた数値で操作化した。一方，独立変数は職務満足に関わる 4 つの因子を用い

図表 3-9　現地採用日本人の「職務満足」の因子分析

項目	因子１	因子２	因子３	因子４	h2
⑤現地採用日本人も実力次第で「昇進」できる会社であると感じている	0.879	0.113	−0.102	−0.098	0.721
㉘「能力や成果に相応しい賃金やボーナス」が支給されている	0.767	0.045	0.072	−0.108	0.590
⑧現地採用日本人も実力次第で「駐在員待遇への切り替え」や「日本本社への逆出向・転籍」が可能な会社であると感じている	0.741	−0.141	0.106	−0.094	0.493
⑦当現地法人は「能力アップのための投資」をしてくれている	0.624	0.160	0.078	0.274	0.827
④「責任と権限」が明確である	0.572	−0.149	−0.074	0.072	0.301
②「日本人駐在員は，私が良い行動を取った際や高い成果を収めた時には「賞賛」してくれる	0.571	−0.106	0.001	0.166	0.400
㉔「仕事とプライベートのバランス」が上手く取れている	−0.067	0.876	−0.056	0.057	0.717
☆⑱「残業や休日出勤」など労働時間が長い	0.114	0.775	−0.019	−0.121	0.617
☆⑲「サービス残業」が多い	0.116	0.743	−0.002	0.051	0.657
㉖会社・仕事に束縛されない「自由や気楽さ」がある	−0.104	0.687	−0.058	−0.062	0.394
㉕「休暇」が取得しやすい	−0.204	0.447	0.136	0.016	0.225
⑬「日本人駐在員との人間関係」は良好である	0.026	−0.114	1.005	−0.010	0.936
⑭「中国人社員との人間関係」は良好である	0.072	−0.039	0.891	−0.055	0.772
☆⑪日本人駐在員が「現地採用日本人に対して傲慢（ごうまん）」であると感じている	−0.133	0.308	0.597	0.098	0.604
①仕事から「達成感」や「やりがい」が得られている	0.016	−0.123	−0.074	1.053	0.999
☆⑫「中国語能力だけの便利屋」として使い捨てにされるように感じている	−0.032	0.126	0.121	0.615	0.517
固有値	5.745	2.464	1.794	1.022	
寄与率	35.96％	15.40％	11.21％	6.39％	

注）因子抽出法：最尤法，回転法：プロマックス回転（回転後の数値）。
　　☆は逆転項目。

た。また，コントロール変数として，性別・年齢・職位・業種を各々ダミー変数化した（性別：男性＝0，女性＝1；年齢：30代以下＝0，40代以上＝1；職位：係長以下＝0，課長以上＝1；業種：製造業＝0，非製造業＝1)。手順としては，まずStep 1でコントロール変数との関係性を見た後，Step 2において職務満足の4因子を投入した。分析の結果，「キャリアアップの可能性と成果の認知」が0.1％水準，「良好な対人関係」が1％水準で当該現地法人への定着

図表 3-10　現地採用日本人の「定着志向」の規定要因（階層的重回帰分析）

	β	
	Step 1	Step 2
性別ダミー（男性＝0，女性＝1）	0.032	0.100
年齢ダミー（30 代以下＝0，40 代以上＝1）	0.305	0.048
職位ダミー（係長以下＝0，課長以上＝1）	0.020	0.098
業種ダミー（製造業＝0，非製造業＝1）	−0.094	−0.011
キャリアアップの可能性と成果の認知（因子）		0.464***
ワーク・ライフ・バランスの実現と自由・気楽さ（因子）		−0.127
良好な対人関係（因子）		0.379**
仕事のやりがい（因子）		0.116
R2	0.123	0.563
△ R2		0.440***
F	1.646	6.934***

注）***:p＜0.001，**:p＜0.01。

志向を規定していることが分かった（図表 3-10）。なお，決定係数の F 値は 0.1％水準で有意であったことから，本モデルはデータに適合していると言える。また，VIF のスコアは全て 2.00 未満で，多重共線性に関わる懸念もないと考えられる。

4. 考察―主な発見事実とインプリケーション―

本節では，アンケート調査からの主な発見事実を整理するとともに，インプリケーションを提示したい。

まず，リサーチクエスチョン①として掲げた「現地採用日本人の雇用状況」については，全体で現在雇用している企業は 26.6％で，過去に雇用したことがある企業を加えると 42.6％となった。また，現在は雇用していない企業のうち，39.4％が「今後雇用したい」と回答した。日本人 SIEs を雇用する理由としては「日本人の考え方・マナーに対する理解」や「日本語能力」など「日本人性」に関わる項目が上位に来たが，これに「今後も雇用するつもりはない」

と答えた企業では「中国人の日本語人材」に日本人性を求めている様子を重ね合わせると，SIEsと中国人の日本語人材は労働市場において競合関係にあるのかもしれない。そして，SIEsの雇用に関しては，「非製造業」「中国内の主要顧客として日系企業・日本人を抱えること」「日本人駐在員比率」「日本生まれの日本人総経理」「日本語能力を重視した中国人経営幹部・管理職の採用・登用」が影響を及ぼしていることが分かった。これらの結果の解釈には慎重を要するが，非製造業がプラスで有意となったのは，一般的に非製造業の方が製造業と比して顧客と直接接する局面が多く，人的資源への依存度が強いことから，中国人の日本語人材よりも高コストであっても，「日本人性」をより確実に期待できる日本人SIEsの雇用に対する選好が強まるためではなかろうか。また，日系企業・日本人を主要顧客とすることの影響力に関しては，SIEsの雇用がいわゆる「顧客適合論」（吉原・星野，2003）に基づくものであることを示唆していると考えられる。すなわち，日系顧客（日系企業・日本人）に対応するために日本人を雇用するということである。そして，日本人駐在員比率がマイナスで有意になったことについては，駐在員の派遣とSIEsの雇用が一部代替的関係にある可能性を指摘できよう(9)。他方，「総経理の属性」に関しては，先述のとおり中国の経済社会や中国語への精通度という点で相対的劣位にある日本生まれの日本人総経理は，文化スキーマと言語を共有化した同胞（日本人SIEs）の助力を得て中国での企業経営にアプローチしようする傾向が強まるのかもしれない。さらに，「日本語能力を重視した中国人経営幹部・管理職の採用・登用」がマイナスで有意となったことは，そうした施策の背後に潜む「中国人の日本語人材」を重視する姿勢を反映した結果であるように思える。

リサーチクエスチョン②の「現地採用日本人のバウンダリー・スパナーとしての可能性」については，在中国日系進出企業の日本人SIEsは，日本人駐在員に比して，中国での長い生活・就労経験を持つとともに，中国への留学経験者も多く，高い中国語能力を保有することが明らかとなった。すなわち，これらの結果は，先に示したPeltokorpi & Froese（2012）による日本在住のSIEsとAEsの比較研究やOkamoto & Teo（2012）の在豪日系企業調査の知見，さらにはHarzing, Köster & Magner（2011）の見解と合致するものであり，彼（彼女）らが日中間の「バウンダリー・スパナー」としての可能性を秘めた人材集団である旨が示されたと言えよう。

そして，リサーチクエスチョン③の「職務満足」に関しては，全体としての回答は概ね肯定的で，「中国語能力だけの便利屋使い」のような否定的側面に関わる事項のスコアは相対的に高くなかった。但し，性別・職位による違いも観察できた。例えば，男性・上位職は勤務先の「戦略・方針に賛同」し，「実力次第で昇進可能」と感じる一方，「休暇」「自由・気楽さ」「サービス残業」といった面での不満が他者と比べて大きいと思われる。一方，女性・下位職については「実力次第で昇進可能」「戦略・方針に賛同」「能力アップのための会社からの投資」「日本人駐在員との人間関係」の数値は相対的に低いが，「自由・気楽さ」を謳歌しているようで，「サービス残業」への不満も小さかった。なお，「動機付け要因」と「衛生要因」の各々の項目の総平均値を比べると，後者が前者を0.1％水準の有意差で上回った。この事実は，在中国日系進出企業の日本人SIEsへの人的資源管理においては，「不満足要因」よりも「満足要因」への対処の面で改革の余地があることを物語っているように思える。そして，重回帰分析では「キャリアアップの可能性と成果の認知」及び「良好な対人関係」がSIEsの当該現地法人への「定着志向」に有意なプラスの影響力を持つことが分かった。すなわち，現地採用日本人に実力主義人事や能力開発を通してキャリアアップの可能性を実感させると同時に，その仕事成果に対して金銭的・非金銭的に報いること，さらには駐在員・中国人社員との良好な人間関係を構築することが定着率向上につながると言えよう。このうち「SIEsのキャリアアップ」にはAEsとSIEsの身分的格差を解消した人事制度の構築が求められるであろうこと，また「良好な対人関係」は相互の信頼関係がベースになると思われることを考え合わせると，今回の調査結果は，古沢（2008）及びFurusawa, Brewster & Takashina（2016）が訴えた国際人的資源管理における「制度的統合」（グローバルに統合された人事制度）と「規範的統合」（経営理念・価値観のグローバルな共有化）の重要性がSIEsに対しても妥当する可能性を指し示しているのかもしれない[10]。

5. おわりに

本章では，多国籍企業における新たな人材オプションとしての「現地採用本国人」(SIEs) について，理論と実証の両側面から考察してきた。具体的には，日本企業の最大の進出先である中国における日系進出企業及びそこに勤務する日本人SIEsへのアンケート調査に基づき，SIEsの雇用を巡る状況や，彼（彼女）らの「バウンダリー・スパナー」としての可能性，さらには「職務満足」等について定量分析を行った。

まず現地採用日本人の雇用状況に関しては，業種間の差異を論じるとともに，「顧客適合論」との関係性に言及した。また，SIEsは従来型の駐在員(AEs) と比べ，中国での長い在住・就労経験を持ち，中国語能力にも優れていることから，「バウンダリー・スパナー」としての可能性を有した人材集団である様子が明らかとなった。さらに，SIEsの「職務満足」に関しては，全体としての回答は概ね肯定的だったが，属性間（性別・職位別）の有意差も観察された。加えて，人的資源管理面では「動機付け要因」への対応に改革の余地があること，「キャリアアップの可能性と成果の認知」及び「良好な対人関係」がSIEsの「定着志向」に資することが示唆された。

最後に，本研究の課題等を申し述べる。今回のアンケート調査にはサンプリング方法において一般化に向けた限界があると思われる。また，日系企業アンケートに示された見解は各社の日本人駐在員（1名）による回答である。そして，今後は現地採用日本人の活用を巡る対象国（英国・米国・ドイツ・タイ・中国）別の比較研究にも取り組む必要があると考える。

〔古沢昌之〕

注

(1) 先行研究の中には，Suutari & Brewster (2000) やSelmer & Lauring (2010) のように，国連等の国際機関に勤務する者や大学教員等をSIEsに含めている文献も見られるが，本章の議論の対象は，言うまでもなく多国籍企業である。また，多国籍企業の立場でSIEsを捉えた場合，彼（彼女）らが第三国籍人 (third country nationals) である可能性も存在するが，我々の問題意識は既述のとおり「本国人の海外派遣」と「現地人の登用」を巡る問題への対処（換言すれば，本国人・現地人各々の短所を回避すると同時に両者の長所を具備した人材オプションの追求）にある。従って，本文のようにSIEsを定義した次第である。

(2)　本文で参照した外務省領事局政策課（2018）には，海外在留邦人の内訳の１つとして「民間企業関係者（本人）」というカテゴリーが設けられており，その数が27万3,088人に達していることまでは読み取れる。しかし，駐在員と現地採用者が区別されていないため，日本人SIEsの実数を把握することはできない。

(3)　2019年6月4日時点の為替レートによると，1シンガポールドル＝約78.9円である。

(4)　2019年6月4日時点の為替レートによると，1バーツ＝約3.4円である。

(5)　本科研費研究では，中国を含めて5ヵ国で同様の調査を行っており，調査結果の国別比較も企図している。対象国は「言語」に着目し，①公用語・ビジネスの言語ともに英語である「英国」「米国」，②公用語は英語以外であるが，ビジネスは英語で可能な「ドイツ」「タイ」，③公用語・ビジネスの言語ともに英語以外の「中国」の5つを選定した。

(6)　調査の対象地域を絞り込んだのは，中国の経営環境の地域性の強さを考慮したためであり，「上海市・江蘇省」を選んだ理由は，中国における日系企業の最大の集積地ゆえである。

(7)　3年後の居住地に関する他の回答は，「日本に帰国していたい」＝24.8％，「分からない」＝19.8％，「中国語圏以外の外国」＝11.6％，「他の中国語圏の地域」＝0.8％であった。

(8)　本文で論じたように，先行研究ではSIEsの「高い転職志向」を指摘する言説も見られるが，今回の調査では3年後も中国への在住を希望する者については，現勤務先への「定着志向」が高いことが分かった。この点については，別途議論したい。

(9)　但し，AEsの派遣が「経営幹部の育成」や「国境を越えた社会化」といった多様な戦略的価値を帯びていることに鑑みれば（白木，2006），SIEsがAEsを完全に代替するものではないであろう点を付言しておきたい。

(10)　但し，定着志向の高い人材が，当該企業にとって「有為な人材」であるとは必ずしも言えないであろう。従って，日系進出企業調査と現地採用者本人調査の知見のさらなる統合が必要と考える。

参考文献

石田英夫編著（1994）『国際人事』中央経済社。

石田英夫（1999）『国際経営とホワイトカラー』中央経済社。

今田高俊・園田茂人編（1995）『アジアからの視線―日系企業で働く1万人からみた「日本」―』東京大学出版会。

外務省領事局政策課編（2018）『海外在留邦人数調査統計（平成30年版）』。

齋藤悠子（2011）「タイにおける日本人現地採用の実態について」『盤谷日本人商工会議所所報』（2011年4月号），37-44ページ。

酒井千絵（1998）「ジェンダー規定からの解放―香港における日本人女性の現地採用就労―」『ソシオロゴス』（第22号），1-16ページ。

白木三秀（1995）『日本企業の国際人的資源管理』日本労働研究機構。

白木三秀（2006）『国際人的資源管理の比較分析―「多国籍内部労働市場」の視点から―』有斐閣。

白木三秀（2009）「日本企業に必要とされるグローバル・マネジメント人材とは―現下の中国調査から考える―」『世界経済評論』（第53巻第5号），17-23ページ。

鈴木滋（2000）『アジアにおける日系企業の経営―アンケート・現地調査にもとづいて―』税務経理協会。

辻周吾（2007）「中国日系企業に従事する日本人と中国人とのコミュニケーションに関する調査研究―注意喚起表現，依頼懇願指示表現，賞賛表現，断り表現の特徴及び誤解や摩擦の解明をめぐって—」彭飛編『日中対照言語学研究論文集』和泉書院，453-482ページ。
辻周吾（2011）「中国進出日系企業における日本語コミュニケーション教育—日本人駐在員の使用する『注意表現』，『指示表現』，『断り表現』，『称賛表現』の在り方—」『スピーチ・コミュニケーション教育』（第24号），61-82ページ。
中澤高志・由井義通・神谷浩夫（2012）「日本人女性の現地採用労働市場の拡大とその背景—2000年代半ばのシンガポールの事例—」『地理科学』（第67巻第4号），153-172ページ。
中澤高志・由井義通・神谷浩夫・木下礼子・武田祐子（2008）「海外就職の経験と日本人としてのアイデンティティ—シンガポールで働く現地採用日本人女性を対象に—」『地理学評論』（第81巻第3号），95-120ページ。
西田ひろ子編著（2007）『米国，中国進出日系企業における異文化間コミュニケーション摩擦』風間書房。
林吉郎（1985）『異文化インターフェイス管理』有斐閣。
林吉郎（1994）『異文化インターフェイス経営』日本経済新聞社。
藤田結子（2008）『文化移民—越境する日本の若者とメディア—』新曜社。
古沢昌之（2003）「中国の人材をいかに活用するか」（財）日中経済協会編『対中ビジネスの経営戦略—中堅・中小企業への提言—』蒼蒼社，309-336ページ。
古沢昌之（2008）『グローバル人的資源管理論—「規範的統合」と「制度的統合」による人材マネジメント—』白桃書房。
古沢昌之（2013）『「日系人」活用戦略論—ブラジル事業展開における「バウンダリー・スパナー」としての可能性—』白桃書房。
古沢昌之（2015）「多国籍企業の新たな人材オプションとしての“Self-initiated expatriates”に関する一考察—その特性・実相と求められる研究の視座—」『大阪商業大学論集』（第175号），15-30ページ。
古沢昌之（2017）「在中国日系進出企業における『現地採用日本人』の活用に関する研究—日系企業及び現地採用者本人に対する調査を踏まえて—」『国際ビジネス研究』（第9巻第1-2号），19-34ページ。
馬成三（2000）『中国進出企業の労働問題—日米欧企業の比較における検証—』日本貿易振興会。
馬越恵美子（2011）『ダイバーシティ・マネジメントと異文化経営—グローバル人材を育てるマインドウェアの世紀—』新評論。
安室憲一（1982）『国際経営行動論』森山書店。
安室憲一（1992）『グローバル経営論』千倉書房。
横田みのり（2010a）「タイの現地採用日本人—第1回—」『タイ国情報』（第44巻第3号），102-114ページ。
横田みのり（2010b）「タイの現地採用日本人—第2回—」『タイ国情報』（第44巻第4号），127-140ページ。
吉原英樹（1989）『現地人社長と内なる国際化』東洋経済新報社。
吉原英樹（1996）『未熟な国際経営』白桃書房。
吉原英樹・星野裕志（2003）「総合商社—日本人が日本語で経営—」『国民経済雑誌』（第187巻第3号），19-34ページ。
李捷生・郝燕書・多田稔・藤井正男（2015）『中国の現場からみる日系企業の人事労務管理—人材マネジメントの事例を中心に—』白桃書房。
Andresen, M., Al Ariss, A. & Walther, M. (eds.) (2012), *Self-Initiated Expatriation: Individual, Organizational, and National Perspectives*, London: Routledge.
Appadurai, A. (1996), *Modernity at Large: Cultural Dimensions of Globalization*, Minneapolis:

University of Minnesota Press.（門田健一訳（2004）『さまよえる近代―グローバル化の文化研究―』平凡社。）

Barner-Rasmussen, W., Ehrnrooth, M., Koveshnikov, A. & Mäkelä, K. (2014), "Cultural and language skills as resources for boundary spanning within the MNC", *Journal of International Business Studies*, Vol.45 (7), pp.886-905.

Ben-Ari, E. & Vanessa, Y. Y. F. (2000), "Twice marginalized: Single Japanese female expatriates in Singapore", in E. Ben-Ari & J. Clammer (eds.), *Japan in Singapore: Cultural Occurrences and Cultural Flows*, London: Routledge, pp.82-111.

Biemann, T. & Andresen, M. (2010), "Self-initiated foreign expatriates versus assigned expatriates", *Journal of Managerial Psychology*, Vol.25 (4), pp.430-448.

Black, J. S. & Mendenhall, M. (1990), "Cross-cultural training effectiveness: A review and a theoretical framework for future research", *Academy of Management Review*, Vol.15 (1), pp.113-136.

Brannen, M. Y. & Thomas, D. C. (2010), "Bicultural individuals in organizations: Implications and opportunity", *International Journal of Cross-Cultural Management*, Vol.10 (1), pp.5-16.

Brewster, C., Sparrow, P., Vernon, G. & Houldsworth, E. (2011), *International Human Resource Management*, third edition, London: CIPD.

Briscoe, D. R. & Schuler, R. S. (2004), *International Human Resource Management: Policy and Practice for the Global Enterprise*, second edition, London: Routledge.

Carlile, P. R. (2004), "Transferring, translating, and transforming: An integrative framework for managing knowledge across boundaries", *Organization Science*, Vol.15 (5), pp.555-568.

Cerdin, J.-L. & Selmer, L. (2014), "Who is a self-initiated expatriate? Towards conceptual clarity of a common notion", *International Journal of Human Resource Management*, Vol.25 (9), pp.1281-1301.

Collings, D. G., Scullion, H. & Morley, M. (2007), "Changing patterns of global staffing in the multinational enterprise: Challenges to the conventional expatriate assignment and emerging alternatives", *Journal of World Business*, Vol.42 (2), pp.198-213.

Crowley-Henry, M. (2007), "The protean career: Exemplified by first world foreign residents in Western Europe?", *International Studies of Management and Organization*, Vol.37 (3), pp.44-64.

Doherty, N. & Dickmann, M. (2012), "Self-initiated expatriation: Drivers, employment experience, and career outcomes", in M. Andresen, A. Al Ariss & M. Walther (eds.), *Self-Initiated Expatriation: Individual, Organizational, and National Perspectives*, London: Routledge, pp.122-142.

Doherty, N. & Dickmann, M. (2013), "Self-initiated and assigned expatriates: Talent management and career considerations", in V. Vaiman & A. Haslberger (eds.), *Talent Management of Self-Initiated Expatriates: A Neglected Source of Global Talent*, London: Palgrave Macmillan, pp.234-255.

Ehnert, I. & Brewster, C. (2008), "An integrative framework for expatriate preparation and training", in C. Brewster, P. Sparrow & M. Dickmann (eds.) *International Human Resource Management: Contemporary Issues in Europe*, second edition, London: Routledge, pp.107-129.

Fitzsimmons, S. R., Miska, C. & Stahl, G. (2011), "Multicultural employees: Global business' untapped resource", *Organizational Dynamics*, Vol.40 (3), pp.199-206.

Furusawa, M. & Brewster, C. (2015), "The bi-cultural option for global talent management: The Japanese/Brazilian *Nikkeijin* example", *Journal of World Business*, Vol.50 (1), pp.133-143.

Furusawa, M. & Brewster, C. (2016), "IHRM and expatriation in Japanese MNCs: HRM practices and their impact on adjustment and job performance", *Asia Pacific Journal of Human Resources*, Vol.54 (4), pp.396–420.

Furusawa, M. & Brewster, C. (2018), "Japanese self-initiated expatriates as boundary spanners in Chinese subsidiaries of Japanese MNEs: Antecedents, social capital, and HRM practices", *Thunderbird International Business Review*, Vol.60 (6), pp.911–919.

Furusawa, M., Brewster, C. & Takashina, T. (2016), "Normative and systems integration in human resource management in Japanese multinational companies", *Multinational Business Review*, Vol.24 (2), pp.82–105.

Gross, A. & McDonald, T. (1998), "Staffing your Asian operation with Asian returnees: The pros and cons", *International HR Journal*, Vol.7 (1), pp.3–8.

Harzing, A. -W., Köster, K. & Magner, U. (2011), "Babel in business: The language barrier and its solution in the HQ-subsidiary relationship", *Journal of World Business*, Vol.46 (3), pp.279–287.

Herzberg, F. (1966), *Work and the Nature of Man*, New York: Thomas Y. Crowell Company.

Hong, H.-J. (2010), "Bicultural competence and its impact on team effectiveness", *International Journal of Cross Cultural Management*, Vol.10 (1), pp.93–120.

Hong, J. F. L., Snell, R. S. & Easterby-Smith, M. (2006), "Cross-cultural influences on organizational learning in MNCS: The case of Japanese companies in China", *Journal of International Management*, Vol.12 (4), pp.408–429.

Hu, M. & Xia, J. (2010), "A preliminary research on self-initiated expatriation as compared to assigned expatriation", *Canadian Social Science*, Vol.6 (5), pp.169–177.

Inkson, K., Arthur, M. B., Pringle, J. & Barry, S. (1997), "Expatriate assignment versus overseas experience: Contrasting models of international human resource development", *Journal of World Business*, Vol.32 (4), pp.351–368.

Johnston, J. (1991), "An empirical study of the repatriation of managers in UK multinationals", *Human Resource Management Journal*, Vol.1 (4), pp.102–108.

Kogut, B. (1990), "International sequential advantages and network flexibility", in C. A. Bartlett, Y. Doz & C. Hedlund (eds.), *Managing the Global Firm*, London: Routledge, pp.47–68.

Lee, C. H. (2005), "A study of underemployment among self-initiated expatriates", *Journal of World Business*, Vol.40 (2), pp.172–187.

Mäkelä, K. & Suutari, V. (2013), "The social capital of traditional and self-initiated expatriates", in V. Vaiman & A. Haslberger (eds.), *Talent Management of Self-Initiated Expatriates: A Neglected Source of Global Talent*, London: Palgrave Macmillan, pp.256–277.

Mayrhofer, W. & Brewster, C. (1996), "In praise of ethnocentricity: Expatriate policies in European multinationals", *The International Executive*, Vol.38 (6), pp.749–778.

Mendenhall, M. E., Dunbar, E. & Oddou, G. R. (1987), "Expatriate selection, training and career-pathing: A review and critique", *Human Resource Management*, Vol.26 (3), pp.331–345.

Mendenhall, M. E. & Oddou, G. R. (1985), "The dimensions of expatriate acculturation: A review", *Academy of Management Review*, Vol.10 (1), pp.39–47.

Murray, J. Y. & Fu, F. Q. (2016), "Strategic guanxi orientation: How to manage distribution channels in China?", *Journal of International Management*, Vol.22 (1), pp.1–16.

Okamoto, K. & Teo, S. T. T. (2012), "Role stress reduction and cultural mediators in overseas Japanese companies", *The International Journal of Human Resource Management*, Vol.23 (17), pp.3522–3535

Peltokorpi, V. & Froese, F. J. (2012), "Differences in self-initiated and organizational expatriates' cross-cultural adjustment", in M. Andresen, A. Al Ariss & M. Walther (eds.), *Self-Initiated Expatriation: Individual, Organizational, and National Perspectives*, London: Routledge, pp.90-104.

Schotter, A. P. J., Mudambi, R., Doz, Y. L. & Gaur, A. (2017), "Boundary spanning in global organizations", *Journal of Management Studies*, Vol.54 (4), pp.403-412.

Schuler, R. S., Jackson, S. E. & Tarique, I. R. (2011), "Framework for global talent management: HR actions for dealing with global talent challenges", in H. Scullion & D. G. Collings (eds.), *Global Talent Management*, London: Routledge, pp.17-36.

Scullion, H. & Collings, D. G. (2006), *Global Staffing*, London: Routledge.

Selmer, J. (2004), "Expatriates' hesitation and the localization of western business operations in China", *International Journal of Human Resource Management*, Vol.15 (6), pp.1094-1107.

Selmer, J. & Lauring, J. (2010), "Self-initiated academic expatriates: Inherent demographics and reasons to expatriate", *European Management Review*, Vol.7 (3), pp.169-179.

Shaffer, M. A. & Harrison, D. A. (1998), "Expatriates' psychological withdrawal from international assignments: Work, nonwork, and family influences", *Personnel Psychology*, Vol.51 (1), pp.87-118.

Snell, R. S. & Tseng, C. (2001), "Ethical dilemmas or relationship building in China", *Thunderbird International Buisiness Review*, Vol.43 (2), pp.171-200.

Solomon, C. M. (1994), "Success abroad depends on more than job skills", *Personnel Journal*, Vol.73 (4), pp.51-60.

Suutari, V. & Brewster, C. (2000), "Making their own way: International experience through self-initiated foreign assignments", *Journal of World Business*, Vol.35 (4), pp.417-436.

Thang, L. L., MacLachlan, E. & Goda, M. (2006), "Living in 'My Space': Japanese working women in Singapore", *Geographical Sciences (Chiri-Kagaku)*, Vol.61 (3), pp.156-171.

Tung, R. L. (1981), "Selection and training of personnel for overseas assignments", *Columbia Journal of World Business*, Vol.16 (1), pp.68-78.

Tung, R. L. (1982), "Selection and training procedures of U.S., European, and Japanese multinationals", *California Management Review*, Vol.25 (1), pp.57-71.

Tung, R. L. (1984), "Strategic management of human resources in the multinational enterprise", *Human Resource Management*, Vol.23 (2), pp.129-143.

Tung, R. L. (1988), "Career issues in international assignments", *Academy of Management Executives*, Vol.2 (3), pp.241-244.

Vaiman, V. & Haslberger, A. (eds.) (2013), *Talent Management of Self-Initiated Expatriates: A Neglected Source of Global Talent*, London: Palgrave Macmillan.

White, M. & Trevor, M. (1985), *Under Japanese Management*, London: Heinemann Educational Books.

Yui, Y. (2009), "Japanese women's work overseas and the activities of recruitment agencies in Singapore", *Journal of Geographical Science*, 57, pp.55-70.

第4章

EUの研究イノベーション政策の現状とこれから

―一般市民を取り込んだオープン・イノベーション―

1. はじめに

EUにおいて研究イノベーション（以下R&I）政策を推進していくための資金配分プログラムがフレームワーク・プログラム（以下FP）である。それは「統合アプローチ（Integrated Approach）」の名のもとに，EU域内に点在する様々なアクターのリソースを集約し，主に官民パートナーシップ（Public-Private Partnership：以下PPP）を通じて実行される世界最大のイノベーション・プログラムである。

欧州委員会は，2021年から開始される第9次FP「Horizon Europe（2021年～2027年）」の策定に向けて制度設計を進めている。英国のEU離脱（Brexit：2019年中の離脱は英国議会による否決により延期）によりEU全体の財源は減少するものの，欧州委員会はHorizon Europeについて大幅増額の意向である。しかし，2019年のEU議会選挙による反EU派・懐疑派の攻勢にさらされ，雲行きが怪しくなってきている。

不確実性の高まりとともにFPの展望も描きにくくなっているが，本章では徐々にその輪郭を現しつつある第9次FP「Horizon Europe」の設計思想に迫り，EUのR&I政策の特徴を明らかにしていく。この目的のために，本章では第1に，FPを実行に移す際に欧州委員会が拠り所とする統合アプローチについて，第8次FP「Horizon 2020（以下H2020）」を参照しながらその内容を把握する。第2に，統合アプローチに沿って形成されるPPPの制度的枠組みを，産業アソシエーションである「欧州技術プラットフォーム（European Technology Platform：以下ETP）との関わりの中で理解する。最後に，

Horizon Europeに対する重要な勧告「ハイレベル・グループの勧告レポート（ラミー・レポート）」を精査し，Horizon Europeの特徴やFP8との異同を浮き彫りにしていく。

2. Horizon2020における欧州委員会のR&I政策

2014年，欧州委員会はH2020を開始した。H2020は，その上位戦略にあたる「EU2020（Europe 2020）」の旗艦イニシアチブ「イノベーション・ユニオン」に対応してEUのR&I政策を推進する資金配分プログラムである。欧州委員会はH2020の枠組みの中で，2014年から2020年までの7年間に，これまでのフレームワークプログラム（FP1～FP7）と比べて最大額となる約800億ユーロをR&Iに投資している（図表4-1）。

H2020は，イノベーションと研究成果の実用化を強力に推進する点において，従来のFPとは大きく異なることを強調する（European Union, 2013a）。しかし，プログラムの実行主体であるETPを核とした官民パートナーシップ（PPP）は，すでにFP7の枠組みの中で実行され検証されてきた（European

図表4-1　FP1からH2020までの予算額推移（単位：億€）

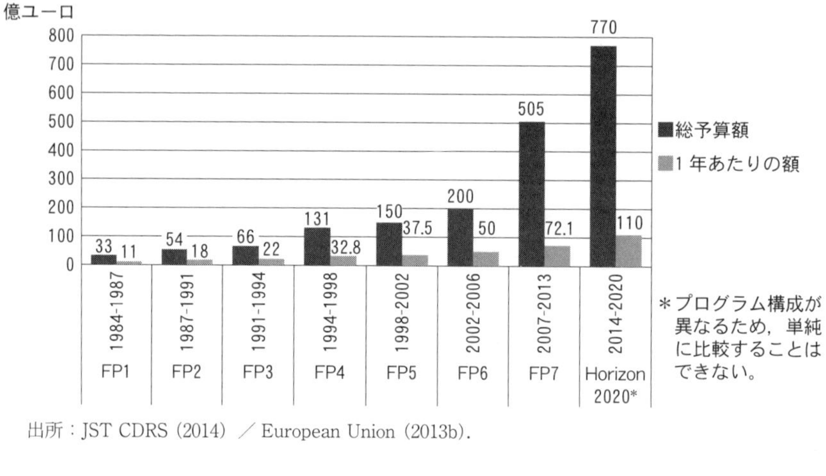

出所：JST CDRS (2014) ／European Union (2013b).

Commission, 2009, 2010, 2011, 2013d)。したがって，H2020はFPの延長線上に位置づけられるものであり「R&D投資対GDP比3%」という10年以上変わらない数値目標の達成に向けた試行錯誤の途上にある。

とはいえ，H2020を精査したときに，従来のFPとは異なるいくつかの制度的工夫を見出すことができる。ここでは，予算配分カテゴリーの再編に着目して，欧州委員会がR&I政策を実践するうえで拠り所とする「統合アプローチ」を把握することにしよう。

2-1. 予算カテゴリーの再編

FP7と比較した時のH2020の特徴のひとつに，R&Iプロジェクトの性格の違いに応じて予算カテゴリーの再編が進められたことがあげられる。H2020のFP7との異同を捉えるために，FPの予算カテゴリーをH2020のものと比較しておく。

欧州委員会はFP7において，研究関連のファンドを以下の4つの予算カテゴリーに分けて管理していた。

・協同（Cooperation）:優先分野別の共同R&Dプロジェクト助成
・アイデア（Idea）:学術基礎研究プロジェクトを支援
・人々（People）:研究人材の育成強化
・キャパシティ（Capacity）:R&Dのインフラ（設備,ネットワーク）支援

これに対してH2020では，以下の3つのカテゴリーに再編された（European Union, 2013b）。

・卓越した科学（Excellent Science）
・産業リーダーシップ（Industrial Leadership）
・社会的挑戦（Societal Challenge）

欧州委員会は，FP7まで別個であった基礎研究／学術研究寄りの予算カテゴリー（Idea, People, Capacity）を「卓越した科学」に集約した。他方，PPPの主要な資金源であり，FP7において最大の資金配分を受けていた「協同（Cooperation）」が，「産業リーダーシップ」と「社会的挑戦」に分割された（図表4-2）。

図表 4-2　FP7 と H2020 のカテゴリーの関係

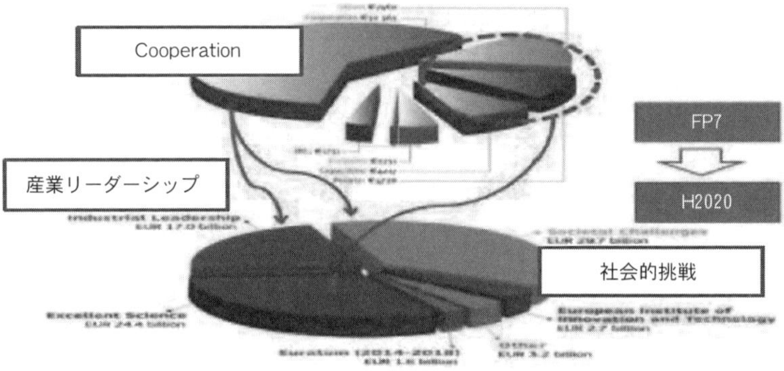

出所：JST CDRS (2014), European Communities (2006) を合成・加筆。

2-2. 3 つのアプローチ

ここでは「協同」が「産業リーダーシップ」と「社会的挑戦」に分割された背景を「Horizon2020 ファンディング内訳」に基づいて精査しておく。

「産業リーダーシップ」を構成する科目のうち，H2020 では「実現技術・産業技術におけるリーダーシップ（LEITs:Leadership in Enabling and Industrial Technologies)」(以下 LEITs）に対して最大の資金配分（136 億ユーロ）がされている。欧州委員会によって指定された LEITs の特定の技術分野とは，ICT（及びその適用分野：コンポーネント，次世代コンピューティング，未来インターネット，コンテンツ技術・情報管理，ロボット，マイクロ&ナノエレクトロニクス&光通信)，ナノテクノロジー，先端材料，バイオテクノロジー，先端製造・加工，宇宙空間である。

欧州委員会は，その中でも特にマイクロ & ナノエレクトロニクス，光通信，ナノテクノロジー，先端材料，バイオテクノロジー，先端製造・加工の 6 つの技術を「鍵となる実現技術（KETs:Key Enabling Technologies)」に位置づけ，同技術の競争力向上に向けて 70 億ユーロ近い予算を確保している。KETs とは，① 競争力と経済成長を駆動し，② 社会的挑戦の解決に貢献する，③ 多くのセクターに横串を通した，④ 知識集約的・資本集約的な技術のことである（European Commission, 2012)。

これに対して「社会的挑戦」は，健康，食料安全保障，環境問題など「EU2020」に掲げられた諸目標の達成に資するテーマが設定されている。「技術」や「産業」ではなく，社会的課題の解決に向けた「テーマ」ごとに予算が配分されている（＝チャレンジベースド・アプローチ：Challenge-based Approach)。例えば，輸送関連のテーマ「スマートでグリーンな統合輸送(Smart, Green and Integrated Transport)」の目的は，全ての市民，経済，そして社会の利益のために，エネルギー効率的で，気候および環境に優しく，安全で一貫したEUの輸送システムを達成することである。したがって，資金配分の対象は，EUの輸送システムに関わる全ての産業部門（自動車産業，造船業，鉄道業，航空・宇宙，建設業，ICTなど）に跨っている。ゆえに「社会的挑戦」のもとで実施される個別プロジェクトには欧州委員会の複数の部局が関与し，プロジェクトの性格に応じてR&I予算の出資比率が異なってくる（＝クロスカッティング・アプローチ:Cross-cutting Approach)。一例として，「スマートでグリーンな統合輸送」の中で最大の予算を獲得している電気自動車関連のプロジェクトEGVI（European Green Vehicle Initiative）を見てみよう（European Commission, 2013c)。

H2020においてEGVIには7億5,000万ユーロが配分されている。その出資元は，欧州委員会のモビリティ・運輸総局，R&I総局，通信ネットワーク・コンテンツ・技術総局の3各部局にまたがり，EGVI傘下の個別プロジェクトは複数の「お財布」からファナンスされる（図表4-3)。「社会的挑戦」として欧州委員会はプロジェクト公募の段階からクロス・ファンクショナルなテーマ

図表4-3　Horizon2020における契約的PPPの予算額（出資部局別）

H2020 funding	NMP RTD	ICT CNECT	Transport RTD	Energy RTD+ENER	Environment RTD	TOTAL M€
FoF	700	450	—	—	—	1,150
EeB	400	—	—	75+75	50	600
EGVI	70	80	600	—	—	750
SPIRE	700	—	—	50+50	100	900
TOTAL	1,870	530	600	250	150	3,400

出所：Vallés（2013）を加工。*NMPはナノテクノロジー・先端材料・製造。

を設定し，関連部局との調整を通じてテーマの性格に応じた出資部局の選定や出資比率の決定を行っているのである。

以上のように，H2020ではFP7の「協同」で実施されていたR&Iプロジェクトが，産業競争力の向上に不可欠な特定の「技術（LEITs）」と社会的課題の解決に向けた「テーマ（社会的挑戦）」に分割して管理されることになった。

ところで，この分割は両者の「分断」を意味しているわけではない。むしろ欧州委員会は，社会的課題の解決に向けてLEITsの適用を重要視し，両者を融合させたプロジェクトを奨励している（European Union, 2013a:40-43)。そのことは，欧州委員会がLEITsに対するR&I投資を，よりマーケットに近い川下の活動へ政策的にシフトさせていることからも窺い知ることができる。

欧州委員会は基礎原理の解明と製品製造をスペクトラムの両極とする「技術成熟度レベル（TRLs：Technology Readiness Levels）」を用いて，R&Iの川下における活動の活性化を図っている（図表4-4)。たとえばFP7開始当初，LEITsのひとつNMP（ナノテクノロジー・先端材料・製造）への予算配分は，R&I活動の川上に該当するTRLs1～4（技術的研究）に対して行われていた。それがFP7の最後の2年間（2012-13年）では，TRLs5～6（パイロットおよび実証）まで可能になった。さらにH2020からは，R&I活動の川下，すなわちTRLs5～6を中央値とする3ないし4～7（社会実装）に予算が配分されるようになった。その結果，LEITsのR&Iは自ずと様々なアプリケーションへの適用を想定した成果が期待されるようになる（＝ホリスティック・アプローチ：Holistic Approach)。それは，科学的・技術的ブレイクスルーに基づく新製品やサービスの開発だけでなく，新しいアプリケーション，継続的改善，非

図表4-4　欧州委員会による技術成熟度レベル

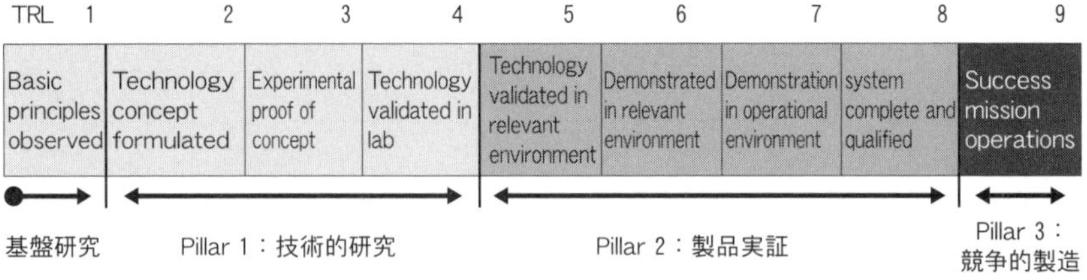

出所：European Commission (2012), p.18, 2-1を加工。

技術的かつ社会的イノベーションに向けて既存技術を活用していくなど，上市を見据えてイノベーションの成果を幅広く追求するアプローチといえる。

他方H2020では「スマートでグリーンな統合輸送」のように，既存の産業部門を越えて，より上位のシステム（輸送システム）におけるテーマ設定が特徴的である。テーマに対する取り組みには，輸送，物流，エネルギー，ICT，都市交通等，交通に関わる多様なドメイン知識が必要になる。同時に，これらのドメイン知識の統合によって生じる様々な技術的課題（相互運用性，モーダル間インターフェイスの標準化等）の解決に向けて，多くのセクターに展開可能なLEITsに対するニーズが高まっている。現に欧州委員会は「スマートでグリーンな統合輸送」のプロジェクト公募にあたって，LEITsのR&Iに携わるステイクホルダーとの協同を推奨している（European Commission, 2013b）。

これは輸送システムに限った話ではない。例えば「健康，人口変動，幸福（Health, Demographic Change and Well-being）」プロジェクトへの貢献が期待されている再生医療には，従来の医学を超えた幅広いドメイン知識の統合を要する。同時に，そのR&I活動には複数のLEITs（バイオテクノロジー，先端材料，マイクロエレクトロニクス，ナノエレクトロニクス，フォトニクス）とその統合（ナノメディスン）が不可欠である。新しい医療システム（Smart-Medicine）の実現に向けて，革新的なブレイクスルー技術だけでなく，それまで医療とは関わりの薄かった既存の技術に新たな活躍の場が与えられるようになってくる。したがって，予算カテゴリー上は「技術（LEITs）」と「テーマ（社会的挑戦）」に分割されてはいるが，プログラムの運用上，両者の結びつきが強調されているところにH2020の最大の特徴を見出すことができる。それは「イノベーティブなアイデアが収益に結びつくようにR&Iの制度的枠組みを改善する」という「EU2020」の旗艦イニシアチブ「イノベーション・ユニオン」のビジョンを実現するための，欧州委員会による実験的な仕掛けである。そしてEUの産業競争力の向上を図る目的のために，点在するリソースを集約する「統合アプローチ」の実践的手法といえる。

3. EU技術プラットフォームと官民パートナーシップ

本節では，ETPと称される産業アソシエーションが主体となって計画・実行されるPPPのあり様を精査する。

3-1. ETPの概要

2013年，欧州委員会は『ETP 2020』を公表した（European Commission, 2013a）。ETP2020は，2008年から2010年に実施されたETPの評価報告において指摘された一連の勧告を取り入れて，2020年に向けたETP全体の基本方針を示した。

(1) ETPのビジョン

『ETP 2020』には，ETPのビジョンが次のように掲げられている。

ETPは，EUのイノベーション・エコシステムにおいて鍵となる要素になる。ETPは，EUのイノベーション・ユニオン（Innovation Union）への転換を促進していく。グローバル市場においてEUの企業が競争優位を獲得できるように，ETPはホリスティック（holistic）な視点に立ち，研究の商業的展開への道筋を理解し，市場機会やニーズにたいする戦略的洞察を備え，EUのイノベーション・アクターを動員・ネットワーク化していく必要がある。

そもそもETPは，産業界が非公式かつ自主的に特定の技術分野・産業セクターの関係者を束ねたEUに点在するフォーラムに過ぎなかった。それが，2000年にEU理事会で採択されたリスボン戦略やERA（European Research Area）の創設[(1)]を契機に，EUのR&I政策の一翼を担う組織として欧州委員会の目に留まり，ETPという呼称が与えられるようになる。それ以来，ETPの存在感は年を重ねるにつれて大きくなり，いまやEUのイノベーションの「鍵となる要素」になることが期待されている。H2020開始の2014年時点において，ETP 2020のビジョンを共有するETPは40にまで膨らんでいる。

(2) ETPのミッション，活動，プロセス

ETP 2020は，戦略機能，動員機能，普及機能からなる3つのミッションを

自ら課している。3つのミッションとは,

・H2020の3本の柱のうち「社会的挑戦」「産業リーダーシップ」の実行に必要な「戦略を立案」すること
・産業界と他のステイクホルダーを含む「関係者を動員」すること
・ステイクホルダーにたいして幅広く「知識を普及」させること，である。

ミッションの遂行には，様々なアクター（産，官，学，地，協定締結国，NGO，消費者団体等）とのパートナーシップが有効である。特に欧州委員会は，自らがETPとの緊密な関係を築くことによって，各総局がETPの活動に活発に参画していくことを意図している。

ETP 2020では，ETPのミッションを遂行するための以下の5つの核となる活動を示している。

・戦略的R&I行動計画（Strategic Research and Innovation Agenda）を策定する。
・EUレベルのR&I活動への産業界の参画を奨励するとともに，加盟国レベルに参画者を広げ，ケイパビリティの構築を助長する。
・国際的な協調の機会を見出し，将来的な協調の促進に必要な取り決めを開発する。
・ネットワーク構築の機会を提供する（他のETPとの協調を含む）。
・ETPの高い専門性を活用するための新しいパートナーシップの形成を促進する。

このようにして策定されたETPのミッションと5つの核となる活動は，次の3つのステージを経て実行されていく（Commission of the European Communities, 2005；European Commission, 2007）。

①関係者を広く集って，産業界が主導しながらコンセンサス・ベースでビジョンを作成・共有化する（関係者とのコンセンサスを図るためのステイクホルダー・フォーラムや諮問グループを設置）。
②関係者と調整しながら，SRIA（戦略的R&Iアジェンダ）を策定し，その展開戦略（技術ロードマップ及びIAP：Implementation Action Plan）を明示

する（加盟国政府の積極的関与を取り持つミラーグループの設置）。
③ IAP を実行する。

3-2. 官民パートナーシップ（PPP）の概要

欧州委員会の R&I 政策の「鍵となる要素」として，ETP が機能するための制度的な枠組みが PPP である。2005 年の新リスボン戦略以降「PPP に基づく技術イニシアチブ」と「長期的な研究課題策定のための ETP の組織化」が EU の産業基盤の競争優位に結びつくとの共通認識が欧州委員会にひろがっていた（Commission of the Europcan Communities, 2005）。そして ETP は，2007 年開始の FP7 から PPP の民間サイドのパートナーに位置づけられるようになっていった。

PPP は組織形態の違いから，JTI（Joint Technology Initiative）と称される制度的 PPP と契約的 PPP の 2 つに分けることができる（Commission of the European Communities, 2004）。欧州委員会は 2008 年，前者の JTI（制度的 PPP）[2]として 5 つの ETP を選出し，2008 年から 2017 年までの 10 年間で総予算 100 億ユーロを越える規模の R&I 資金の配分を行ってきた。5 つの ETP とは，組込みシステム／CPS 分野の ARTEMIS，ナノエレクトロニクス分野の ENIAC（European Nano electronics Initiative Advisory Council），革新的医薬（IMI），航空学と航空輸送（Clean Sky），燃料電池・水素（FCH）である[3]。なお，H2020 から新たに Bio-based industries が JTI に加わっている。また，ARTTEMIS と ENIAC の活動が統合され，ECSEL が開始された。

PPP のもうひとつの形態は，2008 年のリーマンショックを発端とする金融・経済危機からの脱却を図るために，EU 経済再生計画（European Economic Recovery Plan）のもとで開始された契約的 PPP である。契約的 PPP には，マニュファクチャリング，建設，自動車の 3 業界から，それぞれ FoF（Factories of the Future），EeB（Energy-efficient Buildings），EGCI（European Green Car Initiative, 後に EGVI へ名称変更）が選定された。くわえて，プロセス分野の SPIRE（Sustainable Process Industry）がその後に加わることになった。それぞれが独自の公募プロセスや事前・事後評価の手法を持つ JTI とは違い，契約的 PPP には欧州委員会による共通のルールが適用さ

図表 4-5　制度的 PPP と契約的 PPP

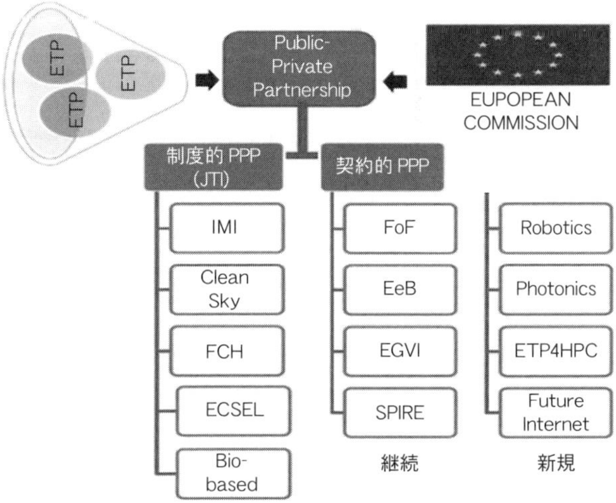

出所：筆者作成。

れる。そのため，評価の客観性の担保という観点から，契約的 PPP はステイクホルダーから強い支持が得られている（European Commission, 2013d）。

なお，H2020 の開始とともに 4 つの契約的 PPP の契約が更新されるとともに，新たに Robotics, Photonics, ETP4HPC（ETP for High Performance Computing），5G Infrastructure の 4 つの契約的 PPP が加わることになった。これにより，H2020 では 5 つの JTI と 8 つの契約的 PPP の合計 13 の R&I イニシアチブが展開されている（図表 4-5）。

ETP は，欧州委員会と共に PPP をとりまとめて実行する重要な役割を担っている。従来の FP とは異なり，ファンディングの基礎となる長期的ロードマップは，ETP 自らが主体となって産業界の利害とニーズを反映させて作成される。欧州委員会は，プロジェクトの公募とプログラム管理に徹する。このことが，欧州委員会主導のトップダウン型の PPP にかわって，産業界のケイパビリティを活かした，いわゆるボトムアップ型の R&I と称されるゆえんである。

4. Horizon Europe（2021年～2027年）の特徴

さて，次期FPのHorizon Europeの支援スキームは，Horizon 2020と同様に三本柱になっている。第1は「学術研究のオープン・サイエンス」，第2は「基盤産業技術の産業競争力強化」，そして第3は「社会的課題の解決に向けたオープン・イノベーション」である。第1の柱は，従来と同様に最先端研究を支援する。しかし，第2の柱および第3の柱については，ミッション志向型のR&I活動の推進という大きな枠組みの中で統合的に再編されていく可能性が強まっている。とはいえ2節で考察したように，このことはH2020において欧州委員会が社会的課題の解決に向けて基盤産業技術の適用を重要視し，両者を融合させたプロジェクトを奨励している方針と軌を一にするものである。

これら3つの柱の擁立に先立ち，欧州委員会は現行のH2020（2014-2020）の中間評価にあった2017年，次期計画Horizon Europe（2012-2027）の準備を本格化していた（DG RTD, 2017a, 2017b）。以下では，Horizon Europeの方向性を見通すにあたって，H2020に対する重要な勧告となっている「LAB-FAB-APP－望ましいEUの未来への投資（2017）」（以下ラミー・レポート）(European Commission, 2017)」について精査する。

パスカル・ラミー元WTO事務局長を議長として作業してきたハイレベル・グループは，同レポートにおいて11項目を勧告した。そして，勧告ごとに具体的な提案を行っており，Horizon Europeの方向性と設計思想を把握するうえで貴重な情報源になっている。以下では同レポートを参照して，Horizon Europeの基本的な方向性をおさえておく。

4-1.「統合アプローチ」と3つの基本的な方向性

H2020と同様に，Horizon Europeでも「統合アプローチ」が継承される。EUには多種多様なR&I関連プログラムを実施しており，前節でみたように欧州委員会はこれらを「統合アプローチ」の名のもとにFPに統合してきた。ラミー・レポートにおいても，別個に行われているR&I活動の統廃合を進め，現在の数の2/3に削減するよう勧告している。たとえばHorizon Europeでは，企業総局が企業・中小企業の競争力向上を目的に実施してきたCOSMEプログラムがFPに吸収される。

Horizon Europeの基本方針は，R&Iの強化を反映する「予算の増強」，イノベーションの中でも成長刺激や雇用創設効果が大きい「新市場創設型の破壊的イノベーション」の重視，インパクト重視を通じた「一般市民の取り込み」の重視の三つに集約される。

(1)　予算の増強

第1の勧告は，予算の強化増強である。レポートでは「2020年以降のEUのR&I計画の予算を2倍にする」こととしている。第2節でみたように，H2020の7年間予算は800億ユーロ弱であり，勧告に従うならば予算規模は1,600億ユーロ弱となる。これに対して，ブレグジットの決定により英国が次期計画から脱退すれば，EUの財源は自動的に16%ほど縮小する。このような状況もあってレポートは，最低ラインを1,200億ユーロとさだめ，Horizon Europeの予算としては1,200億から1,600億ユーロが適切としている。

勧告の根拠は「先進国における経済成長の主要な部分はR&I投資によってもたらされた」というマクロ経済調査評価にある。すなわち，最近20年間の先進国における経済成長の2/3がR&I投資によるものである。また，EU15か国における無形資産への投資による経済成長への貢献は，有形資産への投資による貢献の1−3倍という結果である。加えて，韓国，日本，米国，中国と比べた対GDPのR&I投資比率においてEUが劣勢にあることにもよる。前節でみてきたETPは，諸外国に比して相対的に低い民間のR&D投資を呼び起こすというコンテクストのもと，欧州委員会のマッチングファンドの受け皿として制度化されてきた。しかし，2002年にGDP比R&D投資比率3%（うち2/3は民間投資）の数値目標を掲げてから20年近く，状況が変わっていないのが実態である。

根拠の第2は，予算不足によるプロジェクトの採択率の低さである。全体的な採択率は13%である。これは，それ以前のFPにおける15%−20%よりも低い。低下の理由は，H2020において参加者の拡大が図られ応募者が増加したこと，メンバー国における助成予算の削減からEU助成に向かう応募者が増加したことなどが指摘できる。

全体的な採択率の低さに加え，公募審査において助成に適すると評価された提案であっても，予算不足により25%の採択にとどまっている現状は深刻である。レポートは次期計画では予算強化により，助成に適切と評価された優れた提案のうち最低でも30%が採択されえることを目標とするよう求めている。また全体の採択率として，応募者の増加も考慮しながらH2020以前の15−20%の水準を回復するように求めている。

(2)　新市場創設型の破壊的イノベーション

R&Iのインパクト増強のため，ラミー・レポートは破壊的イノベーションを重視している。科学研究，技術開発ともEUの実績は他の地域に比べて遜色ない。しかし，EUでは新しい市場をつくり大きな成長と雇用創設に富んだイノベーションが少ない。これは「ユニコーン企業」の数が米国さらには中国に比べても圧倒的に少ないことに表れている。また，米国のGAFAや中国のBATHのようなグローバルなレベル市場での「プラットフォーム企業」がEUには見あたらない。今のところ，それらプラットフォーム企業の戦略行動及びその影響力に対して，法（独禁法）や規則（GDPR）による「応戦」がEUの主要な関心事である。

このような現況にあって，Horizon Europeでは破壊的イノベーションを促すために学術分野，セクター，制度組織，国境のいずれをも横断する新しい市場を作るタイプの活動を重視する。この方向性に沿った具体的なアクションとして，EUイノベーション・カウンシル（EIC）の設立と，「仮想垂直統合（virtual vertical integration）ビジョン」の擁立を指摘することができる。

前者のEICはHorizon Europeにおいて破壊的なイノベーション支援のためにハイレベルの戦略的組織として常設される。EICは，学術研究に関してEUの支援スキームの根幹であるEUリサーチ・カウンシル（ERC）との双璧に位置付けられる。EICはHorizon Europeに先立つH2020の後半期において，支援スキームのパイロット運用を始めている。助成の対象は応用研究分野の「先駆者」プロジェクトと，市場からの資金調達が可能なレベルまでインキュベートする「アクセレレーター」プログラムである。

欧州委員会による要請に基づき，ハイレベル・グループが提起した助言は，以下の3点である。

・市場創設型のイノベーションのうち，特にデジタル経済と実体（physical）経済のインターフェイスに注目する[4]
・H2020の助成スキームが（2節2項でみた）TRLsの使用を通じて市場化に向けて段階別に構想されているのに対しEICでは「価値創造チェーン」に応じたスキームを導入する
・プログラムの実施におけるさらなる簡素化，ユーザー主導のデザイン，政策実験の視点を導入する

後者の「仮想垂直統合（virtual vertical integration）ビジョン」は，GAFAを念頭に置いた新しいビジョンである。そのビジョンは，ハードウェアから製造，システム設計およびSWエンジニアリングに至るまでの技術プラットフォームを取り仕切り技術開発の成果をビジネスの成功に結び付けることの出来る市場リーダーの待望と，その活動を奨励するビジョンである。

ビジョンの背景には，このような市場のリーダーが主導する垂直的なエコシステムが出現しない限り，水平的に専門化されたEUの産業界は競争劣位に立たされるとの危機感がそこにある（Vermesan & Friess, 2016）。前節でみてきたPPPのように，ドメインフリーの業界横断的なソリューションの提供に優位性を持つETPでは，米国，そして中国のプラットフォーム企業に立ち行かないとの認識に基づく方針転換といえる（徳田, 2017a）。

(3)　一般市民の取り込み

英国のブレグジットに象徴される反EU派・EU懐疑派の躍進と自国中心主義の拡大に直面して，欧州委員会の大きな政治課題のひとつが「ブリュッセル(EU官僚)」と一般市民との距離感を近づけることである。

Horizon Europeの準備過程においては「オープン・サイエンス」の旗頭のもとに，早い段階から「一般市民のとり込み」が目指されてきた。「一般市民の取り込み」は，R&Iが生み出すインパクトを一般市民に理解してもらいつつ，投資に対するコンセンサスを醸成していくことが主眼である。そして，その手法の一つとして共同デザインが重視されている。

共同デザインは，R&Iのステイクホルダーだけでなく，エンドユーザーや

一般市民を参加させたプログラム作りである。具体的には，資金のクラウドソーシングやアイデア創出におけるSNSの活用などがあげられる。これにより，R&I投資に関するコンセンサス醸成のほか，ユーザーのニーズ発のイノベーションの掘り起こしも期待できる。

共同デザインを具体化する最も強力な方法としては，H2020において「社会的挑戦」に位置付けられていたプログラムを，ミッション志向型のR&Iプログラムとして研究者から一般市民までを通じたパブリック・コンサルテーションにより決定する企てである。

「一般市民の取り込み」の理論的背景には，欧州委員会が主導するオープン・イノベーション2.0の概念がある。オープン・イノベーション2.0は，2013年にEUが提唱した新たなオープン・イノベーションのモデルである（European Commission, 2013e)。図表4-6はオープン・イノベーション2.0のエコシステムの詳細である。そこには企業，スタートアップ，共同イノベーター，新規スタートアップ，公的なエコシステム支援，大学のほか，市民，顧客，ユーザー，クリエイティブ・コモンズ，サプライヤーといった多種多様なステイクホルダーが存在している。

オープン・イノベーション2.0には特徴が2つある。ひとつは「分権化」で

図表4-6　オープン・イノベーション2.0：新しいイノベーション環境

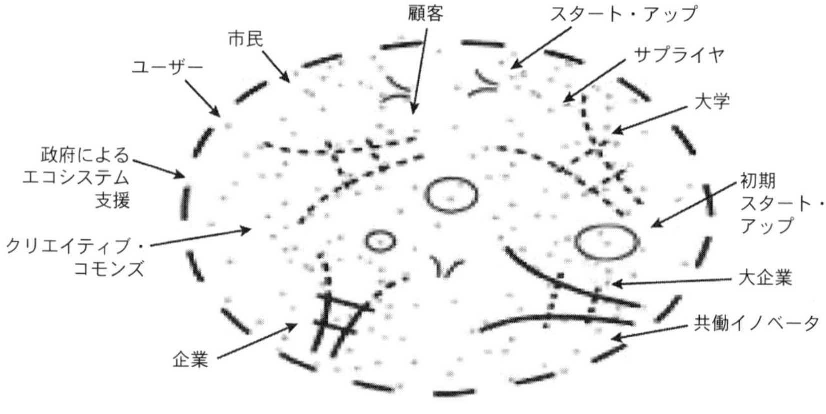

出所：European Commission (2016) を元に筆者作成。

ある。従来のクローズド・イノベーションや企業中心のオープン・イノベーション1.0は，程度の差こそはあれ，基本的には企業に集権化（centralized）されたイノベーションモデルであった。つまり，イノベーションの主体は企業が担うものであるとする強い既定が内在していた。これに対して，オープン・イノベーション2.0は分権化（decentralized）された様々な主体（産業界，官界，学会，そして市民）が関与・協働するビジネス・エコシステムの集合体である。

しかし，分権化され多様なステイクホルダーによって構成されるイノベーション環境では，調整コストは指数関数的に高くなってしまう。この点について，欧州委員会は「文化的シフト」の必要性を説く。すなわち，個人が経済的合理性を追求する結果，社会の利益が促進されるとするアダム・スミスの「見えざる手」による経済社会モデルから出発し，共有されたビジョンと価値を基盤として共通の目的（common purpose）を持つステイクホルダーが協働する「シェアリングエコノミー」へと向かう経済社会モデルへのシフトである（Curley, 2016）。

オープン・イノベーション2.0のもうひとつの特徴は，産官学の3者による連携（Triple Helix model）に「ユーザー／市民」を加えた4者の連携（Quadruple Helix model）を重視していることである。社会的価値の創造と実現のために，ユーザー／市民との協働は不可欠である。イノベーション・プロセスの初期過程からユーザー／市民が関与することによって，アイデアの多様化やイノベーションの普及，社会的受容において大きな役割を果たすことが期待できる。

従来のオープン・イノベーションに係る議論においてもユーザーについての言及はある。しかしそれは，ユーザーとの関係性に着目してリード・ユーザーによるイノベーションの活用が企業のパフォーマンス向上をもたらすことを実証した一連のユーザーイノベーション研究（Hippel, 1986, 1988, 2005；Jeppesen & Frederiksen, 2006）の成果を取り込んだものに過ぎない。これに対してオープン・イノベーション2.0は，それよりもはるかに幅広く多様なステイクホルダーによって構成されたイノベーション環境の形成と社会的価値の創造が意図されている。

分権化と市民重視に特徴づけられるオープン・イノベーション2.0が思い描くエコシステム，それはもはやビジネス・エコシステムを越えたソーシャル・エコシステムとでもいうべきものである。そのようなものとしてエコシステムを理解するならば，欧州委員会が目指す「一般市民の取り込み」を狙いとしたR&I政策は「社会的に共有された目標に向かって，ビジョンと価値を共有する一般市民を含むステイクホルダーが協働する分散協調型の社会的ネットワークの構築」を促進するものと解釈できるであろう。

4-2. Horizon Europeの主要な活動

Horizon Europeの構成は，H2020と同様に，学術研究，基盤産業技術，社会的挑戦へという三つの活動を柱にして行われる。ただし先述の通り，基盤産業技術や社会的挑戦としてのテーマ設定については，かつての有人月面着陸計画（アポロ計画）のような，いわゆる「ムーン・シュート・ミッション（moon shoot mission)」プログラムにするなど，従来のFPに比べて斬新な特徴が提案されている。

(1)　学術研究

学術研究分野はEUが相対的に強い分野である。EUレベルでの競争を通じて学術研究を支援するために設置されたEUリサーチ・カウンシル（ERC）は期待通りの成果を上げ，ERCのもとでの採択は研究者のレベルを示すものとして世界的に認められてきた。ラミー・レポートは先述の通りHorizon Europeに対する最大の期待として予算強化を勧告しており，学術研究の一層の強化を求めている。

そのほか具体的な勧告として，学際的研究支援用の相乗効果支援助成や「死の谷」を越えるための「概念実証支援スキーム」への注力，「産業研究フェロー制度」による分野横断的な産業研究の支援，そしてEUイノベーション工科大学院（EIT）による地球規模の課題に応える研究やその事業化があげられている。

(2)　ミッション・プログラム

Horizon Europeにおいて，欧州委員会は引き続き技術やセクター間の横断性を重視している。とはいえ，基盤産業技術に対してH2020において実施されてきた技術テーマ別のプログラムが，これまでのような形で継続されるかは不確実である。なぜならば，欧州委員会は，既存のセクターの生産性をイノベーションによって引き上げるのではなく，新しい市場を作るイノベーションを重視しているからである。同時に，その主たる担い手である官民共同出資スキーム（前節において確認された制度的PPPおよび契約的PPP）についても検討が重ねられている。すなわち，競争力強化のための最適スキームとしてPPPのほかにも，共同プロジェクトという一般的な形態を通じたり，あるいはSME重視を強めてEICを通じて実施されたりなど，Horizon Europeでは様々なオプションが示唆されている。

将来的な産業技術として，AI，燃料電池，先進製造技術などがあげられているが，これら基盤産業技術についてもミッション・プログラムの例に倣って，目標に沿ったプログラムが構成されるものとみられる。新しい市場を創設するスタートアップやSMEsによるイノベーションを重視する方針と並行して，現在これらを活用して実現される野心的な目標が探索されている。

社会的挑戦についても同様である。前節のETPの活動でみてきたように，H2020においては，「ヘルス」「食品」「エネルギー」「交通」「気候変動・環境」「安全」など社会的な課題別にプログラムが組織され，PPPを編成してプログラムの実行にあたっている。これに対しラミー・レポートは，R&Iが可能にする目標を，一般市民の想像力に訴え，そのインパクトを分かり易く提示し，その下にプログラムを作ることを提案している。

これらの基盤産業技術，社会的挑戦に関わるプログラムが「ムーン・シュート・ミッション」として再編されるのは，前項の「一般市民の取り込み」において言及したように，R&Iに対する一般市民の理解を深めるためである。その具体策として勧告では，以下の3点を指摘している。

・ミッション・プログラムの決定に一般市民を参加させる（共同デザイン）。
・R&I活動が目指すものが分かりやすく賛同を得やすいものにする。
・R&Iの達成度を分かりやすくインパクトが明白なものにする。

また，ラミー・レポートは「一般市民の想像力に訴えること」のほか，「SDGsに則った地球規模の課題や夢」であること，「一定の期間内に達成できるものが明かであること」という条件を付したうえで，プログラムに必要な特徴として次の5点を指摘している。

・特定の学術・技術分野やセクターの境界を越えた横断性を有するもの
・科学・技術・産業・社会におけるブレイクスルーや変革をもたらす潜在性を有するもの
・「ロボット時代における労働」といった社会的なインパクトを考慮する人文社会科学分野の活動を包摂するもの
・プロジェクト公募において求められる活動の詳細を予め定めることなく，方向や期待されるインパクトを明示したうえ，活動の内容を応募者が自由に提案できるもの
・企業，基金・財団，公的機関などからの共同出資によって実施されるもの

これらの勧告は，勧告にとどまるものではない。欧州委員会によるHORIZON EUROPEの策定プロセスに勧告が十分反映されるよう，ハイレベル・グループのメンバーをそれぞれの勧告ごとに設置された作業部会に張り付けて継続的に協議が進められている。

5. おわりに

本章では，第8次FPであるH2020を参照しながら，その設計思想となっている「統合アプローチ」の全体像を浮き彫りにした。H2020のR&I政策は，社会的・経済的な課題に対してEUに分散するリソースを統合し，俯瞰的な視点から解決策を設計していくための手法である。それは，以下の3つのアプローチを含むものとして特徴づけられる。

・部門によって棲み分けられた旧態依然とした政策の壁を越えて（＝cross-cutting approach），
・社会的挑戦に対応するために異なる分野のリソースと知識を持ち寄り（＝Challenge-based approach），
・科学的・技術的ブレイクスルーに基づく新製品やサービスの開発だけでなく，新しいアプリケーション，継続的改善，非技術的かつ社会的イノベー

ションに向けて既存技術を活用していくなど幅広いイノベーションを追求する（=holistic approach）。

このような特徴を持つH2020の実行主体であるPPPは，ETPが策定した戦略的R&Iアジェンダに基づいてロードマップを実行する。ただし，このロードマップは単なる技術ロードマップではない。社会の「あるべき姿」の実現に向けて，技術のみならず法律・標準規格やエコシステムのあり方まで示した「イノベーション・ロードマップ」とでもいうべきものである。

次期FPのHorizon Europeについては，R&Iの増強，新市場創設型の破壊的イノベーションの重視，一般市民の取り込みの重視というラミー・レポートに示された三つの基本方針や，いわゆる「ムーン・シュート・ミッション」プログラムへの移行についての欧州委員会の含意を読み取り，H2020との異同を明らかにした。

従来のFPとの最大の違いは，R&I政策に関わる産官学ステイクホルダーのみならず，幅広い一般市民の作業参加を目指して欧州委員会が準備作業を早い段階から広範に周知していることである。そして「ムーン・シュート・ミッション」プログラムのように，一般市民に賛同してもらうことのできるプログラム設計に仕立てている。本章では，このような「一般市民の取り込み」を重視する欧州委員会の狙いを受けて，Horizon Europeにおいて彼らが目指すR&I政策を「社会的に共有された目標に向かって，ビジョンと価値を共有する一般市民を含むステイクホルダーが協働する分散協調型の社会的ネットワークの構築」を行うものとして特徴づけた。

本章で取り上げたレポートの種々の勧告に対してドイツを初めとする主要メンバー国の研究担当省庁は，例えば勧告に示されたミッション・プログラムの考え方について，従来の助成プロジェクトとの整合性が担保されていないという批判の声をあげている。しかしながら，2021年からはじまるHorizon Europeの大枠は，本章で考察した「新しい協働のカタチ」となるオープン・イノベーション2.0に則り，H2020の「統合アプローチ」を継承しつつ「一般市民の取り込み」を重視したレポートの勧告を大筋で反映させたものになっていくであろう。

〔徳田昭雄〕

注

⑴　EUでは1990年代後半から，EUと加盟国とのR&D重複投資を解消し，より効果的なR&I政策を立案するために非公式の閣僚会議が開催されていた。その成果の一つとして，EU委員会によるERA創設の提案が2000年にEU理事会にて採択された（Commission of the European Communities, 2000）。

⑵　制度的PPPは，非営利の産業アソシエーションと欧州委員会および加盟国・技術協定締結国からなる当局サイドのPA（Public Authorities）によって，法人格を有するJU（Joint Undertaking）が設立される。JUの戦略的R&Iアジェンダは産業アソシエーションが策定し，それに基づいてJUが公募内容の決定，スケジューリング，選定，評価，研究開発費の分配などの実務にあたる。これら実務に関わるルールは，各JTIによって異なっている。

⑶　当初選定されていた環境安全のためのグローバル監視（GMES）はEU宇宙機関ESAからの予算獲得となった。

⑷　デジタルないしバーチャルな世界と物理ないし現実世界との融合するシステムをCPSと称することがある。CPSは，異なる性質（例えば，機械的，電気的，化学的）の物理プロセスと密接に結合した計算機，通信，制御コンポーネントによって構成されている。それは，「計算機とモノの世界とが影響し合うシステム」であったり「ネットワーク化された組込みシステム」と表現されたりする（徳田, 2017b）。

参考文献

JST CDRS（2014）「海外調査報告書　科学技術・イノベーション動向報告～EU編～（2013年度版）CRDS-FY2013-OR-04，独立行政法人 科学技術振興機構 研究開発戦略センター 制作担当 海外動向ユニット。

徳田昭雄（2017a）「CPSエコシステムの構築に向けた欧州委員会の役割：水平分業から仮想垂直統合へ」『研究 技術 計画』32-3。

徳田昭雄（2017b）『EUにおけるエコシステム・デザインと標準化：組込みシステムからCPSへ』科学情報出版。

Commission of the European Communities (2000), Brussels, Communication from the commission of the council, the European Parliament, the economic and social committee and the committee of the regions, Towards a European Research Area, 18.1.2000, COM (2000) 6 final.

Commission of the European Communities (2004), Green Paper on Public-Private Partnerships and Community Law on public Contracts and Concessions. Brussels, 30.04.2004, COM (2004) 327 final.

Commission of the European Communities (2005), Commission Staff Working Document, Report on European Technology Platforms and Joint Technology Initiatives: Fostering Public-Private R&D Partnerships to Boost Europe's Industrial Competitiveness, Brussels, 10.6.2005, SEC (2005) 800.

Curley, M. (2016), *A New Mode of Technical and Societal Innovation*, European Commission.

European Commission (2007), Third Status Report on European Technology Platform: At the Launch of FP7, European Communities.

European Commission (2009), Strengthening the Role of European Technology Platforms in addressing Europe's Grand Societal Challenges, Report of the ETP Expert Group, European Union.

European Commission (2010), Role of European technology Platforms in the preparation of work programmes – DG RTD Internal Audit Report.

European Commission (2011), Interim assessment of the research PPPs in the European economic recovery plan, Publications Office of the European Union.

European Commission (2012), Communication from the European Parliament, the Council, the European Economic and social Committee and the Committee of the Regions, A European Strategy for Key Enabling Technologies: A Bridge to Growth and Jobs, Brussels, 26. 6. 2012, COM (2012), 341 final.

European Commission (2013a), Commission Staff Working Document, Strategy for European Technology Platforms: ETP 2020, Brussels, 12.7.2013, SWD (2013) 272 final.

European Commission (2013b), DG MOVE Call, Mobility for Growth, Presentation Material of Information Day 18.12.2013@Brusseles.

European Commission (2013c), European Green Vehicle Initiative: Multiannual roadmap for the contractual PPP under Horizon 2020. Luxemburg Publications Office of the European Union.

European Commission (2013d), Final Assessment of the Research PPPs in the European Economic Recovery Plan, Luxembourg: Publication Office of the European Union.

European Commission (2013e), Open innovation 2.0 yearbook 2013, European Union.

European Commission (2016), Open innovation 2.0 yearbook 2016, European Union.

European Commission (2017), LAB FAB APP Investing in the European future we want, European Union.

European Commission: Directorate General for Research and Innovation (DG RTD) (2017a), Interim evaluation of Horizon 2020 Commission staff working document, European Union.

European Commission: Directorate General for Research and Innovation (DG RTD) (2017b), Interim evaluation of the Joint Undertakings operating under Horizon 2020: Commission staff working document Study, European Union.

European Communities (2006), Tomorrow's answers start today, European Communities.

European Union (2013a), Brussels, 22 _November 2013 (OR. en) 2011/0401 (COD), PE-CO_S 67/13 Subject: Regulation of the European Parliament and of the Council, establishing Horizon 2020 – the Framework Programme for Research and Innovation (2014-2020) and repealing Decision No 1982/2006/EC.

European Union (2013b), Factsheet: Horizon 2020 budget, 25 November 2013.

IDEA Consult (2008), Evaluation of the European Technology Platforms (ETPs), IDEA Consult nv.

Jeppesen, L. B. & Frederiksen, L. (2006), Why do users contribute to firm-hosted user communities? The case of computer-controlled music instruments", *Organization Science*, 17-1: 45-63.

Vallés, José-Lorenzo (2013), DG Research & Innovation, FoF, EeB, EGVI & SPIRE Implementation of the four cross-cutting Contractual PPPs under Horizon 2020, PPPs Information day's Presentation Material, 16-17 December 2013.

Vermesan, Ovidiu & Friess, Peter (eds.) (2016), *Digitising the Industry: Internet of Things Connecting the Physical, Digital and Virtual Worlds*, River Publishers.

von Hippel, E. (1986), "Lead users: A source of novel product concepts", *Management Science*, 32-7: 791-805.

von Hippel, E. (1988), *The Source of Innovation*, New York: Oxford University Press.

von Hippel, E. (2005), *Democratizing Innovation*, MIT Press. (サイコム・インターナショナル監訳『民主化するイノベーションの時代』ファーストプレス，2005年。)

第Ⅱ部
未来の多国籍企業に関する新たな理論構築

第5章
AIと多国籍企業

1. はじめに

本章では，AI（Artificial Intelligence）の多国籍企業に与える影響について考察する。AIの社会にもたらす影響は広大であり，現時点でそれを予測することは困難である。ここでは，AI一般の議論ではなく，AIプラットフォームを軸に議論を進めたい。現在，GAFA，BAT（グーグル，アマゾン，フェイスブック，アップル，バイドゥ，アリババ，テンセント）などのプラットフォーマは，クラウド・コンピューティングを基盤にビジネスを構築しているが，いずれ近い内にAIをベースにしたプラットフォームに転換するだろう。すでにアップルでは，「お勧め機能」で初期のAIが使用されているようである。周知のように，囲碁将棋の世界ではAIがプロを凌駕する能力を示しているが(1)，文学や音楽の世界でもすでにAIが人間の領域を侵食している（Friedman, 2016）。ここでは，AIプラットフォーマの出現が，製造業を主軸とした「古典的多国籍企業の理論」（Classic Theory of Multinational Enterprises）にどのようなインパクトを与えるかを考察したい。

2. AIの自律化

AIはかなり以前から研究されていたが，近年に至るまで顕著な影響をもたらさなかった。1980年代のAI研究は論理的思考に基づき，物事の因果関係（原因と結果のロジック）を体系化しようとした（Wiki/人工知能の歴史）。今日でもAI研究の本命は人間の合理的な意思決定の体系化だろう。

しかし初期のコンピュータは高価で，演算速度も遅かった。複雑なロジック体系を素早く動かすことが難しかった。経済学のN財モデルの解（最適な組み合わせ）を求める計算を例に取ると，財の数が10程度なら解けるが，100，1,000と増えていくと大型コンピュータを使っても解を得るのに時間がかかる。スーパーの商品は何万点もあるが，人間（顧客）は必要な商品をすばやく選んで最適な組み合わせを実現する。しかしコンピュータが合理的な計算手順に従って最適な組み合わせを発見しようとすると，計算に何時間もかかってしまう。仕組みは簡単でも，実際に計算してみると答えが出ないという「計算不可能性」は，われわれの社会では多く見られる。人間は「直感」を働かせてすばやく「満足解」（必ずしも最適解ではない）を見出している。人間の意思決定にはコンピュータの合理的な計算とは何か違う仕組みがあるのだろう。初期の人工頭脳が期待されたような成果を挙げられなかったのは，人間の思考方法が十分に解明されていなかったことに原因がありそうである。

停滞していたAI研究に「深層学習」（deep learning）という方法がブレークスルーをもたらした。深層学習を利用したAIは，すでに比較的狭い専門領域，例えば，癌が疑われる患者のCTスキャナ画像の解析，経済分析のコラムの執筆，裁判の判例検索，コマーシャル・ソングの作詞作曲，決算報告書の作成など，かなりの判断業務（judgement）を伴う仕事などで役立っている（Friedman, 2016）。

そもそもコンピュータは人間が得意とするパターン認識が苦手だった。数式の計算や事務処理は高速で処理できても，人の顔の識別などが苦手だった。それが深層学習によって画像認識がすばやくできるようになった。何万枚もの画像データを読み込ませると，AIが猫の顔（概念図：パターン）を書けるようになった。同じ理屈で，囲碁や将棋の符を何万枚も読み込ませると，機械が学習してプロ並みの腕前を発揮する[(2)]。

今日のAIは深層学習の出現で飛躍的に進歩したわけであるが，この方法には潜在的な欠点がある。パターン認識に優れていることは，逆に因果関係の分析能力に欠けるという弱点を持つ。何万枚の画像の学習から，与えられた画像が癌である確率を正確に予想することはできるが，この患者がなぜ癌になったか，因果関係が説明できない。因果関係は時間軸に沿って進むロジックの連鎖だが，パターン認識は時間の経過が想定されていない。白から黒に変化していくグレー領域のグラデーションが想定されない。つまり，白と黒の間はブラックボックスである。このグラデーションの仕組みは複雑なので説明せず，ブラックボックスのままにしておく。白をクリックすれば最適な結果（黒）か出る。どういう論理で結論に至ったかは不問にしておく。こうして深層学習によるAIは無数のブラックボックスを生み出す。クリックすれば最適解が出る。理由はわからない。これでは魔法も同然である。しかし，それが本当に最適な答えなのか，なぜその結果になるのかはわからない。わからないが，機械はその答えを「推奨」してくる。

因果関係を説明することは，通常，サイエンスと呼ばれる。仮説を立て，データを集積し，仮説を検証して原因—結果の関係を確定する。論理的な説明（サイエンス）抜きの最適解は，ほぼ「魔法」である。深層学習に基づくAIは現代の魔法使いである。

そもそもデータ・サイエンスそのものが，「魔法の世界」である。データ・サイエンスは膨大なデータから方程式（アルゴリズム）を導出する。アルゴリズムは時間軸を加えた4次元空間の曲面体になるかもしれない。データが豊富であるほど，またAIが活用されるほど，その予測（prediction）は正確になる（Agrawal, Gans and Goldfarb, 2018）。

しかし，そのアルゴリズムは，仮説—検証，因果関係の定式化という帰納法によって導かれたものではない。データは「なぜそのような曲線が描かれるのか」は説明してくれない。しかも演繹されたアルゴリズムはデータが正しい場合にしか成立しない。もしデータにニセ情報やフェイクが混じっていたら信頼性は失われる。今も昔も，コンピュータの欠点はガベジ・イン＝ガベジ・アウトである。しかし，データが真正であると誰が保証できるのか。

それなら，ビックデータが不要なAIを開発すべきだろう。ディープ・マインド社は，アルファー碁の後継として「アルファー碁ゼロ」を開発した。これはコンピュータにゲームのルールだけを教えて自己研鑽（自己対決）させ，腕を磨くソフトウェアである。もはやビックデータを与えなくても，機械は自分で学んでいく。囲碁や将棋の基本ルールさえ教えれば，機械自身が試行錯誤で学習を深めていく。この仕組の応用範囲は広く深い。

ビックデータのいらない自己学習（自律）型のAIは，AIが自分で情報を検索し，取捨選択しながら独自の知識体系を作り出す。自己学習した知識ベースに基づいて判断し行動する。当然，不適切な行動をすれば周囲の人間が監督し矯正する。機械は人間の反応を見ながら自分の行動を修正する。自律型の場合，良いAIに成長するためには，少なくとも学習の初期段階では，人間のメンターが必要になる。

こうした自律型のAIを開発するためには，シリコンチップの開発から刷新しなければならない。深層学習ではグラフィック中心の半導体（GPU）が主流を占めるが，次の世代のAIでは自己学習に特化した半導体とGPUの組み合わせが重要になるだろう。現在，自動車の自動運転を含め多くのAIがエヌビディアのGPUを搭載したコンピュータを利用しているが，次世代のAIでは機能に特化したコンピュータ（CPU）とそのコンピュータに搭載された半導体のSoC（System on a Chip）が決め手になるだろう。

自己学習する（自律型）チップは，特定の専門領域に特化する形で設計されるだろう。それは汎用型のAI半導体を開発するのが難しいから，というよりも，AIのスーパーインテリジェンス化を防止するために必要な措置と考えられる（Bostrom, 2014）[(3)]。

まず，自律型AIに対しては，専門職業に関する基礎知識や職業倫理・義務などのルールを教育し，ルールに従って行動することを確認した上で，高度な専門知識を体系的に学習する。基本的には，対人教育と同じプロセスを取ることになる（Gardner, Csikszentmihalyi and Damon, 2001）。AIが職業倫理コードに従っているかのチェックは，AIの自己監査で行われるだろう。人間のメンターはAIの自己監査をモニターすることになる。

自律型AIでは，データはインターネットを経由して収集される。収集の時点で，一定の関門，情報のスクリーニングを設定する。例えば，医療用AIでは医学雑誌に掲載された論文や実験データに限り，それ以外の情報の摂取を制限する。経済アナリストのAIでは経済統計資料や論文，ニュースに限り，分野を越えた情報収集を制限する。AIが範囲を拡大して情報を収集する場合，人間の専門家による委員会の許可を必要とする。

こうした専門領域ではフェイク・ニュースが混入する確率は低い。また，人間のメンター（高度専門家や委員会など）との対話を通じて，AIが自己の知識ベースを修正・調整することもできる。要するに，人間との対話で認識を共有し，学習内容を反省し，行動を改めるなど，機械が賢くなるように指導する。

自律型AIは「賢く」なると，ロボットを自分の手足として使い，化学実験や工作をするようになるだろう。未解決の新しいテーマを発見し，新薬の開発をするかもしれない。薬学の知識だけでなく，生物学，医学，遺伝学などの知識を学びながら試行錯誤で新薬の開発を進めるだろう。その場合，人間のメンターや委員会の許可をとって新分野の学習を推進する。自律型AIは不眠不休で学習し研究するので，労働時間に制限を受ける科学者より短期間で成果を上げるだろう。あるいは，人間の科学者は自律型AIとパートナーを組んで，勤務時間が終わったらAIに研究をバトンタッチして帰宅するかもしれない。ちょうど，アルファー碁と人間のプロ棋士がペアを組んで腕を磨いているように。

さらにAIが操作するロボットは，優れた視覚・聴覚・味覚・温度・湿度・触覚センサーをもち，微細に制御された運動機能を発揮して，優れた作品を制作するだろう。匠の技を復元するだけでなく，さらにそれを発展させ，人類未踏の域まで高めるだろう。AIロボットは，24時間休みなく働き，何万回・何千万回も試作品を作る。AIロボットは3Dプリンタのようなコピー品ではなく，正真正銘の芸術作品を創造する。自律型のAIは，学習のプロセスを論理的に説明できる。深層学習と組み合わせると，パターン認識と因果関係の解析の双方が可能になり，ブラックボックスが解消される。この種の知的AIが大量生産される世界が21世紀後半の特色になるだろう。

3. プラットフォームによる「スムースな市場」

21世紀の初頭に，スタンドアローンだったコンピュータが繋がったことによって一大変革が起きた。インターネットの出現である。この新しい世界（インターネット）を活用すべく，ネット上で共同作業を行い（GitHub），繋がったコンピュータをあたかも一台のコンピュータのように利用する技術（Hadoop）が生まれた。こうしてクラウド・コンピューティングの世界が開けた（Friedman, 2016）。インターネットは新しいビジネスチャンスをもたらし，プラットフォーマと呼ばれる一群のサービスプロバイダーが生まれた。

それまでのビジネスモデルは，基本的に「研究開発」→「製造」→「販売」というプロダクト・アウトの道筋をたどった。顧客のニーズ情報や販売収益は逆方向に流れた。このビジネスの仕組を，Moazed と Johnson（2016）は「直線的な企業の価値創造の仕組み」と呼ぶ（156 ページ）。図表 5-1 は，それを示したものである。

「多国籍企業」は，「マーケティング活動」，「研究開発」，「製造」，「販売」を 1 国内で完結させるのではなく，多国間で行う。マーケティング，研究開発から製造，販売，アフターサービスやメンテナンスに至る一連の価値連鎖を横軸にとり，縦軸に生み出される付加価値の大きさを取ると，図表 5-2 に示す「ス

図表 5-1　直線型のビジネスモデル

出所：著者作成。

図表 5-2　スマイルカーブの一例

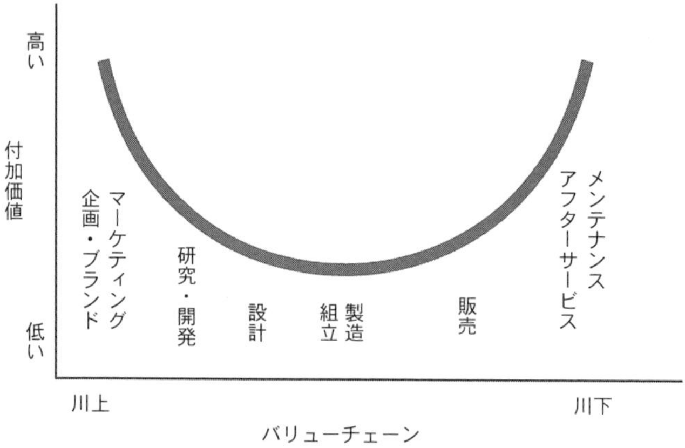

出所：*exa corporation*「第 1 回　世界規模で熾烈になるマス・カスタマイゼーション競争」（3 ページ）（https://www.exa-corp.co.jp/）。

マイルカーブ」と呼ばれる曲線が得られる。

各々の経営機能を上手く分離（組織のモジュール化）することができれば，付加価値の大きな機能を本国や先進国に，付加価値の低い部分を新興国や発展途上国に配置し，その間をサプライ・チェインで結ぶ「グローバル生産のネットワーク」が形成される。付加価値の低い部分は，サードパーティーの物流業者や委託加工業者（EMS: Electronics Manufacturing Service や来料加工）に下請け（アウトソーシング）することも可能だ。製品の設計思想（アーキテクチャ）が「摺合せ型」（インテグラル）である場合，経営機能を細分化して切り離すことは難しい。日本の自動車産業はこの典型と言えよう。ところが，民生用電子機器，いわゆるデジタル産業は，「モジュール型」の設計思想をベースに進化してきた（藤本・クラーク, 2009；藤本, 2012；藤本編, 2013；安室, 2012）。

モジュール型生産では，組み立て加工が最も付加価値が低くなる傾向にある（図表5-2参照）。つまり，ものづくりがモジュール型に移行することによって，製造部門で高い付加価値を実現していた企業が，利益の源泉を失うことになる。デジタル化によって，その現象が顕著に現れたのが家電や民生用電子機器の製造企業，つまり日本企業の得意とする分野だった。

製品のデジタル化，その原因になったアーキテクチャのモジュール化は製造工程から熟練を排除した結果，未熟練の農民工でも組み立て生産が可能な製造方法を確立した。これにより，低賃金の労働力が無尽蔵に供給可能な国，例えば，中国，インド，パキスタン，バングラディシュ，ミャンマー，将来は人口増加が著しいアフリカ諸国が，受託加工業の最適場所になる。このように，1990年前後に社会主義経済圏が崩壊し，グローバル経済体制に統合されたことが「生産のグローバル化」を促進した。国有化のリスクが低減したので，「製造」工程や「物流」機能を第三国のサードパーティーに委託する動きが加速した。いわゆる多国籍企業の「ファブレス化」であり，グローバル・サプライチェインの時代である。

この結果，発展途上国の経済がグローバル経済に統合され，先進諸国から莫大な投資と技術移転を受け入れ，巨大な雇用と消費市場がもたらされた。21世紀初頭はBRICs（ブラジル，ロシア，インド，中国，南アフリカ）が世界経済を牽引するようになった。

しかし，インターネットの普及，とりわけスマートフォンの普及によって，全く新しいビジネスモデルが出現した。それは図表5-3で示される「交換型」ビジネスモデルである。プラットフォームの運営者は，様々なユーザーと多様なプロデューサーを最適マッチングさせる「出会いの場」（プラットフォーム）をセットする。インターネットのなかった時代，つまり昔のリアルな世界では，特定のニーズを持ったユーザーと，それを満たす能力を持ったプロデューサーが出会う確率はとても低かった。そこで古くは「村の市場」，近代では「卸売市場」が作られ，プロデューサー側が多額の費用を払ってユーザーに働きかけ（宣伝広告），特定の「場所」（公設市場，小売店など）でマッチングを図った。リアルな世界では物理的空間や時間が制限されていたので，参加できる人数に限りがあった。そこで専門分化を行い，様々な「市場」が全国各地に分散されて開催され，参加資格（例，江戸時代の株仲間）も制限された。インターネットの出現は，その物理的・空間的・時間的・地理的制約を取り払った。誰もが無料で参加でき，24時間いつでも取引ができるグローバルな「出会いの場」が出現したのである。

それでも，初期のプラットフォームは単純なビジネスモデルから出発した。アマゾンは取扱が簡単で腐敗しない商品である書籍からビジネスを開始した。

図表5-3　交換型ビジネスモデル

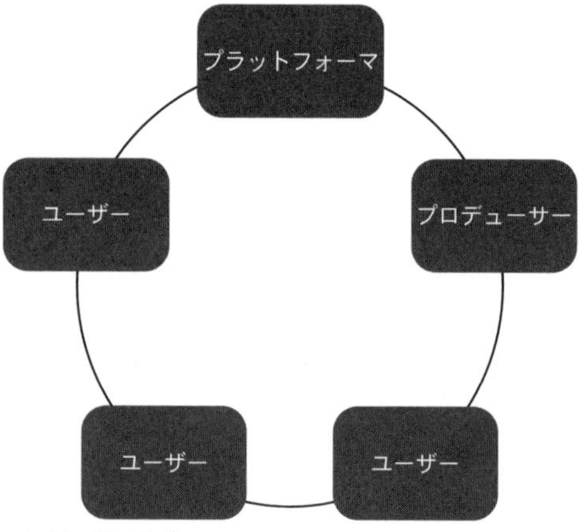

出所：著者作成。

アリババは中国伝統の「村の市場」に併設された「お茶屋さん」をモデルにeビジネスを開始した（関西生産性本部, 2003；安室編, 2007）。ウーバーは自動車の手配，エア・ビー・アンド・ビーは貸部屋紹介などをモデルにした（Moazed and Johnson, 2016）。

しかし，ユーザーのニーズは多様であり，他方，世界には様々なプロデューサーがいる。プラットフォームが「出会いの場」であるなら，あらゆる需要と供給が網羅されなければならない。アマゾンはあらゆる需要と供給が出会うマーケットの設立を目指している。自律型AIの出現は，それを可能にするだろう。

今までのサーバの処理能力では幾何級数的に増加する需要と供給のマッチンクを瞬時に処理することはできなかった。従って，専門領域の棲み分けが必要だった。「餅は餅屋」の原則である。取扱領域を制限することで，ユーザーとプロデューサーのマッチング確率を高めるのである。そこに自律型のAIが出てくると，ゲームのルールが変わる。餅屋がパンやケーキを売り始め，本屋が車を売るようになる。つまり，プラットフォーマの「領空侵犯」が始まる。あらゆる需要と供給のマッチングを目指すアマゾンは，当然，自律型AIプラットフォームの開発に向かうであろう。

自律型のAIプラットフォームの特徴は，ユーザーにそっくりな「アバター」（ヴァーチャルなユーザー）をプラットフォーム上に作って，それが「代理人」として様々のプロデューサーにユーザーのニーズを伝えて交渉し，最適なソリューションを形成する点にある。その過程で，必要があれば他のアバターから情報をもらう。最適なソリューションが見つかれば，それをアバターは主人のユーザーに伝える。ユーザーは気に入ればクリックする。気に入らなければ，改善するべき点を明示して，アバターに返す。アバターはプラットフォーム内を探索して新しいソリューションを創発する。ユーザーとアバターの情報交換は，通常，スマートフォンやAIスピーカーを通じた「会話」による。

アバターは，ユーザーとの交流から学習し，「賢く」なっていく。ユーザーとの接触が頻繁になり，交流の幅が拡大するほど，「アバター」は本物のユーザーに似てくる。つまり，ユーザーとアバターのコンテキストの共有化が成功の鍵を握る。コンテキストの共有とは，ユーザーとアバターが「ツーといえば

図表 5-4　アバターのいるプラットフォーム

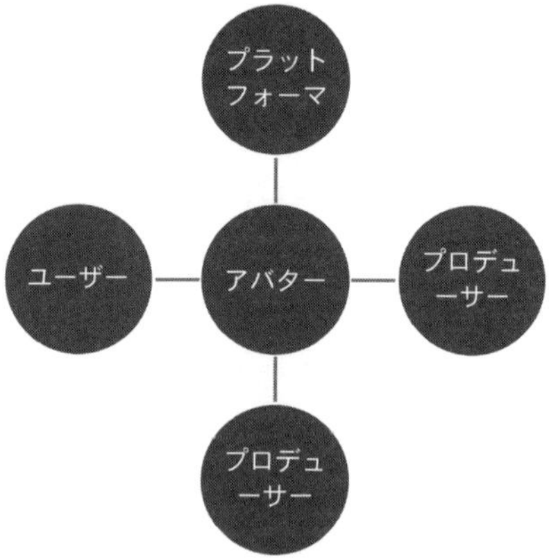

出所：著者作成。

カーというような」関係になることである。

プラットフォーマは，このアバターに様々なプロデューサー情報を提供する。プラットフォーマは，ユーザーに直接アピールする前に，アバターに働きかける。アバターとユーザーの近似度が高いほど，その提案はスムースに受け入れられるだろう。アバターが提案に対して改善を求めてきた場合，プラットフォーマはその回答をプロデューサーに伝え，改善するべき点を指示する。つまり，AI プラットフォーマは無料で，ユーザーには消費者向けのアドバイスを，プロデューサーには商品開発のアイデアを提供する。アバターをヴァーチャル・リアリティー（VR）の仮想空間で活動させることで，ユーザーのニーズを先取りし，商品やサービスの勧誘だけでなく新製品開発にも結びつける。

現在の GAFA などのテクノロジー企業は，AI プラットフォーマに進化するだろう。この場合，ビジネスモデルの仕組みは類似していても，課金の仕組みは多様になるだろう。取引が成立したとき① ユーザーに課金するタイプ，② プロデューサーに課金するタイプ，③ バナー広告などで収益を稼ぐタイプ，④ 第三者が払うタイプ（寄付や補助金等による運営，利用は無料のソーシャルサービス），が考えられる。どの課金システムが最適であるのかは，ビジネスの性格によって異なる。最適解に至るまで，ビジネス・プラットフォームの間の競争が続くだろう。

4. アバターの所有権はユーザーにある

自律型のAIプラットフォームは，今までのプラットフォームとどのような点で異なるのだろうか。プラットフォームが「完全にスムースな市場」の出現を意味するのなら，垂直統合型の企業組織の解体をもたらすだろう。実際，GAFAのようなプラットフォーマは競合する垂直統合型企業の解体を促進した。大企業の前方統合（流通段階の支配）を崩壊させ，小売業すら排除し始めている。理論上は，アマゾンなどのプラットフォーマは，新古典派経済学が想定するような「スムースな市場」（ヴァーチャル完全市場）を実現する。だが，それにはクリアーしなければならないリアルな課題がたくさんある。

ウィリアムソンは，リアルな市場は不完備なので，予想ができない突発事件や詐欺に遭わないように緻密な契約書を取り交わし，取引相手が契約を誠実に守るように監視しなければならないとする（Williamson, 1986）。つまり，リアルな市場の利用には費用がかかる。人間は当初は悪意がなくても，取引が自分に不利な状況に陥ると情報の隠蔽や歪曲を行い，自分に有利になるように嘘をつき，不誠実な行動を取るよう動機づけられる。この「機会主義」（opportunism）的行動が「市場の失敗」を避けがたくする。機会主義から取引を守るためには，取引を信頼できる管理者の監視下に置く必要がある。この結果，取引は管理階層（組織）の下に組織化される。つまり，「市場の失敗」を回避する手段として「組織」が形成される。従って，垂直統合は取引費用を節約する手段であり，経済合理的（善）であり，独占ではない，ということになる。

ところが，eコマースでも「市場の失敗」は起きている。インターネットを利用した商取引（eコマース）でも取引費用（transaction cost）はかかってくる。ネット犯罪やフェイク・ニュース，ウィルスの蔓延などインターネットにはリスクがつきものであり，セキュリティーにはカネがかかる。ネット取引の「安全」を確保しようとするのなら，セキュリティー費用などの「ネットの取引費用」がかかる。

しかし，個人のユーザーでは自己防衛に限界がある。そこで，プラットフォーマが登場する。プラットフォームは，頑丈なセキュリティーで防衛されているので，リスクを心配する必要が少ない。万が一，セキュリティーが破られてもプラットフォーム企業が損失補填をしてくれる（とユーザーは期待している)。従って，「プラットフォーム空間」で取引を行う限り，「完全にスムースな市場」が実現できる。従って，プラットフォーム上では，新古典派経済学が想定した完全競争の市場が成立する。その結果，垂直統合型の管理組織は必要がなくなる。リアル世界の管理組織が解体されると，あとに残るのは製品開発や企画を含む広い意味での「製造能力」(producer ability) である。また，その「製造能力」も，研究開発，商品企画，部材・モジュール製造，組み立て加工，物流などに機能分化し，独立採算のビジネスユニットに編集が可能である。これらのビジネスユニットは多種多様な「プロデューサー」(アビリティー) と見ることができる。

その多様な「プロデューサー」は，国際標準で定められたインターフェイスを共有することで連結し，生態系 (ecology) を形成する。その生態系の一つ一つが相互に結合して，巨大な「ものづくり」プラットフォームを形成する。これが，大企業の「企業グループ」や「系列」，および「事業部」と呼ばれる垂直統合型組織に代替する。この「ものづくり」生態系が地場産業の形態をとる場合は「深圳型プラットフォーム」(藤岡, 2017; 丸川, 2007, 2013) と考えられるが，いずれネット空間に同様のプラットフォームが築かれるだろう。

この巨大な「ものづくり」プラットフォームの細胞は「個人」である。個人のプロデューサーはギグワーカーとなり，AI を活用しながら多様な短期的な請負仕事を遂行するだろう (Mulcahy, 2017)。

自律型の AI は，プラットフォームの中に無数のアバターを創ることができる。ユーザーが 1 億人いても，「登録」という行為により，一個人に対応したアバターを設定する。このアバターはユーザーの購買経歴から得られた個人データをもとに AI が作成するものである。プラットフォーマは各アバターに様々な情報や条件を提示し，アバターの反応を見る。アバターのニーズを推測して，その最適解を持つと考えられるプロデューサーに繋げる。場合によっては，プラットフォーマは複数のプロデューサーに働きかけてネットワークを作る。アバターのニーズに答えられるソリューションが見つかれば，その結果をアバターがユーザーに連絡する。アバターとユーザーが話し合い，よければユーザーは「採用」（購入）をクリックする。つまり，プラットフォーマが頻繁にユーザーに働きかけるのではなく，アバターにアプローチして，その結果を見て本物のユーザーに推奨する。取引が成立したらユーザーに課金する。

これはアマゾンの「お勧め」機能に似ているが，AIの場合はもっと生活に密着した提案が可能になる。アバターはアバター同士でコミュニケーションすることも，プロデューサーに働きかけることもできる。アバターは学習によって進化するので，ユーザーがAIプラットフォームを使うほど，ユーザーのニーズに的確に答えられるようになる。つまり，Agrawal（2018）風に表現すれば，AIの予想精度（prediction）が高くなる。

ユーザーはアバターと「対話」し，アバターを「育てる」ことになる。「賢く」育ったアバターは，ユーザーの身の回りだけでなく，人生相談も聞いてくれるかもしれない。

古いタイプのプラットフォームでは，ユーザーはPCかスマートフォンを通じて交流していたが，これではデータに偏りが出る。自律型AIでは，視覚と聴覚による入力，具体的にはカメラアイ付きAIスピーカーを通じた交流が主力になるだろう。ユーザーのアバターを「育てる」ためには，コンテキスト情報の共有が欠かせない。日頃の何気ない行動や会話のやり取りから，ユーザーの背景情報を共有する。AIスピーカーとの日常会話が，ユーザーの人となりを理解する元になる。ユーザーが大事にする縫いぐるみ，人形，ロボット玩具，ロボット型ペット動物，ゴーグルや帽子についた「第三の目」，キャプテン・クックの鸚鵡型ロボット，の形でAIスピーカーが普及すれば，日頃の会話を通じて様々な個人情報が収集できるだろう。

当然の結果として，こうしたやり方での個人情報の収集とアバターの活用は，ユーザーのプライバシーを危険に晒しかねない。ユーザーはAIスピーカーの電源を切るという防衛策以外にも，積極的にプライバシーの防衛に乗り出さなければならない。基本的には，プラットフォーマが顧客のアバターの個人情報を厳格に管理することになる。ユーザーがプラットフォームから退出する際には，蓄積された個人情報と同時にアバターも消去ないし他のプラットフォームに移転できる権利の保証が不可欠になる。また，アバターのハッキングや盗難にもプラットフォーマが責任を持ち，プロテクトしなければならない。個人データやアバターは，ユーザーの個人財産であり，プラットフォーマはそれを預かり，管理を許されているエージェントにすぎない。AIプラットフォーマの出現は，個人データの収集と利用に関して，新しい法的ルールを不可欠にするが，その内容については未知の課題である。

5. 自律型AIプラットフォーマが変える世界経済

自律型AIプラットフォーマは世界の経済の仕組みを大きく変えるだろう。第一に，AIのサーバを設置する場所，データセンターの立地が北の寒冷地に偏ることが考えられる。AIのデータセンターは莫大な電力を消費する。しかも，消費電力の1/3程度が，サーバの冷却用に費やされる。少しでも消費電力を節約するためには，電力が安価に入手可能な寒冷地帯で，通信設備が整った大都市近郊，が望ましい。温暖化ガスを出さない電力供給を前提にすると，水力，風力，太陽光，原子力発電が考えられる。地球環境への負荷を考えると，原子力は除外される。その結果，AIデータセンターの立地場所は循環型経済が完備した先進国の寒冷地であること，つまり，ヨーロッパの北部，カナダおよびアメリカの北部，日本の北海道（石狩平野）などが考えられる（安室，2017, b）。地政学的リスクから考えると，中国やロシアは除かれるだろう（安室，2018, 2019）。

第二はリスク管理である。AIデータセンターの設置には，莫大な投資が必要になる。この場合，政治リスクが高い国は投資対象から除外される。とくに多国籍企業の場合，本国政府と対立する国や地域は地政学的リスクが大きいので回避するべきである。また，受入国政府が外国資本に対して懐疑的であり，個人情報の持ち出しを禁止し，国家情報法等によって政府への協力を強制する場合（岡村，2017），立地場所として不適切である。国際社会は，外国企業を規制する法律を持つ国を母国とするIT企業の受け入れを拒否せざるを得ない[(4)]。

サイバー空間は自由が保証されてこそ成立するものである。もし，規制国のIT産業が政府の法律的強制を回避して自由な営業を求めるのなら，本社や主要な拠点を自由な国に移転せざるを得ない。彼らの「栄光への脱出」を期待したい。AIデータセンターの投資規模が大きくなるほど，政治リスクに晒されることの少ない先進国，とくに北ヨーロッパ，北米，北海道に集中するだろう。

この結果，直接投資の流れが大逆転する。20世紀末までは，安い労賃を求めて，直接投資は南の新興国に向かう傾向にあった。AIはロボットと組んで，多様な労働を代行するようになる。組み立て加工作業はもとより，中級管理職の判断業務まで代行するだろう。人間の労働者とは違ってAIロボットは労働時間の制約を受けない。必要経費は電力とメンテナンス費用，および減価償却費だけである。従って，労働コストという観点からは，どの途上国の労働者よりも安価になる可能性がある。同時に，プラットフォーマがもたらす商品やサービスの多様性は，一時代前の大量生産品を駆逐してしまう。委託加工やEMS（電子製品の受託生産）といった業種も衰退産業になるだろう。

こうして，AIプラットフォーマは，ユーザーとプロデューサーの距離や物流時間を短縮する。その結果，地政学的リスクと環境負荷を背負い込んだ20世紀型のグローバル・サプライチェインは，フェイドアウトする。少なくとも，データや情報の国際交流を制限する国は，排除するだろう。

オフショア生産の減少とともに新興国で雇用が減少し，未熟練工の大量失業が始まる。AIロボットは先進国でも雇用に大きな影響を与えるが，新興国ではその影響は甚大である。AIプラッフォーマが推進するシェアエコノミーは需要の総量を減らすので，先進国でもGDPが急激に減少する。それに先進国の少子高齢化，人口減少が拍車をかける。AIは経済の効率化を推進するが，その結果，GDPはマイナス成長のスパイラルに陥るだろう。だが，これを嘆く必要はない。地球環境の持続可能性（SDG）という観点からは歓迎されるべきであろう。今世紀中に，地球環境にかかる過剰な負荷を大幅削減しない限り，未来の人間は耐え難い地球環境の中で暮らさなければならない。韓国や中国のPM2.5の惨禍はその先駆けかもしれない。残された時間が少ない以上，ラジカルな変化は避けられない。経済が量的に拡大するという過去のイメージ，GDP成長信仰は捨てて，経済の効率化・環境負荷の削減を価値とする時代にならなければならない。

6. 結び：多国籍企業はAIプラットフォーマに進化する

以上，詳論したように，伝統的多国籍企業（製造業）が，現状のままで存続することは困難と言える。大規模組織を解体して管理階層を排除し，コアの「製造」機能のみを取り出し，それを機能ごとにモジュール化（研究開発，製品規格，資材・モジュール製造，検査工程，組み立て加工，物流等）し，各々を独立採算のビジネスユニットに再編成し，個々のユニットが「プロデューサー」としてAIプラットフォームに接続する。ユーザー側のニーズに従ってプロデューサーが臨時のチーム（タスクフォース）を組んで，財やサービスの生産に従事する。どのプロデューサーが適切か，誰に何を依頼したらよいか，タスクフォースの進捗管理などは，ユーザーの代理人の「アバター」が行なう。ユーザーはアバターから進捗状況などの連絡を受け，アバターに追加の注文を伝える。

こうしたAIプラットフォームは，GAFAやBATのようなプラットフォーマから進化してくるだろう。しかし，少数の例外として，古典的な多国籍企業から進化するものもあるだろう。アップル，マイクロソフト，IBM，ソニー，中国の小米（シャオミー）などは「直線型」のビジネスモデルだが，AIプラットフォーマに生まれ変わるだろう。その他の多国籍企業もユーザーを取り込んで，自らを「プロデューサー」として再定義した「サービス・プラットフォーマ」に変身するだろう。

しかし伝統的な多国籍企業は，製造能力という大規模な固定資産を持つため，プラットフォーマに転換することは難しい。「ものづくり」を担う製造業は無くならないが，大規模垂直統合組織は解体されるだろう。そして，製造業はますます「サービスプロバイダー」に姿を変えていく。そうしたトレンドの中で，日本の総合商社が新しい視点から注目されるだろう。総合商社は，直線型のビジネスというより，元祖プラットフォーマと言える特徴を備えているからである（池本・上野・安室, 1981；小島・小沢, 1984）。

かつて，総合商社はグローバルなネットワークを活用して「アナログ式」のプラットフォーマとして活躍した。総合商社のオーガナイザー機能がそれである（Yasumuro, 1984；安室, 2012）。これは「商社マン」と呼ばれるブローカーが，事業セクションを横断してユーザーのニーズとプロデューサーのアビリティーを結合し，ビジネスのマッチングを行った。例えば，資金は不足するが森林資源なら持っている途上国の政府が，鉄鉱石の開発をしたいと考えたとしよう。木材を切り出すのには資金と技術が必要だし，鉄鉱石の掘削と輸送には莫大な資金と技術が必要である。もちろん現地国政府には資本も技術もない。この場合，鉄鋼専門商社はソリューションを提示できない。木材を開発し，現金化するアビリティーがないからである。他方，総合商社は内部市場を活用することで，木材を現金化できる。現地国政府の要望を一大プロジェクトに組織化するアビリティーがある。森林開発は木材を扱う部門で新規プロジェクトとして立ち上げ，木材の売却で得られる資金で鉄鉱石開発に必要な建設機械一式，運送用の車両や鉄道建設，鉄鉱石運搬船の建造などを賄う。さらに不足する資金は日本政府の経済支援プロジェクトになるよう働きかける。鉄鉱石の輸入は日本の製鉄業の発展に欠かせないからである。運搬船の建造は日本の造船会社に新しいビジネスチャンスを与え，港までの輸送には鉄道が必要になる。総合商社でなければ，ユーザーのニーズを様々なプロデューサーのアビリティーに結びつけることはできない。商社マンが組織の内外を自由に動き回り，様々なプロデューサーと対話することによって，一大プロジェクトにまとめ上げた。これが総合商社の「オーガナイザー機能」である（池本・上野・安室 1981；小島・小沢, 1984）。

この仕組を「デジタル化」したものが，自律型のAIプラットフォーマである。「商社マン」の代わりに「アバター」を。総合商社の内部組織の代わりにAIプラットフォームを。様々な組織（現地政府の役所や日本の官庁，様々な大企業の部門など）の代わりにベンチャー企業の「プロデューサー」を置けば，自律型AIプラットフォーマのビジネスモデルになる。

標準商品（コモディティー）の生産には，新興国や発展途上国の「プロデューサー」が依然としてコスト競争力を持つだろう。総合商社のオーガナイザー機能は発展途上国の経済発展に多大な貢献を行った（小島・小沢, 1984）。同じスキームがデジタル時代の経済開発にも使えるかもしれない。AIプラットフォームやロボットが新興国や発展途上国の雇用を奪うことなく，彼らの暮らしを豊かにするよう叡智を働かせて，共存の道を探さなければならない。

〔安室憲一〕

注

⑴　アルファー碁マスター（AlphaGoMaster）は，世界最強と言われる柯潔九段に3勝0敗で勝利して有名になったが，この段階では，AIに碁の対戦のデータを何万件も読み込ませて教育しなければならなかった（深層学習）。ところが，この次に出てきたアルファー碁ゼロは，ビックデータが不要で，碁のルールを教えるだけで，あとは自己対戦（1手ごとに1600回のシミュレーションを0.4秒で行う）で強くなり，新定石を編み出したという（安室, 2017a, b：日本経済新聞12月10日朝刊）。アルファー碁ゼロは，はじめの3時間は人間の初心者と同様に石を取り合ったというが，19時間後には定石をマスターし，実験開始から3日で先輩のアルファー碁リーのレベルに達し，21日目にはアルファー碁マスターを上回る強さを示したという。40日目（自己対戦2,900万局）にはアルファー碁リーに100戦100勝，マスターには89勝11敗の成績を残した。ディープ・マインド社のデミス・ハサビスCEO兼創業者は，「最も衝撃的なのは，もはや人間のデータを用意しなくても済むことです」と述べている（"MIT Technology Review"）。

⑵　ディープラーニングでは，学習した結果は，関数として表される。この関数の入力は画像に含まれる画素一つ一つの数値データ，出力は映像になって示される。ディープラーニングが抽出した特徴は，この関数のパラメーターとして表現される（今井, 2018, 5ページ）。このパラメーターは数百万から億個の単位になる場合もあり，パラメーターの総数以上のデータ数がなければパラメーターの値を一意に決めることができない（今井, 2018, 5ページ）。従って，画像認識には膨大なデータ（ビックデータ）が必要になる。しかもこの関数は非線形な要素も含む非常に複雑な形をしている。これがディープラーニングは「ブラックボックス」で何をやっているかわからない，と言われる理由である（今井, 2018,「ディープラーニングの結果は超複雑な関数」5-6ページ参照）。

⑶　Bostrom（2014）は，AIが人間能力を超える時点を「シンギュラリティー」と呼ぶ。歴史上の特異点という意味である。人間の脳の働き・神経細胞のネットワークをコンピュータで再現するのである。コンピュータの思考能力が人間を超えたとき，何が起きるか予想ができない。極めて危険な状況になるかもしれない。Bostromは利益よりも危険を警告している。AIチップの専門分化と専門領域の制限，越境学習をする場合の制度的チェック（専門家の委員会による承認）は，危険回避の一助になるだろう。

⑷　とくに，国家情報法は，反スパイ法，国家安全法，反テロリズム法，国外NPO国内活動管理法，サイバーセキュリティ法などと密接な関連性を持っているので，機密漏洩などの容疑をかけられると，どの法律で裁かれるか予想できない。反スパイ法などで告訴されれば非公開裁判にかけられ，重罪は免れない。国家情報法は自国民だけでなく，在住外国人にも適用される。このような法律を持つ国に直接投資し，駐在員を派遣することにはリスクがある。また，国家情報法は外資を含む国内民間企業や海外居住の自国民の協力を強要することができる。そうした法律を持つ国の企業や人民を受け入れることは，受入国政府にとって大きなリスクになる。国家情報法は個人が拒否する権利を認めない。つまり基本的人権を認めない。IT時代のグローバリゼーションを否定する法律である。

参考文献

池本清・上野明・安室憲一（1981）『日本企業の多国籍的展開―海外直接投資の進展』有斐閣。
今井拓司（2018）「ものづくり未来図　人を超える認識や制御を実現，AIが製造業を塗り替える」日経BP総研（https://project.nikkibp.co.jp/atclmono/trend/102900005/）2019年5月30日アクセス。
岡村志嘉子（2017）「中国の国家情報法」および「中華人民共和国国家情報法」（dl.ndl.go.jp/view/）2019年5月26日アクセス。
関西生産性本部編（2003）『中国における経営・人事の新潮流―中国地場企業・日経企業の事例研究』関西生産性本部（27-84ページ）。
小島清・小沢輝智（1984）『総合商社の挑戦―経済開発のマーチャント』産業能率大学出版部。
藤岡淳一（2017）『ハードウェアのシリコンバレー「深圳」に学ぶ』インプレスR&D。
藤本隆宏・キムB.クラーク，田村明比古訳（2009）『製品開発力』ダイヤモンド社。
藤本隆宏（2012）『ものづくりからの復活』日本経済新聞出版社。
藤本隆宏編（2013）『「人工物」複雑化の時代―設計立国日本の産業競争力』有斐閣。
丸川知雄（2013）『現代中国経済』有斐閣アルマ。
丸川知雄（2007）『現代中国の産業―勃興する中国企業の強さと脆さ』中公新書。
安室憲一編著（2007）『ケースブック　ビジネスモデル・シンキング』第12章「アリババ・ドット・コムのビジネスモデル」（伊田昌弘稿）文眞堂。
安室憲一（2012）『多国籍企業と地域経済―「埋め込み」の力』御茶ノ水書房。
安室憲一（2017a）「AIと説明責任」世界経済評論インパクト（https://www.world-economic-review.jp/impact/article916.html）。
安室憲一（2017b）「AI時代の国際立地戦略」世界経済評論インパクト（https.//www.world-economic-review.jp/impact/article972.html）。
安室憲一（2018）「テクノ地政学（Geo-Technology）の新時代」世界経済評論インパクト（https://www.world-economic-review.jp/impact/article1158.html）。
安室憲一（2019）「中国の“国際化”と「グレーゾーン」戦略」『戦略研究24』（3-15ページ）戦略研究学会刊。
Agrawal, Ajay, Jhoshua Gans and Avi Goldfarb (2018), *Prediction Machines, The Simple Economics of Artificial Intelligence,* Harvard University Press.（アジエイ・アグラワル，ジョシュア・ガンズ，アヴィ・ゴールドファーブ，小坂恵理訳（2019）『予測マシンの世紀』早川書房）。
Bostrom, Nick (2014), *Superintelligence: Paths, Dangers, Strategies,* Oxford University Press.（ニック・ボストロム，倉骨彰訳（2017）『スーパーインテリジェンス』日本経済新聞出版社）。
Friedman, Thomas. L. (2016), *Thank You for Being Late,* ICM partners.（トーマスL.フリードマン，伏見威訳（2017）『遅刻してくれて，ありがとう』（上，下）日本経済新聞出版社）。
Gardner Howard, Mihaly Csikszentmihalyi and William Damon (2001), *Good Work: When excellence and ethics meet,* Basic Book.（大森弘監訳，安室憲一・梅野巨利・山口隆英・西井進剛訳（2016）『グッドワークとフロー体験』世界思想社）。
Kelly, Kevin (2016), *The Inevitable-Understanding the 12 Technological Forces That will Shape Our Future,* Brockman Inc.（ケビン・ケリー，服部桂訳（2016）『インターネットの次に来るもの―未来を決める12の法則』NHK出版）。
Moazed, Alex and Nicholas, L. Johnson (2016), *Modern Monopolies; What It Takes to Dominate the 21st-Century Economy,* Applico. LLC.（アレックス・モサド＆ニコラス・L・ジョンソン，藤原朝子訳（2018）『プラットフォーム革命』英治出版）。

Mulcahy, Diane (2017), *The Gig Economy,* Amacom.（ダイアン・マルケイ，門脇弘典訳（2017）『ギグ・エコノミー』日経BP）。

Parker, Geoffrey G., Marshall W. Van Alstyne and Sangeet Paul Choudary (2016), *Platform Revolution,* Baror International Inc.（ジェフリー・G・パーカー，マーシャル・アルスタイン，サンジート・チョーダリー著，妹尾堅一監訳・渡辺典子訳（2018）『プラットフォーム・レボリューション』ダイヤモンド社）。

Yasumuro, Kenichi (1984), "The Contribution of Sogo Shosha to the Multinationalization of Japanese Industrial Enterprises in Historical Perspective," in Akio Okochi & Tadakatsu Inoue (eds.), *Overseas Business Activities,* University of Tokyo Press (pp.65-92).

Williamson, Oliver. E. (1986), *Economic Organization,* Wheatsheaf.（井上香・中田善啓監訳（1989）『エコノミックオーガニゼーション』晃洋書房）。

Wikipedia（「人工知能の歴史」https://www.ja.wikipedia.org/wiki/）。

第6章
未来の多国籍企業における これからの「本社」のあり方

1. はじめに

本章では，未来に向けて多国籍企業における本社機能がどう変遷していくかを，理論的に整理することを目的とする。多国籍企業をとりまく経営環境の変化に伴い，ここ数十年にわたり，多国籍企業の本社・子会社関係の変化が幅広く検討されてきたが，主に海外子会社の役割の変化とその重要性の高まりに注目した研究が多かった。それに対し，本社機能の変化に対する考察が十分になされてきたとは言えない状況だ。最近ようやく多国籍企業の進化にともなう本社機能の変化に正面から取り組む実証研究，理論研究が増えてきたものの(Baaij, Mom, Van den Bosch and Volberda, 2015；Ciabuschi, Dellestrand and Holm, 2012；Decreton, Dellestrand, Kappen and Nell, 2017；Dellestrand and Kappen, 2011, 2012；Kunisch, Menz and Birkinshaw, 2019；Nell and Ambos, 2013)，そこで取り上げられた論点は多岐にわたり，必ずしも未来の多国籍企業を見据えた本社像の展望に焦点が当てられてはいない。そうした現状を踏まえ，本章では，本社機能のあり方の変化の方向性を，現在進行中のものと，より長期展望に関するものに分けて，整理する。多国籍企業研究に対し，新たな多国籍企業への進化を理論的に整理するうえで，本社機能の変化の方向性に焦点を当てることはひとつの貢献となると考える。

多国籍企業の本社機能の最新動向として，コーポレート本社，事業本社，地域本社が同時に同一海外子会社の活動に関与する現象（多元的関与現象），コントロール的側面と起業家的側面を同時に発揮する現象（役割の多様化・複雑化），そして海外拠点にまで本社機能が分散化している現象（本社機能の地理的分解）がみられる。こうした流れを踏まえ，本章では，今後の多国籍企業における本社の機能，役割の変遷を文献的に俯瞰して未来への方向を展望し，本社機能の新たな理論構築につなげたい。

更に，より長期的展望として，イノベーションのグローバル化，オープン化，デジタル化の急速な進展は，本社機能のより抜本的見直しを余儀なくされるだろう。現状ではその必要性は認識されるも，新たな環境における新たな本社像についての学問的議論が十分とは言えない。そこで本章では，本社機能のあり方がどう抜本的に再定義されるべきかにも言及する。具体的には，オープン・イノベーションにおける本社機能，フリー・イノベーション・パラダイムにおける本社機能，デジタル経済における本社機能といった，個別の文脈における本社機能の将来展望を議論する。

海外の多国籍企業研究において本社機能の再評価が近年盛んに行われている。いくつかの海外経営学有力誌においても，ここ数年の間に，多国籍企業における本社の役割を再考する企画が練られ公刊されている（例えば2017年に*Journal of Management Studies*，2019年に*Journal of Organization Design*）。しかしながら，本社機能の変遷について，漸進的変化に関するものと，抜本的変革に関するものが必ずしも明確に区分されているとは言えない。むしろ，既存文献における本社機能のあり方の変遷に関する研究の大方は，現在進行中の漸進的変化に関するものであるといえる。こうした中，本社機能の今後のあり方を短期的・長期的タイムスパンに分けて体系的に検討することは意義のあることと考える。そして，より長期的タイムスパンでの変化として，フリー・イノベーション・パラダイムにおける本社機能，デジタル経済における本社機能といった，個別の文脈における本社機能の将来展望を議論する。

本章の構成は以下のとおりである。まず本社の位置づけを伝統的な多国籍企業論の文脈で確認し，昨今の経営環境の変化に伴い，多国籍企業の本社機能がどう変容を遂げているかを整理したい。そのうえで，より長期展望として，オープン・イノベーションの進展，フリー・イノベーション・パラダイムの進展，デジタル革命の進展により多国籍企業経営が今後どう変化し，本社機能がどう変化しうるかを理論的観点より検討したい。

2. 多国籍企業における本社の位置づけの変遷

多国籍企業における本社の位置づけは，海外子会社に対するコントロールと調整の文脈で議論され，(Martinez and Jarillo, 1989;Baliga and Jager, 1984)，本社の役割は集権・分権のバランスと密接に関連していた。集権型組織の場合は，本社の統制力は強大になり，分権型組織ほど本社の統制は弱くなる。そうした単純な議論を超えてより細分化された見方を提示したのがHedlund (1986), Bartlett and Ghoshal (1989), Birkinshaw, Hood and Jonsson (1998) やDoz, Santos, and Williamson (2001) など，一連の多国籍企業の画期的著作であった。

Bartlett and Ghoshal (1989) は多国籍企業の諸類型を提示し，それぞれに異なる本社子会社関係があることを示した。たしかにここでは本社と海外子会社との関係は明確に提示されているが，当時新たなモデルとして提示された「トランスナショナル」における本社の役割に関しては，あいまいな部分が残されていた。すなわち，彼らはトランスナショナル・モデルにおいては本社であろうと海外子会社であろうと，差別化された形で全社的に貢献する役割をすべての拠点に付与されていると論じたが，実際，海外子会社の役割に関する明晰な類型に比して，本社機能のいかなる側面が海外子会社に分散，移転され，いかなる部分が本社固有のものかに関しては明確に定義されてはいない。

Hedlund (1986) によるヘテラーキー (heterarchy) の概念は，本部機能の役割が海外子会社にも担われることを概念化された当時としては最先端の議論であった。彼は，ハイアラーキー (hierarchy) との対比において，ヘテラーキー・モデルにおいては，多国籍企業の本社のみが企業の頭脳 (brain of the firm) ではなく，企業全体が頭脳である (firm as the brain)，という考えを持っていた。その考えによれば，本社，海外子会社の区別を超えて，社内のどこに本社機能があってもおかしくない。しかしこの概念が提示された80年代当時，ヘテラーキーの概念は当時の多国籍企業の現状をはるかに先んじており，実際の企業の事例に照らし合わせた検討はなされていない。あれから数十年経た今ようやく本社の分散，海外移転の話が現実の話となっている。但し，ここでもまた，進化する多国籍企業としてのヘテラーキーにおける本社の機能自体に関する理論化は必ずしもその対象ではない。

Birkinshaw et al.（1998）は，90年代に海外子会社のイニシアティブ論を展開し，多国籍企業の進化において海外子会社の主体的イニシアティブの重要性を説き理論武装しているが，ここでもその対象は海外子会社に向いており，海外子会社のイニシアティブと本社自体の機能との関連が必ずしも明確になってはいない。その後 Ambos, Andersson and Birkinshaw（2010）らによる更なる議論の発展がみられるが，本社機能に焦点を当てた考察はまだ不十分な段階である。

その後 Doz, Santos and Williamson（2001）より提唱されたグローバル・オープン・イノベーションの先駆的考えであったメタナショナル経営論においても，本社機能は明確に定義されていない。その一つの理由として，メタナショナル経営論は組織論ではなく，イノベーション論，知識ベース論に関するフレームワークであることが挙げられる。また，メタナショナル論におけるグローバル規模での知識の流動化は，本社を超えた全社的活動であることも大きな理由と考えられる。しかし，メタナショナル企業においても本社は依然存在しており，実在する本社の具体的役割についての理論化が十分であったとはいえない。

その後も多国籍企業をとりまく環境変化は著しい。最大の変化は，オープン・イノベーションの加速化による多国籍企業の組織境界線のあいまい化と，デジタル化の進展に伴う遠隔地間の情報共有，コミュニケーションのコストの低減といった変化であろう。そこでは，主要資源，主要活動が社外に位置することが一般的となり，組織的階層におけるコントロールがきかない領域での調整が必要となる。遠隔地間における企業内外の情報共有，コミュニケーションのコストの低下は，通信手段，交通手段の発達やデジタル化の進展により，加速している（Banalieva and Dhanaraj, 2019）。その結果，本社機能が本国に集中している必要性が下がり，各国分散がますます可能となった。また，デジタル化の進展より，技術や人材の企業内部化よりも，広範囲におけるネットワーク構築能力こそ競争優位の源泉となったため，本社の役割として，社内調整のみならず社外関係性構築もが重要となった（Banalieva and Dhanaraj, 2019）。しかし，こうした新たな変化を見据えた本社機能の未来像は未解明である。

こうした環境の変化において，多国籍企業の「本社」という固定概念そのものが見直されねばならない。多国籍企業研究は，単一の立地における単一の組織単位としての伝統的な本社観から脱却しきれていない（Kunisch et al., 2019; Hoenen and Kostova, 2015）。しかも，伝統的な本社機能である，海外子会社の統括という役割は，本社子会社関係という１対１の関係で捉えられてきたが（Bouquet and Birkinshaw, 2008；Ciabuschi, Dellestrand and Martin, 2011），現状の本社機能ははるかに複雑さを増している。その意味で，*Journal of Management Studies* の特集号の編集担当者らは，そろそろそうした旧来の観念から脱して現状を直視する必要を訴えた（Nell, Kappen, and Laamanen, 2017）。新たな時代の本社機能を説明しえる新たな理論も未発展であるため，その点に関する理論構築は多国籍企業理論の前進にもつながる（Roth and Kostova, 2003）。未来を見据えた多国籍企業の本社の明確な定義，理論化が求められている（Meyer and Benito, 2016）。

そうした問題意識の下，本章ではまずより近未来における本社機能の変化を概観し，そのうえでより長期的な今後の展望を概観する。前者に関しては，まず本社機能の多元化（コーポレート，事業，地域），多様化（コントロール側面，起業家的側面），分散化（本部機能の地理的分散）などが進行している点，更に，これらの変化が同時並行的に進行している点を整理する。更に後者に関しては，より長期展望として，イノベーションのオープン化，デジタル化のグローバル規模での急速な進展がどう本社機能のあり方に変化を及ぼすかを検討する。

3. 本社機能の多元化，多様化，分散化

今日から近未来における変化として，本社機能の多元化，多様化，分散化という傾向がみられる。

3-1. 本社機能の多元化（コーポレート，事業，地域）

本社機能は，コーポレート本社機能，事業本社機能，地域本社機能に分類する考え方が一般的である（Nell, Kappen and Laamanen, 2017）。コーポレート本社は，全社的観点から，事業本社は各所轄事業の観点から，そして地域本社は各地域の観点から，本社機能を担っている。

かつては，海外子会社はそのいずれか一つの本社に主にレポートする傾向にあったが，今日において，ますます複数の本社に同時にレポートする傾向にある。つまり，コーポレート本社，事業本社，地域本社が同時に同一海外子会社の活動に関与する現象（多元的関与現象）がみられるようになった（Decreton, Dellestrand, Kappen and Nell, 2017；Birkinshaw, Crilly, Bouquet and Lee, 2016）。複雑な経営現象は，それらの守備範囲を交差しているから当然の流れといえよう。

たとえば，事業部本社とコーポレート本社が海外子会社のイノベーション活動に同時に関与することが，グローバル多角化企業において盛んになっている（Decreton, et al., 2017）。今日の重要な本社機能として，多国籍企業のグローバル規模のイノベーション活動を調整し，促進することが挙げられる（Nell and Ambos, 2013：Dellestrand and Kappen, 2012）。その意味で，事業本社はその事業に直接関連する領域でその機能を果たす一方，領域横断的知識ノウハウを活用することも多いイノベーション活動においてはコーポレート本社が事業間の調整機能の役割を演じる（Verbeke and Kenworthy, 2008）。グールドとキャンベルらが，parentingというコンセプトでその役割を論じたが（Goold and Campbell, 2002），今日においては，そうした本社のグローバル規模のイノベーション活動に果たす役割は多岐にわたり，ますます重要となっている。そのため，現在では事業本社，コーポレート本社，地域本社といった複数の本社が海外イノベーションに積極的に関与する機会が増えている（Ciabuschi, Dellestrand and Holm, 2012；Birkinshaw, et al., 2016）。

但し，海外子会社の活動に常に同レベルの関与を事業部本社とコーポレート本社が行っているわけではない。時と場合により，より適切な場面で海外子会社は異なる種類の本社とのかかわりを適宜選んで関係を強化すると考えるのが現実的だ。Poppo（2003）はこうした取捨選択的な本社の関与を，コーポレート本社の選択的関与論と称した。

3-2. 本社機能の多様化（コントロール側面，起業家的側面）

本社機能は統制と革新の両面を備えている（Foss, 1997）。90年代までの多国籍企業研究においては，本社機能は主にコントロールと調整に関する側面であった（Ghoshal and Nohria, 1989；Nohria and Ghoshal, 1994）。それに対し，より最近では，起業家的側面に焦点があたるようになった（Foss, 1997）。換言すれば，監視機能によりネガティブな要素を削減する機能のみならず，ポジティブな要素を創造する機能も本社機能は兼ね備えているという認識が定着していった。そして，2000年代以降の本社機能論の中心は，イノベーション，知識移転などのより革新的，創造的機能を担う本社像となっていった（Dellestrand and Kappen, 2012）。

本社機能の類型としてこのような2種類の側面が指摘されてきたが（Foss, 1997），本社機能はこれらのいずれかのみを有するのではなく，両面を備えていることが多い。本社がコントロール的側面と起業家的側面を同時に発揮する現象（役割の多様化・複雑化）である。監視役としての本社と変革推進役としての本社が混在している状況が実態に近い状況だ。但し，問題はそれらの目的が対極的であるため，本社という同一組織が相反するタスクを演じることになる。その一例として，グローバル規模の社外知識を探索・獲得することを使命とする海外子会社に対する本社の関与を取り上げたい。海外子会社は，一方でそうしたグローバル規模の社外知識を獲得するために必要な情報や助言を本社から得つつ，他方で本社による行政的管理下にもおかれている。一方で無駄を承知でリスクをとっても潜在的に価値ある知識の獲得のための有効な助言を本社より得つつ，他方で期限内に課されたタスクを無駄を省きながら着実に遂行するよう，本社の監視下にも置かれている（Asakawa, Park, Song and Kim, 2018）。前者のような支援は，海外子会社のグローバル規模の社外知識の獲得にプラスになる一方，後者のような干渉は，反対にマイナスになることが確認されたが，現実問題として，多国籍企業の海外子会社は，本社との間のコントロール的，起業家的な関係に恒常的に埋め込まれている。

3-3. 本社機能の分散化（本部機能の地理的分散）

海外拠点にまで本社機能が分散化している現象（本社機能の地理的分解）が進展している (Kuisch, Menz and Birkinshaw, 2019；Baaij, Mom, Van den Bosch and Volberda, 2015；DeBrule, et al., 2010)。それにも拘らず，多国籍企業研究は，単一の立地における単一の組織としての伝統的な本社観から脱却しきれていない（Kunisch et al., 2019；Hoenen and Kostova, 2015)。その意味で，そうした旧来の観念から脱する必要性が指摘されつつある（Nell, Kappen, and Laamanen, 2017)。その一方で，本社機能の分散化に楽観的未来が持ち受けているわけではなさそうだ。本社機能の分散化に関する数少ない実証研究であるKunischらの研究（2019）によれば，経営環境の複雑化に直面した企業がその対応策としてとる本社機能の分散化は，その調整コストが潜在的メリットを上回り，期待通りの経営成果につながっていない厳しい現状があることも判明している。このことから，我々は多国籍企業の未来像としての本社機能の分散化傾向を手放しに称えることも慎重にすべきであるし，また将来的に直線的にこの傾向が進展する保証もないことは認識していく必要がありそうだ。しかしながら，経営環境の多元化，複雑化の流れは不可逆的であり，その流れに沿ってより多くの多国籍企業が本社機能を分散化しつつあることも事実である。今後の課題は，本社機能を分散化した企業が，いかにその調整コストを抑制し，多様な経営環境に対応するといった本来のメリットを享受しうるかである (Kunisch et al., 2019)。

3-4. リージョン単位のマネジメント

本社機能の地理的分散の一形態として，リージョナル分散がある。本社と海外拠点の中間に位置する地域本社の存在は以前から検討されてきたが，今日においては，リージョナル・マネジメントの概念も多様化している。リージョナル・マネジメントにも諸側面がある（Schotter, Stallkamp, and Pinkham, 2017)。ひとつは，本国と現地各国の中間レベルのアドミニストレーション関連のタテの調整機能であり，従来からの地域本社（RHQ）の所轄業務である (Mahnke, Ambos, Nell and Hobdari, 2012)。もうひとつは，北米，欧州，東南アジアといったリージョン単位のヨコの知識移転，イノベーション活動といった価値創造機能であり，RMM（regional management mandates）とも呼ばれることがある（Alfondi, Clegg and McGaughey, 2012；Schotter et al., 2017）。

RHQは所轄リージョン内の現地複数拠点の調整を役割とするが，伝統的多国籍企業内拠点の調整と管理が主要職務となっている。しかし，今日におけるグローバル・オープン・イノベーションの時代では，社内の拠点の管理ではなく，リージョン内外の社外知識の獲得と活用といった役割が主要となる。そうした役割を演じるのが，RMMである（Schotter et al., 2017）。

更に，今後の動向として，リージョンにおけるイノベーションのセンターは，リージョン全体に幅広くアンテナを張り巡らせ，潜在的に価値ある知識を常に探索する役割を担う。そして，単にリージョン内での知識の移転，活用を実現するだけでなく，リージョン間，全世界的に知識を移転，共有，活用していく，いわば知識の仲介者の役割を果たしていく（Asakawa and Lehrer, 2003）。そして，知識の探索，獲得は，社内のみならず社外に点在する知識を念頭に置いているから，オープン・イノベーション時代においても極めて重要な役割を演じることとなる。

3-5. 本社機能の海外移転

これまで，本社機能の分散傾向について整理したが，ここで扱う本社機能の海外移転は，分散を更に進めた現象であり，本社機能の一部ないし全体を海外に移転することである。最近では本社の海外移転も現実の選択となってきた（Birkinshaw et al., 2006；Baaij, Mom, Van Den Bosch and Volberda, 2015）。ただしその一方で，その多くは特定の機能に限った限定的な海外移転であり，本社機能全体をすべて一括移転する例はまだ少ないようだ（Baaij, et al., 2015）。

本社機能には法的，財務的，人材といった諸機能があるが，一括ないし部分的に本社機能の海外移転は行われている（Desai, 2009）。通常，海外移転されにくいのは，法的機能だといわれている（Baaij et al., 2015）。

また，本社移転には，公式的，非公式的なものがある。非公式移転においては，公式な本社は移転せず，特定の機能のみ非公式に有力海外拠点に移譲する場合もある（Baaij et al., 2015）。また，本社組織はそのまま本国に設置しておき，トップマネジメントチーム（TMT）の海外現地化による非公式な本社機能移転などもその一例といえる（Baaij et al., 2015；Kunisch et al., 2015）。

今日において，本社機能の公式・非公式な海外移転はかなり実践されているが，コーポレート本社の海外移転よりも事業本社の海外移転のほうが一般的現象である。それに比べ，コーポレート本社自体の海外移転はまだ一般的ではない。

より将来的にみると，本社機能の海外移転の傾向は続くものの，完全移転よりもむしろ世界的な分散の方向に進むかもしれない。なぜならば，以下でも述べるが，デジタル化の進展などにより，地理的距離，ロケーション特殊性などが薄まる可能性があるため，海外のある特定の立地のみに本社機能を集約する必要が低下すると考えられるからである。むしろ世界分散による潜在的メリットがコストを上回る可能性すら高まる。

4. 本社機能の新たな方向性に関する長期展望

4-1. グローバル・オープン・イノベーションにふさわしい本社のあり方

グローバル・オープン・イノベーションが進展すると，主要イノベーション活動が社内，社外ともに活発化する（Asakawa, Song and Kim, 2014）。既存の本社機能である社内活動の監督と革新といった役割を大きく超える機能が，オープン・イノベーションにおける本社に求められる。そこでの本社機能はいかなるものなのか，またどこでどのようなアクターが本社機能を担うのか。更に，本社はそもそも必要か。こうした点を検討する必要がある。

ここではまず，本社機能がグローバルかつオープンな文脈でいかなる新たな課題に直面するかを概観したい。その際，社内的文脈における組織の緊張関係（tensions）をとりあげ，それが本社調整機能によりどう管理されていたかを整理したうえで，オープン化の流れにより，これまでとは異なる緊張関係としていかなるものが出現し，いかなる新たな本社対応が求められているかを展望したい。

グローバル・オープン時代における新たな組織の緊張関係と新たな本社の調整機能：

多国籍企業における本社機能の重要な側面にネガティブなものの削減ということがあるが（Foss, 1997），多国籍企業内における相矛盾する緊張関係（tensions）の緩和機能としての本社機能は以前から重要な役割であった。多国籍企業組織における緊張関係は多面的に存在する。本社と海外子会社の間の緊張関係としては，自律と統制をめぐる緊張関係（Asakawa, 1996；Ambos, Asakawa & Ambos, 2011），海外子会社の対外的，対内的リンケージの間の緊張関係（Westney, 1993；Asakawa, 1996），本社と海外子会社の間の知識，情報共有をめぐる緊張関係（Asakawa, 2001；Monteiro, Arvidsson & Birkinshaw, 2008），などが挙げられる。

それに対し，グローバル・オープン・イノベーションの下では，新たな緊張関係が台頭している。外部知識の探索・獲得に関する緊張関係と，獲得知識の社内活用をめぐる緊張関係（Cantwell & Mudambi, 2005；Kuemmerle, 1997；Afuah, 2009；Asakawa, Park, Song and Kim, 2018）である。

海外外部知識の「獲得」をめぐる緊張関係と本社の対応：

海外からの外部知識を獲得することは，企業のグローバル・オープン・イノベーションの重要な活動であるが，海外現地知識の獲得を海外子会社の自主性に委ねるのでは，自社にとって必要な知識が集まらない可能性も高い。そこで，本社が海外子会社に対し，海外現地知識の獲得に向けてある程度の関与をすることが珍しくない（Almeida and Phene, 2004）。しかし，本社が海外子会社に対し，予め求めている知識を示すことで，海外子会社は本社から干渉されていると考え，本来の現地での感度が鈍ってしまい，有効な知識を獲得する機会を逃してしまいかねない。こうしたジレンマはグローバル・イノベーションにおける対外的，対内的埋め込みをめぐるジレンマともいわれる，一般的な問題である（Song, Asakawa & Chu, 2011；Meyer, Mudambi & Narula, 2011）。

多国籍企業の本社には上述の通り，管理的側面と革新的側面がある（Birkinshaw et al., 2006；Ciabuschi et al., 2012）。本社が海外子会社に対し過度に管理的関与をしてしまうと，海外子会社のグローバル規模での社外知識の獲得に悪影響を及ぼす傾向がある。一方，本社が海外子会社に対し知識交換のパートナーとして交流し，子会社に対して有益な知識情報を提供するような関与を行うと，海外子会社のグローバル規模での社外知識の獲得にプラスの効果を及ぼす傾向がある。このように，多国籍企業が世界規模で外部知識を獲得するために，海外子会社は有力な海外知識のアンテナとなるが，本社とのかかわり方次第で，その機能が向上もしくは低下する（Asakawa, Park, Song & Kim, 2018）。本社のもつ管理的機能と革新的機能のいずれかの側面を前面に出すかにより，子会社のグローバル知識獲得への影響は変わってしまう。勿論本社の海外子会社に対する管理的機能は不可避だろうから，尚更のこと，本社の海外子会社に対する管理的な関与が，子会社のグローバル規模の社外知識の獲得作業を抑制しないよう留意せねばならない（Asakawa, Park, Song & Kim, 2018）。これは，常に企業外部と内部との関係性の間で活動する海外子会社の宿命ともいえる（Meyer, Mudambi & Narula, 2011）。

海外外部知識の「活用」をめぐる緊張関係と本社の対応：

また，獲得した知識の活用をめぐって，社内で組織的緊張関係が生じる場合が多い。海外子会社の獲得した社外知識を子会社内に死蔵せず社内で活用されるためには，その知識をめぐる需要と供給を繋ぐ必要がある。いわゆる知識のブローカー機能である（Doz, Santos and Williamson, 2001）。しかし，海外発の外部知識に対する社内の無関心や反発は強いことが多く（Katz and Allen, 1982），社内の認識と理解に対する対策が必要となる。更に，受け手側の環境整備など，組織的支援も必要となる。オープン・イノベーションの障害要因は社内にあることは指摘されて久しいが（Chesbrough, 2003；Pontiskoski and Asakawa, 2009），外部の知識が社内に混入した際の企業内における反発への対応が不可欠となる（Birkinshaw & Ridderstrale, 1999；Schotter & Beamisch, 2011）。そしてまさにこれは，本社の重要な機能となる。

4-2. イノベーションのパラダイムシフトと本社機能

Von Hippel（2017）はイノベーションのパラダイムとして「生産者イノベーション」と「フリー・イノベーション」の２つのタイプを提示している。「生産者イノベーション・パラダイム」（Producer Innovation Paradigm）は，企業内バリューチェーンをベースとしたイノベーション活動を表す概念であり，川上のR&Dから川下の市場での販売までの一連の流れを指す基本的概念である。ここでは，企業内インセンティブがイノベーション促進に大きな要因となる。一方，「フリー・イノベーション・パラダイム」（Free Innovation Paradigm）は，自己充足目的の個人，集団によるイノベーションが共通の関心を共有する人々のコミュニティーにおいて展開されるイノベーションのタイプのことを指す。ここにおいては，企業内インセンティブは意味を持たず，開発者個人，集団の自己実現こそイノベーションの最大の促進要因となる。

これまでの多国籍企業によるイノベーションは，主に多国籍企業が行為主体となるため，概ね「生産者イノベーション・パラダイム」の枠内に収まっている。なぜならば，多国籍企業という焦点組織の視点からグローバルないしオープンなイノベーションをとらえているからである。それに対し，未来社会におけるイノベーションでは，「生産者イノベーション・パラダイム」より「フリー・イノベーション・パラダイム」がより顕著であると考えられる。von Hippel（2017）の研究でも，フリー・イノベーションの存在感は世界中で増していることがわかる。「多国籍企業が主体として世界中に点在する知識を探索，獲得し，活用することでグローバルな競争優位の構築を達成する従来型の企業中心のイノベーション」から，「イノベーション・エコシステムが主体になって，多国籍企業，ベンチャー企業，大学，そして政府といった多様なメンバーの知識を流動化し相乗効果を発揮し，エコシステム全体と個々のメンバーの双方にメリットを及ぼす，エコシステム規模のイノベーション」への方向に向かっているだろう。

では，フリー・イノベーション・パラダイム下における本社機能とはどのようなものか。ここではフリー・イノベーターに対してはもはや社内インセンティブが機能せず，社内コントロールもおよそ無意味である。フリー・イノベーターの人々と企業とのかかわりは階層的ではなく，フラットで対等な立場となる。ここでの組織原理は，企業内外を問わず，イノベーションの行為主体にとってのインセンティブをいかに機能させるかが肝心であろう。そのような，エコシステム（イノベーションのコミュニティー）内の種々のアクターをまとめる調整機能としての対外的本社機能が重要になってくる。その一方で，社内における統制，調整という機能は社内においては依然存続するだろう。

従って，今後の本社機能は，社内におけるコントロール，調整機能に該当する従来の対内的本社機能と，エコシステムにおける様々なプレイヤー（フリー・イノベーターを含む）を束ねて広範囲で知識を流動化し，イノベーションの成果につなげるという対外的機能もますます重要となる，この後者の機能は，オープン・イノベーションの時代にますます重要となる。従って，今後の展望として，社内，社外エコシステムいずれの単位で本社機能を考えるかが重要となる。少なくとも，社内統括という意味での本社機能と，多国籍企業もがその一員であるエコシステム全体の調整機能という意味での対外的本社機能は，全く別物となる。従って，あるいは用語を区分して考えたほうがよいかもしれない。つまり後者はいわば「エコシステム調整機能」とでもいうべきものである。

4-3. デジタル経済の進展による多国籍企業パラダイムの変革と本社機能の革新に関する長期展望

急速に進展するデジタル経済の流れは，経営パラダイムのみならず，多国籍企業のあり方に大きな影響を及ぼすことは言うまでもない（Banalieva and Dhanaraj, 2019）。デジタル化の進展は，通信技術などの発達などにより，情報移転コスト，コミュニケーションコストを引き下げ，あわせて遠隔地間の調整の効率性を飛躍的に高めた。AI の進展は，一方で経営オペレーションのモジュール化を促進し，これまでの調整コストは大幅に削減されると考えられ，単純オペレーションに関する本社の関与は意義を失う。他方で AI に関する高度知識・ノウハウにまつわる企業特殊優位性が増大し，各社とも自社特殊的知識・ノウハウの構築競争が激化し，本社のグローバル知識調整機能が増大すると考えられる（Banalieva and Dhanaraj, 2019）。

また，デジタル化は多国籍企業の人材政策にも影響を及ぼすと考えられる。単純技能労働に従事する人材は AI，ロボット技術で代替されその価値が低下する一方，高度技能を要する人材は依然重要であり続ける。多国籍企業の文脈では，単純労働はタスクのモジュール化とオペレーションの標準化に伴い立地特殊優位性を失う一方，高度技能人材の職務は地域固有の高度な知識を活用した立地優位性は依然存続すると考えられる。そして，そのような中，本社機能への影響としては，これまでにも増して，単純労働作業と高付加価値型作業に対しよりきめ細かい人材政策を適用することが肝要となるだろう。そして，AIなどの高度技能人材を迅速かつ積極的に獲得し活用する施策が益々重要となるとされる（Banalieva and Dhanaraj, 2019；Coyle and Polsky, 2013）

デジタル化は多国籍企業の知財政策にも影響を及ぼすと考えられる。デジタル化の進展は，技術のモジュール化，標準化，オープン化を促進し，外部技術の獲得も容易になる反面，社内技術の漏洩リスクも高まる（Banalieva and Dhanaraj, 2019；Reed and Defillippi, 1990）。競争優位の源泉が社内固有のリソースのみならずネットワーク自体に宿る以上，そうした知財の漏洩は現実問題となってくる。本社としては，いままでにも増して，知財管理の工夫が求められる状況となる。とりわけ海外の特定国での知財管理に悩まされる多国籍企業本社にとっては，もはや特定国のみならず世界中くまなく知財管理の徹底化が求められる。

更に，デジタル化は多国籍企業のガバナンスにも影響を及ぼすと考えられる。技術のモジュール化，オープン化，遠距離間の情報共有，コミュニケーションコストの低減，といった傾向は，明らかにクローズドからオープンなガバナンスへのシフトを示唆している。しかも，他社との間の一対一の提携とは異なり，多数の参加者との間のバーチャルでオープンな関係性が，デジタル・エコシステムの特徴である（Jacobides, Cennamo, and Gawer, 2018；Banalieva and Dhanaraj, 2019）。そうした中，本社は自社の都合のみで企業戦略を打ち立てることは現実的ではなくなる。自社の競争優位自体がネットワークに依拠する状況となるからである。機能しているデジタル・エコシステムは，参加企業のエゴではなくネットワーク全体の価値の極大化をその行動規範とするから（Strange and Humpherey, 2019；Banalieva and Dhanaraj, 2019），本社の価値基準自体が大幅に修正されねばならなくなるだろう。

5. 結論

多国籍企業をとりまくグローバル化，オープン・イノベーション，フリー・

イノベーション，デジタル化といった様々な変化は，多国籍企業の組織のあり方に大きな影響を及ぼしている（Bartlett and Ghoshal, 1989；Doz, et al., 2001；Chesbrough, 2003；Asakawa, Song and Kim, 2014；von Hippel, 2017；Banalieva and Dhanaraj, 2019）。そうした中，多国籍企業組織の変遷に関する研究の多くは海外子会社の役割の変遷に着目したものであった（Birkinshaw, 1997）。それに対し，本社の機能，役割の変遷に特化した考察は必ずしも十分とはいえない。最近では本社の機能全般に関する一連の研究の一環として多国籍企業の文脈で本社のあり方が取り上げられ，上述の通りいくつかのジャーナルでも特集号が組まれている。しかし，現段階においても，多国籍企業の本社機能の変遷を展望した研究は限られている。そうした研究ギャップを埋めることを目的として，本章では多国籍企業の今後の本社のあり方を短期的，長期的スパンに分けて展望した。

第一に，本社機能の現在進行中の動向として，本社機能の多元化，多様化，分散化の傾向を整理した。例えば，コーポレート本社，事業本社，地域本社が同時に同一海外子会社の活動に関与する現象（多元的関与現象），コントロール的側面と起業家的側面を同時に発揮する現象（役割の多様化・複雑化），そして海外拠点にまで本社機能が分散化している現象（本社機能の地理的分解）がみられ，これらの傾向は最新の文献で検討されているように，今日起こりつつある本社機能の変遷をとられている。

第二に，より長期的展望に立った本社像の変遷を考察した。ここでとりあげたのが，オープン・イノベーション，フリー・イノベーションへのシフトの影響である。オープン・イノベーション，フリー・イノベーション時代における本社機能のありかたに関し，企業の内外境界線を超えてエコシステムの文脈で捉えなおす必要性を論じた。すなわち，社内の諸活動の統括に加えて，自社もメンバーであるエコシステムの調整機能としての本社機能のあり方について言及した。更に，同じく長期展望として，デジタル化の進展が多国籍企業の本社機能に及ぼす影響についても論点整理し，新たな時代の経営環境に対応しうる本社機能のあり方の可能性を示唆した。

最近コーポレート本社の研究の派生として，本社の役割に関する詳細な研究業績が発表されつつあるが，多国籍企業の今後の方向性の文脈で，現在進行中の変化および将来の展望に焦点をあてた本社機能に関する研究は極めて不十分である。こうした中，グローバル化，オープン化の流れが加速する経営環境の下，多国籍企業の本社機能の今後のあり方を理論的に検討することは意義のあることと考える。今後の展望として取り上げたフリー・イノベーションやデジタル化の流れは現在緒に就いたばかりであり，それらの本社機能に及ぼす影響について体系的なデータを基に実証する段階には至っていない。今後益々重要となる研究課題であることを示唆したい。また，本社機能の長期展望に関する論述は，論点整理に留まり，必ずしも具体的かつ詳細なレベルには至っていない。今後増えるであろう具体事例を題材に，今後の研究課題としたい。本章で提起した論点は，そうした一連の研究への第一歩と位置付けたい。

〔浅川和宏〕

参考文献

Afuah, A. (2009), *Strategic Innovation: New Game Strategies for Competitive Advantage*. New York: Routledge.

Almeida, P, and Phene, A (2004), "Subsidiaries and Knowledge Creation: the Influence of the MNC and Host Country on Innovation," *Strategic Management Journal* 25: 847–64.

Alfoldi, E. A., Clegg, L. J., and McGaughey, S. L. (2012), "Coordination at the Edge of the Empire: The Delegation of Headquarters Functions through Regional Management Mandates," *Journal of International Management* 18 (3): 276–292.

Ambos, T. C., Andersson, U., and Birkinshaw, J. (2010), "What are the Consequences of Iinitiative-Taking in Multinational Subsidiaries?," *Journal of International Business Studies* 41 (7): 1099–1118.

Ambos, B., Asakawa, K. and Ambos, T. (2011), "A Dynamic Perspective on Subsidiary Autonomy," *Global Strategy Journal,* 1 (2): 301–316.

Asakawa K (1996), "ExternalInternal Linkages and Overseas AutonomyControl Tension: The Management Dilemma of the Japanese R&D in Europe," *IEEE Transactions on Engineering Management* 42 (1): 24–32.

Asakawa K (2001), "Organizational Tension in International R&D Management: The Case of Japanese Firms," *Research Policy,* 30 (5): 735–757.

Asakawa K, and Lehrer M (2003), "Managing Local Knowledge Assets Globally: The Role of Regional Innovation Relays," *Journal of World Business,* 38: 31–42.

Asakawa, K., Park, Y. J., Song, J., and Kim, S. (2018), "Internal Embeddedness, Geographic Distance, and Global Knowledge Sourcing by Overseas Subsidiaries," *Journal of International Business Studies,* 49 (6): 743–752.

Asakawa, K., Song, JY., and Kim, S-J. (2014), "Open Innovation in Multinational Corporations: New Insights from the Global R&D Research Stream," in: H. W. Chesbrough, W. Vanhaverbeke, and J. West (Eds.), *New Frontiers in Open Innovation*: Oxford: Oxford University Press: 157–168.

Baaij, M. G., Mom, T. J., Van den Bosch, F. A., and Volberda, H. W. (2015), "Why do Multinational Corporations Relocate Core Parts of their Corporate Headquarters Abroad?," *Long Range Planning,* 48 (1): 46–58.

Baliga, R. and Jaeger, A. (1984), Multnational Corporatons: Control Systems and Delegation Issues, *Journal of International Business Studies*, 15 (3): 25–40.

Banalieva, E. and Dhanaraj, C. (2019), "Internalization Theory for the Digital Economy," *Journal of International Business Studies,* in press.

Bartlett, C. A. and Ghoshal, S. (1989), *Managing across Borders: the Transnational Solution.*, Boston, MA, Harvard Business School Press.

Birkinshaw, J., Braunerhjelm, P., Holm, U., and Terjesen, S. (2006), "Why do some Multinational Corporations Relocate their Headquarters Overseas?," *Strategic Management Journal,* 27 (7): 681–700.

Birkinshaw, J., Crilly, D., Bouquet, C., and Lee, S. Y. (2016), "How do Frms Mmanage Strategic Dualities?: A Process Perspective?," *Academy of Management Discovery,* 2 (1): 51–78.

Birkinshaw, J., Hood, N., and Jonsson, S. (1998), "Building Firm-Specific Advantages in Multinational Corporations: the Role of Subsidiary Initiative," *Strategic Management Journal,* 19 (3): 221–242.

Birkinshaw, J. and Ridderstrale, J. (1999), "Fighting the Corporate Immune System: A Process Study of Subsidiary Initiatives in Multinational Corporations," *International Business Review,* 8 (2): 149–180.

Bouquet, C. and Birkinshaw, J. (2008), "Weight versus Voice: How Foreign Subsidiaries Capture the Attention of Corporate Headquarters," *Academy of Management Journal* 51 (3): 577–601.

Cantwell, J. and Mudambi, R. (2005), "MNE Competence-Creating Subsidiary Mandates," *Strategic Management Journal* 26: 1109–28.

Chesbrough, H. (2003), *Open Innovation: The New Imperative for Creating and Profiting from Technology,* Boston, MA: Harvard Business School Press.

Ciabuschi, F., Dellestrand, H., and Holm, U. (2012), "The Role of Headquarters in the Contemporary MNC," *Journal of International Management*, 18: 213–223.

Ciabuschi, F., Dellestrand, H., and Martın, O. M. (2011), "Internal Embeddedness, Headquarters Involvement, and Innovation Importance in Multinational Enterprises," *Journal of Management Studies*, 48 (7): 1612–1639.

Coyle, J. and Polsky, G. (2013), "Acqui-hiring," *Duke Law Journal* 63 (2): 281–346.

DeBrule, A., Bouquet, C., and Birkinshaw, J. (2010), "Global Growth at Irdeto (B): A Dual HQ Strategy," *IMD case study* (IMD-3-ment2090), 1–7.

Decreton, B., Dellestrand, H., Kappen, P., and Nell, P. (2017), "Beyond Simple Configurations: The Dual Role Involvement of Divisional and Corporate Headquarters in Subsidiary Innovation Activities in Multibusiness Firms," *Management International Review,* 57: 855–878.

Dellestrand, H. and Kappen, P. (2011), "Headquarters Resources to Innovation Transfer Projects within the Multinational Enterprise," *Journal of International Management*, 17 (4): 263–277.

Dellestrand, H. and Kappen, P. (2012), "The Effects of Spatial and Contextual Factors on Headquarters Resource Allocation to MNE Subsidiaries," *Journal of International Business Studies,* 43 (3): 219–243.

Desai, M. A. (2009), "The Decentering of the Global Firm," *World Economy* 32: 1271–1290.

Doz, Y., Santos, J. and Williamson, O. (2001), *From Global to Metanational: How Companies Win in the Knowledge Economy,* Boston, MA: Harvard Business School Press.

Foss, N. (1997), "On the Rationales of Corporate Headquarters," *Industrial and Corporate Change,* 6 (2): 313–338.

Ghoshal, S. and Nohria, N. (1989), "Internal Differentiation within Multinational Corporations," *Strategic Management Journal,* 10 (4): 323–337.

Goold, M. and Campbell, A. (2002), "Parenting in Complex Structures," *Long Range Planning,* 35 (3): 219–243.

Hedlund, G. (1986), "The Hypermodern MNC: A Heterarchy?," *Human Resource Management,* 25: 9–35.

Hoenen, A. and Kostova, T. (2015), "Utilizing the Broader Agency Perspective for Studying Headquarters Subsidiary Relations in Multinational Corporations," *Journal of International Business Studies,* 46 (1): 104–113.

Jacobides, M., Cennamo, C. and Gawer, A. (2018), "Towards a Theory of Ecosystems," *Strategic Management Journal,* 39: 2255–2276.

Katz, R. and Allen, T. (1982), "Investigating the Not Invented Here (NIH) Syndrome: A Look at the Performance, Tenure, and Communication Patterns of 50 R&D Project Groups," *R&D Management,* 12 (1): 7–20.

Kuemmerle, W. (1997), "Building Effective R&D Capabilities Abroad," *Harvard Business Review,* March/April: 61–70.

Kunisch, S., Menz, M. and Ambos, B. (2015), "Changes at Corporate Headquarters: Review, Integration and Future Research," *International Journal of Management Reviews,* 17: 356–381.

Kunisch, S., Menz, M., and Birkinshaw, J. (2019), "Spatially Dispersed Corporate Headquarters: A Historical Analysis of their Prevalence, Antecedents, and Consequences," *International Business Review,* 28: 148–161.

Mahnke, V., Ambos, B., Nell, P. C., Hobdari, B. (2012), "How do Regional Headquarters Influence Corporate Decisions in Networked MNCs?," *Journal of International Management,* 18: 293–301.

Martinez, J. and Jarillo, J. (1989), "The Evolution of Research on Coordination Mechanisms in Multinational Corporations," *Journal of International Business Studies,* 20 (3): 489–514.

Meyer, K. E. and Benito, G. (2016), "Where do MNEs Locate their Headquarters? At Home!," *Global Strategy Journal,* 6: 149–159.

Meyer, K. E., Mudambi, R., and Narula, R. (2011), "Multinational Enterprises and Local Contexts: The Opportunities and Challenges of Multiple Embeddedness," *Journal of Management Studies,* 48 (2): 235–252.

Monteiro, F., Arvidsson, N., and Birkinshaw, J. (2008), "Knowledge Flows within Multinational Corporations: Explaining Subsidiary Isolation and its Performance Implications," *Organization Science,* 19: 90–107.

Nell, P. C. and Ambos, B. (2013), "Parenting Advantage in the MNC: An Embeddedness Perspective on the Value Added by Headquarters," *Strategic Management Journal,* 34 (9): 1086–1103.

Nell, P. C., Kappen, P., and Laamanen, T (2017), "Reconceptualising Hierarchies: The Disaggregation and Dispersion of Headquarters in Multinational Corporations," *Journal of Management Studies,* 54 (8): 1121–1143.

Nohria, N. and Ghoshal, S. (1994), "Differentiated fit and shared values: Alternatives for managing headquarters–subsidiary relations," *Strategic Management Journal,* 15 (6): 491–502.

Pontiskoski, E. and Asakawa, K. (2009), "Overcoming barriers to open innovation at Apple, Nintendo and Nokia," *International Journal of Social, Behavioral, Educational, Economic, Business and Industrial Engineering* 3 (5): 370-375.

Poppo, L. (2003), "The Visible Hands of Hierarchy within the M-Form: an Empirical Test of Corporate Parenting of Internal Product Exchanges," *Journal of Management Studies*, 40 (2): 403-430.

Reed, R. and Defillippi, R. (1990), "Causal Ambiguity, Barriers to Imitation, and Sustainable Competitive Advantage," *Academy of Management Review*, 15 (1): 88-102.

Roth, K. and Kostova, T. (2003), "The Use of the Multinational Corporation as a Research Context," *Journal of Management*, 29: 883-902.

Schotter, A. and Beamisch, P. (2011), "Performance Effects of MNC Headquarters-Subsidiary Conflict and the Role of Boundary Spanners: The Case of Headquarters Initiative Rejection," *Journal of International Management*, 17 (3): 243-259.

Schotter, A. P., Stallkamp, M. and Pinkham, B. C. (2017), "MNE Headquarters Disaggregation: The Formation Antecedents of Regional Management Centers," *Journal of Management Studies*, 54 (8): 1144-1169.

Song, J., Asakawa, K and Chu, Y. (2011), "What Determines Knowledge Sourcing from Host Locations of Overseas R&D Operations?," *Research Policy*, 40 (4): 380-390.

Strange, R. and Humpherey, J. (2019), "What Lies between Market and Hierarchy? Insights from Internalization Theory and Global Value Chain Theory," *Journal of International Business Studies*, in press.

Verbeke, A. and Kenworthy, T. P. (2008), "Multidivisional vs. Metanational Governance of the Multinational Enterprise," *Journal of International Business Studies*, 39 (6): 940-956.

Westney, D. E. (1993), "Institutional Theory and the Multinational Corporation," In: Ghoshal, S. and Westney, D. E. (Eds.), *Organization Theory and the Multinational Corporations*, 53-76, New York: St. Martin's Press.

Von Hippel, E. (2017), *Free Innovation*. Cambridge, MA: MIT Press.

第7章
知財の無償化と国際ビジネスの業際化

1. はじめに

本章の目的は，イノベーションの新しい動向となりつつある「知財の無償化」のメカニズムについて明らかにしていくことだ。

新しい技術がグローバル市場で活用されるためには，WTOによって国際標準化が義務づけられている。多くの企業は国際標準化を通じて，技術をグローバルに普及させ，ロイヤリティによって莫大な利益を稼ぎ出してきた。ところが，近年このような収益源でもある知財は，それを無償化する動きが急速に増えてきている。特に，IoT（Internet of Things，モノのインターネット）に関する技術の急速な進歩に見られるように，情報通信技術分野においては顕著である。このことは，E. Hippel（2016）の言う消費者主導によるフリーイノベーションとも異なる。技術の開発者側が自ら無償化している現象だからだ。

こうした現象に共通するのは，国際化と業際化が同時に進む事業分野であるという点である。あらためて言うまでも無く，事業の国際化とは事業活動が国境を越え他国との関係性の中で行われる現象を言う。一方，事業の業際化とは事業活動が特定の産業分野で完結せずに，異業種の企業との関係性の中で進められるような事業を想定している。どちらも以前から確認することのできる現象ではある。だが，近年この事業の国際化と業際化が同時進行しているという状況が多く確認できるようになってきているのである。そして，この「国際化と業際化の同期化」が見られる事業環境においては，共通するある特徴的な事業活動も確認できるようになってきており，それが「知財の無償化」である。

この知財の無償化は，これまでにも無かったわけでは無く，例えばウェブページ用の言語「html」等のように，当該技術を持つ企業も同意の上で無償化されたケースも見られる[1]。もっとも，このhtmlについては，当時一部のライセンサーが無償化することになかなか応じなかったこともあり，紆余曲折を経てようやく無償化された経緯があるのだが，近年では当初より無償化するケースが増えてきているのである。本章後半で詳述するクアルコム社も，一般的には同社の特許料収入を巡る戦略が注目されているが，IoT関連技術においては無償化する戦略も採っている。

これまでの技術戦略においては，主要技術に盛り込まれる知財を，プロプライエタリなライセンスとしてその後の事業活動で活用し，そしてその技術の普及を通じて増加するライセンス収入が大きな意味を持ってきている。しかしながら，国際化と業際化が同期化する事業環境においては，知財の役割が大きく変わってきているのである。なぜ，こうした変化が見られるようになったのか。ここに本章の学術的な問いが設定されている。

本章の目的は「国際化と業際化の同期化」のカギを握る知財がどのような戦略的意味を持っているかについて明らかにすることだ。これまでの多国籍企業論や国際ビジネス研究などにみられる研究では，この「国際化と業際化の同期化」という視点が十分ではなかった。知財は圧倒的な競争優位の源泉，あるいは特許料収入の源泉として捉えられてきたからである。かつて「ウィンテル」と呼ばれたマイクロソフトやインテルが有していた技術的優位性もそのような文脈の中で捉えられていた。また，技術開発のために多くの企業が集まって組織されるコンソーシアムに対しても，参加企業に特許料収入を配分するための特許プールに重要な意味が見出されていた。

ところが，国際化と業際化が同時に進行する技術領域では，これまでとは異なった知財の役割が見られるようになってきている。特に，IoTなど情報通信に関する技術を開発するコンソーシアム等においては，開発した技術を一気に普及させるため，当初より標準必須特許を無償化する機関が急激に増えているのである（内田, 2016）。

そこで，本章では国際化と業際化が同時に進められることの多い情報通信技術の領域を分析の中心として設定することとし，このような問題意識が先行研究の中でどのように位置づけられるか，また知財の国際化と業際化の同期化がなぜ知財の無償化に進むのかについて次節で述べていく。次に，実際に情報通信分野において進展している知財の無償化の実態について，TTC（情報通信技術委員会:2019）のデータをもとに確認する。TTCは日本の総務省の外郭団体で世界の通信技術開発企業の動向を調査している機関だ。2019年に公開されたTTCの調査では，アクティブな技術開発コンソーシアムとして約70の機関がリストアップされた。本研究は，そこで紹介されたすべてのコンソーシアムに対して，知財がどのように管理されているかを調査した。その結果判明したのは，2008年以降につくられたコンソーシアムでは，約70%のコンソーシアムで知財を無償化しているということである。本章後半ではその動向と背景について論じていく。

また，それらコンソーシアムの中でも代表的な機関の一つであるOCF（Open Connectivity Foundation）を取り上げ，その中で中心的な企業であるクアルコム社の取り組みについて紹介していく。同社はOCFでは自社の開発した技術を無償化している。その戦略の意味を探っていくことにしよう。

2. 本研究の対象

ここでは，本章の問題意識が，関連する既存研究の中でどのような位置づけにあるのかを述べていく。ただその前に，まず本章が議論の対象としている知財とはどのような知財かを特定しておく必要があるだろう。

本章では，技術標準を策定する上で避けることのできない重要な知財を対象としており，標準必須特許（standard essential patent，以下SEP）と呼ばれるものを分析の対象としている。技術標準を有効に活用するためには，このSEPが極めて重要な意味を持つことはいうまでもない。

そのような意味での知財を持つ多国籍企業が国際的に事業活動するためには，当該知財を海外に持ち出していく必要があるのだが，そこには国際的なルールが存在する。本章冒頭でも触れたWTO（世界貿易機関）によるルールがそれである。

WTOには今日160以上の国や地域が加盟しており，WTOが規定するルールは世界の主要国企業の国際ビジネスに大きな影響を与えることとなる。この

WTOが発足された1995年に，すべての加盟国はTBT協定（貿易に対する技術的障壁に関する協定）[(2)]を遵守することが求められることとなった。これは，国際的な事業活動においては，原則としてすでにISO（国際標準化機構）やIEC（国際電気標準会議）などが公表している国際標準に基づくことを加盟国に求める内容となっている。換言すれば，加盟国企業が保有する独自の知財に基づく技術をそのまま国際ビジネスで使用することは，自由貿易を妨げるものとして回避されなくてはならないという考え方となっているのである。

そのため，場合にもよるが，独自の知財によりつくられる技術が正式に国際標準化されない限り，その技術を備えた製品を輸出することができないことにもなる。このように，独自の知財によってつくられる技術を国際標準化することを，本章では「知財の国際化」と呼ぶことにする。かつて，携帯電話の通信技術で日本独自の仕様が国際標準化されなかったことから，当時の日本の携帯電話産業がガラパゴス化したケースは，知財の国際化に失敗したことに起因するものと言い換えることができる。従って，知財の国際化に向けた活動は多国籍企業にとって重要な戦略活動としての意味を持つ。

一方，やはり冒頭でも触れたことだが，今日の事業環境においては業種や業界を越えた企業の連携によって技術やサービスの体系を構成することも増えてきている。当然のことながら，一つの知財が異業種企業によって活用されるケースも想定されることとなる。本章ではこうした現象を「知財の業際化」と呼んでいる。

この知財の業際化の場合，知財の国際化とは異なる難しさを孕んでいる。その難しさとは，いわゆる「ホールドアップ」問題の複雑化である。

ホールドアップとは，技術標準が策定された後にSEPを保有する事業者が現れ，SEPの権利を行使し，法外なライセンス料を要求するようなケースのことである。これまでこうしたケースは同業種または隣接する業界の企業間で争われることが少なくなかった。だが，業際化の進展は，業種や業界を越えた想定外の企業との間でこうしたトラブルが発生しないとも限らない。そのため，こうしたトラブルを回避するためにも，SEPの組み込まれた技術標準をどのように策定するかという点は，多国籍企業の事業戦略を左右する大きな意味を持つ。

図表 7-1　本研究の対象

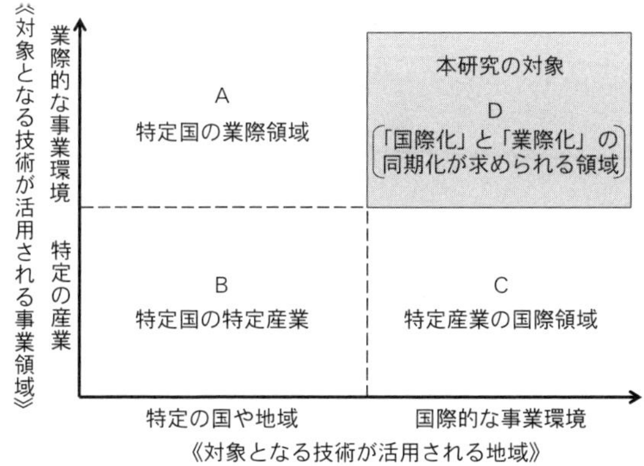

出所：筆者作成。

このように，多国籍企業にとって技術標準を策定する際には，知財の国際化と知財の業際化のそれぞれに対峙することが求められると言えるだろう。以上の内容を踏まえた上で，標準化された技術がどのような領域で活用されるかを整理すると図表 7-1 のようになる。

この図のヨコ軸は標準化された技術が活用される地域的な分類を示している。特定の国や地域の内部だけで活用される技術か，あるいは国際的な状況を前提とするかによる分類となる。例えば，「B」で活用されていた技術を「C」でも活用していく場合には，「知財の国際化」が進められることになり，そのための戦略として国際標準化のための戦略が重要な戦略活動として挙げられることとなる。

一方，タテ軸では開発された技術が活用される事業領域により分類している。特定の業界でしか活用されない技術もあれば，業界をまたがって活用される技術もある。「B」で活用されていた技術が他業界でも活用されるようになるためには「知財の業際化」が必要となり，やはりそのための戦略が構想されなくてはならない。

2-1. 関連する先行研究

企業の事業活動も同様に考えることができる。たとえば，この図表 7-1 の

「B」から「C」へと市場が拡大する時点から事業活動の国際化が課題となってくる。このことに関連する研究も1960年代以降，活発化されるようになる。企業が国境を越えて活動することの理由に「紛争の排除」を挙げたハイマー以降，「内部化理論」，海外子会社と本社との関係，グローバル競争優位などの点からさまざまな理論が展開されるようになった。だが，これらの多くがいずれも「B」から「C」への動き，あるいは「C」における活動をさまざまな視点から分析した理論である。これまでの多くの研究が，当然のことながら国境の存在を意識しながら論じられてきた。

一方，国境ではなく，業種や業界を越えた事業活動の意義を主張する研究も少なくない。代表的なものとしては，イノベーション経営が業界を越え広範囲で進められる点について，ダイナミック・ケイパビリティ理論と関連付けながら論じられたオープン・イノベーションが挙げられる（H. Chesbrough, 2001）。ダイナミック・ケイパビリティとは，急激に変化する事業環境に対処するために，内部及び外部の資源や能力を統合，構築，そして再構成するための企業の能力のことである（Teece, 2012）。ティースによれば，ダイナミック・ケイパビリティの視点からすると，垂直統合の意義に対しても異なった見方ができるとしている。これまで垂直統合に関しては，企業間で生ずる取引コストを節約するための活動として捉えられることが多かったが（Williamson, 1975, 1985, 1986, 1996），ティースは企業間に必要なケイパビリティが無い場合に垂直統合を通して企業の境界が決定されること，すなわち業際化があることを主張している（Teece, 2011）[(3)]。

こうしたイノベーション研究からではなく，多国籍企業論の流れを汲む研究からも業際化に関連する指摘を確認することができる。たとえば，Cantwellは情報通信及び電機，さらには自動車産業の企業の事例にも焦点を当てながら，多国籍企業の事業活動が国境を越えるだけで無く，業種や業態を越えた広がりを指摘している（Armann & Cantwell, 2012）。同氏はダニングらとの共著のなかでも，多国籍企業は環境の変化に適応する際に，柔軟でかつオープンなビジネスネットワークの構造に移行することを通じて，複雑な性質の不確実性に反応してきたことを述べている（Cantwell, Dunning & Lundan, 2010）。このオープンなビジネスネットワーク構造が本章で言う業際化の考え方と共通してくると言える。

だが，これらの認識は図表7-1の「A」について，あるいは「C」から「D」へのプロセスについて論じられており，決して国際化と業際化の同期化を前提にしているわけではない。

他方，知財と密接に関係する技術標準に関する研究では，どのように進められてきているか。これまで，技術標準に関する研究は，情報技術（IT），PCソフトウェアにおける互換性に関するネットワーク外部性，バンドワゴン効果，ロックイン効果やスイッチング・コストなど経済的効果に対する研究（Farrell and Saloner, 1986；Cargill, 1989；Basen and Farrell, 1994；Shapiro and Varian, 1998；Shapiro, 2000；Jakobs, 2000, 2006, 2008）が多かった。あるいは，ある特定技術や製品におけるデファクト標準化によって創出される参入障壁による差別化と，規模の経済性による低コスト化に注目した競争優位性の研究が多かった（山田, 1993, 新宅・許斐・柴田, 2000；土井, 2001；竹田・内田・梶浦, 2001；A. Gawer & M. Cusumano, 2002）。これらは，先に示した図表7-1の「B」や「C」に関する研究内容となっている。

また，独自技術をもとにした企業の戦略行動についての研究（Wegberg, 2006；Warner, 2006；小川, 2009；Arai & Uchida, 2012；Ernst, 2013；Uchida, 2014）や知財の占有可能性についての研究（Simcoe, 2006；Kajiura, 2010, 2012, 2013）等もあるのだが，これらの研究では事業環境が図表7-1の「B」から「C」へ移行するプロセス，すなわち知財の国際化を前提にしている。

その一方で，2000年代後半以降は，特定の国や地域によって進められる「業際連携」が重要となるコンセンサスベースの標準についての研究（Krechmer, 2006；新宅・江藤, 2008；立本, 2011；梶浦, 2013）もみられるようになってくるが，これは図表7-1の「A」に位置づけられる。

もちろん，一つの技術が国境を越え，さらに業種を越えて利用されることはこれまでにも無かったわけではない。実際，「C」から「D」へのプロセスを経た業際化も，われわれの身の回りで多く確認することができる。

例えば，スマートフォンやタブレット端末等，PCと同様の機能を持つ機器が増加しているが，それらに搭載されているOSにおいては，「ウィンドウズ」は劣勢を強いられている。同様に，画像や動画の保存という点で優れていた

CDやDVDも，今やその存在感は徐々に薄れつつある。それらの代わりに，「Android」やフラッシュメモリがますます存在感を高めてきている。

「Android」は2005年にグーグル社がAndroid社を買収して以降，めざましい発展を遂げたが，もともとは携帯電話用のOSとして開発されたものである。当時，すでに携帯電話市場は日本市場を除き国際化していたため，図表7-1では「C」に該当する。しかし，その後Androidはスマートフォンやタブレット端末，ウォッチ型端末，自動車搭載コンピュータや家電に至るまで，あらゆる領域での利用が目指されたことからも分かるように，「D」での事業にシフトする。

フラッシュメモリもまた同様に「C」から「D」へシフトしてきた経緯を確認することができる。同技術を開発した桝岡氏によれば，当初はPCを構成する上で必要な半導体メモリとしてのDRAM（Dynamic Access Random Memory）に置き換えることが志向された技術だった（桝岡, 1992）。それが携帯電話，デジカメ，デジタルオーディオプレーヤーなどの記録メディアとしての利用も目指されるようになったため，業界をまたがった普及に繋がったのである。

すなわち，「Android」やフラッシュメモリは，業際化された環境の中で成功している技術ではあるのだが，当初は「C」で進められた事業をさらに強化するために「D」が目指されたケースなのである。

このように，既存研究においては当初より「D」の状況が進行する環境を想定した研究は極めて少ないことが分かる。

ところが，近年の情報通信技術の場合，さまざまな機器がインターネットを介して繋げられることに意味が見出されることが多くあるため，当初より業際化が目指されなくてはならない技術であることが必然的に多くなる。技術開発のスタート時点から，国や業界の違いを越えた活用が目指される技術が増えてきているのである。ここに従来型の国際ビジネスとの違いが見出されよう。

では，その場合に，なぜ「知財の無償化」に繋がるのか。それを次に見ていくことにする。

3. 知財の無償化の原因

従来の一般的な国際ビジネスの場合，新たな顧客や経営資源を獲得するため国境を越え新市場に進出する際，さまざまな不確実性によって事業の成否が分かれることはこれまでに数多くの事例が証明している。技術戦略上，不確実性を低下させるための戦略の一つが標準化の戦略となるが（Bartlett & Ghoshal, 1989），それは世界同一の製品（規格）を普及させることができれば，もっとも効率的な事業運営が可能となるためであった。そのため，国際標準化を目指す動きは1990年代後半以降，加速してきた。

先に触れたDVDも同様である。1995年，DVD関連技術を持つライセンサー10社が集まり，「DVDコンソーシアム」を立ち上げた。それ以降，途中でパテントプールが二分してしまったり，DVD後継規格争いがあったりと，紆余曲折を経ながらも規格が維持されているのは，ライセンサー側が主導権を握れたからである。なぜ，ライセンサー側が主導権を握れたかと言えば，一般的にDVDはデータの記録，またはその再生という用途に限定されるなど，ある程度技術の用途が特定されていたためである。この場合，ライセンサー側が想定する内容でビジネスを展開することが可能となる。

だが，当初よりD型を想定して開発される技術の場合，こうしたライセンサー側の論理だけで用途を特定することが難しくなる。今やAndroidは当初の想定をはるかに越えた用途が開発されている。それが一気に進むのが「D型」ということになる。どこの誰がどのような目的で当該技術を活用するのか，あらかじめ想定することが難しい状況と言えるだろう。したがって，技術標準を策定するためには業界の枠を越えた多様なライセンシー側の意向を重視しなくてはならなくなる。ライセンシーにとって扱いにくい技術は標準化の策定プロセスにおいて遅れてしまい兼ねず(4)，これが致命傷となることも無いわけではない。標準化のプロセスに時間をかけすぎていると，競合規格が出現し，先を越されてしまうこともあり得るためである(5)。

また，標準化されないような規格であればそもそもD型でのビジネスは困難なものとなってしまう。このような分野で事業化させるためには，さまざまなライセンシー企業から支持が得られ，ライセンシー企業の製品に実装される規格でなくてはならないことになる。こうしたことが，特定企業のライセンスを無償公開してでもライセンシーを集め，さまざまな要求を聞き入れながら業際対応していくことが求められるということに繋がる。そして，このことが「知財の無償化」に繋がると本章では考えている。

以上のことを図示したものが，図表7-2である。この図では技術標準後にどのような事業環境で当該技術が活用されるかということについて，(a) と (b) に分けて示している。(a) には図表7-1のA型からC型までを，同様に (b) にはD型を表現している。A型は特定の国や地域内での業際化が進んだ場合，B型は特定の国や地域の特定産業において標準化が進んだ場合である。また，ある技術が国境を越えて普及する場合がC型となる。これらは，いずれもライセンサー側の戦略的な意思決定の中で進められるため，一般的には技術用途が特定されながら進められる。すなわち，ライセンサーの論理での事業展開が可能となる。

だが，本章が対象としているのはD型である。この場合は図表7-2の (b) に見られるように，さまざまな地域や業界にまたがった活用が前提となる。まず，広範囲で普及させることこそ，意味があるこのような場合に特定のライセンサーだけで用途を特定することは，技術的にもまた市場の動向を把握する上

図表7-2　標準策定後の技術活用領域

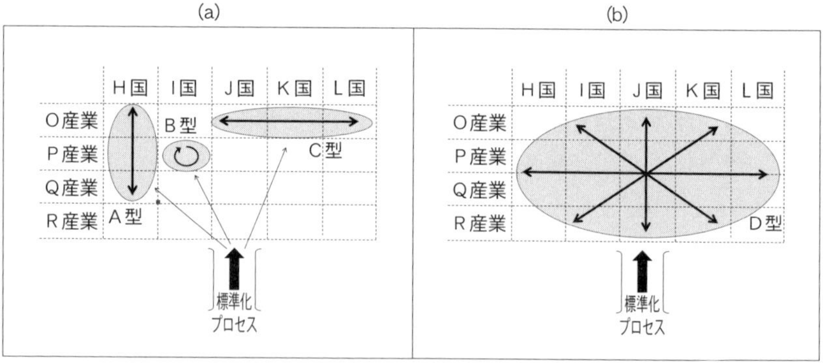

出所：筆者作成。

でも，極めて困難なこととなる。ここに，国際化と業際化が同期化する事業と従来型の事業との大きな違いが見出せよう。知財の無償化を条件に，国際的にも業際的にも開かれたコンソーシアムがつくられているのはそのためである。

そこで，次にこうした国際的，かつ業際的に広く普及することを目指すコンソーシアムではどのように知財管理が行われているか見ていくことにしよう。

4. 知財の無償化の実態

SEPのライセンスは有償で実施許諾をするケースと，無償で進められるケースと大きく2つのタイプがある。前者がRANDライセンス（Reasonable And Non-Discriminatory，合理的かつ被差別的なライセンス），またはこれに公平さ（Fair）を加えたFRANDライセンスとして実施許諾が行われるものである。後者はロイヤリティフリー（Royalty Free, RF）として完全に無償化されるものである。

ここでは，国際化と業際化の双方を視野に入れながら技術の標準化を進めているコンソーシアムに注目し，その実態調査についてまとめ，その内容について考察していく。

4-1. IPR調査の概要

実態調査においては，本章冒頭でも触れた情報通信技術委員会（The Telecommunication Technology Committee，以下TTC）の調査を手がかりに進めた。TTCは総務省の外郭団体で，情報通信技術の標準化を進めている機関だが，情報通信に関する世界中のコンソーシアムの調査にも取り組んでいる。

ここでいうコンソーシアムとは，技術標準を策定するための機関を意味する。コンソーシアムがつくられても，一定の目的を達成した場合には当該活動が行われない機関も少なくない。そのため，アクティブに活動するコンソーシアムを把握することは容易ではないが，TTCは毎年精力的に調査に取り組んでいる。本章執筆時点での最新版は，2019年2月に発表されたものであり，その中で情報通信に関するコンソーシアムとして72機関がリストアップされている。かつて，筆者も情報通信分野における標準化団体を独自に調査したことがあった（内田, 2008）。そのときに調査したコンソーシアムのうち，このTTCのリストに含まれていない2機関を含め，合計74機関を調査対象とした。

すべての機関では，国境や業界を越えたさまざまな企業が会員として集められている。すなわち，図表7-1のD型を志向するコンソーシアムとなっている。そのため，それぞれの機関で知財がどのように扱われているかを調べることが本調査の主な内容となる。

調査の方法としては，各コンソーシアムが知財の扱いを定めるIPRポリシー（Intellectual Property Right ポリシー）を入手し，それぞれどのように定めているかを確認していくこととした。IPRポリシーとは，先にも触れたホールドアップ問題を避けるためにも，あらかじめSEPをどのように扱うかについて取り決められた各コンソーシアム独自の方針のことである。コンソーシアムに参加する企業はその遵守が義務づけられており，ほとんどの機関で策定されている。ここでは，SEPのライセンスをコンソーシアムのメンバーに対して実施許諾する際に有償とするか無償とするかという点に注目した。

一般的に，技術の開発者がライセンス収入を求める場合には，有償となる。先にも述べたように，ライセンサーはRAND，またはFRANDを前提とした特許使用を許諾する。そのため，有償実施許諾が認められるコンソーシアムであれば，IPRポリシーにもその旨記載されていることとなるはずである。例えば，先にも触れたDVD関連のコンソーシアムでは，FRANDとして明記されている。一方，ライセンサーにロイヤリティを放棄させる場合，すなわち無償での実施許諾を方針とする際には，IPRポリシーにはロイヤリティフリー（RF）と明記されることとなる。

調査結果を図表7-3に示す。

4-2. IPRポリシーの実態

図表7-3では，調査対象コンソーシアム全74機関を，設立された時期から時系列的に整理している。コンソーシアムは会員を募るため，すべてのコン

図表 7-3　情報通信技術分野における標準化団体の IPR ポリシー調査

	略称	フォーラム名	設立	会員数	RF	RAND
1	TMForum	TMForum	1988	850	非公開	
2	OMG	Obj ect Management Group	1989	319	◎	
3	ITS America	The Intelligent Transpor tation Society of America	1991	239	非公開	
4	DMTF	Distributed Management Task Force	1992	156	○	○
5	OASIS	Organization for the Advancement of Structured Information Standar	1993	275	◎	
6	BBF	Broadband Forum	1994	134		◎
7	LONMARK	LonMark International	1994	104		◎
8	W3C	World Wide Web Consortium	1994	472	◎	
9	FSAN	Full Service Access Network	1995	73	非公開	
10	TOG	The Open Group	1996	532	○	○
11	ECHONET	ECHONET Consortium	1997	277	○	○
12	OIF	Optical Internetworking Forum	1998	102	○	○
13	Bluetooth.SIG	Bluetooth.SIG	1998	34,000	◎	
14	GCF	Global Certification Forum	1999	306	非公開	
15	FCIA	Fibre Channel Industry Association	1999	22	非公開	
16	ITS Forum	ITS Info-communications Forum	1999	89	非公開	
17	OSGi	OSGi Alliance	1999	142	◎	
18	SIP Forum	SIP Forum	2000	26	◎	
19	Wi-Fi	Wi-Fi Alliance	2000	790	○	○
20	MEF	Metro Ethernet Forum	2001	220	◎	
21	IIC（ITS）	Internet ITS Consortium	2002	251	非公開	
22	OMA	Open Mobile Alliance	2002	55	◎	
23	ZigBee	ZigBee Alliance	2002	366		◎
24	Spring Framework	Spring Framework	2002	不特定	◎	
25	EPC Global	EPC Global（GS1 に吸収）	2003	1,500	◎	
26	TCG	Trusted Computing Group	2003	78		◎
27	MoCA	Multimedia over Coax Alliance	2004	39		◎
28	NFC Forum	Near Field Communication Forum	2004	140	○	○
29	Ethernet Alliance	Ethernet Alliance	2005	80	◎	
30	Z-Wave	Z-Wave Alliance	2005	302	◎	
31	NGMN	NGMN Alliance	2006	92		◎
32	OGF	Open Grid Forum	2006	19	○	○
33	OpenID	OpenID Foundation	2007	40	◎	
34	Hadoop	Apache Hadoop Project	2008	70	◎	
35	HbbTV	HbbTV Association（旧 Open IPTV Forume.V）	2008	76	◎	
36	HomeGrid Forum	HomeGrid Forum	2008	56	◎	
37	IPTVFJ	IPTV Forum Japan	2008	112	◎	
38	EnOcean	EnOcean Alliance	2008	430		◎
39	Kantara	Kantara Initiative	2009	38	◎	
40	JSCA	Japan Smart Community Alliance	2010	276	非公開	
41	OpenADR	OpenADR Alliance	2010	143		◎
42	JSSEC	Japan Samrtphone Security Association	2011	107	非公開	
43	OCP	Open Compute Project	2011	195	◎	
44	ONF	Open Networking Foundation	2011	168	◎	
45	OPEN Alliance SIG	OPEN Alliance special Interest Group	2011	322	非公開	
46	FIWARE	FIWARE Foundation	2011	28	◎	
47	Wi-SUN	Wi-SUN Alliance	2012	133		◎
48	FIDO	Fast Identity Online alliance	2012	248	◎	
49	Openstack	OpenStack Foundation	2012	145	◎	
50	OpenDaylight	OpenDaylight Project	2013	35	◎	
51	5GPPP	The 5G Infrastracture Public Private Partnership	2013	57	◎	
52	IIC	Industrial Internet Consortium	2014	244	◎	
53	THREAD	THREAD GROUP	2014	180	◎	
54	OPNFV	Open Platform for NFV	2014	52	◎	
55	Hypercat	Hypercat Alliance	2014	70	◎	
56	PCHA	Personal Connected Health Alliance	2014	84	非公開	
57	ODCC	Open Data Center Committee	2014	48		◎
58	AOM	Alliaance for Open Media	2015	23	◎	
59	UHD	UHD Alliance	2015	46	非公開	
60	OpenFog	Open Fog Consortium	2015	57	◎	
61	MulteFire	MulteFire Alliance	2015	30	非公開	
62	LoRa	LoRa Alliance	2015	429	◎	
63	OAI	Open API Initiative	2015	35	◎	
64	Hyperledger	Hyperledger Project	2016	140	◎	
65	OCF	Open Conncectivity Founcation	2016	422	◎	
66	TIP	Telecom Infra Project	2016	458	◎	
67	5GAA	5G Automotive Association	2016	110	非公開	
68	DSC	Digital Stationary Consortium	2016	28	非公開	
69	SDLC	Smart Device Link Consortium	2016	41	◎	
70	AECC	Automotive Special Interest Group	2017	15	◎	
71	Edgercross	Edgercross Consortium	2017	165	○	○
72	ONAP	Open Network Automation Platform	2017	93	◎	
73	TIA	Trusted IoT Alliance	2017	31	◎	
74	DIF	Decentralized Indentity Foundation	2018	56	◎	

資料：情報通信技術委員会の発行する「情報通信関係のフォーラム活動に関する調査報告書」（第 25 版，2019 年発行）の内容に，内田（2008）の調査内容を加えて作成。

ソーシアムにおいてWebサイトを通じた勧誘が行われている。同様に，新たな会員からの理解を得るために，あらかじめWebサイトにIPRポリシーを掲げているところが多い。

今回の調査対象の中では，74機関のうち59機関がIPRポリシーを公開していた。その59機関のうち，明らかに有償（RAND，あるいはFRAND），もしくは明らかに無償（Royalty Free）とする場合は“◎”をつけた。ただ，中には，有償か無償の判断は，その都度協議するものとして，「両論併記」とする機関もみられる。その場合には“○”として区別した。

今，全74機間の内訳を示すと，有償とする機関が10機関となっており，同様に無償が41機関，両論併記型が8機関，非公開が15機関となっており，全期間を通じてもっとも多く見られるのは無償としている機関であることになる。だが，この傾向は調査期間を通じて一様に見られたわけでは無く，近年著しく見られるようになったことが分かる。その内容を図示したものが図表7-4である。

この図は，非公開とされているところを除く59機関を対象に，「90年代まで」，「2000年代」，「2010年代」と，全期間を3つに区分して整理したもので

図表7-4　情報通信関連コンソーシアムにおける標準必須特許の取り扱いの動向

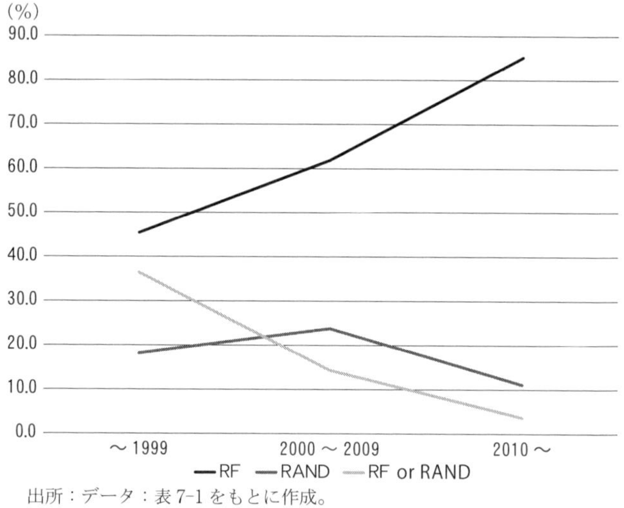

出所：データ：表7-1をもとに作成。

ある。ここから見えてくることは，明らかに有償としている機関や有償の可能性を残した両論併記型が減少傾向にある一方で，明らかに無償とする機関が確実に増加している事実である。特に，2010年以降に設立されたコンソーシアムでは，およそ90％が無償化を前提に進めていることが分かる。今日，国際化と業際化を同時に進めていくコンソーシアムでは，イノベーションプロセスはRFが一般化していることを認識しなくてはならないことになるだろう。

そこで，最後にこうした現象が増えてきている原因について，クアルコム社の事例をもとに考察してみよう。

5. クアルコム社の無償化戦略

クアルコムは1985年，カリフォルニア州サンディエゴで設立された。1980年代後半，FCC（米連邦通信委員会）から移動電話通信システム構想に関する技術開発を委託され，CDMA方式を提案した。この構想は最終的に失敗してしまったが，クアルコムは地上での携帯電話システム向けにCDMA開発を進めた。

通信規格3Gでは，W-CDMA方式とCDMA2000方式が併存することとなったが，一時はW-CDMAが規格統一を図ろうとした。クアルコムはそれぞれの方式のSEPを保持していたのだが，2Gでクアルコムが保有していた技術「cdmaOne」との互換性があるのがCDMA2000だったため，両規格併存を主張し，守られない場合はW-CDMA対応の製品に必須特許をライセンスしないと発表した。クアルコム側にすれば，両規格を併存することができれば，引き続きcdmaOneのライセンス収入も期待できることになるためである。この宣言は関係各社に衝撃を与え，「クアルコム・ショック」と呼ばれた。

近年では，同社製チップ「snapdragon」が同社の主力製品となっており，市販されているほとんどのスマホに同梱されている。そのため，スマホメーカーからのロイヤリティが同社にとって莫大な収益源となっている。2017年1月には，そのロイヤリティが高額すぎることを理由に，アップルが訴訟を起こし，ロイヤリティの支払いを中止したことが大きな話題となった。このように，同社はこれまで自社の知財をもとに多くの収益を稼ぐビジネスモデルを踏襲してきた。

このクアルコムは近年，業績が停滞傾向にある。対前年比においては，2011年以降しばらく低下を続け，2015年からの3年間はマイナス成長となっている（図表7-5参照)。そのようななかで，IoTに関しては，別のビジネスモデルも進められるようになった。中核技術をRFにしているのである。

その中核技術によって創られているのが「AllJoyn」と呼ばれるソフトウェアだ。AllJoynはIoTの環境をさらに便利な状況にするために開発されたフレームワークである。現在普及が進められているAllJoynは，2016年12月に発表されている。

ネットワークに接続可能なコネクテッドデバイスは，今後増加して家庭内の機器もIoT化の恩恵を受けるようになると言われている。しかし，一方でIoT対応デバイスの増加は，利便性をもたらすと同時に，混乱の原因になるリスクもある。炊飯器，冷蔵庫，エアコン，空気清浄機，給湯器などがIoTに

図表7-5　米クアルコム社の業績推移（2005年～2018年）

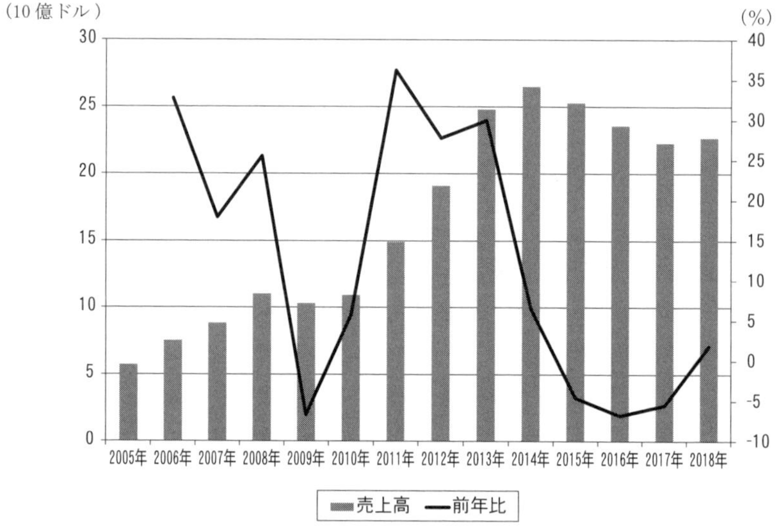

出所：同社の発表する決算発表資料（https://www.qualcomm.com/info/investor-relations）に基づき作成。

対応したとき，それぞれが異なる通信手段やOSやアプリケーションソフトを使わなくてはならないからだ。一方で，異なる機器でもIoTで求められる要素には共通する部分も多いという。

そこで，クアルコムがそのような共通部分を結びつけるためのIoTフレームワークとしてAllJoynを開発した。さまざまな機器に共通する機能をライブラリとして用意し，ユーザーがIoT機器やアプリを開発する際に役立てられている。

クアルコムはこの技術を，AllSeenn Allianceと呼ばれるコンソーシアムで標準化を進めてきた。その後，このAllSeen Allianceはインテル等が中心となっていたOCF（Open Connectivity Foundation）と呼ばれるコンソーシアムと合併し，現在はOCFで一本化されている。OCFのボードメンバーには，Intel，Qualcomm，Microsoftのほかに，SamsungやCisco Systems，エレクトロラックス，ハイアール，LG Electronicsなどが含まれており，2018年には300社を超える企業が世界中から参加するなど，国際化と業際化が同時に進められるコンソーシアムとなっている。IPRポリシーには，原則としてRFを基本とすることが謳われており，RANDが完全に除外されているわけではないのだが，RANDを適用するには困難な手続きが求められるようになるなど，実質的にはRFで進めていく姿勢が反映された内容となっている。

クアルコムによって開発されたAllJoynも，OCFに加盟する企業には無償で提供されている。実は，OCFとAllSeen Allianceが合併する前，これらのコンソーシアムはIoTフレームワークを巡って対立する関係となっていたのだが，合併を機にAllJoynは一気に普及する機会を見出すこととなる。

AllJoynの大きな特徴には以下の３つを挙げることができる。それは，A）近接の通信にクラウドを介さず，B）機器が相互に接続して機能を提供することで，C）メーカーや製品の違いによらず，すべてのモノをつなげられることだ。一般的なIoTは特定のクラウドやOSや通信システムに依存しているため，汎用的なAllJoynは画期的であると言える。

また，AllJoynは，３階層で構成されている。中核になるのが，「AllJoynコアライブラリ」である。それは，AllJoynの機能を実現するための機器を見つけて接続し，アクセス制御，暗号化などの機能をAPIとして提供する機能を

図表 7-6　AllJoyn フレームワークの概要

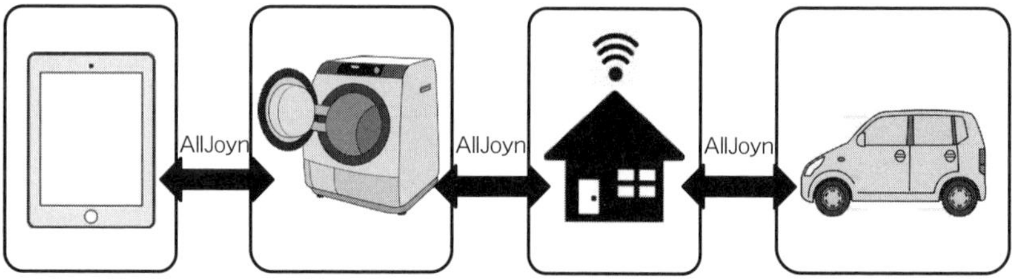

出所：旧 AllSeen Alliance（現 OCF）の発表する資料「An Open Source project building the framework for the Internet of Things」（https://allseenalliance.org/sites/default/files/pages/files/intro_to_alliance_10.14.15 0.pdf）に基づき作成。

図表 7-7　AllJoyn フレームワークの構造

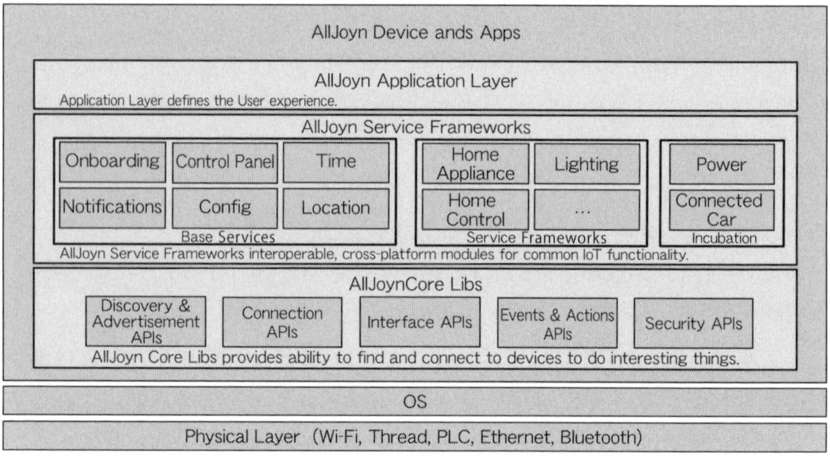

出所：旧 AllSeen Alliance（現 OCF）の発表する資料「An Open Source project building the framework for the Internet of Things」（https://allseenalliance.org/sites/default/files/pages/files/intro_to_alliance_10.14.15_0.pdf）に基づき作成。

持っている。その上の層には，「AllJoyn サービスフレームワーク」と呼ばれる機能があり，それがさまざまな機器に AllJoyn を使った機能を提供している。AllSeen Alliance，そしてその後の OCF に加盟するさまざまな企業が，このサービス機能を充実させる役割を担っている。そして，最上位には，「AllJoyn アプリケーション層」と呼ばれる機能があり，そこでユーザーインタフェースが定義される。

家庭内には，様々な機器が使われている。それらすべての機器を結びつけることは簡単ではない。AllJoyn は，AllJoyn 対応機器同士を簡単に連携させるだけでなく，それ以外の IoT 機器も連携させてサービスを提供できる仕組みとして，家庭内 IoT の普及を後押しすることが目指されている。

すでに AllJoyn 対応のテレビや空気清浄機，パナソニックからはワイヤレススピーカーなど，製品が続々と登場している。すべての Edition の Windows 10 もすでに AllJoyn に対応している。今後，さらに広く普及する可能性が感じられる。

その上でクアルコムの戦略だが，同社は AllJoyn 対応の IoT デバイスを開発するためのツールとして「DragonBoard 410c」も開発している。これは，クアルコムの「Snapdragon 410」プロセッサを搭載したボードである。「DragonBoard 410c」を使えば，顧客は AllJoyn 対応の環境を簡単に作ることができる。また，クアルコムは，これまで主にスマホに同梱していた Snapdragon を，AllJoyn 対応のさまざまな機器に組み込み始めている。

この Snapdragon に関しては無償ではなく有償だ。従って，Snapdragon の販売はクアルコムの収益に直結することになる。つまり，クアルコムは，IoT をさらに便利にするためのソフトウェアとして AllJoyn を無償とし，さまざまな企業が集まるコンソーシアムである OCF で国際標準化と業際標準化をともに進め，新しい環境で必要となる Snapdragon で収益を得るビジネスモデルを

図表 7-8　クアルコムのビジネスモデル

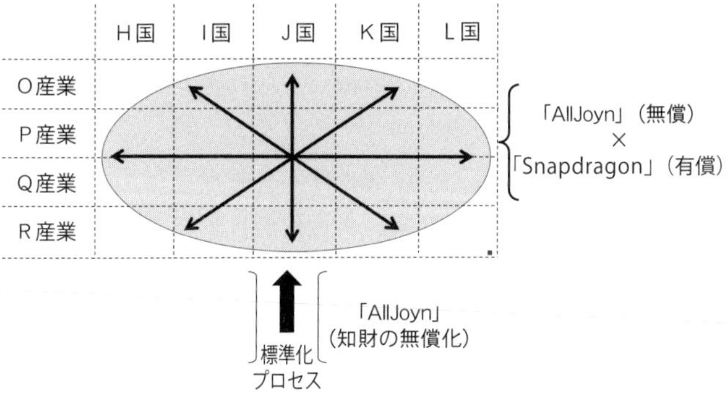

出所：筆者作成。

創ったということになる。

クアルコムの事例から分かるように，「SEPの無償化」が重要な意味を持つことが分かる。同時に，無償化されたSEPが各国，各産業から加盟企業を集め，標準化が進められる。国際化と業際化が一気に進められる構図となっていることも分かる。これは，従来の国際ビジネス研究では触れられなかった現象である。知財の無償化がIoTビジネスでは新しい事業機会をもたらしているのである。

5. おわりに

本章は，国際化と業際化の双方を視野に入れながら技術の標準化を進めているコンソーシアムに注目した。そして，国際化と業際化を同時に進めるコンソーシアムでは，RAND/FRANDよりもRFが圧倒的に選択されていることが分かった。そして，標準技術を普及させるためには，国際的にも業際的にも広範囲の採用者を獲得することが優先されてきた。つまり，開発された技術の使われる場所や用途が，あらかじめ特定されていない状況でのイノベーションである。そのために欠かせない戦略が知財の無償化であると言えるだろう。オープンでワイドなイノベーションには，知財が無償化されるケースが多いということが言えるのである。

これまでの考察に基づくとき，今後さらに市場の拡大が見込まれる事業領域ではどのような展開になるだろうか。新しい技術領域ではいずれも知財の無償化が進められるのであろうか。本章の最後に，これまでの理論を整理するためにもこの問題について検討してみたい。

今後の有望分野に挙げられる一つは次世代の自動車だろう。現在，自動運転技術は世界中で開発されている。今日，次世代の自動車において，世界中の企業が「CASE」の実現に向けて開発競争を展開している。CASEとは，将来の自動車に持たされる機能としてのConnected（ネットワークとの接続），Autonomy（自動運転），Shared（カーシェアリング），そしてElectric（電気自動車）である。

だが，これらの技術開発において，知財の無償化が見られる分野は現時点で確認することができない。例えば，EVのバッテリー規格で2010年にCHAdeMO協議会と呼ばれるコンソーシアムがつくられ，2014年にはIEC（国際電気通信会議）が国際標準として認証した技術がある。これはEVに関するコンソーシアムの中では，多くの国やさまざまな業界からメンバーが集まっているのだが，IPRポリシーを確認する限りSEPに関してはRANDとRFのそれぞれが認められており，RFを強く求めるような内容にはなっていない。

また，車載半導体についても同様だ。この市場ではインテルやエヌビディアが事実上の標準化を目指して技術を開発しているが，これらの企業からも当該技術に関する知財を無償化するような動きは見られない。

その理由は，たとえ新しい技術の開発であったとしても，開発後の技術の用途が国際化と業際化のそれぞれに対応させるかどうかが知財の無償化と深く関わってくるからである。今のところ，次世代自動車においては，最先端の技術が開発されているとは言え，それらの技術用途は自動車市場に特定されることを前提に進められている開発も多い。つまり，標準化後の技術用途の範囲がある程度特定されている場合には，知財の無償化は起こりにくいことを示す証左と言えるのである。

以上のように，本章では情報通信に関する技術開発に注目しながら，既存の国際ビジネスとの違いについて，技術標準に対するアプローチに基づきながら探ってきた。既存研究においては，技術標準は当該業界全体に対する競争優位を確立するための戦略ツールとの認識がなされていた。だが，今日開発が進められるIoTのような技術領域の場合，SEPの用途が排他的であってはならず，そのためさまざまな地域で活用され，またさまざまな用途に応じられるよう，間口を広く確保することが目指されていることが分かった。この，国際的にも業際的にも一気に普及させることを目指す際の要件として，知財の無償化が進められているのである。

もちろん，今も上で触れたように，今日においてもなお知財が一つの有力な収益源と捉えられるケースはあるのだが，本章で述べてきたような技術領域の場合には，技術開発の方向性がまったく異なっていることを認識する必要がある。つまり，旧来の国際ビジネスのままの戦略ではなく，業際ビジネスを意識した国際ビジネスが求められるようになったと言い換えられるだろう。今後こうした環境の中で進められるイノベーションはますます重視されることとなるはずである。従って，今後の国際ビジネスのカギは，業際ビジネスの本質をいかに把握しているかということだと言えるだろう。

〔内田康郎〕

注

⑴　このあたりの内容について内田（2008）を参照。

⑵　TBT 協定は Agreement on Technical Barriers to Trade の略称である。

⑶　菊沢研宗（2015）が詳しい。

⑷　国際標準化のプロセスについては内田（2007a）に詳しいが，ここで簡単に述べるならば，ISO や IEC 等の標準化機関が定める標準規格の場合，すでにある程度普及した実績や普及に影響力を持つコンソーシアムからの提案でないと規格化は困難とされている。

⑸　かつて，日立製作所が進めていた RFID「響きタグ」で，米国 GS1 が進める規格に敗れたことがあった。決して，日立側の技術開発が遅かったわけではないのだが，国際標準化機関への提案のタイミングが GS1 側よりも遅れたことが影響し，同社は自身の思惑通りに進められなかったことがあった。なお，この件については内田（2007a, 2012）に詳述している。

参考文献

内田康郎（2000）『国際提携に見る戦略的性格の形成と成長』雄松堂。

内田康郎（2007a）「標準の類型化とオープンポリシーに基づく標準化の戦略」梶浦雅己編『国際ビジネスと技術標準』文眞堂，52-93 ページ。

内田康郎（2007b）「技術標準を巡る競争と協調の戦略―標準形成プロセスの整理とそれぞれの有効性について―」『国際ビジネスの潮流と課題』（財）貿易奨励会主催貿易研究会研究報告書，18-27 ページ。

内田康郎（2008）「デジュール標準の追求と戦略的課題」『世界経済評論』Vol.52 No.8，22-32 ページ。

内田康郎（2012）「ユーザー主導の標準化プロセスとロイヤリティフリー―国際標準化に向けた新たなプロセスがもたらす戦略的意味―」『国際ビジネス研究』第 4 巻，第 2 号，93-113 ページ。

江藤学（2008）「規格に組み込まれた特許の役割」『国際ビジネス研究学会年報』第 14 号，29-42 ページ。

小川紘一（2009）『国際標準化と事業戦略』白桃書房。

小川紘一（2015）『オープン＆クローズ戦略　日本企業再興の条件』翔泳社。

梶浦雅己（2013）『ICT コンセンサス標準―オープンイノベーションによるビジネスモデル構築のダイナミズム』文眞堂。

菊沢研宗（2015）「ダイナミック・ケイパビリティと垂直的統合：取引コスト，ケイパビリティ，そしてダイナミック・ケイパビリティ」『三田商学研究』Vol.58, No.2, 75-86 ページ。

情報通信技術委員会（2019）『情報通信関係のフォーラム活動に関する調査報告書』（第 25 版）。

新宅純二郎・許斐義信・柴田高編（2000）『デファクトスタンダードの本質』有斐閣。

新宅純二郎・江藤学編（2008）『コンセンサス標準戦略』日本経済新聞出版社。
竹田志郎（1984）「総合商社の経営資源―国際マーケティング遂行主体としての可能性の検討―」『経済論集』大東文化大学，1-19ページ。
竹田志郎（1998）『多国籍企業と戦略提携』文眞堂。
竹田志郎・内田康郎・梶浦雅己（2001）『国際標準と戦略提携』中央経済社。
立本博文（2011）「グローバル・スタンダード，コンセンサス標準化と国際分業」『国際ビジネス研究』第3巻，第2号，81-97ページ。
立本博文（2017）『プラットフォーム企業のグローバル戦略』有斐閣。
土井教之編（2001）『技術標準と競争』日本経済評論社。
桝岡富士雄（1992）『躍進するフラッシュメモリ』工業調査会。
安本雅典・真鍋誠司編『オープン化戦略』有斐閣。
山田英夫（1993）『競争優位の規格戦略』ダイヤモンド社。
Arai, M. and Uchida, Y. (2012), "Pitfall of the International Standardization Process: The Consensus-Based Standard in the Japanese Manufacturing Industry", *International Journal of Business Research*, Academy of International Business and Economics, Vol.12, No.1.
Bartlett, C. A. and Ghoshal, S. (1998), *Managing Across Borders: The Transnational Solution*, Harvard Business School Press.
Besen, S. M. and Farrell, J. (1994), "Choosing How to Compete: Strategies and Tactics in Standardization," *Journal of Economic Perspectives*, Vol.8, No.2, pp.117-131.
Cantwell, J. and Iammarino S. (2003), *Multinational Corporations and European Regional Systems of Innovation*, Routledge.
Cantwell, J. and Molero, J. (eds.) (2003), *Multinational Enterprises, Innovative Strategies and Systems of Innovation*, Edward Elgar.
Cargill, C. F. (1989), *Information Technology Standardization: Theory, Process and Organizations*, Digital Press Newton.
Chesbrough, H. (2001), "Assembling The Elephant : A Review of Empirical Studies on The Impact of Technical Change upon Incumbent Firm", in Burgelman, R. A. & Chesbrough, H. (eds.), *Comparative Studies of Technological Evolution*, Emerald Publishing Limited.
Chesbrough, H. (2003), *Open Innovation: The New Imperative for Creating and Profiting from Technology*, Harvard Business Press.
Chesbrough, H. (2006), *Open Business Models*, Harvard Business School Publishing Corp.
Christensen, C., Suarez, F. and Utterback, M. (1998) "Strategies for Survival in Fast-Changing Industries", *Management Science*, vol. 44, issue 12-Part-2, pp.207-220.
Farrell, J. and Saloner, G. (1986), "Standardization, Compatibility, and Innovation", *RAND Journal of Economics*, 16, pp.70-83.
Hippel, E. V. (2016), *Free Innovation*, The MIT Press.
Hymer, S. (1976), *The International Operations of National Firms: A Study of Foreign Direct Investment*, MIT press, Cambridge.（宮崎義一訳（1979）『多国籍企業論』岩波書店。）
Jakobs, K. (ed.) (2000), *Information Technology Standards and Standardization: A Global Perspective*, Idea Group Publishing.
Jakobs, K. (ed.) (2005), *Advanced Topics in Information Technology Standards and Standardization Research*, Vol.1, Idea Group Publishing.
Kajiura, M. (2010), "The Strategic Consortia Movement in Standardization", *International Journal of Manufacturing and Management*, 21 (3/4), pp.324-339, Inderscience Publishers.

Kajiura, M, (2012), "Open Innovation of Consensus Standard: Cases of Business Model Creation in ICT", *International Journal of Enterprise Network Management*, 5 (2), pp.126-143, Inderscience Publishers.

Kogut, B. and U. Zander, (1993), "Knowledge of the Firm and the Evolutionary Theory of the Multinational Corporation," *Journal of International Business Studies*, Vol.24, No.4, pp.625-645, Palgrave Macmillan.

Krechmer, K. (2006), "Open Standards Requirements", In Kai Jakobs (Ed.), *Advanced Topics in Information Technology Standards and Standardization Research*, pp.27-48, IGI Global.

Shapiro, C. and Varian, H. R. (1998), *Information Rules: A Strategic Guide to the Network Economy*, Harvard Business School Press.

Shapiro (2000), "Navigating the Patent Thicket: Cross Licenses, Patent Pools, and Standard-Setting," Working Paper No CPC00-11, University of California at Berkeley.

Simcoe, T. S. (2006), "Open Standard and Intellectual Property Rights," in Chesbrough, H., Venheaverbeke, W. and J. West (eds.) (2006), *Open Innovation, Researching a New Paradigm*, Oxford University Press. (PRTM 監訳，長尾高弘訳 (2008)『オープンイノベーション』英治出版。)

Teece, D. J. (2001), *Dynamic Capabilities and Strategic Management: Organizing For Innovation And Growth*, Oxford University Press.

Uchida, Y. (2013), "The Process of International Standardization and Royalty Free, International Journal of Business Research", *Academy of International Business and Economics*, Vol.13, No.1.

Williamson, O. E. (1975), *Markets and Hierarchies: Analysis and Antitrust Implication*, Free Press.

Williamson, O. E. (1985), *The Economic Institutions of Capitalism: Firms, Markets, Relational Contracting*, Free Press.

Williamson, O. E. (1996), *The Mechanisms of Governance*, Oxford University Press.

Warne, A. G. (2005), "Block Alliances and the Formation of Standards in the ITC Industry", in Kai Jakobs (ed.), *Advanced Topics in Information Technology Standards and Standardization Research*, Idea Group Publishing, pp.50-70.

※本章は JSPS 科研費（基盤研究(C)課題番号 17K03973，および基盤研究(C)18K01833）の助成を受けながら進めた研究成果の一部である。

第8章
近未来の多国籍企業の組織
―アントレプレナー型共創組織の構築―

1. はじめに：多国籍企業のイノベーションと組織の変革

1-1. デジタル化と破壊的イノベーション

多国籍企業が誕生して約半世紀になるけれども，いまそれは世界の大きな潮流のなかで大きく揺さぶられている。近年，経済のグローバル化と保護主義の台頭，気候変動と地球温暖化，世界的な人口の急増，エネルギー不足，経済格差と貧困問題，デジタル革命の進行など，多国籍企業の経営を根底から揺さぶる大きな事象が発生している。多国籍企業が持続的発展を目指すには，これらの諸問題にプロアクティブに取り組んでいかなければならない。そうでなければ，多国籍企業の持続的発展はいうに及ばず，ひいてはわれわれの住む地球社会の持続可能な発展も期待できない。その意味では，これからの多国籍企業の経営に課せられた課題はきわめて大きいといわざるを得ない。

こうしたなかで，今世紀に入って急速に進行しつつあるデジタル革命への対応が，とくに多国籍企業の喫緊の課題となっている。デジタル革命は，インターネットやクラウド技術の発達と低コスト化，スマートフォンなどの携帯機器の普及，コンピュータの処理能力の向上や記憶容量の拡大などによって起きているが，これにより社会システムや経済活動が大きく変化し，多国籍企業の経営や組織も大きく変わらざるを得ないからである。たとえば，いま技術のデジタル化によって，自動運転車，3Dプリンター，先進的ロボット，新素材，IOT，AIなどが誕生しているが，これらの出現によって，多国籍企業には新しいビジネスモデルにもとづく経営と組織が求められている。

確かに歴史的にみても，これまで人間の発明した技術は，社会システム，経済活動，人々の生活様式，企業の経営や組織を変えた。印刷機，紡績機，蒸気機関車，電気，電話などの発明によって，それらが大きく変わった。今般のデジタル革命でも，それと同じようなことが起きつつある。企業活動に直接大きな影響を及ぼす変化として，たとえば，次のようなことが起きている[1]。

・新しい技術の拡散スピードの速さ……新しい技術によって発明されたものの拡散の時間についてみると，5,000万人のユーザーを獲得するまでに，ラジオが38年，テレビが13年かかったが，ipodは4年，インターネットは3年，フェースブックに至っては1年しかかかっていない。

・企業と消費者の関係の逆転……これまでは製品の生産・販売は企業主導で行われ，消費者は受け身の立場であったが，近年消費者が情報を持つにつれて，彼らが製品の生産プロセスにかかわるようになってきた。いまは消費者がスマートフォン1つで，国境にとらわれずに製品の種類，価格，性能などを比較できるようになったので，企業との関係が逆転しつつある。

・業界間の垣根の消滅……かつては各業界に高い垣根があって，他の業界から簡単に参入できなかったが，いまでは新しいデジタル技術の発達や企業間提携によって，新市場が次々と誕生しているので，業界間の垣根が低くなり，場合によっては，それが消滅するケースもある。近年IOTによる事業展開が進んでいるが，これなどは典型的なケースである。

したがって，近年技術のデジタル化による変化をビジネスチャンスと捉え，イノベーションにいち早く挑戦し，新しいビジネスモデルの構築に取り組んだ企業がすい星のごとく登場し，あっという間に世界市場を席巻する事態にもなっている。イノベーションには製品や生産プロセスなどを少しづつ改良・改善する漸進的イノベーション，既存の業界の秩序やルールにとらわれずに，まったく新しい製品やサービスを創造し，既存の製品やサービスを駆逐する破壊的イノベーションなどがあるが，デジタル企業と称される新興企業は，後者のイノベーションで，かつ新しいビジネスモデルで驚異的なスピードで世界の膨大な顧客を獲得し急成長を遂げている。アマゾン，アリババ，グーグル，フェースブック，ウーバー，エアビーアンドビーなどの企業である。

こうした企業は，破壊的イノベーションでもって既存の業界や企業を窮地に陥れたり，死に追いやっている。たとえば，アマゾンは古くからの有名な書店を閉鎖に追いやったのみならず，多くの小売企業にも脅威となっている。また，ウーバーはアメリカやイギリスのタクシー業界に大きな打撃を与え，かの誇り高いロンドン・タクシーの運転手を失業者に転落させる危機に陥れている(Dobbs, Manyika and Woetzed, 2015)。

こうしたデジタル新興企業の特徴の1つは，これまでの企業経営に不可欠だった有形の資産を持っていない点にある。ウーバーは車両を持っていないし，フェースブックもコンテンツを作っていない。エアビーアンドビーは宿泊施設を持っていない（Schwab, 2016)。このような企業はデジタル技術を駆使し，遊休資産である世界の人々の資産を活用し，顧客の要望や利便性にスピーディに応えるビジネスモデルをもって登場した。このような企業は，今後大きな市場創造が期待できるシェアエコノミーの担い手でもある。こうしていま，やや極論になるけれども，小企業でも短時間でグローバル企業になれるようになった。まさに「小魚がサメを襲う」のような事態が生じているのである。ここに既存の多国籍企業にもイノベーションに果敢に挑戦し，デジタル時代にふさわしいビジネスモデルによる経営と組織の構築が求められるようになっている。

1-2. 多国籍企業のイノベーションと組織の変革

いま多国籍企業は，グローバル市場で熾烈な競争を繰り広げている。しかし，その競争の多くは同じ業界内で，類似の製品やサービスでの競争で，キムとモボルニュ（Kim & Mauborgne, 2005）の言葉を借りるなら，レッド・オーシャンでの競争で，またゼロサム・ゲームでもある。しかし，このような競争を続けている限り，企業の持続的発展は容易ではない。企業が持続的発展を目指すには，イノベーションに挑戦し，新しい市場空間を切り開くような製品や事業を開発する必要がある。

実は，100年前には自動車，音楽レコード，航空，ヘルスケアなどの産業や市場はなかつたし，50年ほど前も携帯電話，投資信託，ネットビジネスなどはなかった。しかし，現在ではそれらは大きな市場や産業となっている。このような新たな市場や産業を創造するためにはイノベーションが不可欠なのである。ハメル（Hamel, 2000）はいう。「21世紀にはイノベーションと想像力のあるなしが勝者と敗者を決めるだろう」。また，チェスブロウ（Chesbrough, 2003）もいう。「イベーションしない企業は死あるのみである」。

多国籍企業の歴史をみても，イノベーションに挑戦しなかったか，挑戦しても失敗して市場から姿を消した企業は少なくない。したがって，多国籍企業には近未来の地球社会で生起する出来事を洞察し，デジタル時代にふさわしイノベーションに挑戦することが何よりも重要になっている。では，これまでの多国籍企業は国際ビジネスを展開するプロセスで，どのようにイノベーションに挑戦し，かつ組織を変革してきたのか。

伝統的に企業のイノベーションは製品開発であった。その製品開発は，一般的には企業内で，大企業の場合には企業内研究所で行われた。そして新製品が開発されると，国内で製造・販売され，国内市場が成熟すると，その製品は海外市場へ輸出され，さらに海外でも生産されるようになった。海外市場の消費者の嗜好やニーズは国内の消費者のそれらとは異なるので，企業はそれに対応するために，製品の改良・改善の必要に迫られる。そこで企業は海外で研究部門や研究所を設立するようになった。現地人研究者を採用して，現地に適合する製品を生産・販売しようとした。

その後多国籍企業は，海外で製品の改良・改善にとどまらず，新製品の開発も行い，独自の研究開発へと進む。たとえば，IBMのような巨大多国籍企業になると，アメリカ，スイス，日本，イスラエルなど，海外の複数の国で基礎研究所や製品開発研究所を設立し，世界中から優秀な研究者を集めて，グローバル・ネットワークを構築して研究開発を行うようになった。このような段階の研究開発は，グローバル化が最も進んだ段階であるが，組織的にみると，本社を頂点とする中央集権的な垂直統合の形態での研究開発である。それはまた，チェスブロウのいう「クローズド・イノベーション」である（Chesbrough, 2003）。これまでの多国籍企業は，このような形でイノベーションを行い，それに対応する形でその組織を構築してきた。

このような形でイノベーションが行われた背景には，先進的な技術や製品は多国籍企業の本国にあり，それが競争優位になっているという考えがあった。だからこそ，企業の海外進出の際に，本国で開発した製品や技術を海外に移転したのである。このため，多国籍企業が海外で研究所を設立したとしても，その研究所はそれらの製品や技術を改良・改善するにとどまり，基本的には受け身の立場であったのである。

しかし，その後ICTとインターネットの発達・普及によって技術や製品の開発の源泉となる情報や知識が世界的に拡散すると，多国籍企業は自社の海外子会社だけではなく，他社からも，そのような情報や知識を獲得して研究開発をするようになった。ここに多国籍企業は内部と外部の知識や情報を有機的に結合させ，価値を創造するという「オープン・イノベーション」（Chesbrough, 2003）を展開するようになった。

このように，企業が研究開発をオープン化し，顧客，サプライヤー，大学，政府機関，ベンチャー企業などからイノベーションに必要な情報や知識を獲得するようにするには大胆な組織変革が必要になる。このため，後述するように，先進的な多国籍企業のなかには，クローズド・イノベーションの時代に支配的だった中央集権的な階層組織から，外部の組織との水平的な関係を重視するネットワーク組織にシフトする企業も出てくるようになった。さらに今世紀に入り，デジタル技術が発達し，情報や知識の交流・共有がリアルタイムで，かつ低コストで行われ，多様なステークホルダーとの連携がより容易になると，イノベーションはまた，新たな方法で行われるようになった。それがいま多くの業界でみられるビジネス・エコシステムによるイノベーションである。こうして，多国籍企業はまた，新しい組織の構築に迫られることになった。

2. 多国籍企業の組織の変遷と進化

デジタル革命の時代を迎え，多国籍企業には新たな方法でイノベーションに挑戦し，かつそれに対応する組織の構築が求められるが，この点について議論をするまえに，多国籍企業はこれまで国際ビジネスを行うプロセスで，どのような組織を構築してきたのか，またそれに関して，どのような理論やモデルが提示・議論されてきたのかについてみておきたい。というのは，それがデジタル時代の新しい多国籍企業の組織構築へのヒントにもなるからである。

2-1. 国際事業部からグローバル組織へ

企業は国際化やグローバル化を進めるプロセスで，チャンドラー（Chandler, 1962）の有名な「組織は戦略に従う」という命題に沿う形で様々な組織を構築してきた。

企業の国際化は輸出に始まるが，その輸出活動を促進するために輸出組織を構築した。その後，企業は海外生産戦略を展開するようになると，海外に生産子会社を設立した。海外進出後しばらくの間はこの子会社は自律的な性格を持っているが，海外事業が拡大するにつれて，本社が海外事業の効率化のために，その活動の調整に乗り出す。そこで本社で海外事業を一括して管理するための組織として国際事業部を設立した（Stopford & Wells, 1972）。

国際事業部は，海外事業にかかわる活動を全般的に取り扱う組織であるので，海外事業に関する一切の権限と責任が与えられる。しかしその後，海外事業がさらに拡大して，グローバル規模で展開されるようになると，この国際事業部という組織では十分に対応できなくなる。企業が世界の多数の地域や国で事業活動を展開するようになると，多数の地域の情報を収集・分析する必要があるが，そのすべてを国際事業で行うのは簡単ではない。また，海外で生産する製品ラインが多様になると，それらの製品に関する多くの知識が必要になるが，国際事業部がそれらの知識を持ち合わせるには時間がかかる。

こうして，企業がグローバル戦略を展開するようになると，国際事業部を廃止し，次なる組織の構築へと進む。アメリカの企業の場合，1960年代半ばに近隣のカナダや中南米のみならずヨーロッパやアジアへも進出し，いわゆるグローバル規模で事業を展開するようになって，国際事業部を廃止し，次のグローバル組織を構築し始めた（Stopford & Wells, 1972）。

グローバル組織は，国内市場と海外市場の区別をなくし，全世界を1つの市場とみなして事業展開する世界的規模の組織である。言い換えると，それは本社がグローバルな視野で戦略を策定すると同時に，世界の多くの国や地域にある子会社の活動を強力にコントロールする組織である。多国籍企業は，このようなグローバル組織を構築し，グローバル戦略を実行するようになったのである。

ところで，このグローバル組織は，そのデザインや構築の仕方の違いによって様々な組織形態をとる。その代表的な形態としては，次のようなものがある。

①　グローバル製品別組織……これは製品グループ別に事業部を形成し，その事業部の責任者にその製品グループに関する業務全体の世界的責任を割り当てる組織である。この組織は製品ラインが多様で，広範で異質な消費市場に参入する場合に好都合な組織である。

②　グローバル地域別組織……これは世界を地理的地域に分割し，各地域にその業務全体に関する責任を持つ地域責任者を配置する組織である。この組織は製品ラインが少なく，国や地域の市場特性が重要な場合に好都合な組織である。

③　グローバル・マトリックス組織……これは製品別，地域別といった単一の軸ではなく，製品別と地域別，製品別と職能別というように，複数の軸の組み合わせで構築される組織である。この組織は，たとえば製品別と地域別などの複数の軸の組み合わせで構築されるので，相異なる環境要因に柔軟に対応できるというメリットがある。このため現在でも，この組織を採用する企業は多い。

アメリカの多国籍企業は，グローバル戦略を展開するために，このようなグローバル組織を構築したが，この組織構造では海外事業は本社の戦略にもとづいて統合的に展開されるので，本社への意思決定の集権化がはかられる。それは本社への集権化によって，多国籍企業グループ全体の統合化をはかれば，結果的にその経営効率も高まるからである。したがって，この組織では海外子会社は本社で決定した戦略を忠実に実行する，いわば本社の手足のような存在でしかない。こうして，この組織は，ハイマー（Hymer, 1976）の主張するように，本国の本社を頂点にした階層構造の形態をとることになった(2)

アメリカの多国籍企業において，このような組織が構築されたのは，第二次大戦後アメリカでは画一的な製品の大量生産・大量販売が普及し，そのシステムを世界にも拡大すると，多くの利益を得ることができるという思惑があった(安室, 1992)。と同時に，アメリカの多国籍企業においては，自国で開発し培った製品や技術には世界的にも競争優位があるという考えもあった。

しかしながら，このような中央集権的な階層組織では，進出先の環境変化を迅速に察知し，その変化に俊敏に対応することができないという欠点がある。こうして，1960年代半ばから多国籍化し，世界市場に君臨してきたアメリカの多国籍企業の多くは，70年代後半から国際ビジネス環境がいっそう激変し，日本企業やヨーロッパ企業との熾烈な競争に巻き込まれると，自らが構築した巨大な階層組織がむしろ足かせになって業績を悪化させることになった。

2-2. グローバル・ネットワーク組織へ

1970年代後半から顧客ニーズの多様化，製品ライフサイクルの短縮化，ICTの急速な発展，グローバル競争の激化など，多様な環境変化に直面すると，多国籍企業は新しいグローバル組織の構築へと進まなければならなくなった。とりわけ，この時期，日本やヨーロッパの企業も多国籍企業に発展し，日米欧の企業間の競争が激しくなり，イノベーションの創出や促進のための組織の構築が求められるようになった。こうしたなか，先進的な多国籍企業では伝統的な階層構造の組織から脱却してグローバル・ネットワーク組織の構築に向けて動き出す企業も出てきた。このような現実の動きに呼応して，バートレットとゴシャール（Bartlett & Ghoshal, 1989）は新しい多国籍企業の組織モデルを提示した。

彼らは，1970年代後半から80年代にかけてのアメリカ，ヨーロッパ，および日本の多国籍企業の戦略と組織を研究し，それぞれの戦略や組織の特徴を指摘するとともに，今後多国籍企業が競争に勝つには，① グローバル効率，② 各国市場への対応，③ イノベーションと学習能力の世界的な移転，という3つの戦略課題を同時に達成していくことが重要になるとした。そして彼らは，これらの3つの組織能力を持って国際ビジネス活動を展開する企業をトランスナショナル・モデルと称した（Bartlett & Ghoshal, 1989）。

このトランスナショナル・モデルでは，企業の資源や能力は世界的に分散し，各海外子会社はその特有な資源や能力をベースに，それぞれが専門的な立場から，そのグループ活動に貢献する，ということが想定されている。このため，このモデルでは世界に点在する各子会社は本社の手足となって行動するというよりも，むしろ独自の資源や能力を有する差別的な存在と位置付けられる。しかも海外子会社の資源や能力は世界の組織ユニット間で共有されるものと考えられている。そしてこれが実現されるには多国籍企業を構成する各組織ユニットが緩やかなネットワークで結ばれていなければならない。これがバートレットとゴシャールの新しい多国籍企業の組織観である。だからこそ，彼らはトランスナショナル・モデルの企業を「統合的ネットワーク」を形成する組織とみなしたのである（Bartlett & Ghoshal, 1989）。

トランスナショナル・モデルの企業では，組織ユニット間で資源や能力の移転や共有を通じて相互学習が行われるので，グローバルなイノベーションの創出も期待できるようになる。こうして，1980年代半ば以降の国際ビジネス環境の変化に対応するために，このような組織の構築が求められるようになった。

このバートレットとゴシャールの研究の影響を受けて，その後多国籍企業の海外子会社の役割に目が向けられるようになった。伝統的な多国籍企業の組織モデルにおける海外子会社は本社の戦略や指示に従うのみの存在であるので，多国籍企業のイノベーションには役立たない。しかし，多国籍企業の国際ビジネス活動が長くなると，優れた資源や能力を有する海外子会社も出てくる。このような子会社に自律性を与え，企（起）業家精神を発揮させるようにもっていけば，そこからイノベーションの創出が期待できる。世界の多国籍企業の子会社のなかには，このような子会社が少なからず存在し，多国籍企業全体の価値創造にも貢献する可能性がある。こうした多国籍企業のイノベーションの創出拠点になるような子会社を「センター・オブ・エクセレンス」（Frost, Birkinshaw & Ensign, 2002）と称するようになった。海外子会社は多国籍企業のイノベーション・センターともみなされるようになったのである（吉原, 1997）。実際に，たとえば日本の富士ゼロックスやスイスのネスレの日本子会社などに，このような事例をみることができる(3)。

さらにその後，このような多国籍企業の組織の変革や進化の流れのなかで，ドズら（Doz, Santos & Williamson, 2001）は新しい組織モデルとして「メタナショナル・モデル」を提示した。このモデルは多国籍企業の本国の優位性に頼らず，まさにグローバルな視野で優位性を確保しようとする企業を想定している。彼らによると，グローバル知識経済における企業の競争力は，世界に散在する技術，市場ニーズなどに関する知識をいち早く感知・獲得し，それをイノベーション創出のために移転し，経営活動に活用するかどうかにかかっている。それゆえ，このモデルはかつての多国籍企業のように，本国から「世界に教える」のではなく，「世界から学習」するというパラダイムに立脚している。ドズらはいう。「今日では企業の挑戦課題は，“世界からの学習”でイノベーションを創出することである。将来の勝者は世界に散在する未開発の技術や市場に関する知識を探索・発見し，動員することによって価値を創造する企業となろう」(Doz, Santos & Williamson, 2001)。

以上でみてきたように，多国籍企業は国際戦略やグローバル戦略を展開するプロセスで，様々な組織を構築してきている。要約すれば，海外展開の初期の頃は海外市場開拓や海外事業の調整のための組織を構築し，その後事業のグローバル化が進むと，その統合や効率化のために階層組織を構築し，さらに世界的なイノベーションの創出が多国籍企業の競争優位になると，グローバル・ネットワーク組織やメタナショナル組織へと進化するようになったのである。

3. ビジネス・エコシステムの形成

3-1. アライアンスからオープン・イノベーションへ

多国籍企業は，グローバル競争優位にイノベーションが重要になると，それにふさわしい組織を構築するようになってきた。近年ではグローバル・ネットワーク組織を構築してイノベーション創出に取り組む企業が増えている。

さて，前述のように，かつての多国籍企業のイノベーションは，自社の研究部門や研究所で行われていた。しかし，その後多国籍企業が他企業と提携するにつれて，その提携パートナーと共同でイノベーションに取り掛かるようになってきた。しかし，企業の提携活動は最近活発になったわけではなく，かなり以前から行われてきている。たとえば，日本企業についてみても，第二次世界大戦後，欧米の先進的な技術や経営管理手法を獲得するために，欧米企業と提携してきた。日本企業はこの欧米企業との提携を通じて，先進的な技術や経営管理手法を導入し，それらに改良・改善を加えて世界的にも高品質の製品の製造に成功し，世界へと躍進した。またその後，欧米企業やアジア企業が日本企業と提携して，日本の優れた生産方法や経営管理手法を獲得しようとしたのも周知の事実である。

これらの例にみるように，かつての国際提携は提携パートナーから自社に不足する資源や能力を獲得するものであった。ところが，1980年代半ば頃から，多国籍企業間の競争がいっそう激化すると，各企業は競争優位を得るために，戦略的に世界の多数の企業と提携するようになり，グローバル・アライアンスを形成するようになった。それはグローバル戦略アライアンスの形となったのである。しかも近年では多国籍企業は，そのアライアンスをグローバル・ネットワーク構築の一環として位置づけ，短期的な競争優位の獲得にとどまらず，さらに進んで提携パートナーとコラボレートして，イノベーションを創出し，価値創造を目指すものと考えるようになった（桑名,2012）。日産とルノーの提携は，そのような性格のものに進展し，最近のトヨタの次世代の自動車開発をめぐる世界の多数の企業との提携も，そのような性格のものである。

こうしたトレンドのなかで，前述のように，イノベーションをオープン化して行おうという企業がみられるようになってきた。チェスブロウのいう「オープン・イノベーション」である。彼は従来型のイノベーションを「クローズド・イノベーション」と呼び，アメリカ企業ではそのようなイノベーションが崩壊し，「オープン・イノベーション」へとパラダイムシフトが起きたという。

彼によると，GE，デュポン，IBMなど，20世紀に成長・発展した多国籍企業は，企業内の研究所の発明により多大な利益をあげたが，それは中央集権的なクローズド・イノベーションであった（Chesbrough, 2003）。しかし今世紀になると，そのようなイノベーションは時代遅れになった。いまでは多くの企業は顧客，サプライヤー，大学，政府の研究所，ベンチャー企業などからイノベーションに必要な情報や知識を獲得できるようになった。加えて，グローバル知識時代を迎え，知識のグローバル化も進み，企業はイノベーションに必要な知識を世界中から獲得できるようにもなった。それゆえ，イノベーションはクローズド・イノベーションからオープン・イノベーションへとシフトしてきているというのである。

オープン・イノベーションは，かつては一部の産業でしかみられなかったが，現在では多くの産業の企業でみられるようになっている。たとえば，IBM

は1980年までクローズド・イノベーションの代表的な会社であったが，1990年代になり，オープン・イノベーションへ大きく舵をきった。同社は創業以来研究開発に力を入れ，アメリカ，スイス，日本などで研究所を設立し，世界中から優秀な研究者を集め，最新の研究施設で自由に研究させてきた。この結果，同社は非常に優れたコンピュータやそのシステムを創り出し，業界では世界に冠たる地位を確立した。

しかし，コンピュータの小型化が進み，それがインターネットに接続するようになると，その技術を持っていなかったIBMは，アップル，マイクロソフトなどの新興企業からの攻撃を受け，1992年にはアメリカ市場最大の損失を計上した。そこで同社は大胆な改革に着手し，顧客ファーストの視点で顧客からも学習するという姿勢で，創造的で効率的なソリューション・ビジネスに移行した。このビジネスを推進するために，IBMはこれまでのイノベーション・プロセスを見直し，他社とも提携することにして，オープン・イノベーションに乗り出したのである（Chesbrough, 2003）。

3-2. ビジネス・エコシステムの形成

企業のイノベーションが，オープン・イノベーションへとシフトすると，多国籍企業は新たな組織へと進化するようになる。企業のイノベーションはビジネス・エコシステムと称される形で行われるようになったからである。このエコシステムとは，もともと生物が生存するために，環境変化に適応しながら共存していく，という自然界の生態系を表す用語であったが，1990年代前半頃からビジネス界でも使われるようになった。

1990年代になって技術のデジタル化が始まり，ビジネス環境がいっそうグローバルな規模でスピーディに変化するようになると，新たな技術，製品，事業を開発するためには，国，業界などの境界を超えて，多様な組織と協業し，コラボレートしていく必要性が高まってきた。世界の多様な組織がネットワークでつながり，それぞれが得意とする分野の知識，技術，能力などを持ち寄って相互にコラボレート，学習し，コミュニティを形成して，新たな価値を創造しようとするようになった。これがビジネス・エコシステムで，新しいイノベーション創出の方法である。

なお，このビジネス・エコシステムは，次のような特徴を持ったものである[4]。

・個々の組織の資源や能力だけに頼らず，多様な参加者によるダイナミックな共創的なコミュニティを形成する。
・人間の根源的な欲求やニーズ，社会課題に対して協調的な解決策を提供し，新たな価値を創造する。
・その参加者が競争しつつも，共通の利害と価値観をもとに顧客の要求を満たす解決策を考え，相互に利益を享受する。

これからの多国籍企業には，地球社会に多大な影響を与える組織として，自らの経済的な目的だけではなく，冒頭に述べたような気候変動と地球温暖化，世界的な人口の急増，エネルギー不足，経済格差と貧困問題など，地球上の多様な社会的な課題に対しても，イノベーションによって解決策を提供する責務がある。ビジネス・エコシステムは，そのような大きな諸課題に対しても有益になると考えられるものである[5]。

ところで，ビジネス・エコシステムが形成され，イノベーションが創出されるためには，それに参加する各プレーヤーがそれぞれ得意とする独自の知識，技術，能力を持ち寄る必要がある。各プレーヤーがそれぞれ得意とする知識，技術，能力を持ち寄ってコラボレートし，相互に学習するがゆえに，シナジー効果も生まれ，その結果イノベーションの創出へとつながる。そのエコシステムの形成の基盤や土台となるのがプラットフォームであり，それを提供する企業がプラットフォーマーと呼ばれる企業である[6]

ビジネス・エコシステムでは，このプラットフォーマーがエコシステムのネットワークにおけるハブとして機能し，各プレーヤーに種々の便益を与える。したがって，そのような企業が存在しなければ，ビジネス・エコシステムは成り立たない。マイクロソフト，インテル，シスコシステム，ノキアといった企業は，早くからプラットホームを構築して，多くの参加企業を得て，価値創造をはかってきた。近年では，グーグル，アマゾン，フェースブック，アップル，ウーバー，エアビーアンドビーといった，いわゆる破壊的イノベーターと称されるインターネット企業が，プラットフォームを用いたビジネスモデルを構築して急成長を遂げた。最近わが国でも，このようなプラットフォームを構築して，ビジネス・エコシステムによるイノベーションに挑戦する企業が多く出てきている。たとえば，トヨタ自動車は未来のモビリティ社会の実現に向けて，アマゾン，ウーバー，ソフトバンクなど，多様な企業と提携して「モビリティサービス・プラッフォーム（MSPF）」の構築に着手している。

もちろん，ビジネス・エコシステムによるイノベーションを実現させるためには，プラットフォームに自社の資源，技術，能力を提供し，自らも利益を得るプレーヤーがいなければならない。このようなプレーヤーもまた，そのネットワークを通じて，他のプレーヤーとコラボレートし，学習して，エコシステムの価値創造に貢献する。そうした企業の影響力はプラットホーマーに比べると限られているとはいえ，その数は多く，また多様性に富んでいるので，ビジネス・エコシステムによるイノベーション力は大きなものになる。

このように，最近の多国籍企業のイノベーションは，ビジネス・エコシステムによるイノベーションとなってきている。しかもそのエコシステムを形成する参加者は，企業だけではなく，大学，研究所，政府機関，NPO，社会企業家などにも及ぶ場合もある。その意味では，ビジネス・エコシステムによるイノベーションは，未来の経済的な課題だけでなく，広く社会的な課題の解決に対しても有用になるものと考えられている。

4. 近未来の多国籍企業の組織構築

4-1. アントレプレナー型共創組織の構築

多国籍企業が誕生したのは約半世紀前である。1950年代後半からアメリカ企業が海外直接投資を本格化させ，カナダ，中南米の近隣諸国だけではなく，ヨーロッパやアジアにも進出した。この時期に多国籍企業と称される新たな企業が誕生した。その後，ヨーロッパや日本の企業も多国籍企業に成長し，続いてアジア中進国の企業，さらには近年では中国，インドなどの新興国の企業も多国籍企業になっている。

これらの企業は規模の経済のメリットを活用して海外市場に参入し，市場拡大をはかろうとしてきた。多くの企業は巨額の資本と巨大な生産施設で製品を大量生産・大量販売することが最大の利益獲得の方法だとし，国際戦略やグローバル戦略を展開した。このためそうした企業は，グローバル統合による経営効率を追求し，本社を頂点する階層組織を構築した。しかし，この階層組織は顧客のニーズをはじめとする現地の環境変化にスピーディに，かつ柔軟に対応できないという欠点があるため，企業のなかには海外子会社に多くの権限を委譲し，現地適応戦略を展開する企業もあった。

その後多国籍企業は，競争優位の構築にはイノベーションが不可欠になるとして，海外子会社の資源や能力を活用し，またその組織ユニットの連携が重要になると，グローバル・ネットワークを構築して事業を展開するようになった。そして近年では，イノベーションを多様な組織と提携しつつ，そのオープン化を進め，エコシステムを形成して価値創造を目指すようになっている。したがって，現在では海外事業を展開する場合，多額の資本や大きな生産施設を有することが絶対条件ではなく，本社を頂点とする階層組織も必要でなくなってきている。デジタル化，ネットワーク，コネクタビリティが経営の重要なファクターになるにつれて，規模の経済による競争優位も陳腐化し（Mele, 2013），小企業であっても世界の多様な資源や能力を入手・共有できるようになったので，短期間のうちにグローバル企業に成長・発展することも可能になった。だからこそ，アマゾン，アリババ，グーグル，フェースブックといった新興企業が急速に成長・発展し，世界市場を席捲し始めたのである。

いま急速に世界市場に台頭し，旧来の多国籍企業の地位を脅かしている企業は，まさにデジタル技術をベースにしたビジネス・エコシステムを形成している企業である。このような企業は企（起）業家精神を持ち，プラットフォームを構築して，顧客，サプライヤー，大学，研究所，政府機関，NPO，社会企業家など，多くのステークホルダーとコラボレート，学習し，共進化を遂げつつ顧客や社会に新しい価値を創造している。その意味では，そうした企業の組織はグローバルな「アントレプレナー型共創組織」(7)といえるだろう。

アントレプレナー型共創組織とは，地球上の経済と社会の諸課題の解決に向けて企（起）業家精神を発揮して，多様なステークホルダーとコラボレートし，学習しつつ共進化を遂げながら，新たな価値を創造する組織である。それは，もう少し詳しく述べると，次のような組織である。

・現在や将来の地球上の経済や社会の課題の解決に対して，企（起）業家精神を持って挑戦する組織である。
・世界の多様なステークホルダーとコラボレートし，学習しながら問題解決のための新しいアイデア，知識，製品・サービスなどを提供する組織である。
・その組織の参加者はビジネス・エコシステムを形成し，その中核企業が提示するプラットホームでビジネス活動を展開する組織である。
・その組織の参加者は協調と共創をしつつ共進化し，世界の顧客と社会に対して新しい価値を創造する組織である。

近未来の多国籍企業の組織としては，このようなアントレプレナー型共創組織が考えられるが，その構築には，図表 8-1 に示すように，次のようなことが条件となる。

①　独特なプラットホームの創造と提供……世界の顧客や社会に対して価値を創造するためには，他にない独特なプラットホームを創造し提供する必要がある。もしそのようなプラットフォームがなければ，それに参加する企業が集まらない。多くの企業にとって利用価値の高いプラットフォームがあってはじめて多くの企業が参加する。世界ナンバーワンのプラットホームの創造と提供が重要となろう。

②　コラボレーションによる共進化……現在の多国籍企業が直面している諸問題にプロアクティブに取り組むには単独企業ではむずかしく，多様なステークホルダーと提携しコラボレートしていく必要がある。しかし，そのコラボレーションが続くには，それぞれが Win-Win の関係で，共進化を遂げること

図表 8-1　アントレプレナー型共創組織の条件

出所：筆者作成。

が不可欠の条件となる。

③　組織の自律性……多国籍企業において，新しいアイデアや知識が創造されるには，その海外子会社や従業員に自律性がなければならない。新しいアイデアや知識は組織にある程度の自由度があり，そのメンバーに自律的な思考や行動が許容されている場合に生まれる。それゆえ，多国籍企業を構成する組織ユニットや従業員の自律性が尊重される組織でなければならない。

④　多様性……多国籍企業は，もともと異質な文化を持った従業員や組織ユニットから構成される組織である。この異質な文化を持った従業員や組織ユニットがコラボレートすれば，その価値観や思考方法などの違いから，コンフリクトが発生するときもあるが，それらの違いを認め，それを尊重するようにすれば，新しいアイデアや知識の創造につながるケースもある。

⑤　グローバル学習……多国籍企業がイノベーションを創発するためには，その組織や組織外のステークホルダーとの間で情報や知識を移転・共有し，相互に学習する必要がある。この学習をグローバル・レベルで行うと，世界中から多くの有益な情報や知識が獲得できて，イノベーションによる顧客や社会への価値創造につながる。

これからの多国籍企業には，このような特徴や条件を備えたアントレプレナー型共創組織の構築が望まれる。その組織はこれまでの多国籍企業のそれとは多くの点で異なっている。しかし，デジタル革命で国際ビジネス環境が大きく変わり，新しいビジネスモデルが求められる多国籍企業は，そのような組織を構築し，またそのような組織へと進化を遂げなければならない。ここにいま，これまでの多国籍企業の組織の変革が求められている。

4-2. アントレプレナー型共創組織の構築上の課題

多国籍企業がグローバルなアントレプレナー型共創組織を構築するためには，既存の組織を変革しなければならない。その変革には多くの課題があるけれども，とりわけトップ・マネジメントのマインドセット，組織構造，および組織文化の変革が重要となろう。そこで最後に，これらについて述べることにしたい。

まず，トップ・マネジメントのマインドセットであるが，これからの国際ビジネスのあり方がデジタル化によって大きく変わることを念頭におくと，トップ・マネジメントのマインドセットもそれに対応したものでなければならない。これまでのトップ・マネジメントの多くは，国際ビジネスの場でも既存の事業，製品・サービスの分野で，同じ業界のライバル企業と競争して，その優位性を構築することに腐心してきた。しかし，これからはトップ・マネジメントには，いくらかのリスクが予想されたとしても，新しい事業，製品・サービスを開拓するという企（起）業家精神を持ち，デジタル技術を駆使しつつ，世界の多様なステークホルダーとコラボレ―トし，共進化するというマインドセットが必要となろう。こうしたマインドセットはまた，今後世界的にシェアエコノミーが拡大することをも考えると，ますます重要になろう。やや大げさな言い方をすれば，これからの多国籍企業のトツプ・マネジメントには，社内にシリコンバレー（Hamel, 1999）やスティーブ・ジョブズを抱え込むようなマインドセットが必要になるといえるのではないか（メフェルト・野中, 2018）。

次に，組織構造についてみると，多国籍企業の本社，海外子会社，およびその両社の関係の変革が必要になろう。まず本社についてみると，再三述べてきたように，旧来の多国籍企業では本社が階層組織の頂点に位置し，グローバル戦略の策定，海外子会社への指示，経営理念，経営管理のスキルやノウハウ，技術の移転が主な役割であった。しかし，これからはビジネス・エコシステムにおけるプラットフォームの創造と提供，世界の多様なステークホルダーとのコラボレーション，学習，共創に関する情報や知識の提供がより重要になろう。それは，本社がグローバルな「知的サービス拠点」になることを意味している。

多国籍企業の本社がこのような役割を担うとすれば，エコシステムのイノベーションに関連して，そのプレーヤーに対して，オープンにする領域とクローズドにすべき領域を決定する役割もいっそう重要となろう。周知のように，欧米の新興IT企業は，このオープンとクローズドの戦略を巧みに使い分けし，競争優位を構築した(8)。

さらに，もう1つ付け加えるとすれば，本社はこれからの地球社会に生きる世界の顧客や従業員に対して，ロマンを与える「ビジョン」や企業の「存在目的」を示すことも必要となろう。そうでなければ，デジタル時代の多様な情報に接する賢明な顧客や従業員を引き付けることはできない。

海外子会社についてみると，旧来の多国籍企業においては海外子会社は，本社に対して受け身の立場であり，資源や能力など多くの面で本社に依存する存在であった。したがって，多国籍企業のイノベーションに関しても，海外子会社はその担い手とは位置づけられてこなかった。しかし，前述したように，多国籍企業の子会社のなかには，その資源や能力の蓄積が進むにつれて，イノベーションの担い手になり得る子会社もある。それは，近年の中国やインドなどの新興国の子会社からのリバース・イノベーションのケースをみても明らかである。

海外子会社が現地のステークホルダーと密接な関係を築き連携すると，イノベーションの創出が期待できる。そうした子会社は多国籍企業のエコシステムのプレーヤーにもなる可能性もある。これからの多国籍企業の海外子会社を，このような役割を担う子会社に育てていかなければならない。その意味では，これからの海外子会社の経営者には，本社のトップ・マネジメントと同様に，企（起）業家精神も必要になろう。

このように，多国籍企業の本社と海外子会社の役割が変化すると，両社の関係も変わらざるを得ない。両者の関係は，これまでは主従の関係で，まさに垂直的でタイトな結びつきであったが，今後は水平的で緩やかな関係となろう。そのような関係になれば，海外子会社の自律経営が可能になり，そこからイノベーションの創出もより期待できるものとなろう。

また，アントレプレナー型共創組織ではプロフェショナル・チームの編成も不可欠になろう。このようなチームはプラットフォームの創造，またはそのプラットホームへの参加・利用，さらには最近多国籍企業の間でもみられるようになった「リビングラボ」へのメンバーの派遣などの役割を担うものである。リビングラボについては，2015年にシスコシステムズがエアバス，DHL，キャタピラーなど，大企業のメンバーを集めて，エコシステムによるイノベーションを創出するために，シスコ・ハイパーイノベーション・リビングダボ（木）CHILL）を立ち上げたが（Furr O'keeffe and Dyer, 2016），今後このような組織が急増し，多国籍企業のイノベーションに重要な役割を果たすであろう。

これからの多国籍企業の組織には，急速に変化するビジネス環境に俊敏かつ柔軟に対応する組織能力が求められるので，主にデジタル・ネイティブで構成されるようなプロフェショナル・チームの果たす役割は大きいといえる。

さらに組織文化の変革について述べると，旧来の多国籍企業の階層組織のもとでは，本社や上司の権威，ルール，手続きなどが重視されて仕事が遂行されるので，その組織文化も権威主義や形式主義的なものであった。しかし，このような組織文化では組織のメンバーに自由で創造的な発想や思考，冒険心や探求心などが育たなく，また海外子会社の自律経営も期待できないので，イノベーションは創出しにくい。イノベーションの創出には権威，ルール，手続き，指示などに代わって，自由，信頼，創造，冒険，リスクテイクなどを尊重する組織文化の醸成が必要になる。

加えて多国籍企業は，多様な文化的背景を持った人々から成る組織であるので，多様な文化を尊重する組織文化の醸成も不可欠である。異なる文化を持った人々が異なる考えや意見を出し合うからこそ，そこから新しいアイデアや知識が生まれる。組織のメンバーが同じような考えや意見を持つ同質的な文化の組織からは，イノベーションは創出しにくい。したがって，これからの多国籍企業には，地球社会の持続可能な発展を前提としつつ企業の持続的発展を見据えた組織の「共通価値」をベースとする，多様性をも尊重する，いわば「柔らかい」組織文化の醸成が求められる。

グローバルにデジタル化が進展する時代では，少なくても以上のような組織の変革に取り組まないと，近未来の多国籍企業の組織と考えられるグローバルなアントレプレナー型共創組織を構築することができないだろう。しかしそれは，パラドックシカルにいえば，そのような組織を構築した企業こそが，これからのデジタル時代においても，持続的発展への道を開く可能性を持つことを意味している。したがって，今後そのような組織に対する理論的な研究がより必要となろう。

〔桑名義晴〕

注

⑴　これらの変化については，メフェルト・野中（2018）を参照されたい。

(2)　ハイマー（Hymer, 1976）は，多国籍企業の組織を階層組織と捉えている。

(3)　この富士ゼロックスとネスレの日本子会社の事例については，吉原（2002），井上（2017），浅川（2003）を参照されたい。

(4)　日置圭介「ビジネスの“生態系”がもたらす5つの変化」（http://www.dbbr.net/article/-/3493）を参照。

(5)　社会的エコシステムの事例については，Ramaswarmy & Gouillart（2010）に紹介されている。

(6)　パーカーらは（Parker, Alstyne & Choudary, 2016）「イノベーションはもはや社内専門家や研究開発部門の担当領域ではなく，プラットフォーム上の独立した参加者が考え出したアイデアや，クラウドソーシングを通じて生み出されるものとなったのだ」と述べている。

(7)　マイレスなどは（Miles, Miles & Snow, 2005），新しい組織モデルとして，コラボレーティブ・アントレプレナーシップ（Collaborative Entrepreneurship）モデルを提示している。

(8)　オープン＆クローズ戦略については，小川（2014）に詳しく議論されている。

参考文献

浅川和宏（2003）『グローバル経営入門』日本経済新聞社。

井上真里（2017）「ネスレにおける製品開発とメタナショナル経営」大石芳裕編著『グローバル・マーケティング零』白桃書房。

小川紘一（2014）『オープン＆クローズ戦略—日本企業再興の条件—』翔泳社。

桑名義晴（2012）「グローバル・アライアンス戦略のダイナミズム—競争優位の視点から—」『桜美林経営研究』第2号。

デロイトトーマツ（2016）「ビジネス・エコシステム時代の到来」『Thought Leader's News 』Vol.9。

安室憲一（1992）『グローバル経営論』千倉書房。

吉原英樹（2002）「国際経営の将来」吉原英樹編著『国際経営論の招待』第16章，有斐閣。

ユンゲル・メフェルト・野中賢治（2018）『デジタルの未来—事業の存続をかけた変革戦略—』日本経済新聞出版社。

Bartlett, A. & S. Ghoshal (1989), *Managing Across Borders: The Transnational Solution,* Harvard Business School Press.（吉原英樹監訳『地球市場時代の企業戦略—トランスナショナル・マネジメントの構築—』日本経済新聞社，1990年。）

Botsman, R. & R. Rogers (2010), *Share: What's Mine Is Yours,* Harper Collins Publishers.（関美和訳『シェア—〈共有〉からビジネスを生みだす新戦略—』NHK出版，2016年。）

Chandler, Jr, A. D. (1962), *Strategy and Stracture: Chapters in the History of the Industrial Enterprise,* the M. I. T. Press.（三菱経済研究所訳『経営戦略と組織』実業之日本社，1974年。）

Chesbrough, H. (2003), *Open Innovation,* Harvard Business School Publishing Corporation.（大前恵一郎訳『Open Innovation』産業能率大学出版部，2004年。）

Dobbs, R., J. Manyika & J. Woetzed (2015), *No Ordinary Disruption,* Mckinsey and Company.（吉良直人訳『マッキンゼーが予測する未来』ダイヤモンド社，2017年。）

Doz, Y., J. Santos & P. Williamson (2001), *From Global to Metanational: How Companies Win in the Knowledge Economy,* Harvard Business School Publishing Corporation.

Frost, T., J. Birkinshaw & P. Ensign (2002), Center of Excellence in Multinatinal Corporation, *Strategic Management Journal,* 23, pp.997-1018.

Furr, N., K. O'Keeffe & J. H. Dyer (2016), Managing Multiparty Innovation, *Harvard Business Review,* November.（「エコシステムイノベーション：大企業が連携する新たな仕組み」『Diamond ハーバード・ビジネス・レビュー』2017年6月号，74-84ページ。）

Hamel, G. (1999), Bringing Silicon Valley Inside, Harvard Buisiness Review, October.（「伝統的組織

にシリコンバレーをつくる」『Diamond ハーバード・ビジネス・レビュー』2000 年 4 月-5 月号, 25-43 ページ。)

Hamel, G. (2000), *Leading the Revolution*, Harvard Business School Press.（鈴木主税・福嶋俊造訳『レーディング・ザ・レボリューション』日本経済新聞社, 2000 年。)

Hymer, S. H. (1976), *The International Operation of National Firms: A Study of Direct Foreign Investment*, The Massachusetts Institute of Technology.（宮崎義一編訳『多国籍企業論』岩波書店, 1979 年。)

Iansiti, M. & R. Levien (2004), *The Keystone Advantage*, Harvard Business School Publishing Corporation.（杉本幸太郎訳『キーストン戦略―イノベーションを持続させるビジネス・システム―』翔泳社, 2007 年。)

Kim, W. C. & R. Mauborgne (2005), *Blue Ocean Strategy: Market Space and Make the Competitive Irrelevant*, Harvard Business School Press.（有賀裕子訳『ブルー・オーシャン戦略』ランダムハウス講談社, 2005 年。)

Laloux, F. (2014), *Reinventing Organazations: A Guide to Creating Organizations Inspired by the Next Stage of Human Consciousness*, Frederic Laloux.（鈴木立哉訳『ティール組織―マネジメントの常識を覆す次世代型組織の出現―』英治出版, 2018 年。)

Mele, N. (2013), *The End of Big: How the Internet Makes David the New Golian*, St. Matin's Press.（遠藤真美訳『ビックの終焉』東洋経済新報社, 2014 年。)

Miles, R. E., G. Miles & C. C. Snow (2005), *Collaborative Entrepreneurship*, Stanford Business Books.

Parker, G. G., M. W. Van Alstyne & S. P. Choudary (2016), *Platform Revolution: How Networked Markets Are Transforming the Economy And How to Make Them Work for You*. W. W. Norton,（渡辺典子訳『プラットホーム・レボリュション―未知の巨大なライバルとの競争に勝つために―』ダイヤモンド社, 2018 年。)

Ramaswarmy, V. & F. Gouillart (2010), *The Power of Co-Creation*, Free Press.（山田美明訳『生き残る企業のコ・クリエーション戦略』徳間書店, 2011 年。)

Schwab, K. (2016), *The Fourth Industrial Revolution*. The World Economic Forum.（世界経済フォーラム訳『第四次産業革命―ダボス会議が予想する未来―』日本経済新聞社, 2016 年。)

Stopford, J. M. & L. T. Wells, Jr. (1972) *Managing The Multinational Enterprise*.（山崎清訳『多国籍企業の組織と所有政策―グローバル構造を超えて―』ダイヤモンド社, 1976 年。)

Vives, L., K. Asakawa & S. Svejenova (2010), Innovation and the Multinational Enterprise, *Advances in International Management*, Vol.23, pp.479-495.

第9章
ビジネスモデルの理論的基礎と新しい多国籍企業

1. はじめに

なぜビジネスモデルは事業成果を高めることができるのか。なぜ多国籍企業にとってビジネスモデルが必要なのか。本章の目的は，ビジネスモデルの理論的基礎を明らかにし，ビジネスモデルに基づく新しい多国籍企業の姿に迫ることにある。

ビジネスモデルは2000年前後のネットバブル期にスタートアップ企業の間で注目を集めるようになった。スタートアップ企業による事業計画の評価としての意味づけが先行し（Amit & Zott, 2015;Zott & Amit, 2007），その後事業の競争力を示す一つの指標として実業界に定着することになった（Wirtz *et al.*, 2016）。一方，アカデミックの世界では，2010年前後に欧米のジャーナルにおいてようやくビジネスモデルの理論開発が本格化している（臼井, 2017;臼井・星田, 2016, 2017）。ビジネスモデルは実務において先行した概念であり，この点においてかつての多国籍企業理論の生成過程に驚くほど類似している（入江, 1979）。

ビジネスモデルへ注目が高まるものの，国際ビジネスの文脈においてビジネスモデルの理論研究はほとんど進んでいない。近年注目を集めるGAFA（グーグル，アマゾン・ドット・コム，フェイスブック，アップル）やBATH（百度：バイドゥ，阿里巴巴集団：アリババ，騰訊：テンセント，華為技術：ファーウェイ）に代表される成長著しい巨大企業は，独自のビジネスモデルを引っ提げて世界市場を席巻している。にもかかわらず，ビジネスモデルに基づく新しい多国籍企業モデルの検討は進んでいない。そこで本章ではビジネスモデルの理論的基礎を明らかにし，既存の多国籍企業理論との相対化を通じて未来の多国籍企業の姿を描きたい。

2. 伝統的多国籍製造企業の限界

2-1. 主役の交代

1960年代，貿易に代わる新たな国際ビジネスの主役として注目を集めたのが多国籍企業である。複数の国へ直接投資を伴って進出し，現地国で工場を設立し，自ら現地市場を開発していく多国籍企業は，まさに複数の国に国籍があるが如く活動する巨大企業組織である。我が国においてはとくに1985年のプラザ合意以降，製造業による海外直接投資が活発化し，数多くの「日系」多国籍企業が誕生した。その中心は輸送機器メーカー（自動車，バイクなど），電子電機メーカーであった。多国籍製造企業は，本国で培った技術力，マーケティング力（流通，ブランドなど），資金力などを強みとして，これを現地国へ移転し，現地市場において競争を繰り広げてきた。本国にて培った独自の経営資源は，所有優位ないしは企業特殊優位と呼ばれた（Ragman and Verbeke 2003）。多国籍企業が，現地国において外部者としての不利益を克服するためには，現地国の競争相手が保有しない独自の経営資源を必要としたのである。

複数国へ進出した多国籍企業はやがて現地市場において新たな経営資源を開発，獲得する。進出先現地国の法的，経済的，文化的，市場的な特徴は，多国籍企業へ新たな経営資源の獲得の機会を与える。多国籍企業は時間をかけて徐々に現地市場の一員として現地のビジネス・ネットワークの中に入り込んでいった（Johanson and Vahlne 1977, 2009）。こうして本国と複数の海外拠点において開発する経営資源を組織内部に取り込みながら，多国籍企業は巨大化し，競争力を高めていったのである。

1980年代から2000年ごろまでに多国籍企業は，その巨大組織内部に技術，ノウハウ，人材，資金などのあらゆる経営資源を蓄積し，さらに拡張することを通じて競争力を高め，世界市場におけるビジネスの主役の座を確実なものとして固めていった。とりわけ日米欧の多国籍製造企業は，技術的なイノベーション，生産技術と生産・販売規模において，後発の追随を許さない強固な競争ポジションを築いていった。しかし，2007年のリーマンショックに端を発する世界金融危機は，先進国の多国籍企業の競争ポジションへ大いに打撃を与えることになる。先進諸国の経済が軒並み厳しい状況に突入する中，代わって世界市場の主役の一角を担うようになったのが，新興国と新興国発の巨大企業である。とくに2000年代後半以降の中国企業の成長はめざましく，労働集約型の製造業からデジタル社会の発展を担う情報通信産業へと短期間で進化を遂げた。中国を代表する巨大企業となったアリババ・グループとテンセントは，今や広大な中国市場の電子決済システムを手中に収め，中国の消費者の購買履歴に関する膨大なビッグデータを武器に，流通，製造，金融などあらゆる業界においてイノベーションを追求するフロントランナーとなった。

中国だけではない。米国においても伝統的な多国籍製造企業とは異なるインターネット・モバイル関連の新興企業が次々に登場した。これら企業は，設立間も無く時価総額を急拡大させ，さまざまなパートナー企業，研究機関，消費者を巻き込んで売上高あるいは取扱高において巨大ビジネスを作り上げている。1994年設立のアマゾン・ドット・コム，2000年設立のグーグル（アルファベット社），2002年設立のフェイスブック，そして2010年設立のウーバー・テクノロジーズなどの新興企業は，世界各地に新しい市場を創造している。これら目覚しい成長を遂げた巨大企業のうち，伝統的とも言える多国籍製造企業は，唯一アップルを残すのみとなっている。しかしそのアップルもまた，いわゆるメーカーの領域を超えてビジネスモデルを進化させている。楽曲や外部のサードパーティが開発するアプリケーションをスマホ上で販売するプラットフォームとして顧客へ価値を提供している。もはや高品質な製品を製造して販売する（所有権を移転する）単純な製造業のビジネス形態では競争力を保つことが難しくなりつつある。

中国であっても米国であっても，2000年以降に国際ビジネスの主役に躍り出た巨大企業に共通するのは独自の優れたビジネスモデルの存在である。かつての多国籍企業は，その先端的な技術イノベーションを生み出す研究開発力と生産規模，そして広範な販売網に競争優位の源泉があった。しかしこれら新しい巨大企業たちは，ビジネスモデルを成長と競争の軸に据え，瞬く間に国際ビジネスの中心に躍り出たのである。

ビジネスモデルは単なる経営資源の塊として企業組織を捉えるのではなく，外部の経営資源と当該企業が保有する経営資源をどのようにつなげて，いかにして顧客へ価値を創造し，届けるのかという顧客価値の創造プロセスと収益化方法の全体デザインに焦点がある。製品戦略単体ではなく，外部も含む価値連鎖全体でどのように事業（ビジネス）を遂行するのかを考えるホリスティック（全体的）な視点がビジネスモデルの特徴である（Zott and Amit 2007, 2010）。

新興企業だけではない。2019 年，日本を代表する伝統的な多国籍製造企業であるトヨタ自動車は，MaaS（Mobility as a Service）へ社会全体が移行していくことを見据え，新しいビジネスモデルの構築へ舵を切った。優れた性能の自動車を製造し，世界各地で販売する単なる自動車メーカーの活動領域にとどまっていては，近い将来，顧客が求める価値を見失ってしまう。インターネットとモバイル技術の進化，それに伴うグローバル社会全体のデジタル・トランスフォーメーションは，巨大ビジネスの開発と進化へ大いに影響を与える。

2-2. 内部化と外部化：なぜビジネスモデルなのか

多国籍企業理論は，貿易に代わる新しい国際ビジネスの形態である多国籍企業の成立過程，あるべき組織モデルとマネジメントについて精緻な議論を展開してきた。その中核概念は「内部化」であった。伝統的な多国籍製造企業は，まずは自社の強みを現地へ移転し，自社内ないしは自社グループ企業内（系列等）に経営資源を蓄積した。その後現地で新たに獲得する経営資源も多国籍企業内部へ取り込み，これを専有し，競争優位の源泉として世界各地で活用してきたのである。海外直接投資を通じた経営資源の内部化こそが，多国籍企業という組織体の経済合理性と競争優位を説明する論理であった。

90 年代に入ると内部化によって巨大化した多国籍企業組織の独自問題に関する新しい研究プログラムに注目が集まるようになる。本社と子会社間のマネジメントである。Bartlett and Ghoshal（1989）によるトランスナショナル組織モデルがその代表であろう。複数の拠点間を結んでビジネスを展開する統合ネットワーク組織である多国籍企業の独自問題に対する解決策が提案された。世界的に分散する複数の拠点（子会社）において獲得される経営資源を，多国籍企業内部で効率的，効果的に活用するために本社と子会社ネットワークの管理方式に注目が集まった。

こうして多国籍企業は，強大な資本力，世界から集まる優秀な人材，そこから生じる最先端の技術，そして世界規模の流通網と物流網を巨大組織内部に飲み込んでいくことによって，他の追随を許さない，世界市場の支配者として君臨することとなった。

しかし，2000年以降，活動の内部化を志向する巨大多国籍企業は変化の激しい国際ビジネス環境を目の前にしてその柔軟性を失い，イノベーションの担い手としての優位性を必ずしも発揮できないという見方が登場した。先進国市場中心から，新興国市場も加えた新しい需要（いわゆる中間層）への対応もまた，先進国出自の多国籍企業に大いなる変革を迫ることとなった。現在の国際ビジネス環境においては内部化よりもむしろ，企業外部の経営資源へ「素早く」アクセスし，それらを「柔軟に」組み合わせ，変化する市場への適合度（進化的適合度）を動態的に高める組織能力にこそ競争優位の源泉があるという見方である。先に示した米国，中国に勃興した「新しい」多国籍企業は，内部化に加え，企業外部より必要な技術や人材，情報（顧客からのタイムリーな情報を含む）などの経営資源を柔軟に調達し，適切につなぎ合わせて顧客へ価値を提供することを通じて，極めて短期間で巨大ビジネスを作り上げてきた。

このような現実を前に近年，内部化に基づく多国籍企業理論の修正や再確認が行われている（Cantwell, Ludan & Dunning, 2010；Hennart 2019；Narula & Verbeke, 2015；Rugman & Verbeke, 2003；Teece, 2009, 2014；Verbeke & Kano, 2015）。その中核概念は「外部化」である。ダイナミック・ケイパビリティ論の提唱者であるTeece（2009）は内部化理論を痛烈に批判する（臼井, 2017）。Teeceによれば，内部化理論は企業による海外直接投資を通じた海外進出の論理を企業内部における資源移転の効率性（コスト節約）に求めているにすぎない。本国の資源（所有優位ないしは企業特殊優位）の国境を越えた移転の媒体として多国籍企業内部の移転が市場を介した移転よりも効率的であるという仮定である。Teeceはこの立論を戦略論（競争優位）の視点より批判する。すなわち，グローバル経済はもっとオープンであるため，柔軟性，企業家精神，学習，賢明な投資選択等を通じて，企業外部から資源・ケイパビリティを取り込むことが，現代の多国籍企業の競争優位の源泉となるという主張である。既存の多国籍企業理論は内部コーディネーションを重視するがあまり，新技術の創造と顧客ニーズの変化，新しい競争への対応へ遅れを取る可能性が高い。国際ビジネス環境の多様性と変化の程度が高まれば高まるほどに，多国籍企業のダイナミック・ケイパビリティが財務成果へ与える影響は大きくなるのである（Augier and Teece, 2007：185）。

このようなTeeceの挑戦的とも言える批判に応じるように，DunningとCantwellらは既存の多国籍企業理論とダイナミック・ケイパビリティ論の関係を検討し，伝統的な折衷パラダイムにおいても実はダイナミック・ケイパビリティの視点がすでに含まれていると反駁している（Cantwell, 2014；Cantwell, Ludan & Dunning, 2010；Dunning and Ludan, 2010）。所有優位は，多国籍企業が本国本社の組織内部に保有する経営資源のみならず，本国のビジネス・ネットワーク内に存在する経営資源も含んでいるという。また立地優位は，現地国のビジネス・ネットワークに内在する資源が，多国籍企業による当該現地国でのビジネス活動を誘引する（Cantwell, 2014：2）。このように所有優位に本国の立地（ビジネス・ネットワーク）から獲得する経営資源を含め，さらに現地国において獲得する経営資源との統合を多国籍企業が司ると仮定すると，Dunningはすでに多国籍企業を国際的なビジネス・ネットワークのコーディネータまたはオーケストレイターとして定義していたと解釈できる（Cantwell, 2014）。当のDunningも所有優位を2つに分類することを改めて提案している。曰く，

「所有優位は，資産特殊優位（Oa）と，企業が複数の地理に分散した付加価値活動を調整し，リスク分散による利益を捉えることから生じる制度的資産（Ot）へ分類できる。制度的資産（Oi）は折衷パラダイムに新たに追加されたものであり，企業内の付加価値プロセスを管理する一連の公式および非公式な制度を網羅する」（Dunning and Ludan, 2010）。

このような多国籍企業理論の再検討を通じてCantwell（2014：3）は，多国籍企業の一般理論の開発において，本国の経営資源やケイパビリティと現地国の経営資源やケイパビリティとの間の継続的な相互作用に注目する必要があると指摘している。つまり多国籍企業は，現地国から学習し，資源ベースを創造・拡大・修正していくダイナミック・ケイパビリティを必要としているので

ある（Cantwell, 2014；Teece, 2009, 2014）。国際ビジネス環境は変化を続けており，また現地市場は本国市場にはない顧客ニーズと学習機会を提供している。多国籍企業は，これら新しい経営資源を柔軟につなぎ合わせて，グローバルな規模と範囲で活用し，現地顧客へ価値を継続的に提供するのである（Teece, 2009）。Teece自身はビジネスモデルこそが，企業がダイナミック・ケイパビリティの実践を通じて世界市場において顧客価値を創造し，持続可能な競争優位を獲得するミクロ的基礎になると考えている。曰く，

「ビジネスモデルの採用は，顧客への価値提供，その価値に対する顧客の支払意思の誘引，顧客による支払の利潤への変換，といった流れを企業が進めていくうえで有用である。これらは，顧客が何を求めているかに加え，企業がどのようにして顧客ニーズを適切に満たせるか，さらにその対価をどのように受け取るのかに関して，経営者が構築した仮説を反映していよう（中略）適切なビジネスモデルは有利な費用構造を実現し，顧客にとって望ましい価値提案を生み出す。企業がビジネスモデルの創造・調整・改善を実行し，さらに必要があればその刷新を図る能力は，ダイナミック・ケイパビリティの基礎をなす」（Teece, 2009, 邦訳25-28ページを一部修正）。

本節では，近年の国際ビジネス環境が伝統的な多国籍企業理論へいかなる修正を迫っているのかについて検討してきた。多国籍企業は企業特殊優位の内部化に加えて，外部より素早く，そして柔軟に経営資源を獲得し，つなぎ合わせ，顧客価値を創造するダイナミック・ケイパビリティを必要としている。折衷パラダイムでは，資産（ないしは経営資源）を国境を越えて相互に調整しつなぎ合わせるダイナミック・ケイパビリティをすでに企業特殊優位（所有優位）に含むという立場をとるようになっている。未来の多国籍企業の競争優位の源泉は，巨大組織内部の資産（経営資源）のマネジメントに加えて，外部とのインタフェイスのマネジメントにある。内部コーディネーションから外部コーディネーションへ問題の焦点が拡大しているとも言える。そしてビジネスモデルこそが，外部と内部の経営資源を適切にそして柔軟につなぎ合わせて，顧客価値を創造し，価値を獲得（収益化）するエンジンとなりうる（Teece, 2009, 2010）。そこで次節ではビジネスモデル研究の系譜を整理し，その理論的基礎を明らかにする。

3. ビジネスモデルの理論的基礎

ビジネスモデルは，競争優位の源泉を供給側のみならず，需要側（顧客）も含めた価値連鎖全体で追求する（Massa *et al.*, 2017）。外部と内部をつなぎ合わせ，優れてガバナンスを実行するそのケイパビリティにこそ，競争優位の源泉がある。この全体をつなぎ合わせ，機能させるケイパビリティの内容とプロセスにビジネスモデルの理論的基礎が存在する。ここが伝統的な戦略論（ポジショニング・アプローチと資源ベース・ヴュー）やマーケティング論との相違である。順に見ていこう。

3-1. ビジネスモデルの定義

ビジネスモデルへの注目は，2010年に出版され世界各地でベストセラーとなった「ビジネスモデル・ジェネレーション」の貢献によって高まった（日本での発売は2012年）。著者のOsterwalder and Pigneur（2010）は，ビジネスモデル・キャンバスと名付けた9つのブロックから構成されるデザインツールを開発している。ビジネスモデル・キャンバスは，45カ国，470名のイノベーターが参画し作り上げたフレームワークであり，ビジネスモデルの理解，デザイン，実践を系統的に学ぶことを目的としている。9ブロックは，需要側要素と供給側要素へ大別できる。需要側要素とは，① 顧客セグメント，② 顧客との関係性，③ チャネル，④ 価値提案，⑤ 収入の流れであり，従来のマーケティング計画（セグメーンテーション，ターゲティング，ポジショニング，4P）を網羅している。そして④ 価値提案を結節点として，需要側要素には，⑥ 鍵となる活動，⑦ 鍵となる経営資源，⑧ 鍵となるパートナー，⑨ コスト構造の4つが含まれている。これらのうち，⑥ と ⑦ は資源ベース・ヴューで議論されてきた要素である。

この出版を契機とし，2010年以降ビジネスモデル研究は大きく花開くことになる。しかし，そこで繰り返し問題視されたのがビジネスモデルの定義であった。ビジネスモデル「論」は既存の戦略論やマーケティング論の焼き回しであるとの批判が寄せられた（Massa *et al.*, 2017, McGrath, 2010）。事実，先の9のブロックはすべて伝統的なマーケティング論と戦略論でカバーできる。ビジネスモデルの定義が論者によって異なることは，これまでもレビュー論文においてしばしば指摘されてきたところである（Zott & Amit, 2010；Foss & Saebi, 2017；Teece, 2010）。はたしてビジネスモデルの定義に共通する要素は存在するのだろうか。

共通する要素の抽出を試みたSaebiら（2016）は，ビジネスモデルを「企業による価値提案，市場セグメント，価値提案を実現するために求められる価値連鎖の構造，企業が採用する価値獲得のメカニズムそしてアーキテクチャーの中で，これらすべての要素を結合（link）する方法」と定義している。Tallman（2014）は，諸定義を横断する共通要素として「戦略との密接な関係」，「構造とガバナンスへの熟慮」，「サプライチェーン（パートナー）への熟慮」，「顧客と市場へのフォーカス」，そして「全ての活動のホリスティック（全体的）な見方」を指摘している。価値創造と価値獲得，そして価値配送を実現する活動システム全体のデザインとマネジメントにビジネスモデルの独自性がある（Teece, 2010）。とりわけ，すべてのプレーヤーの活動を対象とした「構造」と「ガバナンス」に関する視点は，ビジネスモデル研究に独自のものである（Wirtz *et al.*, 2016；Zott & Amit, 2010）。ビジネスモデルの独自性に関する包括的な検討についてはAmitとZottが詳しい。

Zott & Amit（2010）によれば，「ビジネスモデルは，企業の境界を越えた活動（パートナー企業との協業）を踏まえ，企業が『どのようにビジネスを行うのか（how to do business)』に関するシステミックな視点を提供すると同時に，価値獲得と価値創造の両方に焦点がある」と整理している。ビジネスモデルには以下の視点が含まれる。

① 「何（what)」・「いつ（when)」・「どこ（where)」ではなく，「どのように（how)」に事業（ビジネス）を遂行するのかに焦点がある
② 製品市場戦略，マーケティングなどの特定の機能部門に焦点をあてるよりもむしろ，価値連鎖全体でどのように事業（ビジネス）を遂行するのかを考えるホリスティック（全体的）な視点をもつ
③ ビジネスモデルに参画するすべてのパートナーで価値を創造し，利益を

分配する

④　ビジネスモデルの主体企業をパートナーが支援可能であることを認識する

ビジネスモデルは，「価値創造のためにデザインされた取引群の（活動）内容，構造（活動間のリンク），ガバナンス（活動の主体の機能化）の総体」であり（Zott & Amit, 2010），そのエンジンは「活動システム（activity system）」にある（Zott *et al*., 2011）。活動システムは，主体企業（focal firm），パートナー企業，顧客などすべてのプレーヤーによる諸活動の束である。そのデザインは3つの要素，① 活動システムの内容（content），② 構造（structure），③ ガバナンス（governance）より構成される。まず「内容」とは，必要となる活動の取捨選択である。主体企業が専業とする活動と当該活動の質を高めるための組織的な取り組み，そしてパートナー企業や顧客が担当する活動を特定する。「構造」は，主体企業，パートナー企業，（そして顧客）が担当する活動のリンクの方法である。複数の活動が適切にリンクすることにより，活動システム全体でさらに大きな価値を創造し届けることができる。ビジネスモデル研究では，活動そのものに加えて，活動間のリンク（構造）にも競争優位の源泉を求める。「構造」そのものに新奇性があり，模倣困難であれば，競争相手の行動を制限でき，競争優位を獲得し持続できるのである。

そして「ガバナンス」はビジネスモデルに参画するプレーヤー（主体企業，パートナー企業，顧客など）の誰がどの活動に責任を持ち，実行するのか（確実に実行するように設計するのか）に関するデザインである。活動をリンクするだけでは活動システムは機能しない。機能させるためのインセンティブを同時にセットし，すべてのプレーヤーの活動を実行ベースでコントロールしなくてはならない（臼井・星田, 2016, 2017）。

ビジネスモデルの定義は現在でも論者によって異なるが，活動システムはここで紹介した諸定義とビジネスモデルの独自性を捉えた優れた定義であると評価できよう。とくに活動間の構造（リンク）とガバナンスにビジネスモデルの独自性がある。従来のマーケティング論では価値創造と価値獲得は主体企業によるマーケティング計画（セグメーンテーション，ターゲティング，ポジショニング，4P）とその実行に求めてきたが，ビジネスモデルではどのような活動の組合せを用いて価値を創造し，顧客へ届けるのかに関する全体的な活動システムのデザインに焦点がある。ビジネスモデルの定義の明確化は理論的基礎の開発の第一歩となる。

3-2. ビジネスモデル研究の類型と現状

ビジネスモデル研究の学術論文数は，2008年ごろには年間230本程度で推移していたがその後急増し，2015年には年間600本を超える論文が発行されている（Massa *et al.*, 2017）。研究の焦点も，初期の定義問題から発展し，ビジネスモデルによるイノベーションから進化・適応などを扱うプロセス研究，そして戦略論との架橋まで多岐にわたっている。その結果，共通する定義に基づいた理論的基礎の開発が困難な状況にある。そこで諸研究の類型と現状を確認しておこう。

実はビジネスモデル研究の類型化に先鞭をつけたのもZott & Amit（2010）であった。彼らは，ビジネスモデル研究のサイロ化を危惧し，研究対象，定義，分析範囲の明確化が必要であると説いた。そこでビジネスモデル研究を3つへ分類している。第一の類型は「eビジネスのためのビジネスモデル」である。彼らの初期の問題意識は，インターネット上の仮想市場に登場した新しいビジネスがいかにして収益をあげているのかを明らかにすることにあった（Amit & Zott, 2001）。第二の類型は「ビジネスモデルと戦略：活動を通じた価値創造と価値獲得」である。これはビジネスモデルのデザインと実践に関わる問題を扱う。そして第三の類型は「イノベーションと技術マネジメント」の関係であり，いかにして新技術をビジネスモデルを活用して商業化するのかという問題が扱われる。

その後ビジネスモデル研究の類型化を試みたWirtzら（2016）は，1965年から2013年の期間に公刊されたジャーナル論文2,823本の中，とくに内容が充実した681論文を対象として10の研究分野へ分類している（図表9-1）。とくに論文数の多い分野は，「イノベーション（176本）」，「変化と進化（120本）」，「成果と管理（109本）」，そして「デザイン（71本）」である。

なかでも「イノベーション」と「変化と進化」は近年登場した一大研究プロ

図表 9-1　ビジネスモデル研究の類型

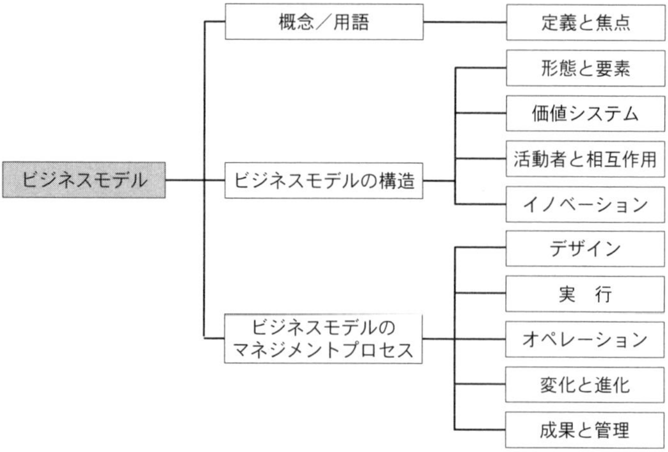

出所：Wirtz *et al.* (2016).

グラムである。「イノベーション」は企業家がビジネスモデル自体の革新性によって市場を作り出す方法に，「変化と進化」は環境変化とビジネスモデルの動態的な進化プロセスに焦点がある（たとえば，Achtenhagen *et al.*, 2013; Demil & Lecocq, 2010）。

「イノベーション」研究では，BMI（Business Model Innovation）なる研究分野がすでに形成されている。主要な BMI 論文 150 本をレビューした Foss & Saebi（2017）によれば，科学技術のみに焦点を合わせたイノベーション研究（研究開発におけるイノベーション研究）とは異なり，BMI はビジネスモデルのデザインやガバナンスの革新性を分析対象として財務成果を説明する。しかし BMI 研究はその先行要因（企業内部と外部要因），BMI と成果の関係を媒介する要因（マクロレベル，企業レベル，ミクロレベル）の整理に課題があるという。企業レベルの要因である，組織の価値，組織文化，組織デザイン，そしてミクロレベルの従業員のスキルやリーダーシップなどの内容分析に課題がある。つまり BMI を開発し，優れた成果を達成する企業内部のケイパビリティ分析に焦点がある。

もう一方の活発な研究プログラムは「変化と進化」のプロセス研究である。ビジネスモデルの国際化はこの「変化と進化」の研究分野に位置付けられる。

たとえば，スペインのカタルーニャ地方の企業のビジネスモデル変革プロセスを分析したCasadesus-Masanell & Ricart（2010）では，伝統的なカタルーニャ地方の企業が国内市場での地盤の構築を優先したことを批判的に検討し，ビジネスモデルにおける「選択の組み合わせ」が企業によるイノベーションと国際化を促進することを発見している。複数の活動間において適切な補完を選択していけばビジネスモデルに好循環が生じるという。同様に，英国のプロサッカーチームのアーセナルFCのビジネスモデルの構造変化プロセスを検討したDemil & Lecoqc（2010）では，「資源とコンポーネント（活動）の選択」，「組織（外部組織との関係）の選択」，「価値提案の選択」の3つの構造変化を分析している。自社の保有する経営資源のポートフォリオ分析に基づき，ビジネスモデルに必要となる経営資源や活動，そして提供すべき価値を適切に選択していく行為（プロセス）によってビジネスモデルは進化し価値獲得を実現するという。

これら新しい研究プログラムは活況ではあるが，多くの場合，実証研究で扱う事例のビジネスモデルを活動システムとして明確に定義づけしておらず，また先行研究における概念を十分に吟味，踏襲していない。その結果，単独で，独創的で，場当たり的な分析に終始している。研究分野（類型）間の対話が必ずしも進んでいない。ビジネスモデルの定義，範囲，既存の戦略論との理論上の異同の検討の上に実証研究を積み重ねていくべきである。そのためには共通の基盤となるビジネスモデルの理論的基礎の開発が急務となる。

3-3. ビジネスモデルと戦略論の関係

Wirtzら（2016）は研究分野の類型化を通じて，個別企業の事業や技術の概要を説明することを目的とした初期のビジネスモデル研究から，戦略内容を分析する研究へとシフトしていると指摘している。ここでいう戦略とは，戦略計画（プランニング）を意味しており，伝統的な戦略論であるポジショニング・アプローチ（以下,PA），資源ベース・ヴュー（以下,RBV），あるいは近年のダイナミック・ケイパビリティ論（以下,DC論）との相対化には言及していない。ビジネスモデルの戦略論としての独自性について懐疑的な見方も存在する。「ビジネスモデル研究は単に古いワインを新しいボトルに詰め替えたに過ぎない」という批判である（Massa *et al.*, 2017）。戦略論とビジネスモデル研究の間に断絶がみられる（Massa *et al.*, 2017；McGrath, 2010；Tallman, 2014；Zott & Amit, 2010）。そこで本節では戦略論とビジネスモデル研究の相対化を検討したMassaら（2017）の論稿と活動システムに関する議論に基づき，ビジネスモデル研究の理論的基礎を明らかにする。

図表9-2はMassaらによる伝統的な戦略論（PAとRBV）とビジネスモデル研究を比較した表である。順にみていこう。第一に，Massaらは戦略策定者（経営陣）による意思決定と行動上の仮定（assumption）に着目する。伝統的な戦略論は，当該企業とパートナー企業，競争相手そして顧客が完全な情報を保有したうえで，意思決定，行動することを前提として立論されている。たとえば，新規参入の脅威や希少性といった概念は経済学をベースとする産業組織論の援用であることは周知の事実であるが，そもそもどこからどのタイミングで新規参入が登場するのか，そして新規参入を企てる企業が保有する経営資源の量と質に関する情報は既知ではない。意思決定者には認知限界がある。情報が完全な状態で提供されず，情報処理が適切に行われない世界を想定すると，そもそも新規参入の脅威という「フォース」の測定は不可能になる。

図表9-2　伝統的理論vs.ビジネスモデル

		伝統的理論 （RBVとポジショニング）	ビジネスモデル
行動上の仮定			
	完全情報	仮定する	必ずしも仮定しない
	認知能力の無限性	仮定する	必ずしも仮定しない
	外部性の不在	仮定する	必ずしも仮定しない
	単一の競争優位の源泉	仮定する	必ずしも仮定しない
価値創造と価値獲得における仮定			
	価値創造	供給サイドのみ	需要／供給の両サイド，あるいはどちらか一方
	価値獲得	供給サイドのみ	需要／供給の両サイド，あるいはどちらか一方（マネタイズ）
	競争優位の源泉	供給サイドだけの資源ベースと活動	需要／供給サイド両サイド，あるいはどちらか一方の資源ベースと活動

出所：Massa *et al.* (2017) p.93.

Massaらによれば，PAとRBVはこの行動上の仮定の下で立論されているため，現実のビジネス世界の分析には適さないという。

無論，ビジネスモデル研究はこの仮定を採用しない。「顧客の求めること，それをどのようにして届けるのか，またいずれの顧客グループが届けられた価値に対して支払いをするのかに関しては，いつも明白ではない」(Massa *et al*., 2017:92)。また，PAとRBVが主体企業単体による価値創造を前提としているのに対して，ビジネスモデル研究では（とくに現代のデジタル社会においては）顧客やパートナー企業とのつながりによるネットワーク効果を前提とした価値創造と価値獲得が求められる（Hennart, 2019)。競争優位の源泉は供給サイド（製品・サービスの提供企業）のみならず，需要サイド（顧客）にも存在すると考えるのがビジネスモデルである。そしてすべてのプレーヤーは常に認知限界に直面している。そこで主体企業は不確実な未来の予測が難しいからこそ，他者（社）を巻き込み，実験を繰り返しながら，活動システムの進化・変化を繰り返すのである。いうまでもなく，伝統的な戦略論は，市場の動態的な変化を想定していない。このようにMassaらは，意思決定と行動の仮定のレンズを通じて，伝統的戦略論とビジネスモデル研究を相対化し，その独自性を明らかにしている。

Massaらの第二のレンズは，価値創造と価値獲得に対する仮定にある。PAにおける競争優位の源泉はファイブフォースと当該企業の価値連鎖システムにあった。同様にRBVでは企業が組織内部に保有する経営資源の属性にあった。これに対してビジネスモデル研究では，顧客である需要サイド，そしてパートナー企業（サプライヤー，流通企業，ベンダーなど）を含む「活動システムのネットワーク属性（新奇性，効率性）」と「ガバナンス属性（新奇性，効率性）」に求めている。競争優位の源泉は，活動システム内のあらゆる活動に内在し，またシステム自体にも備わる。

またPAとRBVが価値獲得の論理（収益化の論理）に焦点があるのに対して，ビジネスモデル研究では価値創造の最初の一歩とそのプロセスに焦点がある。企業は最初の段階でいかにして価値を創造するのだろうか。当該企業は，活動システムのコアとしてどのような経営資源を開発し，どのような活動を自社内で担当するのか。Massaらは，伝統的な戦略論は価値創造のプロセス問題を検討してこなかったと批判する。しかしこれは戦略論ではなくマーケティング論において扱う研究課題であり，両者の間にも断絶があったのである（Day, 1994；臼井 2017, 2019）。

ビジネスモデル研究では戦略論との相対化に基づく理論的基礎の構築が課題となっていた。そこで Massa らは伝統的な戦略論との対比によって，ビジネスモデル研究の独自性を浮き彫りにした。ビジネスモデルに参画するすべてのプレーヤー（顧客を含む）による活動システム全体のデザインとガバナンス，そしてビジネスモデルの進化プロセスに関するケイパビリティこそが競争優位の源泉である。これが伝統的な戦略論とビジネスモデル研究の相違であり，ビジネスモデルの理論的基礎である。

ビジネスモデルを分析単位とする場合，次なる研究課題が発現してくる。すなわち，いかにして外部パートナーや顧客にビジネスモデルへ参画し協力してもらうのか。どのようにして価値創造の第一歩を踏み出すのか。価値創造の第一歩を踏み出す際に必要となる経営資源やケイパビリティとは何か。市場の変化に対してビジネスモデルを進化させる場合，どのようなケイパビリティが必要となるのか。企業レベル，事業レベル，本社と子会社レベル，チームレベル（ミクロレベル）のそれぞれにおいて，どのようなケイパビリティが求められるのだろうか。次節では多国籍企業の文脈においてこれら研究課題を位置づけていく。

4. ビジネスモデルに基づく新しい多国籍企業

本章では多国籍企業理論の再考とビジネスモデルの理論的基礎を検討してきた。ここまでの議論に基づき，ビジネスモデル志向の新しい多国籍企業が備えるべきケイパビリティを3つ提示する。それらは① 活動システムのデザイン，② 内部と外部のインタフェイス構築とガバナンス，そして③ 活動システムの統合と適応化である。

4-1. 新しい多国籍企業に求められる3つのケイパビリティ

第一のケイパビリティは活動システムをデザインする能力である。多国籍企業はそもそも，多様な経営資源と活動の複雑な束である。ビジネスモデル志向で価値創造と価値獲得を目指す多国籍企業は，現在の経営資源や価値連鎖活動の束を一旦アンバンドル化し，世界市場において価値創造に資する初期的な活動システムを再デザインする。どのような価値を誰にどのような方法で届けるのか（マーケティング計画問題）。どのような活動を内部化して，本社あるいは現地子会社で担当するのか（内部化と外部化の境界問題）。どのような活動をどの国のパートナー企業へ依頼するのか（配置問題）。どのようにこれら内外の活動をつなげるのか（構造問題）。どのような方法を用いて継続的な協力を引き出すのか（ガバナンス問題）。それら活動と活動システムそしてガバナンス方式に新奇性（novelty）と模倣困難性は備わっているのか。顧客へ創造する価値と活動システムの新奇性は，どの国の市場において評価が高まるのかあるいは評価が低下するのか（臼井, 2015; 臼井・星田, 2016）。多国籍企業はまずもって初期的なビジネスモデルをデザインし，価値創造に向けて一歩を踏み出さなくてはならない。そのためにはまず何よりも活動システムを構想し，価値創造の第一歩を踏み出すケイパビリティを必要とする。

とくに多国籍企業においては，活動システムのコアとなる経営資源や活動の内部化（自社内で開発）に関する意思決定がカギを握る（Hennart, 2019）。このコアこそが初期の価値創造を実現する。そこで多国籍企業は，企業特殊優位となる経営資源や活動の対象と範囲を定め，これを自社内で開発し，進化させ

図表 9-3　ビジネスモデル志向の新しい多国籍企業の分析フレーム

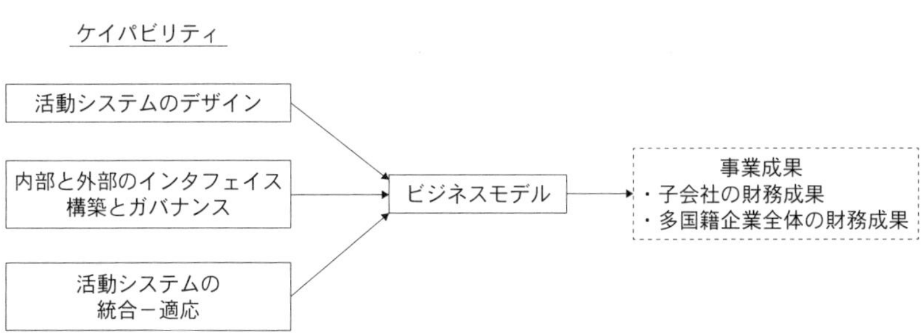

出所：筆者作成。

るべく大規模で継続的な投資を実行する。ビジネスモデルでは企業の外部にも競争優位の源泉を求めることはできるものの，巨大企業としての独占的な優位性の獲得と維持を追求する多国籍企業としては，活動システムのコアとなる活動ないしは経営資源を特定し，これを内部で開発し進化させていくのである。

第二のケイパビリティは，内部と外部のインタフェイス構築とガバナンスである。新しい多国籍企業では，活動システムに基づき複数の国のパートナー企業とのインタフェイスを構築し，このネットワークを適切にガバナンスするケイパビリティが求められる。この問題は国際ビジネス研究において伝統的に扱われてきた研究テーマでもある。国境を越えたサプライヤーとの関係性管理（ダイアド関係），グローバル・サプライチェーン・マネジメント，グローバル・バリューチェンなどの研究分野である（Kano, 2018；諸上ら, 2007；山下ら 2003；Usui *et al.*, 2017）。また顧客との協働については，B to B の場合は製販同盟やチャネル統合に関する研究，そして最終消費者との関係管理については消費者行動論の諸研究が応用できるだろう。ビジネスモデルでは活動システムに基づくという条件はあるものの，基本的にはこれまでの研究蓄積を応用できる。

外部とのインタフェイスのガバナンスにおいては，多国籍企業が組織内部において開発するパワーがカギを握る。たとえば，Usui ら（2017）は，ユニクロを展開するファーストリテイリング社が中国のサプライヤーと協働関係を構築してきた動態的プロセスついて検証し，経済的パワー（発注量）や生産技術に関する能力（技術指導）がサプライヤーに対するインセンティブとして機能し，継続的に協働的態度を引き出していることを発見している。ビジネスモデルのガバナンスにおいて，外部のパートナー企業や顧客企業，そして最終消費者より協働的態度を継続的に引き出すためには，活動システムのコア活動（内部化する経営資源）のインセンティブとしての役割が重要となる（臼井・星田, 2016；2017）。

そして第三のケイパビリティは，活動システムの統合と適応である。Tallman（2014）は，グローバル統合と現地反応（適応）モデル（IR フレーム）やトランスナショナル組織モデルが提起する多国籍企業が内在する独自の戦略課題に，多国籍企業によるビジネスモデルのデザインと実践は大いに影響を受けると述べている。価値創造，価値を届ける方法（value delivery）そして価値獲得とその配分を，すべて条件の異なる複数の国市場において同時に実行することは極めて複雑で挑戦的な課題である。世界市場へ向けて価値を創造し届けるためのグローバルな活動システムは，より広範なネットワークを必要とする。異なる国市場では多国籍企業が内部に保有する企業特殊優位に対する顧客の評価も変化する（Tallman, 2014；臼井, 2015）。本国の資源が現地市場において顧客の選好と希少性が高い場合，企業特殊優位として機能するため，ビジネスモデルによる価値創造が実現できる（臼井, 2015；臼井・星田, 2016）。異なる顧客ニーズに対して価値を創造するためには「柔軟性のある」グローバルな活動システムの構築とガバナンスを必要とする。事実，アマゾン・ドット・コムは中国市場において苦戦を強いられ（Govindarajan & Warren, 2016；臼井, 2017），ウーバー・テクノロジーズも中国や東南アジア市場において撤退や事業売却を余儀なくされている（Hennart, 2019）。Tallman はモジュールを活用して柔軟に製品やサービスをカスタム化（適応化）する活動システムの構築を提案しているが，これは一例に過ぎない。統合化と現地適応化のバランスを達成する柔軟なグローバル・ビジネスモデルならびに活動システムの開発は最大の研究課題である。

4-2. ビジネスモデル研究が多国籍企業理論へ示唆するもの

本章ではビジネスモデルを志向する新しい多国籍企業の姿に迫った。伝統的な先進国の多国籍製造企業の多国籍化プロセスに基づき立論された内部化理論は，修正のときを迎えている。外部とのインタフェイス構築と動態的なマネジメント，すなわちダイナミック・ケイパビリティの導入である。とりわけ制度的要因が大幅に異なり，また変化の激しい新興国市場において多国籍企業が事業成果を高めるためには，柔軟な資源ベースの修正や拡張が有効となる（Day, 2011；Peng, 2008；Teece, 2014）。そこでビジネスモデルは DC の実践において期待されている。換言すれば，DC 論に基づく価値創造と価値獲得の計画と実現における具体的方策がビジネスモデルなのである。

本章はビジネスモデルの理論的基礎を伝統的な戦略論との相対化により明らかにし，そのうえで多国籍企業のビジネスモデル実践において必要となるケイパビリティを特定した。多国籍企業がこれからも国際ビジネスの主役の座を維持するためには，活動システムのコアとなる経営資源・活動への継続的な投資（内部化）に加えて，グローバルな範囲において柔軟な活動システムをデザインし，ガバナンスする組織的なケイパビリティを必要とする。

これまでに多国籍企業理論，国際ビジネス論では，世界中に分散する経営資源へのアクセスとそれら統合が多国籍企業の競争優位の源泉として考えられてきた。その意味においてビジネスモデル研究が既存の多国籍企業理論へ提示しうる新しい視点は乏しく，むしろ多国籍企業組織が内在する競争優位の源泉に改めて光を当てる役割をビジネスモデル研究が担っているようにも考えられる。すなわち，柔軟なグローバル・ネットワークの構築と活用を通じた価値創造と価値獲得である。現地の競争相手や顧客からの学習を通じた新製品開発とこれらのグローバル市場への展開は，まさに多国籍企業がこれまでも実践してきたビジネスモデルなのである。

しかし一方で，多国籍企業による世界市場への価値創造と価値獲得のシステムを体系的そして総合的に説明する理論の開発において，既存研究は不十分であったと言わざるを得ない。とくに多国籍企業理論はマクロレベルの議論に終始し，多国籍企業の経営陣が多国籍企業組織が内在する優位性（企業特殊優位，立地優位）を十分に理解し，これらを活用して明確な顧客価値を創造し，顧客へ届け，そして価値を獲得・分配する活動システムのデザインと実践についてはほとんど研究が進んでいない。すでに見てきたように伝統的な多国籍製造企業に基づく内部化理論とその修正のみでは，多国籍企業がこれからも国際ビジネスの主役であり続ける根拠を示すことはできない。ダイナミック・ケイパビリティ論もまた，ミクロレベルの実践の分析には適さない。一方でビジネスモデルは，ミクロな視点，すなわち多国籍企業による事業の計画と実行において，マーケティング論，戦略論，サプライチェーン・マネジメントの知見を総合的に分析しうるグランド・セオリーとしての役割が大いに期待できる。

〔臼井哲也〕

参考文献

入江猪太郎（1979）『多国籍企業論』丸善株式会社。

臼井哲也（2015）「リソース・リポジショニング・フレームを用いた新興国市場戦略の分析視角」『国際ビジネス研究』7（2），2-25 ページ。

臼井哲也（2017）「ダイナミック・ケイパビリティ論におけるグローバル・マーケティングとビジネスモデルの役割」『異文化経営研究』14，1-16 ページ。

臼井哲也（2019）「国際マーケティング・ケイパビリティ研究―概念フレームの構築―」諸上茂登編著『国際マーケティング・ケイパビリティ―戦略計画から実行能力へ―』所収，54-103 ページ，同文舘出版。

臼井哲也・星田剛（2016）「ビジネスモデルの国際化におけるリソース・リポジショニングの効果分析―日系ショッピングモールのベトナム進出のケース―」『多国籍企業研究』9 号，19-36 ページ。

臼井哲也・星田剛（2017）「ビジネスモデル思考で捉える国際マーケティング：日系ショッピングモールの中国市場進出」『日経広告研究所報』293 号，54-61 ページ。

諸上茂登・大石芳裕・小林一・Massaki Kotabe（2007）『戦略的 SCM ケイパビリティ』同文舘出版。

安室憲一・ビジネスモデル研究会（2007）『ケースブック　ビジネスモデル・シンキング』文眞堂。

山下洋史・諸上茂登・村田潔（2003）『グローバル SCM―サプライチェーン・マネジメントの新しい潮流』有斐閣。

Achtenhagen, L., Melin, L. & Naldi, L. (2013), "Dynamics of Business Models – Strategizing, Critical Capabilities and Activities for Sustained Value Creation," *Long Range Planning*, 46 (6): 427-442.

Amit, R. & Zott, C. (2001), "Value creation in E-business," *Strategic Management Journal*, 22: 493-520.

Amit, R. & Zott, C. (2015), "Crafting business architecture: The antecedents of business model design," *Strategic Entrepreneurship Journal*, 9: 331-350.

Augier, M. & Teece, D. J. (2007), "Dynamic capabilities and multinational enterprise: Penrosean insights and omissions," *Management International Review*, 47 (2): 175-192.

Bartlett, C. A. and S. Ghoshal. (1989), *Managing Across Borders: The Transnational Solution*, Harvard Business School Press.（吉原英樹監訳『地球市場時代の企業戦略―トランスナショナル・マネジメントの構築』日本経済新聞社，1990 年。）

Casadesus-Masanell, R. & Ricart, J. E. (2010), "From strategy to business models and onto tactics," *Long Range Planning*, 43 (2-3): 195-215.

Cantwell, J. (2014), "Revisiting international business theory: A capabilities-based theory of the MNE," *Journal of International Business Studies*, 45 (1): 1-7.

Cantwell, J., Dunning, J. H. & Ludan, S. M. (2010), "An evolutionary approach to understanding international business activities: The co-evolution of MNEs and the institutional environment," *Journal of International Business Studies*, 41: 567-586.

Day, G. S. (1994), "The capabilities of market-driven organizations," *Journal of Marketing*, 58 (4): 37-52.

Day, G. S. (2011), "Closing the Marketing Capabilities Gap," *Journal of Marketing*, 75, (4): 183-195.

Demil, B. & Lecocq, X. (2010), "Business model evolution: In search of dynamic consistency," *Long Range Planning*, 43: 227-246.

Dunning, J. H. & Lundan, S. M. (2010), "The Institutional Origins of Dynamic Capabilities in Multinational Enterprises," *Industrial and Corporate Change*, 19 (4): 1225-46.

Foss, N. J. & Saebi, T. (2017), "Fifteen Years of Research on Business Model Innovation: How Far Have We Come, and Where Should We Go?" *Journal of Management*, 43 (1): 200-227.

Govindarajan & Warren (2016), "How Amazon Adapted Its Business Model to India," *HBR online*, www.hbr.org.

Hennart, JF. (2019), "Digitalized service multinationals and international business theory," Journal of International Business Studies, https://doi.org/10.1057/s41267-019-00256-2

Johanson, J. & Vahlne, J. (1977), "The internationalization process of the firm: A model of knowledge development and increasing foreign market commitments," *Journal of International Business Studies*, 8 (1): 23-32.

Johanson, J. & Vahlne, J. (2009), "The Uppsala internationalization process model revisited: From liability of foreignness to liability of outsidership," *Journal of International Business Studies*, 40: 1411-1431.

Kano, L. (2018), "Global value chain governance: A relational perspective," *Journal of International Business Studies*, 49 (6): 684-705.

Massa, L., Tucci, C. L. & Afuah, A. (2017), "A Critical Assessment of Business Model Research," *Academy of Management Annals*, 11 (1): 73-104.

McGrath, R. D. G. (2010), "Business Models: A Discovery Driven Approach," *Long Range Planning*, 43 (2-3): 247-261.

Narula, R. & Verbeke, A. (2015), "Perspective: Making internalization theory good for practice: The essence of Alan Rugman's contributions to international business," *Journal of World Business*, 50: 612-622.

Osterwalder, A. & Pigneur, Y. (2010), *Business model generation*, Hoboken, NJ: Wiley.

Peng, M. W., Wang, D. and Jiang, Y. (2008), "An institution-based view of international business strategy: A focus on emerging economies," *Journal of International Business Studies*, 39 (5): 920-936.

Rugman, A. & Verbeke, A. (2003), "Extending the theory if the multinational enterprise: internalization and strategic management perspective," *Journal of International Business Studies*, 34 (2): 125-137.

Saebi, T. & Foss, N. J. (2015), "Business models for open innovation: Matching heterogeneous open innovation strategies with business model dimensions," *European Management Journal*, 33: 201-213.

Tallman, S. (2014), "Business Models and the Multinational Firm," In Multidisciplinary Insights from New AIB Fellows. Published online: 10 Oct: 115-138.

Teece, D. J., Pisano, G. & Shuen, A. (1997), "Dynamic capabilities and strategic management," *Strategic Management Journal*, 18: 509-533.

Teece, D. J. (2009), *Dynamic capabilities and strategic management*, London: Oxford University Press.（谷口和弘他訳『ダイナミック・ケイパビリティ戦略』ダイヤモンド社，2013 年。）

Teece, D. J. (2010), "Business models, business strategy and innovation," *Long Range Planning*, 43: 172-194.

Teece, D. J. (2014), "A dynamic capabilities-based entrepreneurial theory of the multinational enterprise," *Journal of International Business Studies*, 45: 8-37.

Usui, T., Kotabe, M. & Murray, J. Y. (2017), "A Dynamic Process of Building Global Supply Chain Competence by New Ventures: The Case of Uniqlo," *Journal of International Marketing*, 25 (3): 1-20.

Verbeke A. & Kano L. (2015), "The New Internalization Theory and Multinational Enterprises from Emerging Economies: A Business History Perspective," *Business History Review*, 89 (3):

415-445.

Wirtz, B. W., Pistoia, A., Ullrich, S. & Göttel, V. (2016), "Business models: Origin, development and future research perspectives," *Long Range Planning*, 49: 36-54.

Zott, C. & Amit, R. (2007), "Business model design and the performance of entrepreneurial firms," *Organization Science*, 18: 181-199.

Zott, C. & Amit, R. (2010), "Business Model Design: An Activity System Perspective," *Long Range Planning*, 43 (2-3): 216-226.

Zott, C., Amit, R. & Massa, L. (2011), "The Business Model: Recent Developments and Future Research," *Journal of Management*, 37 (4): 1019-1042.

第10章
多国籍企業とネットワーク
―地理的空間編成とデジタル空間編成に関連して―

1. はじめに

多国籍企業研究は，1960年代の米国企業の海外生産活動を対象として始まった。直接投資や海外経済活動の原因の探求（Hymer, 1976；Dunning, 1988；Cantwell, 1989；Kogut & Zander, 1993），そして，海外進出した後の多国籍企業の組織編成行動（Egelhoff, 1988；Bartlett & Ghoshal, 1989；Ghoshal & Westney, 1993）などがある。また，ネットワーク論は，多国籍企業論とは関係をもたず議論された。なかでも，市場調整機能と対比し，信頼の基づく調整（Granovetter, 1985）が重要である。そして，輸送革命，情報通信技術（ICT）革新，国境障害の低下により，産業内貿や生産の国際的分散が進展し（Fontagne *et al.*, 1997；石田, 2011），多国籍企業分析に組織間ネットワークという視点が提示される（Forsgren *et al.*, 2005；Penrose, 1995, 1996）。また，世界システム論に起源をもつコモディティ・チェーン分析が，グローバル・バリューチェーン（GVC）分析へと展開し，企業組織関係の類型と効果が議論された（Gereffi *et al.*, 2005）。

本章では，地理的空間編成を行う古典的多国籍企業論と対比し，組織間ネットワークとデジタル空間を取り入れた多国籍企業分析を提示する。移動可能な組織と移動できないロケーションという多国籍企業が形成する地理的空間編成の変容，さらに企業組織とその資源のアン・バンドリングという組織・資源の再編成によるネットワーク調整の出現，複雑適応的な組織間ルールにより形成されるデジタル空間に注目し，企業―地理空間と企業―デジタル空間との共進化のなかで多国籍企業の行動・戦略が行われていることを確認したい。そして，2つのことを主張する。すなわち，① 現代の多国籍企業は，資源管理・情報管理・知識創造などの能力を戦略的に活用し，ICT 基盤と信頼をベースに企業組織間で合意されたルール（たとえば，コンソーシアムによる標準化，イノベーションのオープン化，組織間・製品間のモジュール化など）のもとでネットワーク調整をベースにしながら地理的空間編成をおこなっている。② 未来の多国籍企業は，デジタル空間をより編成・活用する。たとえば，多様なデジタル技術を活用したビッグデータの収集と活用，組織間の合意されたルールの更新，デジタル技術を活用したコトの創造，web でのクラウド・アウトソーシングやクラウド・ワークの活用というようにデジタル空間上での業務の取引（trade in task）など，これまでにない能力開発・知識創造プロセスに資源を割く必要がある。多国籍企業による，デジタル空間を通じた地理的空間の再編成が進むであろう。

2. 地理的空間編成の変容

2-1. 国際生産からグローバル生産へ：二つの側面

Dunning（1979）により「国際生産（international production）」として「多国籍企業の FDI により融資された生産」という定義が与えられている。これは，1960 年代に顕著となった米国多国籍企業の経済活動に対応している。しかし，現在，グローバル生産ネットワークや GVC と呼ばれるように，企業組織間関係により生産が行われている。そこで，「国際生産」から「グローバル生産」への変容（図表 10-1）を2つの側面から考察したい。

第1に，国際的制度・環境変化から，FDI 資源のアン・パッキング（分解）（Oman, 1984；Oman *et al*., 1989）に注目する[(1)]。それは，① 途上国へのシンジケートローンの拡大と累積債務問題という国際マクロ経済環境変化から，FDI 資金とその他の FDI 資源の分離が起こり，さらには，② 新参国として日本や西ドイツ，さらには韓国など企業による FDI 資源活用の多様化・分解により，「FDI の新形態」（所有に基づかない支配）が出現したものである。第2に，伝統的に子会社の所有が支配的であった米国多国籍企業の国内で起こった企業組織・資源の解体・再編に注目する。まず，① 政策変化・金融化のなかで，企業組織はコングロマリットと垂直統合を解体し，また，② 株主価値最大化というガバナンスの圧力が高まり，③ キャッシュの効率的活用のなかで，企業資源を選別し外部資源の活用を進める戦略がとられていく。これを企業組織・資源のアン・バンドリングと定義する。

2-2. 国際マクロ環境の変化

国際マクロ環境の変化から，FDI による国際生産を行う多国籍企業の変容を明らかにしたい。それは，多国籍企業が，資源の戦略的活用を通じて，多国籍銀行，そして，当初は，外資政策を主導する現地政府との補完関係を形成し，さらに，後に，自立した現地企業組織と補完関係をむすび，所有に依拠しない「投資の新形態」の活用である。

「投資の新形態」は，60 年代の直接投資を様式的事実とした米国型直接投資と対比される。新形態は，直接投資の資源をアン・パッキングするものであった[(2)]。図表 10-1 は資源のアン・パッキングや組織のアンバンドリングに係わる議論をまとめたものであるが，ここでは 70 年代と 80 年代に注目する。

第 1 の転換点は 70 年代である。資金と他の資源要素の分離が行われる。前者の投資機能はユーロ市場を活用する多国籍銀行が行う。石油ショック，オイルダラーの還流という世界経済の構造の下で，途上国政府は有利な条件で資金調達可能となり，資金以外の要素を多国籍企業から調達する。多国籍企業は，途上国の規制回避と現地市場確保のために「投資の新形態」を活用した。多国籍企業の戦略と途上国の経済発展のために要素補完（多国籍企業の成熟技術と現地市場の開放という補完）が行われた[(3)]。第 2 転換点は 80 年代である。利害関係者間の資源相互依存性とリスク軽減，そして，受け入れ国の投資誘致競争，為替レートの変化による相対資産効果や相対資金効果がみられるとともに，先発投資国と新規投資国の多国籍企業間競争，大企業にくわえ中小企業の多国籍化進展など，投資戦略の多様化が促進される。そのため，自立した現地企業と多国籍企業との企業補完関係（戦略的技術と現地労働の補完）が成立する。この補完関係は，多国籍企業の現地市場確保とともに，現地企業の輸出指向的行動を生み出すことになる。

図表 10-1　FDI 資源の分解と組織・資源の再編

時代	FDI 資源の分解・再編	文献
60 年代	ユーロ市場の拡大・活用を通じた米国 MNC のヨーロッパへの FDI 拡大	Servan-Schreiber (1968), Vernon (1966)
70 年代	①米国 MNC は所有（FDI）による国際生産拡大	Dunning (1979)
	②先進国 MNC の相互浸透	Hymer (1976)
	③日本・西独の後発組は，途上国に対して FDI 資源を分解（技術移転）し，下請け生産を促進	Oman (1984), Kirchbach (1983), 小島 (1985)
	④シンジケートローン：MNC・金融機関・投資受入国でのリスク分担。	Oman (1984), Oman et al. (1989)
	⑤ライセンシング，国際下請け，ジョイントベンチャーなど投資の新形態	
	⑥アジア NIES のバーゲニング・パワー拡大，技術導入と海外販売により輸出指向的政策重視	
80 年代	①累積債務問題顕在化と途上国外資政策緩和：先進国 MNC のリスク管理（FDI 資源分解）	UNCTC (1988), Oman (1989), Stopford & Strange (1991)
	②先進国 MNC 組織間アライアンス拡大	Hagedoon (1996), Penrose (1995, 1996)
	③プラザ合意後：日本 MNC は国際生産・国際下請生産促進	Halbach (1989), Lim & Fong (1991)
	④ FDI の相対資産効果・相対賃金効果	Klein & Rosengren (1994)
	⑤グーローバル化への適応（コンティンジェンシー）	Bartlett & Ghoshal (1989)
90 年代	① ITC 化による取引コストの低下，グローバル化のなかでのネットワーク関係促進	Doz, Santos & Williamson (2001), Forsgren, Holm & Johanson (2005)
	②米国での連続金融緩和：ステイクホルダー価値から株主価値重視へ，企業組織解体促進	Lazonic & O'Sullivan (2000)
	③ MNC 資産のグローバル・オーケストレーション：特殊資産・ケイパビリティ（資源の束）のポートフォリオ	Teece (2009)

出所：筆者作成。

直接投資について次のように考えよう。一方で，完全所有を考える。投資される要素パッケージ（資金，設備，技術や経営ノウハウ，マーケティングなど）が全てエクイティ所有により投資国へ移転される。投資リスクの全てを親会社が負担する一方で，投資先の経済活動を完全支配し，投資利益を全て獲得する。他方で，すべての資源が市場機能に媒介された取引なら，支配という行動は完全に消える（ただし，寡占とか独占市場であれば価格調整の支配は存続する）。これが対局にある市場取引である。その中間が組織内と組織間調整メカニズムであり，資源がアン・パッキングされ，そこには，資源の相互依存関係（相補関係）とパワー・バランス（ガバナンス）が存在する(4)。

60年代の投資はエクイティ・ファイナンスであり，一方で，投資効果が上がらない場合には1株当たりの価値の希薄化や子会社支配のリスクが伴う。他方で，投資が成功すれば期待収益よりもより高い利益が確保できる可能性もある。70年代は，オイルダラーが途上国に還流し，途上国への貸し付け限界（累積債務問題の顕在化）まで，先進国からの途上国へ貸し出しが行われる。この背後にある構造が，資金とその他の投資要素のアン・パッキングである。銀行にとっては債務国のリスク管理と一定の利子収入確保，債務国にとっては所有権の確保と負債負担の引受けとなる。多国籍企業は資金投資リスクから開放され，資金以外の他の投資要素を活用することで利益を追求する。つまり，投資要素としての技術や経営ノウハウなどに支払われる事前の交渉条件から得られる利益配分と多国籍企業がこれらの投資要素提供のためのコストとの差の最大化が多国籍企業の戦略となる。逆に，投資受け入れ国は，いかにこの差を最小化させるかに関心をもつ。条件によりエクイティ・ファイナンスに近い投資から，単に技術やノウハウを販売する経済行為まで，多様な形態が見られるようになる。この時点では，先進国多国籍企業，途上国，そして多国籍銀行という経済主体による相互依存関係が形成される。しかし，関係は，多国籍企業と途上国との間にあり，企業組織間の関係とはいいがたい。

80年代に入ると，状況は一転する。途上国は銀行借り入れの債務負担を回避するために，エクイティ・ファイナンスによる従来型の直接投資（一括パッケージ）の受け入れを望んだ。また，より戦略的に投資の新形態を活用する途上国（とりわけアジアの諸国）が出てくる。多国籍企業は，グローバル・スキャニング能力を拡大させ，よりリスク・不確実性を逓減する戦略的行動をとる。なかでも，無形資産であるノウハウやマーケティングなどの企業特殊優位性から収益を上げることで，直接投資の新形態を積極的に活用した。さらには，企業組織間のリスク分担と相互協調を深めることで，経済活動の柔軟性を高めることが可能となった。下請け生産による柔軟性と投資リスク軽減は，投資受け入れ国のバックワード・リンケージ形成と輸出促進とに合致した(5)。したがって，多国籍企業は，FDI活動ばかりではなく，自社のコア資源を選別し，資源の戦略的活用を通じて補完関係を形成する行動を選択し始める。

ところで，80年代後半のコンティンジェンシー論を取り入れた組織編成行動（たとえばBartlett & Ghoshal, 1989）は，垂直的統合型の企業組織を念頭においていた。しかし，90年代以降は，2つの点に留意して組織行動を考察する必要があるであろう。第1に，組織編成は，既存資源配置ではなく，スキル開発，資源選別とレバレッジ（Hamel & Prahalad, 1990）であり，リストラクチャリングである。第2に，環境への受動的組織編成ではなく，ネットワークを基盤とした協調ゲームにより環境を変化させるなかで組織編成を行う能動的なものが現れる（Nalebuff & Brandenburger, 1997）。以下で，図表10-1の90年代から顕著に見られた多国籍企業活動を考察しよう。

2-3. 組織・資源のアン・バンドリング

米国の金融政策の転換や規制緩和という一連の政策転換のなかでの，顕著な変化として金融化が観察された。一方で，金融業自体は，シュムペーターが指摘したイノベーションへの資金提供を担うのではなく，Kay（2015）が主張するように，リレーションシップからトランザクションへ移行することで，利益活動のためにトレーディングを拡大させた。他方で，非金融業は，内部資本市場ではなく株式市場による企業統制を強く意識し，株主価値を引き上げるために企業組織・企業資源を見直し，コアな資源管理に集中し，それ以外はアウトソーシングする行動をとった。ここに組織・資源のアン・バンドリング（コングロマリット解体，企業組織内部機能・資源の分解）と，オフショア・アウトソーシングが進められ，グローバル生産の進展というプロセスが進んだ。図表10-2は，国際生産とグローバル生産を対比したものである。この変容要因を考察しよう。

転換点は，79年の「新金融調節方式」という金融政策に移行したボルカー・ショックである(6)。金融市場は，増税ではなく，支出削減を好むという性向をもつ(7)。規制緩和・金融自由化のなかで金融市場の拡大は，家計債務制限緩和，消費拡大・経済刺激策と呼応し(8)，それらが財政支出の代替策となった。金融セクターの成長は経済的に望ましいというユージン・フォアマンの効率市

図表 10-2　生産システムの変容

	IP：国際生産 1950年代－80年代	GP：グローバル生産 90年～
編成	Dunning（1979）：「MNC の FDI により融資された生産」：折衷理論	コア業務への投資と周辺業務のアウトソーシング・ネットワークを基盤とした GVC の形成
組織	M型組織による内部化：取引コスト削減のための組織内部調整：人事管理（雇用契約）重要	・マトリックス組織，フラット組織，ネットワーク組織：財務部門（キャッシュフロー管理）が重要 ・株式市場の外部評価に適応した「規格化」された組織・資源のアン・バンドリングが進行 ・政策変化・制度転化のなかでの企業家の不確実性知覚が組織構造を再構築
環境	所与の環境に合わせた国際組織編成（コンティンジェンシー）国際環境の変化による MNC の FDI パッケージの分解	・環境変化の知覚に対応した余剰資源活用（ダイナミック・ケイパビリティ） ・企業間の協調による環境への働きかけ（ゲームアプローチ）
成長	事業部の維持を前提，事業部レベルの成長	組織全体の再編と組織間協調による持続的成長
リスク	規模の経済性・内部化によるリスク削減	数量調整・知識生産の不確実性拡大とそれに対応するためのネットワーク形成によるリスク削減
シナジー	多角化による物理的要素のシナジー効果：規模の経済・コスト削減	知識創造のリスク削減と知識創造のシナジーのためのネットワーク活用：知識創造
ガバナンス	ステイク・ホルダー価値・内部資本市場の効率性	株主価値・外部資本市場の効率性
投資	需要に反応した投資	利潤に反応した投資（将来のキャッシュフロー重視）
価値活動	付加価値の創造・拡大（価値創造）	GVC で付加価値創造のシナジー効果と付加価値パイの獲得競争（価値獲得）
イノベーション	プロセスおよびプロダクトイノベーションの生産における主導権	ビジネスモデル・イノベーションによるネットワークの主導権

出所：筆者作成。

場仮説，そして，株主価値最大化というジャンセンとメリングのエージェンシー理論を背景に，金融市場での活動を合理的かつ不確実性は計測可能であるという信条に基づいて，経済制度が構築された。このことは，ウォール・ストリートの評価が非金融業の組織構造と戦略に大きな影響を与えることを意味した(9)。

非金融業は，企業の能力構築戦・成長戦略を顕示し，株主価値を高めるために，一方で，コア・コンピタンスへの集中投資と，他方での外注化という，組織・資源のアン・バンドリングを進めた。さて，ここでいうコア・コンピタンスへの集中には，二つの作用が働く。一つは，機関キャッシュ・プール集団（金融集団）による株式市場での評価の標準化と株価上昇のためにコア業務への戦略的投資への要求である[10]。もう一つは，経営者が考えるコア・コンピタンスの明確化である。前者は，短期的収益と結びついたコア部門への投資であり，後者は，企業家的精神が投影されたコア部門への投資である。この二つの折り合いの中で，アン・バンドリングが進められた。前者は，物的資産ではなく，企業評価を左右する無形資産を重視する（Serfati, 2008）。後者は，付加価値生産ではなく，多く付加価値を獲得する能力を求める。この中で，Wal-Mart や Apple などのビジネス・モデルが出現した。両者は，業種は異なりコア・コンピタンスも異なるが，どちらも外注化している。外注化は，中国をはじめとする公的補助策があり賃金の安価なアジアに集中した[11]。また，コアのなかでもマーケティングに力を注いでいることは共通する。

組織間協調関係には，二面性がある。一方で，それぞれ得意分野に特化した企業間の補完関係である。たとえば，鴻海などの第二世代のアジア EMS 企業（第一世代は，米国内の IBM で始まった EMS）は，製造組み立て分野に特化することで，ブランドメーカーの企業内製造工程を凌駕する規模の経済性・納期の短縮化・柔軟性を実現している[12]。FedEx などのロジスティックス企業に関しても同じ事が言える。他方で，GVC におけるリスクや責任分担，そして価値獲得などを決定する力関係でもある。マーケティングに力を注ぐことは，単にアジアの企業が生産したものを輸入することではない。それは，最終消費地までサプライチェーンを組織化・効率化し，取引の組織間ルールを構築し，ロジスティック・ソルーションの決定権を持つとともに，ビッグデータを活用し消費者にアピールできる製品開発を主導する事を意味する。つまり，VMI（Vendor Managed Inventory）導入，CCC（Cash Conversion Cycle）短縮，ブランド力構築などの一連の行動で，株主価値最大化の要求に呼応する。そのために，GVC の効率化・最適化であるサプライチェーン改革を主導し，GVC の生産・流通（インバウンドとアウトバウンド）の全体から最大の価値獲得ができる能力を獲得する。多様なビジネス・プロセスの組織間ルールを統制するシステム形成力という無形資産への投資（ビジネス・モデル・イノベーション）が重要となる[13]。

2-4. 有形資産と無形資産の分離

垂直的統合された組織の中で，有形資産と無形資産は一体となり蓄積された。たとえば，IBMやAppleはかつて大規模製造部門を所有していた。また，デファクト・スタンダードといわれるように，技術力の標準化で競争していた。無形資産の分離の顕在化は，アン・バンドリングによるGVC形成の動きに呼応する。また，アン・バンドリングが進む中で，競争優位は様変わりする。製造技術や製品技術力に力を注ぐ競争優位から，ビジネス・モデルという組織間合意の「ルールの束」の支配による優位へと変化した[14]。

ここで，Penrose（2009）に依拠しよう。つまり，「資源の束」を効率的に管理する経営者サービス，そして，資源活用の方向を決定づける企業者サービスにより，企業成長が規定される。ペンローズは，当時の制度基盤（ヴェブレンの主張する社会慣習を含む）に規定され，多角化・合弁買収が外部資源を取り込む方法であると主張した[15]。現代では，組織間ネットワーク自体が資源であり，それを活用することで，外部資源を補完できる。株主価値最大化という制度では，企業組織や資源のアン・バンドリングは，企業家サービスに次のような影響をもたらす。すなわち，余剰資源を，製造プロセスや製品開発のイノベーションではなく，より価値獲得能力をたかめるため，組織間ルールを主導するビジネス・モデルのイノベーションに振り向ける。ビジネス・モデルとは，生産や流通に係わる技術力そのもというよりも，組織間ルールを整備し，それぞれの企業の能力を組み合わせることで最適化をはかり，そして消費者を含めた社会全体に，商品を認知させる手法であると考えられる。また，コア業務としてマーケティングに関係するビッグデータを統合し累積的に学習・知識創造を行うことにより，他の組織よりもその中心性と求心力を高めていく可能性を模索する手法でもある。ひとたびビジネス・モデルが確立すると，GVCの生成・再編・消滅というライフサイクルを主導し，部品の技術開発や周辺業務などを外部に委ねることが可能となる。さらに，多数のGVCを包摂し，多様な消費者のニーズをマッチングするプラットフォームが形成される。BtoBとBtoCを取り込み，大量の消費者データを活用することでさらなる消費者ニーズをたかめることで，多様なGVCを取り込んだ包括的ネットワーク編成を可能とする。

ネットワークの中心性と周辺性を考えると，その周辺に位置する企業は，個々の企業内部でプロセス・イノベーション，プロダクト・イノベーションを行うとともに，ネットワークを通した学習・知識創造により，ネットワークで優位生を保ち，GVCに持続的に参入するためのイノベーション能力を持続的に高める。つまり，フォーカル企業が主導するビジネス・モデルへ参入することを目的とした副次的ビジネス・モデルが形成される。そして，副次的ビジネス・モデルには，ネットワークにおける知識創造の貢献度において階層性が形成される。グローバル生産を支えるネットワークとは，取引コスト低下による国境を越えた取引関係，サンクコスト拡大によるリスク・不確実性の分散・分担，国境を越えた有形資産・無形資産の相互依存関係，企業組織関間の信頼をベースにした合意されたルールに基づいた調整関係，企業組織間のパワーバランスによる階層関係という多面的側面をもっている。とりわけ，余剰資源活用による知識生産・イノベーションの多様化や階層化に注目したい。その変化はオスロ・マニュアル改訂（OECD and Eurostat 2018）に現れている。たとえば，生産以外のビジネスプロセス・イノベーションに注目し，改訂前にはなかったビジネスモデルやプラットフォームがイノベーションとして分析対象となっている。つまり，ビジネスモデルやプラットフォームという知識創造・イノベーション，つまり，有形資産よりも無形資産形成活動に関連するプロセスとその成果がネットワークシステムの中で重要な位置付けとして認知されてきている。

3. グローバル生産システム

3-1. 多国籍企業のネットワーク調整

GVCはダイアッドな組織間関係の連鎖であり，形式的には特定の最終製品に焦点を当てた付加価値連鎖である[16]。しかし，多数の製品を扱う企業は，それぞれの製品ごとにGVCの形成・維持・終焉というライフサイクルの調整に直面する。そこで，多数のGVCのライフサイクルを調整する基盤をGVCネットワークと定義したい。

ネットワーク空間における企業群は，基本的には，能力と信頼により選別されたメンバーである。より厳密に言えば，フォーカル企業が，その時点でもっとも消費者にアピールできる付加価値創造の相互補完関係形成に必要な企業群を選別する。そのため，GVC編成のための潜在的候補企業が存在する広義のGVCネットワークは比較的「弱い紐帯」であり，GVCを構成する企業ネットワークは比較的「強い紐帯」である[17]。

GVC形成の事前と事後には2つのシステムがあり，GVCネットワークは3つのシステム階層で構成されている。まず，生産システムである。製品生産に関係する補完関係であり，信頼をベースに企業間ルールで統制された組織間補完関係の総体である。第2は，事前の製品開発と生産プロセス革新，そして企業組織間を統合するためのビジネスモデルを進める知識創造およびイノベーション・システムである。知識創造のための情報ネットワークを基盤に知識生産の協調関係の場と組織間合意のルール形成が行われる場である。イノベーションが組織内部で完結されることはないので，オープンシステムである。このイノベーション・システムで生み出された知識が生産システムに適応されて初めて付加価値創造が実現するとともに，基本的には，このシステムでの企業貢献度が付加価値獲得を規定すると考える。第3は，生み出された知識ストックおよび獲得された付加価値ストックを資産として管理するシステムである。特に，最近では資金運用における租税回避に加え，タックスヘイブンにおける知財子会社の役割が注目されている（Jeffrey *et al.*, 2017）[18]。

ここでは，第2のシステムに注目したい。GVC・ネットワークの背後には，製品・サービス生産を行う上での事前の情報交換や知識創造，2～3世代先の将来の製品開発に必要な情報・知識のやり取り，フォーカル企業による次世代製品生産のGVCを形成する企業の選別と組み合わせの模索，すでにライフサイクルが終わった製品に係わる情報交換とそれに基づいた学習のための情報フローというように，知識創造・イノベーションを支える組織間ネットワークが存在する。さらには，組織間ネットワークのネットワークとしての組織間フィールドがある。これは組織間ネットワークよりもより「弱い紐帯」であるが，知識創造の可能性を広げる情報交換の場である。したがって，一方で，重層的ネットワークの広がりとともに信頼度は薄くなるけれども，他方で，情報・知識量とその利用の潜在的可能性は，個々のGVCよりも，GVCネットワークの方が多種多様で豊富であり，また，GVCネットワークよりも組織間ネットワークが，さらには，組織間フィールドというネットワークの方がより膨大である。したがって，信頼に基づいた調整により長期的な取引を支えるネットワークは，単にコスト効果（取引コストやサンクコスト）という論理で説明は不可能である[19]。グローバル化のなかで進行した市場メカニズムの拡大のなかで，効率性はもとより，リスク・不確実性の分担，数量調整の柔軟性，取引関係の安定，情報共有，知識創造を実現させる場としてネットワークが出現したのである[20]。ここでいう広義のネットワークは，地理的空間とデジタル空間という2つの空間から構成される。前者では付加価値フローが貿易を通じて行われ，後者では情報フローがWebを通じて行われる。また，生産プロセスは有形資産の地理的空間編成により行われ，知識創造プロセスは無形資産を拡大させ，一層デジタル空間を制御・拡大・進化させる。

3-2. 環境変化と組織化

コースが指摘したように，内部化における取引費用の削減とともに，組織管理費用が同時に発生する。組織費用よりも取引費用のコストの大きな多国籍企業は，内部化・垂直統合を進めた。しかし，市場環境変化や技術革新により，組織費用と取引費用の相対コストが大きく変わるならば，内部化は合理的ではなくなっている[21]。

第1に，範囲の経済や多品種少量生産，消費者のニーズをフィードバックするコンカレント・エンジニアリングが求められるようになると，内部化による組織管理の不合理が顕在化し，また組織管理コストが上昇してくる。第2に，技術革新と対応した情報取引という側面からみると，一般に知識移転費用は組織内部では市場に比べて低いといわれる[22]。しかし，ICT革命が進展すると，情報取引コストが低下する。同時に，有益な外部情報量が増え，外部情報が有力な資源となる。そのため，組織内部に限定して情報管理する合理性が崩れてくる。企業組織にとってコアとなる情報・知識は内部化するが，それ以外はオープン化し多様な情報を入手し，他組織とシェアすることで将来のリスクや不確実性にそなえるというネットワーク調整システムが現れる。第3に，すでに確認したように，外部資本市場によるガバナンスが重視される制度変化がある。80年代になるとコングロマリットや垂直統合的組織の解体が進められた。資本市場からは，コア業務以外の機能のアウトソーシングを進めることが企業の評価を高め，株式価値最大化はかる手法であると認知され，ガバナンスシステムは変化する。

以上，市場環境（需要構造），技術革新，制度という3つの側面からみた変化は，外部組織との関係を見直す行動を顕在化させた。多国籍企業にとり合理性のおよぶ範囲を確定する問題である。特に，消費者にとって，モノではなく，価値あるコトの創造を出発点とし，顧客情報分析に基づき価値創造プロセスを主眼とした組織境界（合理性の及ぶ範囲）を確定することが課題となっている。これは，資源配分・効率性を課題にする組織ではなく，消費者を起点とした能力形成という課題に取り組む組織であり，サービスドミナント・ロジック（Vargo & Lusch, 2004）という視点が重要になってきているといってもよい。コスト合理性は必要条件であるが，能力維持・成長にとって十分条件ではない。したがって，企業行動は，生産プロセスをアウトソーシングし，余剰資源を知識創造やマーケティングに活用し，将来の企業成長を模索する。

組織間協調による付加〈価値創造〉能力と組織間パワー・バランスによる付加〈価値獲得〉能力の相違（ストックではなくフローの配分）を見るためには，ダイアッドな視点ではなく，情報や知識の側面，そして地理的空間編成とデジタル空間編成の鳥瞰的（ホリステック）視点が重要になる。ネットワークのなかでコア知識をどのように活用するかが，付加価値獲得能力を規定する。そして，無形資産の一形態であるビジネス・モデルを主導しているフォーカル企業の知識創造・イノベーション能力に依拠した価値獲得能力が注目される。それは，価値創造のための協力関係である補完関係とともに，価値獲得のための競合関係というゲーム論的視点に対応する（Nalebuff *et al.*, 1997）。稼働中のGVCプロセスに焦点を当てると効率性と補完性は重要である。しかし，

GVCのライフサイクルに視点をおくと，GVCを支配する組織間ルールを主導することこそ重要である。なかでも，デジタル空間を活用したルールがビジネスモデルとして知的所有権として認知されてからは，デジタル空間におけるプラットフォーマーが支配力を拡大している。ここで留意すべきは，情報処理の個人能力の限界，さらに，人間行動には意識的過程と制度・慣習のなかでの無意識的過程である。情報の知覚的・認識的プロセスにより，ナマの情報のとらえ方が主体により異なるために，組織パフォーマンスは同じではない。さらに，外部環境が不確実であり，合理性の及ぶ範囲の認識が異なれば，すでにイノベーションに階層構造があることを確認したように，個々の組織行動は異なってくる。多国籍企業の主体（企業家機能）の能力は，地理的空間編成とデジタル空間編成に対する戦略的行動の相違をもたらす。なかでも，デジタル空間編成への戦略的行動が価値獲得能力を左右すると考えられる。

4. デジタル空間と未来の多国籍企業

4-1. デジタル化

大きな転換点は，インターネットが普及した1990年代の半ばである[23]。財・サービスの制御や取引のシステムがアナログからデジタルへと転換し，デジタル・インテンシブな経済活動が拡大することをデジタル化と考える。ここでは，物理的なICT機器への投資自体よりも，いかに情報機器を制御し活用するかというデジタル・イノベーションが重要である。さらに，イノベーションの成果としての無形資産の活用が課題となる。ただし，デジタル化の傾向は，物理的財を中心とした商品分類やGDPのような付加価値計算では，分析不可能な側面であるが，着実に経済活動は変容している。

第1に，財をみると，写真，映像，音楽，ドキュメント，アプリケーション・ソフトなどのように，有形の物理的財の生産よりも無形のデジタル財の生産活動の比重が相対的に拡大している。物理財と対比すると，デジタル財は，限界生産コストが非常に低く，価格が平均的・長期的にゼロに近づいてゆくことが指摘されている（Shapiro and Varian, 1998）。さらに，輸送コストや在庫管理リスクもない。取引をみると，音楽のように使用料が請求される有償のデジタル財や，アプリのように補完財として無償のものがある。デジタル財は，価格が低くても，あるいは無償でも，ネットワーク外部性が働くデジタル空間（プラットフォーム）が形成されるなかで，重要な取引を形成している。とりわけ，物理財（モノ）が飽和するなかでも，デジタル財のイノベーションにより需要が開拓されている。なぜなら，デジタル財はコトの消費であり，体験こそが消費価値を高めている。この側面からも，デジタル財に基盤をおいたビジネスモデルのほうが相対的に競争優位を持つことになる。

第2に，物理財でも，価値創造においてデジタル化が非常に重要になってきている。物理財ではアナログによる制御もあるが，ここでは，その物理的特性の部分，財を制御するソフトウエアのようなデジタル技術の部分，そして財をネットワークに接続する通信部分で構成されていると考えてみよう（Porter & Heppelmann, 2015）。活用方法は，財の物理特性よりも，制御や接続の特性に依存している。たとえば，製品は，制御ソフトによりアップグレードされる。また，同じ物理的財であっても，制御ソフトウエアで異なる財として差別化される。さらには，財の価値は，補完的ソフトや，財を活用するデジタル空間により提供される補完サービスにより，高められる。つまり，消費者価値を高めるデジタル技術の開発，そして，どのようにデジタル空間をデザインして消費者価値を高めるかが重要となる。まさにデジタル技術を活用する領域としてのデジタル化がイノベーションの鍵をにぎる。IoT 時代が到来すれば，その傾向はますます強くなる。

第3に，デジタル化は，生産者と消費者を結びつけるためサービスやコトの情報を集めたデジタル空間としてプラットフォームの変革（Apple の iTunes, Amazon）をもたらした。プラットフォームには，間接ネットワークと直接ネットワーク（Katz & Shapiro, 1985），さらにバンドリング戦略（Nalebuff, 2004）がみられる。デジタル空間の拡大によるネットワーク形成は，ユーザーの増大により財の便益が増加する直接ネットワーク効果，そして，ユーザーの増加により補完財も数量・品質が増加・向上するために財の便益が増加するという間接ネットワーク効果をもたらし，サプライヤーや補完財生産者に便益をあたえるとともに，消費者に価値をもたらす。プラットフォームは，その範囲，拡大速度，利便性において相互補完関係を形成するデジタル空間となった。また，プラットフォームは，孤立した個々の独立した主体の関係としての市場ではなく，ネットワークにより結びつけられたデジタル空間である。そこでは，一物一価ではなく，多面的市場の中で，補完財との関係のなかでその価値が規定される。ただ製品・サービスを市場に出すのではなく，プラットフォームのなかで関係性を形成し，そのフリクションを可能な限り低くするようなデジタル空間を創造することが非常に重要となってきている。デジタル化にともない，知識創造活動は，デジタル空間の関係性やルールに向けられるようになっている。

第4に，デジタル化とビジネスモデルの結びつきにとって決定的な制度転換に注目したい。これまでは，ビジネスモデルそのものは知財として認められることはなかった。しかし，ICTを活用したデジタル化を活用することで実現されることで，ビジネス手法がビジネス関連知財として認められるようになった。大きな転換点は，1998年にビジネス・メソッド・パテント（BMP）がUSPTOによってClass 705として認められた事に始まる。デジタル化の中では，ICTを活用するビジネスモデルが知財となり，ICTの技術そのものよりも，ビジネスを展開する上でのステイクホルダーの関係性やルール構築プロセスが重要になった。それ以降，ビジネス関連知財の特許としての登録が拡大している。

第5に，企業の競争優位を規定する企業組織や戦略が大きく変化する。たとえば，1980年代前半では，日本の製造業は競争優位にあった。とりわけジャストイン・タイムや製造現場や組織の効率性をあげるために多様なプロセス・イノベーションを実現した。しかし，デジタル化された情報取引は，暗黙知をオープンにする。組織内部や国民経済に非常に粘着的（von Hinppel, 1994）である情報が，組織間の合意のもとで公開され，デジタル空間の中で，膨大かつ瞬時に取引されることになる。それは，組織内部とともに，企業組織間の調整フリクションや取引コストを低下させた。また，以下で確認するグローバル化のなかで形成された国境を超えた企業組織間関係は，デジタル化によって，財やサービス取引，そして情報の流れや知識生産，ガバナンスの手法を変化させることになる。

4-2. デジタル空間編成

デジタル空間編成を考察しよう。多国籍企業活動の地理的空間編成にICTは大きな影響をあたえた。またデジタル化は，モジュール化やオープン化とならんで，グローバル生産という地理的空間編成を促進させた。このような国際生産からグローバル生産への移行はデジタル空間編成による情報取引と管理が大きく影響している。たとえば，在庫という物理的ストックは，デジタル化により地理的に分散したGVCの情報管理を徹底的に行うことで大きく削減できた。これは，物理的ストックが情報に代替されたということができる。また，消費者の目的は，デジタル化により，物理的なモノの所有よりも，それを通じてコトにアクセスする体験空間や情報収集となっている。

ここで，地理的空間編成によりコストの最適化をすすめた多国籍企業が関係するGVCとデジタル空間の関係を考えてみよう。Forune誌によると，2015年のスマートフォーン事業の全利益91％がAppleであるという[24]。デジタル空間をネットワーク形態でみれば，それぞれスマートフォンという財も含めて多種多様なGVCが，プラットフォームに放射状に包摂され，それぞれ別のGVCから生まれた財・サービスによる補完的市場を形成している。これは，生産プロセスに参加している多数の企業が，デジタル空間におけるプラットフォームに包摂される状況のなかで，スマートフォンが関連した収益はAppleの一人勝ちをものがたっている。

デジタル空間をどのように考えれば良いであろうか。ここでは，以下のように考えよう。第1に，デジタル空間は，情報通信機器とリモートサーバーを結ぶweb上でのオンライン情報空間である。それは，① ムーアの法則にみられ急速な性能の向上と価格低下というCPU革新，② ギルダーの法則のように通信網の帯域上昇による通信革新，③ モジュール化/オープン化（企業間の情報共有）がもたらした参入障壁低下で周辺装置の競争激化・価格低下，という状況の中で出現した。第2に，複雑・膨大なビックデータと多数のデバイスが創りだす空間である。情報は，単にキーボード経由ではなく，フリーソフトやオープンソースソフトを通じたもの，GPSなどのセンサーから発信された情報など，膨大である。以前のようなライセンスで単体機器に囲い込まれた情報ではない。第3に，イノベーションは，多様な技術をベースにした積み上げげ，組み合わせ，そして継続によるものである。一方で，オープンソースソフトウエア，インターネットのオープンプロトコル，そして，フリーソフトを核に広がったソフトウエアの多様性というように，多数のイノベーションの積み上げである。他方で，IoT, アルゴリズム，AI，ブロックチェーンなどの多様なデジタルイノベーションの組み合わせでもある。また，デジタル空間では，以前のようにアプリケーション・ソフトのように更新時にライセンス料金徴収を目的としたものではなく，サービスとして，ユーザーの特性をリアルタイムで観察することを通じて，イノベーションが継続的に繰り返されている。第4に，ビジネスの場では取引媒介の中心となるプラットフォーマが形成するエコシステムが存在する。デジタル空間に，モノやサービスなどの情報収集・管理し，補完関係を形成し，サービスを提供する主体が存在する。そこでは，すでに確認した，間接ネットワークと直接ネットワーク，バンドリング戦略が存在する。さらに，取引は，空間的制約を受けずに瞬時で，アクセス・配布・複製の限界費用はほぼゼロである。この点が，地理的空間における物理的財とは大きく異なる。つまり，デジタル空間では，地理的空間のような既存の資源配分，効率性という現時点の編成に資源を割くのではなく，成長するには常に将来のために資源をどのいうに活用するかと言う空間編成が重要である。第5に，デジタル空間では，2つの労働形態が創りだされている。1つは，ギグエコノミーというように，ウーバーの事例で見られるように，中間管理システムを排除し，Web 上のオンデマンド労働である。2つ目は，クラウドソーシングによるイノベーションを行うクラウド労働である（Howcroft. & Bergvall-Kåreborn, 2019）[25]。

以上のような特徴をもつデジタル空間では，所有よりもアクセスを高め，物質よりも情報が重要な資源となり，よりオープンにし，不特定多数のクラウドが形成される。その結果，デジタル空間に「集合知」が形成され，そこから新しい知識が発生する。これは，組織の境界内部で知識を創造するというシステムとは全く異なる。インターネットの活用は，GVC の地理的空間の管理や流通チャネルを提供するという補助的な役割とともに，知識創造を促し，物理的空間とデジタル空間を結びつけ調整を行うビジネスモデルの創造という能動的な役割がある。デジタル空間編成活動が地理的空間編成活動に大きな影響を与え，場合によれば破壊的作用を及ぼす可能性がある。たとえば，印刷技術に依拠した書籍ビジネスモデルは，アマゾンのモデルにより大きな影響を受けた。また，音楽や映像のCDやDVDのメディアはネット配信に駆逐されている。

したがって，上記で確認した3つのネットワークシステムに加え，図表10-3のように，生産ネットワークと資産管理ネットワークの間に新たなデジタル・インテンシブなネットワークを加えなければならない。イノベーション，生産，資産管理に関連した3つのネットワークは，デジタル空間により補完され進化したBtoBネットワークといえる。しかし，ここで加えたネットワークシステムは，個々のGVCを包摂し，GVCによって生み出される多数の製品はマッチングし，消費者価値をより高めるプラットフォーム（あるいはエコシステム）である[26]。そして，BtoBとBtoCさらにCtoCを包摂し，デジタル空間を駆使して膨大な情報を収集・管理・活用するシステムである[27]。

このようなデジタル空間の拡大を見ると，地理的空間編成を前提にした多国籍企業の所有活動をベースにした古典的視点とは異なる多国籍企業の活動が想定される。まず，2つの空間編成には固定費の投入は必要であるが，しかし，大きな相違がある。第1に，資源の活用である。伝統的組織では組織境界内部に物理的制約がある。しかし，デジタル空間を編成するプラットフォームは，

図表10-3　ネットワークシステム

システム	機能	活動
イノベーションネットワーク	知識創造 価値創造	技術的プロセスイノベーション／プロダクトイノベーション
	価値獲得	非技術的：GVCデザイン／ビジネスルール／企業間標準
生産ネットワーク（BtoB） GVCの地理的空間配置	価値実現	計画：調達・生産・販売
	価値獲得	操業：調達・生産管理／マーケティング／実践的学習
デジタルネットワーク（BtoC BtoB） 物理財を包摂するデジタル空間	価値創造 価値獲得	決済／情報提供／マッチング ギグエコノミー／クラウドソーシング
資産管理ネットワーク タックスヘイブン経由のネットワーク	ストック管理	マネーストック管理：節税／ポートフォリオ
		知財ストック管理：知財管理／節税

出所：筆者作成。

空間的に離れた多くの参加者をオープンに取り入れ，ネットワーク効果により非常に多くの資源にアクセスできる。この差は，圧倒的である。また，消費者にモノを提供するのではなく，デジタル空間の膨大な情報を活用して潜在的ニーズを掘り起こし，多種多様なコトを提供し，これまでに無い体験を供与することが可能である。したがって，価値創造にも多くの可能性を秘めている。さらに，デジタル空間の仲介可能性を模索し，デジタル空間の参加者の多様なフリクションを調整し，マッチングを行うことで，効率かつ強力なデジタル空間，つまりエコシステムが作りだされている。

伝統的な地理的空間編成活動を基盤とした既存の多国籍企業は，デジタル空間編成活動に取り組むことで大きな成長可能性を秘めているとともに，対応を誤ると駆逐される可能性もある。なぜなら，限界費用がゼロに近く，地理的（物理的）空間制約がないデジタル空間編成の特徴は，常に将来の成長のために資源活用が迫られる。したがて，多国籍企業概念も，地理的空間編成を基盤とした活動であるという定義から脱却する必要がある。国際生産の折衷パラダイムと対比して考えてみよう。まず，デジタル空間では，資産の保有よりも，大量情報のアクセスと活用による知識の創造プロセスが重要であり，蓄積される無形資産の恒常的変革と組み替えが必要である。また，組織内部のガバナンスの優位生という視点よりも，デジタル空間では組織間〈ネットワーク調整〉の優位性として，信頼をベースにした組織間合意のルールにより統制されたビジネスモデルの優位性が重要である。さらに，デジタル空間では，空間的に分散した情報の取引，複製コストは低く，地理的空間編成に係わる要因の制約を受けない。そのため，地理的空間における立地優位性（空間的に分散した資源や輸送費などの要因）という要因は働かない。さらに，コアの業務の内部化は核心部分である。しかし，デジタル空間ではオープンシステムと組織間合意形成が重要な要因であり，それはコストをともなうものではなく，有益なものである。内部化コストと組織化コストという対比の論理で考察するものではない。つまり，組織編成は内部と外部はコストというよりも，資源集積・資源活用であり，知識創造であり，蓄積無形資産の変革でもあるというように多層・多様である。

5. むすび

現代の多国籍企業は，組織調整と並行してネットワークをベースにした調整を行っている。既存の生産システムはGVCと言われる付加価値連鎖とガバナンスが注目されている。しかし，知識創造，マーケティング，情報管理を含めると，GVCはネットワーク調整の結果に過ぎない。GVCはプラットフォーム，さらにGVCを編成する基盤としてのより広義のネットワークに包摂され，ライフサイクルを描いている。また，多国籍企業は，資源管理・情報管理・知識創造などの能力を戦略的に活用し，ネットワーク調整をベースにしながら個々の企業の地理的空間編成（組織内調整）をおこなっている。地理的編成はデジタル空間により補完されながらグローバリゼーションというプロセスを促進され，結果としてグローバル生産システムが形成された。しかし，同時にデジタル空間編成が，地理的空間編成に大きな影響を及ぼしている。さらに，未来の多国籍企業にとっては，デジタル空間における戦略の重要性が高まっている。そこでは，デジタル空間を編成・活用するための基礎としてのAI技術を活用した情報処理，組織間の合意されたルールの更新，デジタルを活用する手段としてのモノよりもコトの創造，webでのクラウド・アウトソーシングやクラウド・ワークの活用というデジタル空間上での業務の取引（trade in task）の利用など，これまでにない能力開発・知識創造プロセスに余剰資源を活用する必要がある。未来の多国籍企業は，地理的空間の多国籍的編成よりもデジタル空間を通じた地理的空間の統合が必須の条件となる。

ここで，多国籍企業とは何かを問い直す必要が出てくるであろう。地理的空間編成の側面からみると，多国籍企業は2カ国以上で制度裁定を行う経済活動の主体であった。しかし，デジタル空間では，国境（時間と空間）という障壁や限界費用というコストは問題ではない。現実に，デジタル空間を活用して，多数の国でビジネスを展開するデジタル・インテンシブ企業が存在する。このような企業は，地理的空間でFDI活動を行う企業でもあるが，同時に，デジタル空間を通じてネットワークによる企業間調整として企業組織間ルールを活用する企業である。したがってGVCを編成する多国籍企業の生産システムを包摂するデジタル空間に影響力をもつ企業も多国籍企業ということもできる。

〔石田　修〕

注

⑴ 直接投資資源の解体という用語は，Vaitos（1979）で見られる。

⑵ Helleiner（1987）はその状況を判断して，投資の新形態は受け入れ国の自立性に寄与していないという。このような否定的な見解もある。しかし，現代から遡って長期的傾向を見ると，資源のアン・パッキングは途上国の経済発展を補完した側面があり，さらに，途上国企業の自立化と国境をまたぐ企業組織間の相互補完形成の条件を与えたと考える。

⑶ Michalet（1980）が指摘するように，この時期でさえも，国際下請け生産による製造業での世界市場との繋がりに注目した事例は見られる。ダイアッドな相互補完関係の形成という視点からは，その萌芽が形成された時期だといえる。

⑷ 組織内部ではBartlett & Ghoshal（1989）が分類した組織の4形態，また，組織間関係も含めたものとして，Hedlund（1986），Doz, Santos & Williamson（2001），Forsgren, Holm & Johanson（2005）がある。ここでは，組織間の関係を直接投資のアン・バンドリングと関連させて考察する。

⑸ Halbach（1898），Battat, Frank and Shen（1996）を参照のこと。

⑹ ボルカーは，カーター政権下でFRB議長に就任した。反インフレへの策転換については，Greider（1987）の第3章を参照。ちなみにFRBは，1993年マネタリー・ターゲットを撤廃し，インフレ・ターゲットを目標設定とした。

⑺ Rubin（2002:p.132）は，クリントン政権1993年の赤字削減政策が，国内の投資ブームを起こし，さらに，貯蓄不足を補う資本流入をもたらし，資本コスト低くすると主張している。

⑻ Crouch（2009）は，国家の債務拡大というケインズ政策に代替された「民営化されたケインズ政策」といっている。

⑼ ウォール・ストリートの評価基準とは，① 株主価値最大化という企業ガバナンス，② ポートフォリオを行うために企業評価を明確に行うための標準化，③ 自社株買いであろう。なかでも，企業評価の標準化には，コングロマリットを解体させ，企業の基幹業務を明確にする行動が必要となる。

⑽ 株式市場において明確な評価基準のシグナルを与えるためには，それぞれの企業の業務のコアを明確にする必要がある。それゆえ，金融市場におけるポートフォリオの戦略を立てるための情報の明確な基準が確立される。つまり，金融的圧力は企業にコア業務への投資の集中と，周辺業務のアウトソーシング戦略を重要視する。

⑾ Appleのビジネスモデルに関しては，Lazonick, Mazzucato & Tulum（2013）を参照のこと。Wal-Martの事業展開は，GPO（2005）pp.222-228, Petrovic & Hamilton（2006）を参照のこと。

⑿ 米国で始まった企業組織のアンバンドリングと呼応して出現したのが，Mathews（2002）「ドラゴン多国籍企業」である。アジアの多国籍企業の中には，当初からGVCのなかに参入する目的で，得意業務や工程に特化企業が存在する。

⒀ Appleは，1998年よりサプライチェーン改革により粗利益を上げている。財務面から見ると，原材料の仕入れなどで投じた資金を製品販売で回収するまでの日数であるCCCが改善し，70日を超えていた状況から，マイナス20日へと劇的に変化している（日本経済新聞電子版2012年4月5日）。これは，企業間関係のルールの雛型としてのモデルを提示する。

⒁　ビジネスモデル・イノベーションにまだ定説はない。ここでは，商品の技術使用から消費方法，消費に関する社会的基盤整備など，組織間の「ルールの束」による支配をもたらすビジネス・プロセス・イノベーションと定義する。

⒂　制度基盤という場合，以下ではヴェブレンの主張する社会慣習を含むものとする。

⒃　企業組織間の関係のミクロ的基礎は，個人レベルのダイアッドな関係であり，そして，ダイアッドな関係の連鎖として組織間を結びつける人的関係が形成され，その結果として組織間ガバナンスが実現される。ここでは，ミクロ的基礎を前提とした，組織間関係に注目する。

⒄　Granovetter (1973) を参照。

⒅　特別目的事業体（SPE）を創設することで，知的財産（例えば研究開発）および関連する収入における取引を知られないようにできるといわれる。たとえばDamgaard *et al.* (2019) によれば，多国籍企業のFDIの約40%が租税回避であるという。

⒆　制度（環境と技術）を排除した「計算づくの信頼」(Williamson, 1993) とは別の次元の論理が必要である。

⒇　ネットワーク効果の詳細は述べないが，一般的効果に関してはPittaway *et al.* (2004;p.145) の整理を参照のこと。

㉑　多国籍企業論の内部化とは，最適操業規模の異なる複数の活動を内部化するコスト，組織内部の情報フローの増大やその信頼性・正確性を評価するためのコスト，空間的の距離，言語，社会・経済環境の違いによる調整コスト，投資受入国政府による干渉コストなどである (Buckley & Casson, 1976)。

㉒　Kogut & Zander (1993) のように取引費用を知識移転費用として考える。

㉓　1995年にNewsweekは「インターネットの時代」いうタイトルで記事をだしている。この年にInternet Explorerが標準搭載されたWindows 95が発売された。

㉔　"How Apple Sucks the Profit Out of Mobile Phones", Fortune, February 14, 2016参照。

㉕　Bergvall-Kåreborn & Howcroft (2013) では，AppleのiTunes上で販売されるアプリは大半が自社製ではなく，クラウド労働によるクラウドイノベーションの実態が分析されている。

㉖　Evans & Schmalensee (2016) では，プラットフォームを多面的市場ととらえ，そこにおけるマッチングを主張している。

㉗　Parker *et al.* (2016) では，GVCをパイプライン型と定義し，一部の工程をプラットフォーム化すれば，多数のGVCがビジネスモデルに統合されることを主張している。

参考文献

石田修（2011）『グローバリゼーションと貿易構造』文眞堂。

小島清（1985）『日本の海外直接投資』文眞堂。

Bartlett, C. and Ghoshal, S. (1989), *Managing Across Borders: The Transnational Solution*, Harvard Business School Press, Boston, MA.（吉原英樹監訳『地球新時代の企業戦略』日本経済新聞社，1990年。）

Battat, J., Frank, I. and Shen, X. (1996), *Suppliers to Multinationals: linkage programs to strengthen local companies in developing countries*, World Bank, Washington, D.C.

Bergvall-Kåreborn, B. & Howcroft, D. (2016), "The Apple business model: Crowdsourcing mobile applications", *Accounting forum*, 37 (4): 280-289.

Buckley, P. J. and Casson, M. C. (1976), *The Future of the Multinational Enterprise*, Homes and Meier Press, London.

Cantwell, J. (1989), *Technological Innovation and Multinational Corporations*, Basil Blackwell,

Cambridge, MA.

Corrado, H. & Sichel (2009), "Intangible Capital and US Economic Growth", *The Review of Income and Wealth*, 55 (3): 661-685.

Crouch, C. (2009), "Privatised Keynesianism: An Unacknowledged Policy Regime", *British Journal of Politics and International*, 11 (3): 382-99.

Damgaard, J., Elkjaer, T. & Johannesen, N. (2019), "The Rise of Phantom Investments", Finance & Development, 56 (3): 11-13.

Dodgson, M. (2013), *Collaboration and Innovation Management, The Oxford Handbook of Innovation Management*, Edited by Mark Dodgson, David M. Gann and Nelson Phillips, Oxford, UK: Oxford University Press, 462-481.

Dodgson, M. (2007), "Technological Collaboration", in H. Hanusch and A. Pyka (eds.), *Elgar Companion to Neo-Schumpeterian Economics*, Cheltenham: Edward Elgar, 193-200.

Doz, Y. L., Santos, J. & Williamson, P. (2001), *From Global to Metanational: How Companies Win in the Knowledge Economy*, Harvard Business Press.

Dunning, J. H. (1979), "Explaining Changing Patterns of International Production: In Defence of the Eclectic Theory", *Oxford Bulletin of Economics & Statistics*, 41 (4): 269-95.

Dunning, J. H. (1988), "The Eclectic Paradigm of International Production: A Restatement and Some Possible Extensions," *Journal of International Business Studies*, 19 (1): 1-31.

Egelhoff, W. G. (1993), "Great Strategy or Great Strategy Implementation: Two Ways of Competing in Global Markets", *Sloan Management Review*, 34 (2): 37-50.

Evans, D. S. & Schmalensee, R. (2016), *Matchmakers: The New Economics of Multisided Platforms*, Boston, MA: Harvard Business School Press.

Fontagné, L. and Freudenberg, M. (1997), Intra-Industry Trade Methodological Issues Reconsidered, CEPII Working Papers, 97-01.

Forsgren, M., Holm, U. & Johanson, J. (2005), *Managing the embedded multinational: A business network view*, Cheltenham: Edward Elgar.

Gereffi, G., Humphrey, J. and Sturgeon, T. (2005), "The Governance of Global Value Chain", *Review of International Political Economy*, 12 (1): 78-104.

Ghoshal, S. & Westney, E. (eds.) (1993), *Organization Theory and the Multinational Corporation*, St Martin's Press.（江夏健一監訳『組織理論と多国籍企業』文眞堂，1998年。）

Granovetter, M. (1973), "The Strength of Weak Ties", *American Journal of Sociology*, 78 (6):1360-1380.

Granovetter, M. (1985), "Economic Action and Social Structure: the Problem of Embeddedness", *American Journal of Sociology*, 91 (3): 481-510.

GPO (2005), *China and the Future of Globalization: hearings before the U.S.-China Economic and Security Review Commission, One Hundred Ninth Congress*, first session, May 19 and 20, 2005.

Hagedoorn, J. (1996), "Trends and Patterns in Strategic Technology Partnering since the Early Seventies," *Review of Industrial Organization* 11 (5): 601-616.

Hagedoorn, J. and Narula, R. (1996), "Choosing Organizational Modes of Strategic Technology Partnering: International and Sectoral Differences", *Journal of International Business Studies* 27 (2): 265-284.

Halbach, A. J. (1989), *Multinational enterprises and subcontracting in the Third World: a study of inter-industrial linkages*, International Labor Office, Geneva.

Hansen, M. T. (1992), "The search-transfer problem: The role of weak ties in sharing knowledge across organization subunits," *Administrative Science Quarterly*, 44 (1): 82-111.

Hymer, S. (1976), *The International Operations of National Firms A Study of Foreign Direct Investment*, MIT Press, Cambridge, MA.

Hedlund, G. (1986), "The hypermodern MNC-a heterarchy ?", *Human Resource Management*, 25 (1): 489-514.

Helleiner, G. K. (1987), "Direct Foreign Investment and Manufacturing for Export in Developing Countries: A Review of the Issues", in Cable, V. and Persaud, B. (ed.), *Developing With Foreign Investment.*

von Hippel, Eric A. (1994), "Sticky Information' and the Locus of Problem Solving: Implications for Innovation," *Management Science*, 40 (4): 429-439.

Howcroft, D. & Bergvall-Kåreborn, B. (2019), "A Typology of Crowdwork Platforms", *Work, Employment and Society*, 33 (1): 21-38.

Katz, M. L. & Shapiro, C. (1985), "Network externalities, competition, and compatibility," *American Economic Review*, 75 (3): 424-44.

Kay, J. (2015), *Other People's Money*, PublicAffairs (薮井真澄訳『金融に未来はあるか—ウォール街，シティが認めたくなかった意外な真実』 ダイヤモンド社，2017年。)

von Kirchbach, F. (1983), *Economic Policies towards Transnational Corporations: the Experience of the ASEAN Countries*, Nomos Verlarsgesellschaft, Baden-Baden.

Klein, M. W., Rosengren, E. S. (1994), "The Real Exchange Rate and Foreign Direct Investment in the United States: Relative wealth vs. relative wage effects", *Journal of International Economics* 36 (3-4): 373-389.

Kogut, B. and Zander, U. (1993), "Knowledge of the Firm and the evolutionary theory of the multinational corporation", *Journal of International Business Studies*, 24 (4): 625-645.

Lazonick, W., Mariana, M. & Tulum, Ö. (2013), "Apple's changing business model: What should the world's richest company do with all those profits?", *Accounting Forum*, 37 (4): 249-267.

Lazonick, W. and O'Sullivan, M. (2000), "Maximizing shareholder value: a new ideology for corporate governance", *Journal Economy and Society*, 29 (1): 13-35.

Lim, L. Y. C., and Fong, P. E. (1991), *Foreign Direct Investment and Industrialization in Malaysia, Taiwan and Thailand*, Paris: Development Centre of the OECD.

Mahnke, V. and Venzin, M. (2003), "The Internationalization Process of Digital Information Good Providers," *Management International Review*, 43 (1): 115-143.

Mathews, J. A. (2002a), *Dragon Multinational: A New Model of Global Growth*, New York: Oxford University Press.

Mowery, D. and Grodal, S. (2005), "Networks of Innovators", in J. Fagerberg, D. Mowery, and R. Nelson (eds.), *The Oxford Handbook of Innovation*, Oxford: Oxford University Press.

Mutti, J. & Grubert, H. (2009), The effect of taxes on royalties and the migration of intangible assets abroad, in M. Reinsdorf & M. Slaughter (eds.), *International Trade in Services and Intangibles in the Era of Globalization*, 111-137, Chicago: University of Chicago Press.

Nalebuff, B. J. and Brandenburger, A. M. (1997), "Co-opetition: Competitive and Cooperative Business Strategies for the Digital Economy," *Strategy & Leadership*, 25 (6): 28-33.

Nalebuff, B, J. (2004), "Bundling as an Entry Barrier," *Quarterly Journal of Economics*, 119 (1): 159-187.

Michalet, C. A. (1980), "International Subcontracting: A state-of-the-art", in Germidis, D. (ed.) (1980), *International Subcontracting: a new form of investment*, OECD, Paris.

OECD & Eurostat (2018), Oslo Manual 2018: Guidelines for Collecting, Reporting and Using Data on Innovation, 4th Edition.

Oman, C. (1984), *New Forms of International Investment in Developing Countries*, OECD, Paris.

Oman, C., Chesnais, F., Pelzman, J. and Rama, R. (1989), *New Forms of Investment in Developing Country Industries: Mining, Petrochemicals, Automobiles, Textiles, Food,* OECD, Paris.

Parker, G., Van Alstyne, M. & Choudary, S. (2016), *Platform Revolution*, WW Norton and Company.

Penrose, E. T. (1995), "New Foreword by Edith Penrose", in *The Theory of The Growth of The Firm* (3rd edition), Oxford: Oxford University Press.

Penrose, E. T. (1996), "Growth of the firm and networking," in M. Warner (ed.), *International Encyclopaedia of Business and Management: 1716–1724*. International Thompson Business Press, London.

Penrose, E. (1959/2009), *The Theory of the Growth of the Firm*, 4th edition, Oxford University Press.（日高千景訳『企業成長の理論（第3版）』ダイヤモンド社，2010年。）

Petrovic, M. and Hamilton, G. (2006), "Making global markets: *Wal-Mart* and its suppliers", in *Wal-Mart; the Face of Twenty-first Century Capitalism*, ed. Lichtenstein, The New Press, New York and London.

Porter, M. E. & Heppelmann, J. E. (2015), "How smart, connected products are transforming companies", *Harvard Business Review*, 93 (10): 96–114.

Prahalad, C. K. and Hamel, G. (1990), "The Core Competence of the Corporation," *Harvard Business Review*, May-June: 79–91.

Rubin, R. (2002), *Comment on 'Fiscal Policy'* in Frankel and Orszag (eds.), *American Economic Policy in the 1990s*, MIT Press, Cambridge, Mass.

Serfati, C. (2008), "Financial Dimensions of Transnational Corporations, Global Value Chain and Technological Innovation," *Journal of Innovation Economics*, 2 (2): 35–61.

Servan-Schreiber (1968), *The American challenge*, London: Hamish Hamilton（林信太郎・吉崎英男訳『アメリカの挑戦』タイムライフインターナショナル，1968年。）

Shapiro, C. & Varian, H. R. (1998), *Information rules: A Strategic Guide to the Network Economy*, Boston, MA: Harvard Business School Press.

Stopford, J. M. & Strange, S. (1991), *Rival States, Rival Firms: Competition for world market shares*, Cambridge University Press, Cambridge.（江夏健一監訳『ライバル国家，ライバル企業―世界市場競争の新展開』文眞堂，1996年。）

Teece, D. J. (2009), *Dynamic Capabilities and Strategic Management: Organizing for Innovation and Growth*, Oxford University Press: Oxford.

Teece, D. J. (2014), "A Dynamic Capabilities-based Entrepreneurial Theory of the Multinational Enterprise", *Journal of International Business Studies*, 45 (1): 8–37.

UNCTC (1988), *Transnational Corporations in World Development: Trends and Prospects*, New York.

Vaitsos, C. (1979), "Government Policies for Bargaining with Transnational Enterprise in the Acquisition of Technology," in ed. by Ramesh, J. and Weiss, *Mobilizing Technology for World Development*, Praeger, New York.

Vargo, S. L. & Lusch, R. F. (2004), "Evolving to a New Dominant Logic for Marketing," Journal of

Marketing, 68 (1): 1–17.

Vernon, R. (1966), "International Investment and International Trade in the Product Cycle," *Quarterly Journal of Economics*, 80 (2): 15–35.

Williamson, O. (1993), "Calculativeness, Trust, and Economic Organization," *The Journal of Law and Economics*, 36 (1): 453–486.

第III部

個別の業界や業態に関する未来予測

第11章
IT多国籍企業とスピルオーバー
—スーパースター企業仮説に寄せて—

1. はじめに

本章では，多国籍企業の“未来”について，IT多国籍企業への現状分析を手掛かりに検討を行う。その際には，近年注目を集めた「スーパースター企業仮説」における分析視角を援用し，ここからイノベーションとスピルオーバーの関係性を改めて検討し直すとともに，GAFAに代表される一部のIT多国籍企業が獲得しているとされる，新たな競争優位の中身についても明らかにする。

2. イノベーションとスピルオーバー

2-1. スピルオーバーとはなにか

スピルオーバー（spillover）という単語の本来の意味は，あふれ出ること＝“漏出”であるとされるが，多国籍企業研究において使用される場合，それは主として直接投資（direct investment）によって技術やノウハウなどが投資国に“伝播”する状態を指す。たとえば，Grossman and Helpman（1991）は，「技術的スピルオーバー（technological spillovers）」について，次のように言及している。

「技術的スピルオーバーは次の意味で使用されている。(1) 企業は市場取引においてその情報に対して何も支払いをせずに，他の者によって創出された情報を入手することができる。(2) 情報の考案者，あるいは現在の所有者は，他の企業がその情報を利用しようとしても，現行の法律のもとでは何等有効な手段を持っていない[(1)]。」

つまり，技術を情報として読み替えた場合，非排除性（＝非排他性）と非競合性を併せ持つ情報財の特質は，「情報の考案者，あるいは現在の所有者」の意図しない“伝播”を不可避とさせるわけである。この意味において，スピルオーバーは，「情報の考案者，あるいは現在の所有者」にとっての“脅威”として位置づけられることになる。しかしながら，見方を変えれば，こうしたスピルオーバーは，「情報の考案者，あるいは現在の所有者」にとっての“恩恵”としても位置づけられる。なぜならば，「情報の考案者，あるいは現在の所有者」もまた，「何も支払いをせずに，他の者によって創出された情報を入手することができる」からである。

国際資本移動（International Capital Flows）とも称される直接投資も当然，資本以外の国際間移動を伴う。つまり，多国籍企業そのものを媒介とし，進出先へ「新技術」などをもたらすといった，まさしく「正のスピルオーバー効果」が確認できる。そして，こうした企業特殊資産の“伝播”を目的とした「対内直接投資」の誘致競争が，まさしく世界各国で繰り広げられている。「長期低迷する経済を活性化する目的」から「対内直接投資」を推し進めている日本もまた，諸外国の多国籍企業の誘致を通じて，「正のスピルオーバー効果」に期待する国の一つである。

「多くの国において，対内直接投資（対内FDI）の促進は，重要な経済成長戦略の１つとして位置づけられてきたが，わが国でも，長期低迷する経済を活性化する目的で，2003年に政府は，対内FDIを５年間で倍増させるという目標を設定し，対内FDIを推進してきた。その理由として，生産性の高い外国企業の参入は，国内の生産性レベルを引き上げるという参入効果と，FDI流入による正のスピルオーバー効果が期待されることが挙げられる。FDIのスピルオーバー効果は，さまざまなチャネルを通してもたらされると考えられるが，たとえば，外資系企業によって新しい技術が国内市場に導入されれば，国内企業によるその新技術の導入も促進される可能性がある。これは，技術やノウハウのスピルオーバーであり，デモンストレーション（実演）／イミテーション（模倣）効果と呼ばれる[(2)]。」

図表11-1　TFP構成要素（Factors Composing TFP）

<table>
<tr><td>自律的要素</td><td>研究開発投資
技術ストック</td><td rowspan="2">技術改善</td><td rowspan="3">技術進歩</td></tr>
<tr><td>他律的要素</td><td>スピルオーバー効果
同化</td></tr>
<tr><td>間接的要素</td><td>学習効果
規模の効果
労働の質の向上
資本の熟度
分業の進展，産業構造の変化
経営の改善
外部経済・制度改革・政策効果</td><td>生産効率の向上</td></tr>
</table>

出所：渡辺千仭（2007）『技術経済システム』創成社，42ページ。

ここで改めて注目すべきは，「FDI流入による正のスピルオーバー効果」として，「イミテーション（模倣）効果」が含まれている点である。つまり，直接投資に伴う「スピルオーバー効果」もまた，通常の「市場取引」において発生する「支払い」なしに，価値ある情報が“伝播”することを意味している。こうした市場価値の高い情報を示す概念として，TFP（OECDではMFPと表記）というものがある。資本と労働の貢献分を差し引いた，いわゆる残差として計測されるTFPの中身とは，一般には経済成長や付加価値増における技術進歩の貢献分と解されている。しかし，そうした技術進歩の中身とは，市場を介して取引される特許権といった知的財産権とともに，市場を介さずに模倣や学習が進む「スピルオーバー効果」が混在したものとなっている（図表11-1参照）。換言すれば，TFPとは，そもそも「完全なる特許権化や秘匿化ができない」，まさしく「知識（knowledge）」そのものである(3)。

2-2. イノベーションとスピルオーバー

こうしたTFPとスピルオーバーとの関係性に着目し，持続的な経済成長のメカニズムを説明しようと試みた経済理論こそ，まさしく内生的成長理論（endogenous growth theory）にほかならない。たとえば，前出のGrossman and Helpman（1991）は，同理論について，「技術的スピルオーバー」が「新たな技術の発見に要する費用を引き下げ」ることで「投資誘因が持続しうるメカニズム」，すなわち「知識」による収穫逓増（increasing returns）の「メカニズム」であるとしている。

「知識の部分的な排除不可能性は，投資誘因が持続しうるメカニズムの存在を示唆している。営利的な研究から結果的に生じてくる技術的スピルオーバーは一般的な共有知識となり，後の世代が一定の新たな技術の発見に要する費用を引き下げることになる。そのような費用の低下は，競合する技術の個数の増加の結果として発明に対する私的収益が低下する傾向を相殺することが可能となる(4)。」

これを，「イノベーション」や「知識生産のモデル」の観点から捉え直すならば，次のような解説となる。

「技術・知識のスピルオーバー（非合法な漏出を意味しているわけではなく，広い意味での情報の伝播である）は，常にイノベーション研究における主要テーマであり続けてきた。これには，二つの理由がある。まず一つは，それが知識創造のプロセスにおいて重要な役割を果たすと考えられることである。アイディア生産のインプットはやはりアイディアであり，複数の異なるアイディアが組み合わさることで新たなアイディアが生じるというのは，典型的な知識生産のモデルだ。もう一つの理由は，経済学的・経済政策的により重要で，スピルオーバーが正の外部効果として機能するからである。誰かが新しい技術・知識を生み出した時，それはその当該技術がもたらすリターンだけでなく，当該技術に関連する後の研究開発のインプットとしても役に立つ可能性がある(5)。」

イノベーション（innovation）において，イノベーター（innovator）のインセンティブは，イノベーション成果の専有可能性と“正の相関”の関係にある。ここから，イノベーターの排他的独占権がどの程度守られ，期待収益率がどの程度担保できるかといった点が，これまでのイノベーション政策において重要視されてきた。しかし，ここで注意すべきは，そうしたイノベーターもまた，実は「完全なる特許権化や秘匿化はできない」という現実の“恩恵”を享受しており，たとえば先発者によって生み出された「知識」や「アイディア」に，フリーライドしている，と考えられている。

イノベーションと専有可能性が“正の相関”の関係であるように，イノベーションとスピルオーバーもまた，同じく“正の相関”の関係にある。これに加えて，イノベーションとグローバリズム（globalism）の“正の相関”の関係を説く論者がいる。内生的成長理論研究の第一人者であるRomerである。同氏は，2018年度のノーベル経済学賞受賞後の会見において，「グローバリズム」の重要性を唱えていたのだが，その意図について日本経済新聞紙上で，次のように答えている。

「一番の理由は（グローバリズムによってこそ）世界のどこかで発見されたアイデアが世界のあらゆる人たちに利益を生み出しうるということだ。アイデアをどこにでも流通させるグローバルな仕組みを持てるのなら，それが『貿易』の最も重要な役割になるだろう(6)。」

ここでRomerが，「アイデアをどこにでも流通させるグローバルな仕組み」として「貿易」を挙げながら，直接投資あるいは多国籍企業を挙げなかった理由の一つには，「グーグル，フェイスブック，アップル，アマゾン，ウーバー，エアビーアンドビー，ウォルマート，フェデラルエクスプレス（Google, Facebook, Apple, Amazon, Uber, AirBNB, Walmart, and Federal Express）(7)」といった，いわゆるGAFA（Google, Amazon, Facebook, Apple）を筆頭とするIT多国籍企業の台頭があったと考えられる（図表11-2参照）。これら多国籍企業は，Autorらが2017年に発表した論文―*The Fall of the Labor Share and the Rise of Superstar Firms*（労働分配率の低下とスーパースター企業の興隆）―において，「スーパースター企業（superstar firm）」として登場している企業でもある。

図表 11-2　GAFA の経営状況（単位：10 億ドル，％）

【Alphabet（Google）】

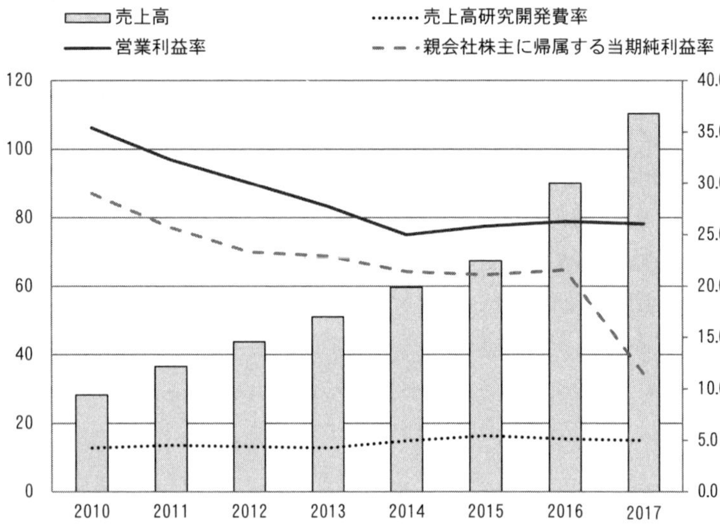

【Amazon】

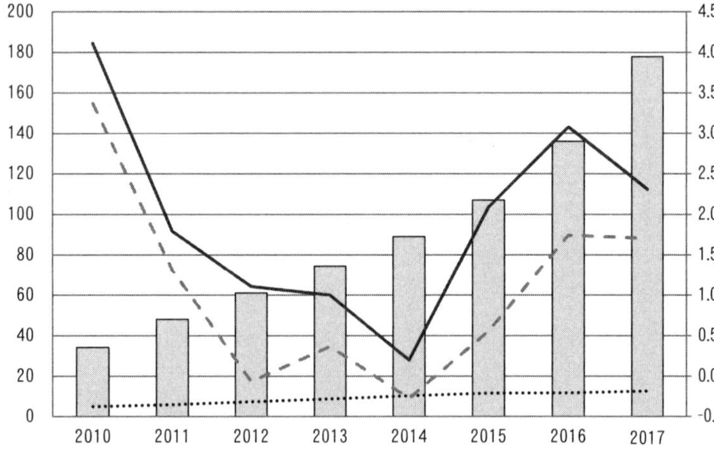

【Facebook】

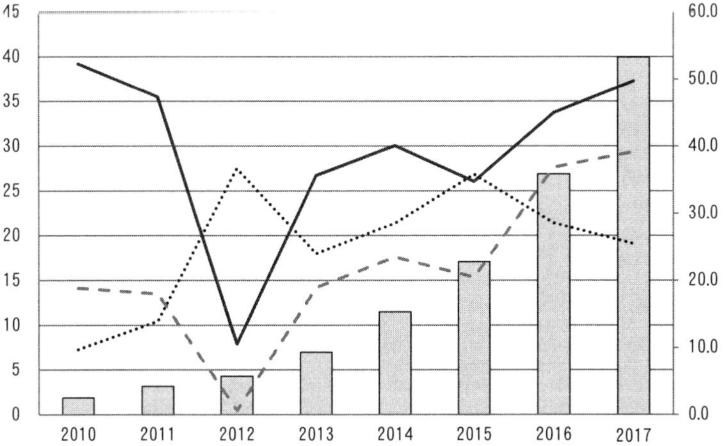

【Apple】

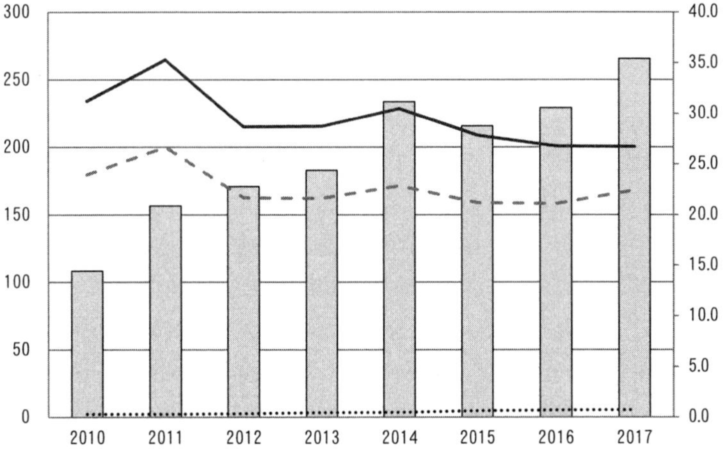

出所：SPEEDA より筆者作成。

3. データリッチ市場におけるイノベーションと競争優位

3-1. スーパースター企業仮説が問うもの

Autor *et al.* (2017) の「スーパースター企業仮説 (superstar firm model)」とは，そもそも世界的な労働分配率 (labor's share of GDP) の低下要因の分析視角として登場する。しかし，同仮説は，「ほんの一部の企業」に知識やアイデアが滞留する可能性，すなわちスピルオーバーの機能不全の可能性についても示唆している。Autor *et al.* (2017) では，Andrews *et al.* (2015) の先行研究―「グローバルな生産性フロンティア企業は，MFP の点から非フロンティア企業の平均 4～5 倍の生産性を示しているが，労働生産性の点では，この差は 10 倍を超えている[8]」―などに依拠しつつ，より多面的な角度から，「生産性フロンティア企業」から「非フロンティア企業」への「技術伝播の減速 (a slowdown in technological diffusion)」について，次のような分析結果を示している。

「OECD による最近の研究 (Andrews, Criscuolo and Gal, 2015) では，2001 年から 2013 年にかけて 24 の OECD 加盟国における企業データを調査し，生産性分布において上位 5 パーセントの企業と残りの企業との生産性格差が拡大したことを明らかにしている。生産性格差は，先発企業と後発企業との間での技術伝播の減速に起因しており，それは先発企業が自らの優位性をより確実に保護できることから生じており，マクロ生産性成長の鈍化を引き起こしている。生産性格差は，直接的に労働分配率を見るものではないが，技術伝播の減速がスーパースター企業の成長理由となった可能性がある。我々は，特許引用の速度に基づいた技術伝播の測定調査から，こうしたアイデアについて研究している。Andrews *et al.* (2015) の仮説と同じく，我々も (引用速度の低下によって示されるように) 伝播速度が減速した産業では市場集中度がより上昇し，労働分配率がより低下することを確認している。たとえば，過去 5 年間の被引用総数の割合が 10 パーセントポイント未満の業界では，市場集中度がさらに 3.3 パーセントポイント上昇している[9]。」

こうした「スーパースター企業仮説」とその実証的根拠が，イノベーション研究全般に突き付けている問題提起は，とても複雑である。なぜならば，「スーパースター企業」の君臨する「市場集中度が高まっている産業」とは，なぜか「特許取得率や（技術進歩などを反映した）全要素生産性の伸びも高く，技術革新が旺盛という意味でダイナミックな産業」とされるからである[10]。つまり，「先端企業から他の企業への技術の伝播が弱まり，先端企業が自分たちに有利な地位を守りやすくなっている」とすれば，こうしたスピルオーバーの機能不全が災いし，これまでは程なくイノベーションの停滞に直面し，そうした「産業」そのものは縮小を迎える，と考えられてきた。ところが，「スーパースター企業」の君臨する「産業」においては，むしろ寡占状態にありながら，競争的な環境下と同じだけのイノベーションが持続的に生み出され続けている，というのである。これが事実であれば，「新興企業」や「ベンチャー企業」の市場参入の余地など，もはや残されていないことになる。

「市場の集中化が特に顕著なのは米国と英国で，大陸側欧州ではさまざまな分野・業界で広がりを見せている。この結果，大企業は大きくなる一方だ。確かに，一定の地位を築いている既存企業に対して，新興企業がイノベーションで創造的破壊を仕掛ければビジネスに活力が生まれる。我々はうわべだけは起業家精神やらベンチャー企業やらを賞賛してはいるものの，現実はというと，特にハイテク分野でこうした動きは弱体化しているのだ[11]。」

このことは，これまでのスピルオーバーを前提としたイノベーションのあり方に，根底から再考を迫るものであり，ひいては多国籍企業の競争優位をめぐる議論にも，大きな変化をもたらすことになる。そして，「スーパースター企業」が，いったいどのようにして知識やアイデアを繰り返し補充し続けられるのか，その仕組みの解明こそ，新たな競争優位のあり方をめぐる議論そのものとなる。たとえば，Mayer-Schönberger and Ramge (2018) の研究――*Reinventing Capitalism*（邦訳名『データ資本主義――ビックデータがもたらす新しい経済』）――は，その代表的な業績の一つである。

3-2. データリッチ市場における新たなイノベーションと競争優位

Mayer-Schönberger and Ramge (2018) では，現代の市場とは「データ

リッチ市場（data-rich markets）」であり，こうした豊富なデータを活用することで，企業は新たなイノベーションの仕組みを手に入れ，ここから独占的な競争優位を獲得することが可能となる，と説く。

「フィードバックされるデータを機械学習システムで処理するようなサービスの場合，ユーザーの裾野が広がるにつれて，ますますコストをかけることなくイノベーションが“手に入る”ようになる。こういうと何やら錬金術のように聞こえるが，サービスを使ったときに出てくる“副産物”が，サービスを改良する“原料”に使えるのだから，まさしく錬金術なのだ。これは市場の競争に重大な影響を及ぼす。すでに大きな顧客基盤を抱えているために膨大なフィードバック・データを獲得できる既存企業は，いわば機械的にイノベーションを生み出してくれる泉が手元にあるようなものだ。こうした企業を相手にベンチャー企業が競争することは望むべくもない。製品開発の原動力として使えるだけの量のフィードバック・データがないからだ[12]。」

つまり，市場から「フィードバック（feedback）」される「膨大な量のデータ」を，「人間と違って学習できる量に限界がない」人工知能（AI）に「読み込ませて徹底的なトレーニングを実施」させ，そうした「データを精査しながら学習」させることで，「時間の経過とともに変化する個々の条件に応じて自己調整」が可能な「機械学習システム（machine learning systems）」が生まれるというのである[13]。一企業の視点からすれば，こうした「システム」の登場は，たしかにイノベーションの精度を飛躍的に高めることから，間違いなく歓迎すべき話題であろう。しかし，こうした新たな競争優位の中身が，実はスピルオーバーに依存しないイノベーションであり，またそのイノベーション自体，一握りの企業しか利用できないとなれば，話は別である。

「オーターらの調査によれば，企業は利益を増やしていても全体的に成功を収めているわけではないことがわかった。むしろ，競争が効率化した環境で特定のタイプの企業が期待をはるかに上回る過去に例のない利益を上げているのだ。オーターらはこうした勝ち組を『スーパースター企業』と命名している。スーパースター企業は，“独り勝ち”市場に多く，しかも強力なネットワーク効果とフィードバック効果で圧倒的な市場の集中化を招いている。また，技術の活用を極めているため，人件費や設備投資を比較的低く抑えつつ，非常に大きな売り上げを達成できるのだ。グーグル，アップル，フェイスブックがスーパースター企業であることは言うまでもないが，世界中の多くの分野でスーパースター企業が存在する。欧州のスポティファイ，中国のオンライン市場のアリババやネットワーク関連機器メーカーのHuawei（ファーウェイ），韓国の技術系大手Samsung（サムスン）などが挙げられる[14]。」

現在のGAFAに代表される「スーパースター企業」の「独り勝ち」の構図とは，単にGAFAが属する業界の“独占”の問題にとどまらない。「イノベーション」の主導権が，これまでの「人間の知恵や才覚」から「データを持った企業」へと，より厳密には「機械学習システム」を搭載した「AIチップ」へと移行することは，「データリッチ市場」全体の“独占”の問題へと繋がっているからである。有史以来，イノベーションが「人間」の手から離れたことはなく，もし前出した「データリッチ市場」における新たなイノベーションと競争優位の考え方が正しいとすれば，GAFAといった一部のIT多国籍企業の“未来”は，我々の想像を超えたものとなるであろう。

「マイヤー＝ショーンベルガー氏はあるインタビューで，イノベーションは今後，消費者のニーズを理解するためにデータを機械学習システムに入力することから生じるようになると論じた。そうなると，創造的破壊をもたらすスタートアップ企業が成功するのは格段に難しくなっていく。『イノベーションが人間の知恵や才覚に基づいている限りは，小さなアイデアを持った小さなスタートアップが強力な既存企業を倒すことができた。しかし将来，データを持った企業がどんどん革新的になっていく。小さなスタートアップは競うことを望むこともできない』[15]。」

逆に，「AIチップ」が主導するイノベーションと競争優位が，多国籍企業の“未来”にとって不適切なものであるとすれば，その理論的根拠とは，どのようなものであろうか[16]。その際に必須の分析視角は，やはりスピルオーバーに関連したものとなるであろう。なぜならば，「創造的破壊をもたらすスタートアップ企業が成功するのは格段に難しく」，「小さなスタートアップは競うことを望むこともできない」世界観とは，まさしくスピルオーバーが存在しない世界観そのものだからである。

4. おわりに

データ資本主義の到来のなか，一部のIT多国籍企業が実現している新たな競争優位は，今後ますます強固なものとなる，と考えられている。GAFAに代表されるスーパースター企業は，スピルオーバーを発生させず，またスピルオーバーを必要ともしていない。つまり，スピルオーバーに依存しないイノベーションの仕組みを実現しているわけである。その意味では，こうしたイノベーションの新たな仕組み，すなわち機械学習システムやフィードバック効果を享受できる多国籍企業の“未来”とは，たしかに“確保”されよう。

但し，こうした新たな競争優位にも，まったく死角がない，というわけでもない。たとえば，2018年11月にアマゾンのクラウド子会社であるAWS（Amazon Web Services）は，「アマゾンが創業以来20年以上かけて，ネット小売りなどで培ってきた技術」である「個々の消費者にあわせて商品などを推薦できるクラウド経由で使える人工知能（AI）システム」の「外販」を発表している。こうした「会社の看板ともいえる技術を外部に開放する」理由の1つには，クラウド市場での首位AWSへの競合他社の追い上げに対する“危機

図表11-3　世界のクラウドベンダーによるインフラ投資額と市場シェア（2018年度）

ベンダー	2018年度インフラ投資額（10億ドル）	2018年度市場シェア（%）	2017年度インフラ投資額（10億ドル）	2017年度市場シェア（%）	年間成長率（%）
AWS	25.4	31.7	17.3	31.5	+47.1
Microsoft Azure	13.5	16.8	7.4	13.5	+82.4
Google Cloud	6.8	8.5	3.5	6.4	+93.9
Alibaba Cloud	3.2	4.0	1.7	3.0	+91.8
IBM Cloud	3.1	3.8	2.6	4.7	+17.6
その他	28.3	35.2	22.4	40.8	+26.1
合計	80.4	100.0	54.9	100.0	+46.5

出所：Canalys Press Release, 5 Feb. 2019. [www.document] https://www.canalys.com/static/press_release/2019/pr20190204.pdf (accessed 1 June 2019).

感”が指摘されている（図表11-3参照）[17]。

その意味では，データリッチ市場における新たなイノベーションと競争優位も，通常の市場競争圧力によって覆される可能性がある，ということになる。こうした認識の上に今一度，スピルオーバーを前提としたイノベーションの重要性を理論的に明らかにし，改めて多国籍企業の競争優位のあり方を“過去”の議論に引き戻す作業もまた，多国籍企業の“未来”について検討することを，実は意味しているのかもしれない。

〔關　智一〕

注

(1) Grossman, G. M. and Helpman, E. (1991), *Innovation and Growth in the Global Economy*, The MIT Press, p.16.（大住圭介監訳『イノベーションと内生的経済成長―グローバル経済における理論分析』創文社，1998年，18ページ。）

(2) 伊藤恵子（2012）「外資系企業の参入と国内企業の生産性成長―『企業活動基本調査』個票データを利用した実証分析」『経済分析』内閣府経済社会総合研究所，186号，3ページ。

(3) Romer, P. M. (1986), “Increasing Returns and Long-Run Growth,” *The Journal of Political Economy*, Vol.94, No.5, p.1003.

(4) Grossman and Helpman, (1991), *op. cit.*, p.18.（邦訳，21ページ。）

(5) 及川浩希（2016）「企業間の技術的類似度とスピルオーバー」『フィナンシャル・レビュー』財務省財務総合政策研究所，第3号（通巻第128号），68ページ。

(6) 「日本経済新聞」2018年12月26日付。「混沌を読む①　知の恩恵グローバル化で」

(7) Autor, D., Dorn, D., Lawrence, F. K., Patterson, C. and Reenen, J. V. (2017), “The Fall of the Labor Share and the Rise of Superstar Firms,” *NBER Working Paper*, No.23396, p.2.

(8) Andrews, D., Criscuolo, C. and Gal, P. N. (2015), “Frontier Firms, Technology Diffusion and Public Policy,” *The Future of Productivity: Main Background Papers*, OECD, p.10.

(9) Autor *et al.* (2017), *op. cit.*, pp.23-24.

(10) 「日本経済新聞」2017年9月14日付。「エコノミクストレンド，労働分配率低下の“真犯人”―鶴光太郎・慶大教授，『スター企業』の興隆，主因か（経済教室）」

(11) Mayer-Schönberger, V. and Ramge, T. (2018), *Reinventing Capitalism in the Age of Big Data*, Basic Books, p.164.（斎藤栄一郎訳『データ資本主義―ビックデータがもたらす新しい経済』NTT出版，2019年，193ページ。）

(12) *Ibid*, p.166.（邦訳，195ページ。）

(13) *Ibid*, pp.78-80.（邦訳，92-94ページ。）

(14) *Ibid*, pp.195-196.（邦訳，228ページ。）

(15) Thornhill, J. (2018), “The rise of the information economy threatens traditional companies,” *Financial Times*, 3 Apr. 2018. [www.document] https://www.ft.com/ (accessed 1 June 2019)「データ資本主義，スタートアップが育たぬ世界」日経速報ニュースアーカイブ，2018年4月4日付。

(16) たとえば，GAFAへの資金集中の観点から，「少数銘柄への資金の偏り」を懸念する声もある。「日本経済新聞」2018年9月6日付。「『GAFA』に資金集中 時価総額『占有率』13％ 10年で5

倍」。

⒄ 「日本経済新聞」2018年11月30日付。「アマゾン『お薦め』技術を外販，購買データでのビジネス促す，自社はクラウドシフト)」。

参考文献

伊藤恵子（2012）「外資系企業の参入と国内企業の生産性成長―『企業活動基本調査』個票データを利用した実証分析」『経済分析』内閣府経済社会総合研究所，186号，1-29ページ。

及川浩希（2016）「企業間の技術的類似度とスピルオーバー」『フィナンシャル・レビュー』財務省財務総合政策研究所，第3号（通巻第128号），67-84ページ。

渡辺千仭（2007）『技術経済システム』創成社。

「日本経済新聞」2017年9月14日「エコノミクストレンド，労働分配率低下の“真犯人”―鶴光太郎・慶大教授，『スター企業』の興隆，主因か（経済教室）」。

「日本経済新聞」2018年9月6日付。「『GAFA』に資金集中 時価総額『占有率』13% 10年で5倍」。

「日本経済新聞」2018年11月30日付。「アマゾン『お薦め』技術を外販，購買データでのビジネス促す，自社はクラウドシフト)」。

「日本経済新聞」2018年12月26日付「混沌を読む① 知の恩恵グローバル化で」。

Andrews, D., Criscuolo, C. and Gal, P. N. (2015), “Frontier Firms, Technology Diffusion and Public Policy,” *The Future of Productivity: Main Background Papers*, OECD, pp.1-38.

Autor, D., Dorn, D., Lawrence, F. K., Patterson, C. and Reenen, J. V. (2017), “The Fall of the Labor Share and the Rise of Superstar Firms,” *NBER Working Paper*, No.23396, pp.1-73.

Grossman, G. M. and Helpman, E. (1991), *Innovation and Growth in the Global Economy*, The MIT Press.（大住圭介監訳『イノベーションと内生的経済成長―グローバル経済における理論分析』創文社，1998年。）

Mayer-Schönberger, V. and Ramge, T. (2018), *Reinventing Capitalism in the Age of Big Data*, Basic Books.（斎藤栄一郎訳『データ資本主義―ビックデータがもたらす新しい経済』NTT出版，2019年。）

Romer, P. M. (1986), “Increasing Returns and Long-Run Growth,” *The Journal of Political Economy*, Vol.94, No.5, pp.1002-1037.

Thornhill, J. (2018), “The rise of the information economy threatens traditional companies,” *Financial Times* 3 Apr. 2018. [www.document] https://www.ft.com/ (accessed 1 June 2019)「データ資本主義，スタートアップが育たぬ世界」日経速報ニュースアーカイブ，2018年4月4日付。

本研究はJSPS科研費18K01813の助成を受けたものです。

第12章
中国ICT多国籍企業の国際化戦略

1. はじめに

21世紀に入ってから，国際経営の領域で注目された出来事の1つは，新興国多国籍企業の台頭である。これを背景に，新興国多国籍企業を対象とする研究も活発化になり始めている。これまでの国際経営の領域には，①アメリカ，ヨーロッパならびに日本（いわゆるTriad）の多国籍企業が主な研究対象であり，②生産・製造業企業の海外進出が中心内容となり，③多国籍企業の本国・本社の優位性を前提としたものが多い，などが特徴であった。一方で，新興国多国籍企業の海外進出には，その進出の目的をはじめ，進出のプロセスやターゲット，直面している課題ならびに進出戦略自体は，先発多国籍企業のそれとは一様でなく，正反対である場合さえあった。しかしながら，既存の国際経営理論をもってこれら現象を説明するには困難である上，現有の新興国多国籍企業の国際経営に関する研究も十分とは言えない。

本章では，中国ICT多国籍企業とくにそのICTインフラ多国籍企業に焦点を当て，新興国多国籍企業の国際化戦略の特徴を明らかにする。1990年代中葉まで中国には競争優位をもつ通信機器企業はなかったことより，中国の通信市場は欧米並びに日本などの先発多国籍企業（通信キャリア）の独擅場であったところ，20年後の今日に至って，世界のICTインフラ設備企業トップ4社の内に2社が中国企業であるという現実となった。中国ICT多国籍企業の海外進出は，先発多国籍企業とは異なる戦略を採っているにもかかわらず，その国際化プロセスに関する研究は十分とは言えない。そこで，本章では中国ICT多国籍企業の代表格である華為技術（Huawei）と中興通訊（ZTE）の事例を取り上げ，中国通信機器多国籍企業の海外進出戦略の中身と特徴，ならびに遭遇したリスクなどを浮き彫りにし，中国ICT多国籍企業の国際化戦略のインプリケーションをまとめ，残された課題を指摘する。

2. 中国のICT産業とその主要企業

ICT産業は，情報を電子的に処理し，伝達し，表示する活動を可能にする機器，ソフトウェア，サービスを生産する産業である（夏目，2010，1-2ページ）。中国のICT産業には，コンピュータ，通信設備，電気通信サービス，民生用エレクトロニクス，IC，モニターやTV，ソーラーパネル，半導体照明(LED)，エレクトロニクス関連素材・部品および専用設備製造などの産業部門が含まれる（中国電子信息産業発展青書，2018)。2017年，中国のICT産業（電気通信サービスを除く）の売上高と総利益は，それぞれ10兆5,500億元（約1兆6,000億ドル）と5,440億元（約837億ドル）に達している。その内，IC生産量と売上高はそれぞれ1,565億個，5,433億元（約836億ドル）に達し，スマートフォンの生産台数は13億台である（前掲青書，1-7ページ)。中国のICT産業は，その発展速度と世界でのプレゼンスは驚異的だと言える。本章では，主に中国のICT産業にある通信設備産業とその企業に焦点を当てる。中国の通信インフラ産業はかつて中国の産業発展のボトルネックであったが，20余年経った今，中国の通信機器企業は世界のトップランナーに変身したからである。

中国の電気通信網の建設とその利用においては，長い間軍事的・政治的な用途が優先され，「改革・開放」政策が実施した1978年時点での中国の（局用）電話交換機総数は405万門しかなく，電話利用者は200万戸にも満たさず，電話の普及率はわずか0.38％であった。当時アフリカの平均水準よりも低く，世界ランキングの120位以下であった（田・呉，2012，27ページ)。1990年代半ばの1996年においても，その電話の普及率は6.33％に過ぎなかったのである。1980年代以後電話の普及は進んだが，それを支える電話交換機の生産が大きな課題となっていた（丸川・中川，2008)。その状況を打破するためにまず採られたのが「以市場換技術」（市場でもって技術に換える）政策であった。ベルギーのベル社がこの政策に応じ，上海貝爾有限公司（ベル社の合弁企業。上海ベル社）によって，技術の吸収が図られ，外資との合弁ではあるが国産機ができるようになった。その結果，1990年当時は上海ベル社が中国内シェアのほぼ半分を握っていた（丸川，2004，17-27ページ）。ベル社に続いて，先進国各社も現地生産に踏み切り，市場を分割していった。その状態は「七国八制」（日本の富士通と日本電気，スウェーデンのエリクソン，ドイツのシーメンス，ベルギーのベル，フランスのアルカテル，アメリカのAT&T，カナダのノーザンテレコムの7カ国8種類の交換機が使われている状態を指す）とも称されていた(1)。当時の中国の通信市場はまさしく「列強」企業の楽園であり，典型的な「売り手市場」であった。これら通信「列強」企業が中国の通信市場を分割・独占し，今日の値段から見ると50倍以上高い価格でそのサービスを提供していたと言われる(2)。

このような状況を，中国政府からはその通信機器産業にまともな企業がほとんどない中の払わざるを得ない「学費」として見ていたのであろうが，多くの中国人にとってはこれはまさしく屈辱だったと感じたに違いない。これを背景に，1980年代後半以後中国には短い間に400社余りの通信設備企業が生まれた。国有企業，民営企業，さらにその他所有制の企業が雨後の竹の子のように次々と誕生したのである。しかし，これら企業の直面していたのはほとんど100年以上の歴史を有し，技術，人材，ブランド，資金力などあらゆる面で優位にあった西側諸国と日本の「列強」企業である。競争力上あまりにもアンバランスという現実を前に，当然ながらその時期に生まれた中国企業のほとんどは設立したものの，短期間で次々とその姿が消えてしまった。しかし，そんな中に4つの企業は例外であった。それは，巨龍通信公司，大唐電信，中興通訊（ZTE），ならびに華為技術（Huawei）の4社である。これら4社が，民族の期待を一身に，「収復失地」という宿願のもと，数えきれないほどの紆余曲折や苦労をしながらも「列強」企業と闘い続け，しかもその競争に勝ち抜いたのである。

まず，巨龍通信公司（以下は，「巨龍」と略称）は中国初のデジタル電話交換機HJD04機を国内だけでなく輸出まで行い，「七国八制」（または，「八国九制」）状態を打ち破った。これに大唐電信（以下は，「大唐」と略称），中興通訊（以下は，「中興」と略称），華為技術（以下は，「華為」と略称）が続き，この国産主要4社社名のそれぞれの最初文字をとって「巨・大・中・華」と呼ばれている。

しかし，国産4社その後の発展をみると，前2社の巨龍と大唐と後2社の中興と華為の発展格差は鮮明となった。1998年時点で，巨龍，大唐，中興，華為のそれぞれの売上高は30億元，9億元，40億元，89億元であり，大唐がやや小さいものの，売上規模には大きな差がなく，利益もそれぞれ1億元以上となっている。しかし，2001年時点では華為の売上高255億元，利益20億元，中興の売上高140億元，利益5.7億元に対し，巨龍の売上高は3〜4億元，利益9,000万元，大唐の売上高20.5億元，利益3,600万元であって，前2社と後2社の格差は歴然としている（中川，2008，76-78ページ）。巨龍はその設立経緯からいっても国策会社的色彩の強い企業であり，しかも，母体が各団体にわたり，ビジネス指向の経営スタイルを確立することができなかった。大唐は子会社の大唐移動がTD-SCDMAの開発者として海外でも知られているが，インターネットの発展によるネットワーク機器の市場拡大への対応が遅れた。中興は航空航天部所轄の工場から分離独立したものであるが，郵電部，電子工業部（ともに現在の工業和信息化部）系ではなかったことが，ビジネスモデルの転換にむしろ幸いし，ビジネス指向型の経営モデルを確立させたのである。華為は元人民解放軍の軍人であった任正非が設立した私営企業であることで，最初から激しい市場競争の洗礼を受け，ある意味では華為がその誕生した瞬間からもビジネス指向を持ちはじめたのである。ともにビジネス指向型の経営スタイルを確立しえた2社（中興と華為）が大きく成長することとなった。その結果，中国を代表する通信機器企業である「巨・大・中・華」（巨龍，大唐，中興，華為）は，しだいに「中・華」（中興と華為）に集約したのである

20年余り経った現在，華為（Huawei）と中興（ZTE）は，中国の通信機器企業のトップ2社であると同時に，世界のICTインフラ企業のトップ10入りも果たし，2013年からこの両社はさらに世界の通信機器企業の1位（Huawei）と4位（ZTE）となったのである。（図表12-1参照）

図表12-1　世界ICTインフラ企業トップ4の売上高推移（2012-2016）（単位：億ドル）

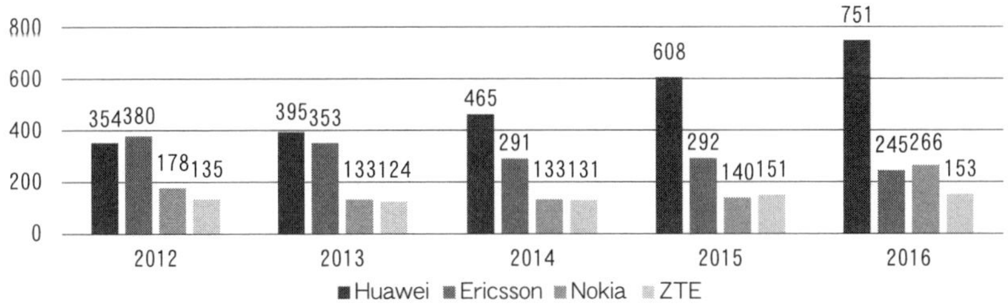

出所：華為，エリクソン，ノキアおよび中興のアニュアルレポート（各年度）より，筆者整理作成。

3. 中国多国籍企業の海外進出に関する先行研究

中国企業の海外進出について，今まで多くの先行研究が見られた（劉，2014）。UNCTAD（2006）の「多重目的アプローチ」は，中国企業の多国籍企業化の動機について分析し，Buckley（2007）らの「12の仮説」が，中国企業の多国籍企業化の決定要因に関する分析を行っている。Peter J. Williamson［他］（2013）は，中国を含めた新興国多国籍企業の競争優位を分析している。Hou（2013）は，中国企業の海外進出のカントリー・リスクや外国為替リスクについて分析している。また，中国国内の研究者劉（2009），李・柳（2012）などの「逆技術スピルオーバー」（Reverse Technology Spillover）といったアプローチがある一方で，王志楽（2012）らは，報告書といった形で中国の代表的多国籍企業の海外進出の実態を時系列的にまとめている。また，日本国内では天野・大木（2007, 2014），丸川・中川（2008），高橋（2008），川井（2013），服部（2013），中川（2012, 2013），夏目（2010, 2017）などは，それぞれ中国企業の海外進出の背景，実態，組織評価ならびに分析の枠組み作りなどを試みている。これら先行研究を踏まえ，中国企業の国際化戦略の特徴を「プロセスの多様性」（「先難後易」，「先易後難」，「借鶏生蛋」，「借船出海」，「農村包囲城市」など），「目的・指向の多重性」（「資源獲得型」，「戦略的資産獲得型」など），および「後発多国籍企業としての特異性」（3つの「逆向き現象」）として纏めたものがある（前掲, 劉, 2014）。

とくに，先発多国籍企業に比べ，後発の中国企業は，その海外進出のプロセスや順序，ならびにそのマーケティング・セグメントなどにおいて，先発多国籍企業とは「逆向き」であるという特徴が目立っている（前掲, 劉, 2014）。つまり，第一に，企業の「特殊優位」の事前所有による海外進出よりは，むしろ「特殊優位」の事後獲得型の海外進出が少なくないという特徴である。中国を代表するIT企業であるレノボの海外進出は，この典型的な事例である。レノボは，Hymer（1976）が指摘したような，進出先の企業に比べて技術やノウハウ，製品差別化などの面で優位性を有した場合に行われた直接投資ではなく，むしろその正反対の海外進出を果たしたのである。すなわち，海外進出の時点において欠けていた優位性（ブランド力と技術力等）を，これを有する外国企業（IBM, Google, NEC など）に対するM&Aによって獲得するのである。つまり，企業の特殊優位を先に「所有」するのではなく，進出して「獲得」するのである。

第二に，国内消費者からの信頼不足より，まずは国内市場に浸透して地位を高めた後の海外進出よりは，むしろ最初の段階から海外に進出し，成熟した先進国の市場で企業とその製品を洗練させるという特徴である。この種の海外進出は，ウプサラモデル（Johanson & Vahlne, 1997, 1990）で描かれた進出プロセスの順序とは明らかに異なる。今日冷蔵庫などの白物家電の生産量は世界一となっているハイアールのケースがこれに属する。ハイアールは，国際化の初期段階からあえて仕様や規格などの要求が厳しい欧米先進国市場の開拓に重点を置き，そこで，認知と信用を獲得したのを踏まえてはじめて，相対的難易度の低い東南アジアや中南米など発展途上国市場へと進出したのである。この種の海外進出は，質の良い海外市場に行けば，企業経営，技術，販売力，サービス全体が鍛えられ，多少の回り道であっても，世界標準に近づくための選択であると考えられる。つまり，この種の海外進出はウプサラモデルのような「先易後難」の順序ではなく，逆の「先難後易」のプロセスなのである。

第三に，先発多国籍企業のように，まず世界所得水準ピラミッドのTOP（Top of Pyramid）市場やボリューム・ゾーン（MOP：Middle of Pyramid）市場の上層部を狙った海外進出よりは，むしろ所得水準が低いBOP（Base of

Pyramid）市場やMOPの下層部を狙った海外進出をしはじめ，その次にMOP上層部ないしTOP市場に参入するという特徴である。本章で取り上げる中国ICTインフラ企業の代表格である華為（以下，Huaweiと表記する）と中興（以下，ZTEと表記する）の海外進出は，まさしくこの種の進出パターンである。

以下では，中国の通信機器産業の代表的企業であるHuaweiとZTEの事例を中心に，中国ICT多国籍企業の国際化戦略の特徴を見ることとする。

4. 中国ICT多国籍企業のケーススタディ―HuaweiとZTEの事例

4-1. Huaweiの国際化戦略

1987年に中国の最初の経済特区である深圳で設立されたHuaweiが，その設立当初には企業などにおける内線電話同士の接続や，加入者電話網およびISDN回線などの公衆回線への接続を行う構内交換機（PBX）を生産している香港企業の代理販売を行っていた。その後，技術や人材を蓄積してホテルや中小企業用のPBXの自主開発・生産・販売をはじめ，デジタル交換機にも進出し，主に農村市場で大きな成果を収めた。

Huaweiが初めて開発した局用の交換機は半デジタル半機械式のJK1000機であった。その半年後には全デジタル式の交換機の開発に取り掛かり，1992～93年にかけて大量の開発人員を採用し，1993年に2000門の大型交換機C&C08機の完成にこぎつけた。続いて万門級の交換機の開発にも成功した。しかし，当時，中国の都市部の電話局の交換機は上海ベル社やアルカテル社などの先発多国籍企業（前述の「列強」企業）の支配下にあった。そこで，Huaweiは農村市場から都市市場に向かう戦略を立てた。上海ベル社などの先発多国籍企業はさほど大きな市場でない農村部にはあまり関心がなく，人員もほとんど配置していなかったため，そこに交換機そのものだけでなく，地方郵電局の幹部の個人的要望に対するものまで過剰サービスともいえるほどのサービスを提供することで，県（日本でいう市町村）以下の農村部から市場を獲得していた。農村部市場を獲得したHuaweiは，その次のステップとして先発多国籍企業の地盤である都市部の市場を蚕食しはじめたのである。その最大の武器は，低価格とサービスといわれる。また，技術面においてもHuaweiは，通信機器のデジタル化，高速化，マルチメディア化が進むとともに，局用電子交換機の集中型からルーター等の分散型に急速に変化しつつある世界的流れにキャッチアップしたことも成長の大きな要因となった。

中国国内市場で得た利益を用いて，Huaweiが1990年代後半からその海外市場を開拓しはじめた。Huaweiの国際化過程，すなわちその多国籍企業化過程についてさまざまな研究が見られる。また，Huawei自身がその国際化過程を3つの段階に区分している。つまり，第1段階の旧ソ連，東欧，アフリカ等新興市場への輸出と保守管理拠点設置，第2段階のヨーロッパ市場への進出と保守管理拠点設置ならびに世界各国での研究開発体制の構築，第3段階の日本とアメリカへの進出である。この区分には，製品輸出と現地拠点設立とを分けていないところが特徴的である。中川（2008）は，多国籍企業の最大特徴ともいえる対外直接投資（現地拠点設立）に主眼を置いて，Huaweiの海外進出を①多国籍企業化準備段階，②多国籍企業化初期段階，③多国籍企業化本格化段階という3つの段階に区分している[(3)]。以下ではまず，中川の研究に沿いつつHuaweiの国際化過程を見てみる。

①　多国籍企業化準備段階（1997～2000）

ハイアールの「先難後易」戦略とは異なり，Huaweiはその国際化の第1段階を比較的に進出しやすい途上国・体制移行国に焦点を定めた。もっとも，これは戦略の違いというよりも，製品の違いからくる市場の性質の違いによるものかもしれない。つまり，ハイアールの場合であれば，一般消費者が低価格に惹かれて商品を買うということで市場を拓くことが可能である。しかし，Huaweiの売っている交換機やネットワーク製品は，電気通信キャリアなどの信頼に頼るものでなければ市場を拓くことができない。中国国内ではまさしくこのよう情況であって，最初は農村エリアの郵電局をターゲットにし，しだいに都市部へ攻め上げる形で市場を攻略したのである。国際市場においても同様に考えられる。つまり，途上国・体制移行国の通信キャリアから市場を攻略し，先進国市場へと攻め上げていくのである。

最初から発展途上国や新興国に進出した結果，2006年段階でHuaweiはこれら市場で確固たる地位を築いた。通信機器市場シェアはCISで13.7%（第3位），中東・北アフリカで27.8%（第2位），南部アフリカで26.2%（第2位），アジア太平洋地域で7.7%（第4位），ラテンアメリカで9.7%（第3位）であった[(4)]。

②　多国籍企業化初期段階（2001～2005）

2001年に至り海外業務はHuaweiの新たな成長ポイントとなった。2002年第1四半期において華為の輸出額は初めて国内販売額を凌駕し，同年前半で3億ドルに達した。これは前年同期比で2倍になったことを意味する。製品はタイ，インド，パキスタン，ロシア，ドイツ，スペインなどの市場に輸出された。

2001年以後，Huaweiは電気通信不況の北米において技術はあるが，経営不振に陥っている小企業を次々と買収しはじめた。そして2002年，テキサス州にFutureWei Technologyという子会社を設立し，現地企業にブロードバンド製品やデータ処理機器の販売をしはじめた。ここにおいて，世界最大かつ最も競争の激しいアメリカ市場に本格的に参入しようとしたところ，2003年1月にシスコ・システムズ社はHuaweiおよびその子会社であるHuawei America, Inc., FutureWei Technology, Inc.を相手とり訴訟を起こし，Huaweiのアメリカ子会社がその知的財産を違法に複製したと訴えたのである。この訴訟は結局和解に至ったものの，これによってHuaweiの初回目アメリカ市場への進出は大きく阻害された。その後，Huaweiはしだいにヨーロッパに目を向けるようになった。STM64光伝送システムは2000年にドイツのPFALZKOMの地域ネットワークとBERLICOMの市域ネットワークにおいて実用化された。2003年3月にはフランスのLDCOMとDWDM全国幹線伝送網の契約を獲得し，中国製品がヨーロッパに大きく進出する契機をつくった[(5)]。

③　多国籍企業化本格化段階（2006年以後）

Huaweiの国際化の第3段階は，アメリカ市場への再進出と日本での現地拠点の確立を中心内容としている。2008年8月15日，Huaweiはアメリカの新興移動通信キャリアであるLeap社から第3世代移動通信のCDMA2000 1x, EV-DO Rev. Aの通信システムを受注したと発表し，カリフォルニア州，アイダホ州，ネバダ州等でのシステムの構築を行う。Leap社は通話だけでなく，多種の付加価値通信を行えるマルチメディア通信を低価格で供給することを競争優位の源泉としている。Huaweiはソフトウェアスイッチと IP ベースの無線基地局装置（BTS）で構成されるシステムを，従来型より60％コストダウンで供給したと報じられている。

Huaweiの日本進出は2002年の東京事務所の開設に遡るが，国際化の第3段階をにらんだ現地法人の設立はその3年後であった。つまり，2005年11月に東京の大手町でHuawei Japanが設立された。2007年の時点ではすでに70名以上のスタッフを揃えており，その大半は技術スタッフである。また，新興無線通信キャリアであるイー・モバイル社に基地局のシステムを提供し，Huawei Japanはその保守管理を行っている。製品は中国から供給され，研究開発は本社から世界各地の拠点に役割が振られている。2001年夏モデルからKDDIに携帯型無線LANルーターなどの納入を開始し，日本国内4社すべての携帯電話事業者と取引関係を構築することに成功した。また，Huawei Japanは2011年2月に中国企業としては初めて日本経団連に加盟したのである(6)。

Huaweiの国際化発展段階について，中国国内の研究者（程東昇・劉麗麗〔2003〕，高小万〔2006〕，劉文棟〔2010〕，黄麗君・程東昇〔2010〕，田涛・呉春波〔2012〕など）らは概ねHuawei社の段階区分を踏襲しているが，中国国内市場の飽和状態と競争激化が見通された上でのHuaweiの海外進出という分析もある。つまり，1995年には国際通信設備市場が萎縮したことから，国際通信設備の大手メーカーは売上高を守るために，当時急成長していた中国の通信市場をターゲットにしはじめ，中国国内市場の競争が激しくなっていた。その激しい競争の下で，Huawei創業者の任正非は，Huaweiが生き残るためには海外に進出しなければならないという事実を意識しはじめたといわれる。1996年からHuaweiの海外進出戦略を本格的に開始したものの，世界の通信機器メジャーに比べ，その技術力とブランド力のどれも劣り，価格優位性という強みだけで欧米市場で競争することは不可能だと悟り，通信産業がまだ発達していない発展途上国をターゲットにしたのである。そこで経験を蓄積し，知名度を高めてから欧米などの先進国に進出するという戦略を打ち立てて，国際化を展開したといわれる。

Huaweiの研究開発は，深圳本社のほか，それぞれ1,000人以上の研究スタッフを抱える北京研究所と上海研究所，さらに西安，成都，南京，杭州などにも研究所を持っている。また，ダラス（アメリカ），バンガロール（インド），ストックホルム（スウェーデン），モスクワ（ロシア），東京（日本）などにも研究開発拠点を持っている。Huaweiには毎年多くの資金を研究開発に投入し，2008年には年間のR&D費はすでに100億元（約15億ドル）を超えており，2012年には300億元（約45億ドル），2016年には600億元（約90億ドル），2017年にはさらに897億元（約138億ドル）に達している。2017年末現在，Huaweiの研究開発要員は8万人を超え，全従業員の45%を占めている[7]。2018年にHuaweiの取得した特許は5,000件を超え，2017年に続き2年連続で世界の特許登録数トップの座を獲得している。

今日，Huaweiの顧客は中国電信，中国移動，中国聯通などの中国の通信メジャー・キャリア以外に，ブリティッシュ・テレコム，AIS，テレフォニカ，シンガポール・テレコム，ドイツ・テレコム，テリアソネラなどの企業も含んでいる。また，300社以上の通信事業者に製品・ソリューションを提供しており，世界トップ50通信事業者のうち45社がHuaweiの製品・ソリューションを使用している。さらに，2013年にはHuaweiがスウェーデンのエリクソンを抑えて業界世界首位に躍り出て以来今日に至っている。Huaweiの売上高は右肩上がりに上昇し続き，2017年には前年度よりさらに21%増の6,036億元（約1,110億ドル）に達している。（図表12-2参照）

Huaweiの国際化戦略の最大の特徴は，その国内での市場開拓と同じく，「農村包囲城市」，つまり，所得水準の低い国・地域からはじめ，しだいに市場新興国，さらにビジネス経験や技術の蓄積ならびに資本の蓄積を積んでから，欧米や日本などの技術水準とともに所得水準も高い先進国への参入を果たしたところにある。この戦略を筆者は「逆向き戦略」と呼んでいる（LIU, 2017）。

Huaweiの海外進出はけっして順風満帆ではなかった。その国際化の過程においては多くのリスクに遭遇したのも事実である。これについては後述する。次は，中国通信機器業界No.2企業であるZTEの事例を見てみる。

図表 12-2　Huawei の売上高と成長率の推移（2005-2017）（億ドル）

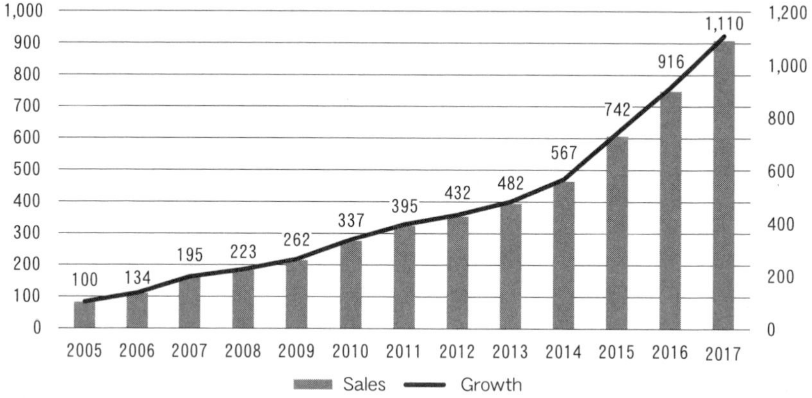

出所：Huawei のアニュアルレポート各年度版とネット資料より筆者作成。

4-2. ZTE の国際化戦略

ZTE は 1985 年に Huawei と同じく深圳で設立された通信機器メーカーである。Huawei が純粋の私的企業であるのに対して，ZTE は国有企業から出発し，その後出資者の変更や組織再編で一旦「国有民営」の企業形態に変更した。1997 年に深圳証券取引所で A 株(8)の上場を果たし，さらに 2004 年には香港証券取引所のメインボードで H 株(9)を上場した。2016 年末現在，発行済み流通株式の 81.95％が A 株で，18.05％が H 株であり，中国最大の上場通信設備企業である。今日の ZTE は，すでに曾ての国有企業から「国有株を有する民営企業」に変身している。ZTE の主要株主は中興新（ZXX）であり，中興新（ZXX）の持っている ZTE の株式は 30.35％である。2016 年 12 月 31 日現在，中興新（ZXX）以外の ZTE 株主はほとんどファンドなど機関投資家と個人投資家である。

ZTE の 2016 年の売上高は 153 億ドルである。リーマン・ショックの影響で，2012 年以後売上高が一時下がっていたものの，欧米の通信機器メジャーに比べると，その影響は限定的であった。2016 年末現在，従業員数 8 万 1,468 人，従業員の平均年齢 32 歳，修士以上の学歴を有する従業員数は 3 割以上を占めている。また，国内外で 15 の研究開発センターを有し，海外だけでもアメリカ，フランス，スウェーデン，日本，カナダなどで 8 つの研究センターを構えている。2012年と2016年の特許申請数は世界一位であったほか，2010年以来，PCT申請数は常に世界トップ3以内のポジションをキープしている。ZTEの売上高は2006年の232億元（約37億ドル）から2016年の1,012億元（約153億ドル）に増大し，10年で4倍以上の増大になる（図表12-3）。

ZTEの海外進出は，4つの段階を経て今日に至っている（前掲，劉，2014，73-74ページ）。第1段階は，海外探索期（1995～1997年）である。1995年，ZTEは国際化戦略を策定すると同時に，ジュネーブで開催されたITU世界展覧会に出品した。それは，中国の通信機器企業がその姿をはじめて世界に見せる瞬間であった。また，小規模でありながらもインドネシアやマレーシアなどの東南アジアの国にその製品を輸出した。ただ，この段階はZTEとして主に国際市場のルールを学習し，国際化経験を蓄積する前準備の段階でしかなかった。

第2段階は，規模突破期（1998～2001年）である。この段階でZTEが国際市場への本格参入をしはじめ，「点」から「面」へ，しだいに南アジア，アフリカの国に進出するようになった。1998年には，バングラデシュに続いてパキスタンでも通信交換機プロジェクトの請負に成功した。とくにパキスタンでは総額9,700万ドルの通信交換機請負プロジェクトを獲得し，それは，当時の中国通信機器メーカーが海外で獲得した最大金額の「ターニング・キー」プロジェクトであった。また，アメリカのNew Jersey, San Diego, Silicon Valleyの3箇所で研究所も立ち上げた。1999年には，旧ユーゴスラビアBK集団と，

図表12-3　ZTEの売上高推移（2006-2016）（単位：億元）

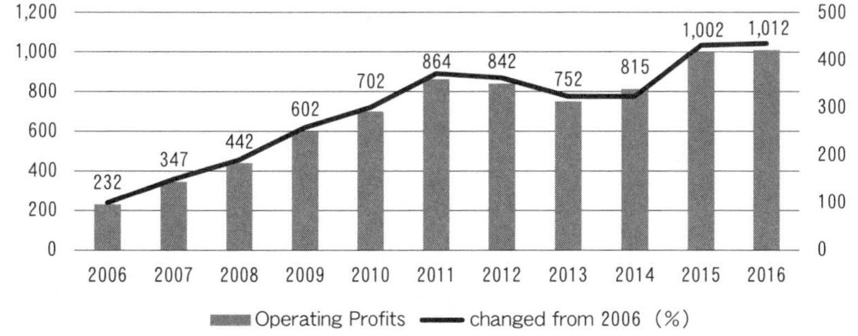

出所：ZTEの社内資料より，筆者作成。

総額2.25億ドルのGSM移動通信機器の販売契約が結ばれ，中国が知的所有権を持つGSM移動通信設備の最初の輸出となった。2000年には，韓国でCDMA製品開発を中心とする研究所を設立し，3G PP2（The Third Generation Partnership Project 2）に加入した。

第3段階は，全面推進期（2002～2004年）である。この段階では市場，人材，資本など全方位の展開を図り，インド，ロシア，ブラジルなどの新興国市場への進出を果たすことによって，アメリカとヨーロッパなどの先進国市場進出の基礎作りを行った。2002年にはIntel（中国）有限会社と未来3G無線通信および無線局域網などの領域において協力する覚書を交わし，2003年にはIBMとビジネス，技術，製品開発，リエンジニアリングおよび国際マーケティングなどの面において協力する覚書が交わされた。さらにマイクロソフト（中国）と，電信領域における戦略的提携の覚書に調印したのである。

第4段階は，先端攻略期（2005年以後）である。この段階では，「現地化」に力を入れ，多国籍通信キャリアとの提携を深め，ヨーロッパ，アメリカならびに日本などの先進国市場への進出を果たすのである。2005年に，和記黄埔有限会社（Hutchison Whampoa）の英国子会社と30万個のWCAMA端末契約を結び，3G端末がはじめてヨーロッパのメジャー市場進出を果たし，MTO戦略（大型通信キャリア攻略戦略）を作成して，重点的に海外の大規模な通信キャリア市場開拓をしはじめた。2006年には，FT（フランステレコム）と長期戦略提携の協定を結び，固定電話の接続，運営，および端末などの領域で深い提携関係を図る。さらに，カナダのTelusと3G端末に関する協定を結び，3G端末がはじめて北米のメイン通信市場に入る。国際市場開拓のために，ZTEが会社の組織編成を行い，優秀な人材を海外に派遣して海外での業務を支援する。2007年には，MTO戦略が大きな成果が見られ，ZTEがVodafone（イギリス），Telefonica（スペイン），Telstra（オーストリア）などの一流の通信キャリアの設備供給企業となった。また，アメリカのSprint NextelとWimaxに関しても協力しはじめる。2008年には，Vodafoneとシステム設備に関するグローバル提携協定を結び，GSM/UMTS/光ファイバー通信などを含むすべてのシステム設備がカバーされるようになる。2009年には，オランダ電信（KPN）集団と一緒にドイツ及びベルギーのHSPAネットワークを建設し，ヨーロッパの多国籍通信キャリアTelenor UMTSの建設注文を獲得した。2010年には，Telefonicaと一緒にスペイン初のWIMAX網を設置し，Telenorにハンガリー初の6,000余りのBSを含むLTE網を建設した。2011年には，世界初のLTE商用一体化小型ミニステーションを発表し，業界初のTD-LTEと2G/3Gのネットワークの相互交信を完成した。さらに，最初に多チャンネルTbid超長距離伝送が実現され，100Gを超える領域で世界記録を樹立した。2012年には，スウェーデンHi3Gと戦略的提携協定を結び，調印式には中国とスウェーデン両国の指導者まで出席されたのである。また，GoTaはITU国際基準に採用され，中国は通信基準領域において新たな突破を実現することになる。さらに，同じく2012年にZTEの特許取得数は世界一となり，それ以後も特許取得数世界トップ3の地位を保っている。ZTEのLTE技術は強い競争力を持ち，世界LTE基地局のメイン・サプライヤーにもなっている。2017年のGlobal Data報告書では，ZTEのLTEシリーズの基地局は「世界のリーダー」と評されている。また，第5世代移動通信技術（5G）においても，ZTEはその先頭を走っている。世界5G標準の制定に参加しているだけでなく，5Gの6大系列製品のP2Pとソリューションのすべてを提供できるただ2社の内の1社となっている。さらに，そのMassive MIMOという5Gのコア技術を4Gのネットワークに応用して，Pre-5Gを実用化させ，世界40カ国以上で使用されている。

ZTEの日本進出は2005年に遡る。2005年，ZTEがその日本事務所を開設し，2008年には日本法人ZTEジャパンを設立した。その後，日本通信のbモバイルをはじめ，ウィルコムの「WILLCOM CORE 3G」など主に仮想移動体通信事業者（MVNO）向けに端末の供給を開始した。2016年からは，新たなウェブサイトの立ち上げや新製品発表会，ソフトバンクホークスへのスポンサーなど多額な広告予算を投じ，新たなダイワボウ情報システムを通じて，NTTドコモ，au，ソフトバンクの大手通信キャリア3社に携帯電話端末を供給するほか，イオンモバイルや楽天モバイル，LINEモバイルなどの大手MVNOにもスマートフォン端末を供給していた。

ZTEの海外進出の特徴は次のようにまとめられる。即ち，最初には南アジア，アフリカなどの発展途上国，しだいにロシア，インド，ブラジルなどの新興国，さらにヨーロッパ，日本およびアメリカなどの先進国市場へと進出を果たした。その過程はまさしく前記の「農村包囲城市」戦略の複製である。つまり，周辺から中心へ，所得水準の低い国・地域から所得水準の高い国へ，ロー・エンドの市場からハイ・エンドの市場へという海外進出であり，先発多国籍企業のそれとは「逆向き」なものである。年代的推移からみると，1990年代後半には，一部の国で拠点を設けはじめ，国際ビジネスの経験を積み，新興市場のビジネスルールをほぼ掌握してから，1990年代末頃より2000年代初期にかけて海外の通信機器プロジェクトを請け負うと同時に，各種通信端末も輸出しはじめ，2002年以後先進国が含まれる市場，人材，資本などの面で全方位の海外進出を推進したのである。

ZTEの海外進出のもう一つの特徴は，その「企業特殊優位」の事後獲得である。バングラデシュやパキスタン（1998年）などで通信機器の大型案件の受注に成功したZTEが，技術や知名度はともに世界の通信機器メジャーより劣っていることで，単に価格優位性という強みだけで相手と競争することが不可能であると認識した後，いち早くアメリカ，フランス及びスウェーデンで研究所（1998年）を設立し，その後もIntel中国（2002年），IBM（2003年），マイクロソフト中国（2003年），FT（2006年）など世界のIT巨人達とさまざまなアライアンスを行っている。その過程において，ZTEが技術面での競争優位を獲得すると同時に，「ZTE」というブランドの知名度もアップされ，ついに世界のトップICT企業と比肩するようになったのである。

一方で，Huaweiと同じく，ZTEもその海外進出において多くのリスクに遭遇し，予期せぬ落とし穴にもあった。以下では，いわゆる「ZTE事件」と「Huawei事件」を中心に，中国ICT多国籍企業の国際化過程にあったリスクの一端とその教訓を明らかにする。

4-3. 「ZTE事件」と「Huawei事件」から見た海外進出の「落とし穴」

(1) 「ZTE事件」と「Huawei事件」の概要

2018年春，米中間の貿易戦争が始まって間もない4月16日，アメリカ政府はZTEがアメリカによるイランに対する制裁措置に違反し，イランにアメリカ製品や技術を輸出していたとして，米国内において今後7年ZTEへの部品販売，ソフトや技術提供など，いかなる取引も禁止すると発表した。この発表は，2017年3月ZTEに11億9,000万ドルの罰金を科した以後の再度の処罰である。この制裁措置は，ZTEに甚大な影響を与え，ZTEは一時営業中止の状態に追い込まれたのである。これが，いわゆる「ZTE事件」である。

制裁発表翌日の2018年4月17日，ZTEの株価が暴落しはじめ，1日だけで香港と深圳の証券取引所に上場しているZTEの株価が36%低落した。この影響で，ZTEには株式市場で70億ドル（約7,700億円）の時価総額が蒸発した計算となる。

「ZTE事件」を受けて，中国政府も介入し，米中間の交渉が重ねた。2018年6月2日，閣僚会議を受けて，アメリカ商務省が14億ドルの罰金とZTEのトップ経営層の刷新，ならびにアメリカ査察員の受け入れなどを条件に，ZTEへの制裁を一時解除した。これによって，「ZTE事件」もその終息を迎えようとしたのである。

「Huawei事件」は，「ZTE事件」に続いて生じたことだが，その影響は「ZTE事件」よりも深刻で，しかも，今でもその終息は見えてこない。

2018年4月25日，アメリカ法務省は，Huawei）がZTEと同じくその製品をアメリカが制裁を科しているイランに輸出していると疑われているという報道があった。この報道に対して，Huaweiが直ちに否定し，「常に法律を守り，かつアメリカの規定に従ってビジネス活動を行っている」と反論した[10]。また，12月1日，アメリカ司法局の要請を受けて，カナダの司法局がHuaweiの副会長兼CFOの孟晩舟を詐欺の容疑で逮捕した。これを受けて，駐カナダ中国大使は「重大な人権侵害だ」と批判し，中国外交部の報道官も連日のようにカナダ批判を展開した。中国国内では，孟の逮捕とHuawei排除に対抗し，「Appleは中国から出て行け」などと抗議するアメリカ製品の不買運動が広がりはじめ，一部の中国企業にはApple社のスマートフォンであるiPhoneの使用を中止するよう従業員に通知したと報道されている[11]。さらに，孟の逮捕への報復として，中国はカナダの元外交官らを拘束するだけでなく，中国で逮捕されたカナダ人の麻薬犯罪者を「死刑」と宣告した。同時に，中国政府が米国との間に孟のアメリカへの引き渡しを巡って激しい駆け引きを展開し，「Huawei事件」は米中だけでなく，他の国をも巻き込む国際的事案となったのである。米中貿易戦争がヒットアップする中，2019年5月15日，米商務部はHuaweiに対する輸出規制を発表し，これによって，高性能部品の3割程米国に依存するHuaweiに深刻な影響を与えるだけでなく，世界の製品サプライチェーンにも影響を与えている。

(2) 「ZTE事件」と「Huawei事件」の深層

「ZTE事件」と「Huawei事件」は，米中貿易戦争の一環であり，米中間の技術覇権争いの象徴的な出来事でもある。ZTEもHuaweiも米中両国の覇権争いのスケープゴートであることは間違いない。しかも，これら事件の根が深く，影響の範囲が広く，既成の世界秩序の変更に関わる事件だと言っても過言ではない。2018年11月19日，アメリカ商務省産業安全保障局が人工知能・ロボット・マイクロプロセッサなどに対する輸出規制のパブリックコメントの募集をしはじめ[12]，中には特定の国が明記されていないものの，中国を念頭に置いたものであるとされる。また，その翌日に，アメリカ通商代表部が通商法301条に基づく報告書において，中国が不当な慣行を是正していないとの見解を表明し，中国は建設的に対応しておらず，政策を変更する意思もないと書かれている[13]。さらに，11月22日アメリカ政府が日本などの同盟国に対してHuaweiの通信機器を使用しないように要請した[14]。イギリス（11月6日），オーストラリア（8月23日），ニュージーランド（11月28日）に続いて，日本もZTEとHuaweiの排除に乗り出した。2018年12月7日，日本政府は，セキュリティ上の懸念から，中央省庁や自衛隊などが使用する製品・サービスからHuaweiとZTEを事実上排除する見通しであると報道されている他，HuaweiやZTEを念頭に，電力・水道・金融・情報通信・鉄道などのインフラ14分野で，民間企業・団体に情報漏洩や機能停止の懸念がある情報通信機器を調達しないよう求めると報道されている（日本政府が否定）[15]。日本の携帯電話キャリアも，HuaweiおよびZTEの基地局を使用しない方針だと報道され，ソフトバンクは早速既存の4Gの基地局をHuaweiからエリクソンやノキアに切り替えるとした[16]。

筆者が，かつて次のような指摘をした。「後発の多国籍企業である華為技術とZTEは，こぞってその次の目標を欧米の先進国市場に定めており，これは当然ながら先発の多国籍企業との激突が避けられないことを意味するし，同時に先進国の政府まで巻き込まれる事態も想定される。」[17]と。残念なことに，「ZTE事件」と「Huawei事件」はこの指摘を証明した形となった。

(3) 「ZTE事件」と「Huawei事件」の教訓

「ZTE事件」と「Huawei事件」は中国の多国籍企業だけでなく，新興国や発展途上国企業の今後の海外進出にも警鐘を鳴らし，多くの教訓を残した。それは，① 進出先国の法律と規則を守ることと従業員のコンプライアンス教育が重要であること；② コア技術を保有すること；③ リスクマネジメントは後発多国籍企業の海外進出に特に肝要であること；④ 企業間競争は同時に国同士の競争であること，などである。①－③に関しては，多くの先行研究もすでに触れているが，④に関する先行研究は，筆者の知る限り，それほど多くないと思われる。M. E. ポーターは，その「国の競争優位」(1990, 1992) の中で，ダイヤモンド・フレームワークを提示し，グローバル競争優位の源泉を分析したり，クラスターの概念を応用して，国・州・地域の競争をグローバル経済という文脈の中でとらえるアプローチを提示したりしてはいるが，企業と企業の競争は同時に国同士の対立であることには触れていない。また，S. ゴシャール (1987) は国際経営の戦略目標と競争優位の源泉について論じた時，各国固有のリスクを複数の国でヘッジすること，規模と柔軟性のバランスをもってリスクを減らすこと，製品のポートフォリオによってリスクを避けること，などを明らかにしたものの，そこでのアクターは依然として企業であり，企業の背後に控えている国家という存在を言及していない。R. バーノンは，その "Two Hungry Giants" (1983) において，石油・鉱物資源をめぐる日米競争を取り上げたが，そこでは主に保護国（米国）と被保護国（日本）それぞれの石油，鉄，銅，アルミニウムなどの基礎材料の確保における戦略的特徴が描かれ，2国間の直接的対決を描いたものではない。今回の「ZTE事件」と「Huawei事件」は，企業の国際化過程にあったリスク要素であると同時に，企業競争の新たな形態でもあろうと考える。つまり，企業間の競争は同時に国と国との対立であること，企業の競争相手は時に進出先国の政府であること，などである。同様の事件は今後も発生する可能性が十分あり得るし，この新しい競争形態あるいは競争局面に関する更なる研究も課題として残されている。

5. 中国 ICT 多国籍企業の今後

IoT（Internet of Things）と AI（Artificial Intelligence）技術を駆使した第 4 次産業革命の進展で，インターネットを通じてすべて繋がり，世界が同時に変化する高度ネットワーク情報社会が現実になりつつある今日，中国の ICT 産業とその企業は大きなチャンスと挑戦に直面している。中国政府が作成した「中国製造 2025」国家プロジェクトは，その ICT 産業と企業の発展に大きく依存しており，中国 ICT 企業の海外進出は今後も続くと予想される。本章で取り上げた中国 ICT 設備産業，とくにそのリーディングカンパニーである Huawei と ZTE は，5G（次世代移動通信規格）の領域においてすでに世界の先頭を走っているが，中国の ICT 産業とその企業の更なる発展にはさまざまな課題も抱えている。

第 1 に，基礎研究開発能力は薄弱である。中国の ICT 企業には基盤技術関連の蓄積が少なく，イノベーション能力が低い。それが故に，高性能 IC と部品や OS などの基本ソフトウェアなどは輸入に頼らざるを得ない。IC の輸入金額は連年増え続け，2017 年の輸入金額は 2,601 億ドルに達し，前年度よりさらに 14.6％増大しているのである。国産 CPU と基本ソフトは，海外のそれに比べると，その性能，容量および安定性などの面においては大きな差を有するだけでなく，ハードウェアとソフトウェアのリンケージも悪く，サプライチェーンの創出とコントロールの力が欠けている。

第 2 に，サプライチェーンの創出・整合できる企業が少ない。長い間，中国の ICT 企業の多くは，日米欧多国籍企業のアウトソーシーであった関係で，その規模が比較的に小さい上，イノベーション能力が弱く，立地も分散している。先発多国籍企業に大きく依存するだけでなく，Google や Apple のようなソフトウェアとハードウェア，さらに顧客のカスタマイズに至るまでの一貫したサプライチェーン体制を創出・整合できるスーパー・カンパニーを有しない。これは，今後も中国 ICT 多国籍企業の国際競争力のアキレス腱になるのである。

第3に，中国ICT多国籍企業の直面している国際環境はさらに複雑かつ多変である。中国多国籍企業の成長とそのプレゼンスの増大に伴い，先発多国籍企業との競争はさらに激しくなる一方で，この競争は国家間の対立をもたらし，技術覇権争いを生じさせるのである。本章で取り上げた「ZTE事件」と「Huawei事件」は，この明確な証左であろう。また，今日のような保護貿易主義の台頭と「逆グローバリゼーション」現象は，今後の中国ICT多国籍企業，さらに他の新興国や発展途上国の多国籍企業の国際化戦略に大きな影響を与えることは言うまでもない。

さまざまな課題を抱えているとはいえ，中国のICT産業は今後も大きく伸びることは容易に想像される。IDCの予測によれば，2018年以後中国のデジタル経済は中国経済全体の半分以上を占めることになる。また，「一帯一路」（シルクロード経済圏構想）の国家戦略は中国企業のイノベーションを加速すると同時に，そのスケールメリットも伴う。さらに，クラウド2.0時代を迎え，ブロックチェーンやデジタル・クレジットの大規模な応用が実現される。その上，ビッグデータの活用，IoTの進展，AI技術の深化などは，中国ICT産業とその企業にとって大きな発展のチャンスであることは間違いなかろう。

6. むすび

本章では，中国ICT産業と企業，とくにICTインフラ産業の概要とその企業の国際化戦略の特徴を明らかにしようとした。中では，中国ICTインフラ産業とその代表的企業を取り上げ，その発展の歩みや特徴をレビューした上，とくにそのトップ2社であるHuaweiとZTEに焦点を当て，先発多国籍企業とは異なる中国多国籍企業の海外進出の特徴ならびに遭遇したリスクとそこから得た教訓を浮き彫りにした。

HuaweiもZTEもともに，その中国国内でのマーケティング戦略，つまり「農村包囲城市」（所得水準の低い農村市場から所得水準の高い都市部市場へと展開すること）を，そのまま海外進出に応用したのである。すなわち，まずは所得水準の低い国と地域から始まり，しだいに新興国，さらにビジネス経験や技術の蓄積が高められ，ブランド認知もある程度浸透してから欧米や日本などの技術水準とともに所得水準も高い先進国へと進出するというプロセスを辿った。その過程において，先進国の企業から技術，ノウハウ，ブランドなどといった「戦略的資産」を獲得したのである。この戦略を筆者が「逆向き戦略」としてまとめた。一方で，「Huawei 事件」と「ZTE 事件」に象徴されるように，中国の ICT 多国籍企業はその海外進出の過程において多くのリスクにも遭遇し，時には落とし穴に陥ることもあった。本章では，「Huawei 事件」と「ZTE 事件」の概要，その深層およびそこから得られた教訓などをまとめた。

中国 ICT 機器多国籍企業の海外進出の経験と戦略，さらにその遭遇したリスク等は，初期条件が類似している他の後発多国籍企業にも示唆を与えるものと考える。また，後発の新興国や発展途上国企業の海外進出と，そのリスクマネジメント，とくに企業と企業との競争は同時に国と国との対立でもあることを浮き彫りにし，それに関するさらなる研究は，既存の国際経営研究の深化にも繋がるのではないかと考える。

なお，本研究を通していくつかの課題も浮かび上がった。新興国や発展途上国企業の海外進出において，そのリスクマネジメント体制の強化は課題の１つである。企業のグローバル的展開は，そのグローバル市場での競争を余儀なくされる。しかも，企業間の競争は，国と国との主導権ないし覇権争いに発展することもあり得る。「Huawei 事件」と「ZTE 事件」はまさにその証拠である。国際経営の経験が比較的に浅い新興国や発展途上国の多国籍企業にとっては，確固たるリスク管理が求められ，企業の手に負えない場合には政府の出番にも頼らざるを得ない情況さえ考えられる。一方で，新興国や発展途上国の多国籍企業が如何に政府からの影響に上手く対応するかも避けられない課題である。中国政府の「走出去」（海外進出）や「一帯一路」といった国家戦略は，今までの中国企業の海外進出を大きく左右し，政府が企業の意思決定まで踏み込むこともしばしばであった。このような状況は今後も続くと思われる。他の新興国や発展途上国も似たような状況だと言えよう。発展途上国の企業としては，政府からの影響や干渉に直面した場合，いかに適切な対応体制を備えるかも重要な課題である。国家のバックアップに頼るのも時には重要であるが，一方で，政府の方針や政策に翻弄され，後手の対応しかできなければ，企業自身のグローバル市場での展開もいつかはつまずくのである。

〔劉　永鴿〕

注

⑴　さらに，フィンランドのノキアを加えて「八国九制」という表現もある。

⑵　たとえば，今日ではデジタル交換機の1ライン当たりの値段は10ドル前後であるが，1980年代と90年代前半の中国においてその値段は500ドルであった。田涛・呉春波（2012）参照。

⑶　以下は，中川涼司（2008）（丸川・中川（2008））に負うところが大きい。

⑷　中川（2008），前掲，80ページ。

⑸　中川（2008），前掲，82ページ。

⑹　長島忠之（2014）「多様化する中国の対日直接投資」『続・中国企業の国際化戦略』大木博己・清水顕司編著，第16章，ジェトロ，262-276ページ。

⑺　虎嗅「華為値多少銭」（捜狐・科技：https//m.sohu.com/a/288761539_115207?_f）

⑻　A株とは，中国の上海と深セイの株式市場に上場している中国国内企業を対象とした市場の種別で，中国の通貨である人民元で取引される株式のことである。海外投資家向けの株式は「B株」として区別されているが，双方の権利に違いがなく，B株発行する企業の多くはA株も発行し，上場している。

⑼　H株とは，中国本土を登記地とする会社が，香港証券取引所に上場し発行する株式銘柄である。中国本土以外の投資家も取引ができ，香港ドルで取引される。今現在，中国本土以外の証券取引所に上場している中国系企業の株式をすべて「H株」と呼ばれている。

⑽　捜狐新聞（https://m.sohu.com/）2018年4月25日。

⑾　「Appleは出て行け」ファーウェイめぐり中国で沸騰する“不買運動”プライムニュース イブニング，2018年12月10日。

⑿　USTR Updates Section 301 Investigation, United States Trade Representative, 2018/11/20.

⒀　中国，「不当」な通商慣行是正せず　USTRが最新報告，ロイター，2018年11月21日。

⒁　米国，同盟国に中国華為の製品使用停止を要請，ロイター，2018年11月23日。

⒂　「ファーウェイ排除念頭，民間に協力要請　政府14分野で」『日本経済新聞（電子版）』2018年12月13日。

⒃　「ソフトバンク，既存基地局もファーウェイ製排除」『日本経済新聞（電子版）』2018年12月13日。

⒄　劉永鴿（2015）「中国通信機器多国籍企業の国際化戦略―華為技術と中興通訊のケースを中心として―」『経営論集』（東洋大学）85号，173ページ。

参考文献

天野倫文・大木博巳（2007）『中国企業の国際化戦略―「走出去」政策と主要7社の新興市場開拓』ジェトロ。

天野倫文・大木博巳（2014）『続・中国企業の国際化戦略』ジェトロ。

川井伸一編著（2013）『中国多国籍企業の海外経営』日本評論社。

国際貿易投資研究所監修・今井理之編著（2004）『成長する中国企業　その脅威と限界』。

高橋五郎編（2008）『海外進出する中国経済（叢書現代中国学の構築に向けて）』日本評論社。

中川涼司（2008）「華為技術（ファーウェイ）と聯想集団（レノボ）」『中国発・多国籍企業』丸川知雄・中川涼司編著，第4章，同友館，76-78ページ。

中川涼司（2012）「華為技術と聯想集団の対日進出―中国企業多国籍化の二つのプロセス再論―」『ICCS 現代中国学ジャーナル』第 4 巻第 2 号，45-54 ページ。
中川涼司（2013）「中国企業の多国籍企業化―発展途上国多国籍企業論へのインプリケーション―」『立命館国際研究』第 26 巻第 1 号，53-73 ページ。
夏目啓二編著（2010）『アジア ICT 企業の競争力』ミネルヴァ書房。
夏目啓二編著（2017）『21 世紀 ICT 企業の経営戦略』文眞堂。
服部健治（2013）「グローバル経営組織論から見た中国企業の分類試論」『中国 21』愛知大学現代中国学会，Vol.38，1919-206 ページ。
丸川知雄（2004）「華為技術有限公司」『成長する中国企業 その脅威と限界』（国際貿易投資研究所監修・今井理之編著，第 1 章，リプロ）17～27 ページ。
丸川知雄・中川涼司編（2008）『中国発・多国籍企業』同友館。
劉永鴿（2014）「中国多国籍企業の国際化戦略の特徴―中興通訊の事例を中心として―」『経営論集』（東洋大学）83 号，63-78 ページ。
劉永鴿（2015）「中国通信機器多国籍企業の国際化戦略―華為技術と中興通訊のケースを中心として―」『経営論集』85 号，159-176 ページ。
王志楽（2012）『2012 走向世界的中国跨国公司』中国経済出版社。
程東昇・劉麗麗（2003）『華為真相』当代中国出版社。
黄麗君・程東昇（2010）『資本華為』当代中国出版社。
呉先明（2008）『創造性資産与中国企業国際化』人民出版社。
中国商務部（2012）『中国対外投資合作発展報告 2011～2012』。
田涛・呉春波（2012）『下一個倒下的会不会是華為』中信出版社。
李梅・柳士昌（2012）「対外直接投資逆向技術溢出的地区差異和門檻効応―基於中国省際面板数据的門檻回帰分析」『管理世界』第 1 期。
劉明霞（2009）「我国対外直接投資的逆向技術溢出効応―基於省際面板数据的実証分析」『国際商務―対外経済貿易大学学報』第 4 期。
劉文棟（2010）『華為的国際化』海天出版社。
捜狐新聞（https://m.sohu.com/）。
A. X. Hou (2013), "Risk Management in International Business," *Risk Management*, August 2013 - Issue 27, pp.23-24.
Buckley, Peter J., Ljeremy Clegg, Adam R. Cross, Xin Liu, Hinrich Voss and Ping Zheng (2007), "The Determinants of Chinese Outward Foreign Direct Investment," *Journal of International Business Studies*, 38.
Dunning, John H. (1988), "The Investment Development Cycle and Third World Multinationals," in John H. Dunning, *Explaining International Production*, Unwin Hyman, reprinted in Lall.
Dunning, John H. (1990), *The Globalization of Business: The Challenge of the 1990s*, Routledge.
IDC (2017), *IDC Annual Report 2017.*
Johanson, J. and J. Vahlne (1977), "The Internationalization Process of the Firm" - A model of Knowledge Development and Increasing Foreign Market Commitments," *Journal of International Business Studies*, 8 (1), pp.23-32.
Johanson, J. and J. Vahlne (1990), "The Mechanism of Internationalization," *International Marketing Review*, 7 (4), pp.11-24.
NIKKEI ASIAN REVIEW, 2018. 4. 27.
Peter J. Williamson, et al. (2013), *The Competitive Advantage of Emerging Market Multinationals*, Cambridge University Press.

Porter, M. E. (1990), *The Competitive Advantage of Nations*, The Free Press.
Sumantra Ghoshal (1987), "An Organizing Framework," *Strategic Management Journal*, 9 (5), pp.425-440.
Stephen Herbert Hymer, (1976), *The International Operations of National Firms: A Study of Direct Foreign Investment*, The MIT Press.
Yong Ge LIU (2017), "The Reverse Direction Strategy of Overseas Expansion with Chinese ICT Equipment Firms: The Cases of Huawei and ZTE Co. Ltd." *KEIEI RONSHU* (Journal of Business Administration) No.90, pp.1-14.

第13章

ICTによる「越境EC」の進展

―中小企業が多国籍企業になる日―

1. はじめに

ICTを利用すると，電子商取引（EC）によって国際ネットショッピング（国際B2C＝越境EC）が可能になるであろうことは，インターネットが普及を始めた90年代から既に技術面において予想されていたことであったものの，その規模や内容，具体的な経営や消費者の在り方については21世紀に入っても，最初の10年間，あまりよく知られていなかった。しかし，我が国の経済産業省が2010年以降，本格的な調査に乗り出し，特に日・米・中の3カ国に関しては調査報告書が毎年公開されるようになってきている。国際機関では，UNCTAD（2017）が，全世界で年間約1,890億ドルの越境EC取引きが行なわれたと推計している。また，国際的ECモールを経営している米国の「eBay」や中国の「Alibaba（阿里巴巴）」といった企業でも独自に調査が進んでいる。これらの調査結果によると，ほぼ同じ結果が出ており，越境ECの伸び率は2010年以降毎年20％以上で，国内外のB2Bや国内B2C等，他のEC類型の伸び率よりも大きく，その潜在的可能性が大きいことが指摘されている。

本章では，この新しい国際市場参入方式である越境ECについて企業サイドの観点から考察する。その際，大企業だけでなく，特に中小企業にとって大きな可能性を持つことを指摘し，その典型的な具体例として，我が国の「化粧品」と「日本酒」の業界について考察する。この2つの業界は，企業数レベルにおいて圧倒的に中小企業の占める比率が大きく，内需が長期的な減少傾向を示している。「化粧品業界」ではサポート企業の役割の重要性，「日本酒業界」

では中小企業の企業家精神と主体的努力の重要性について指摘する。

周知のように，Hymer（1960）らによって創始された多国籍企業に関する研究は，長年に渡って，その対象は常に大企業，特に製造業が中心であった。その理由は，経営資源（ヒト・カネ・モノ・情報）が豊富で，国を代表する巨大企業でないと，海外市場で通用する何らかの「独占的優位性」を持つに至らず，直接投資による国際経営が困難であると考えたからに他ならない。事実，20世紀における「古典的多国籍企業の理論」（Classic Theory of Multinational Enterprises）は，すべてこの系譜を辿っていると言ってよい。中小企業の場合は，特殊な技術や販路が非常に限られている（ニッチ）市場において，たとえば自動車部品や汎用性の少ない特殊財の提供のために，主としてB2Bとして，時々「脇役」として登場するのがせいぜい関の山であった。

しかし，ネットの時代は中小企業に新しいビジネスチャンスが到来する。海外に子会社を設立せず，土地や建物がなくとも，海外で人材を雇用しなくとも，海外の消費者相手に国際ビジネスが担える，中小企業であっても「主役」になれる可能性がある，それが越境ECである。本章では，「中小企業が多国籍企業になる日」について考察する。

2. 越境ECの参入モード

経済産業省（2018）によると，越境ECには以下のような6つの参入モードが存在する。

(1) **国内自社サイト**：国内に越境ECの自社サイトを構える参入モード。元々，自国語で提供している自社ECサイトを多言語化することで，越境ECに対応するケースである。配送はEMS等による直送が主となる。

(2) **国内ECモール等の出店（出品）**：国内で越境ECに対応したモール等へ出店（出品）する参入モード。国内消費者を対象とした出店（出品）の延長線として海外の消費者に向けて販売されるケースである。配送はEMS等による直送。転送サービスの活用もある。

(3) **相手国ECモール等の出店（出品）**：相手国のECモールやECサイトに

図表 13-1　越境 EC の参入モード

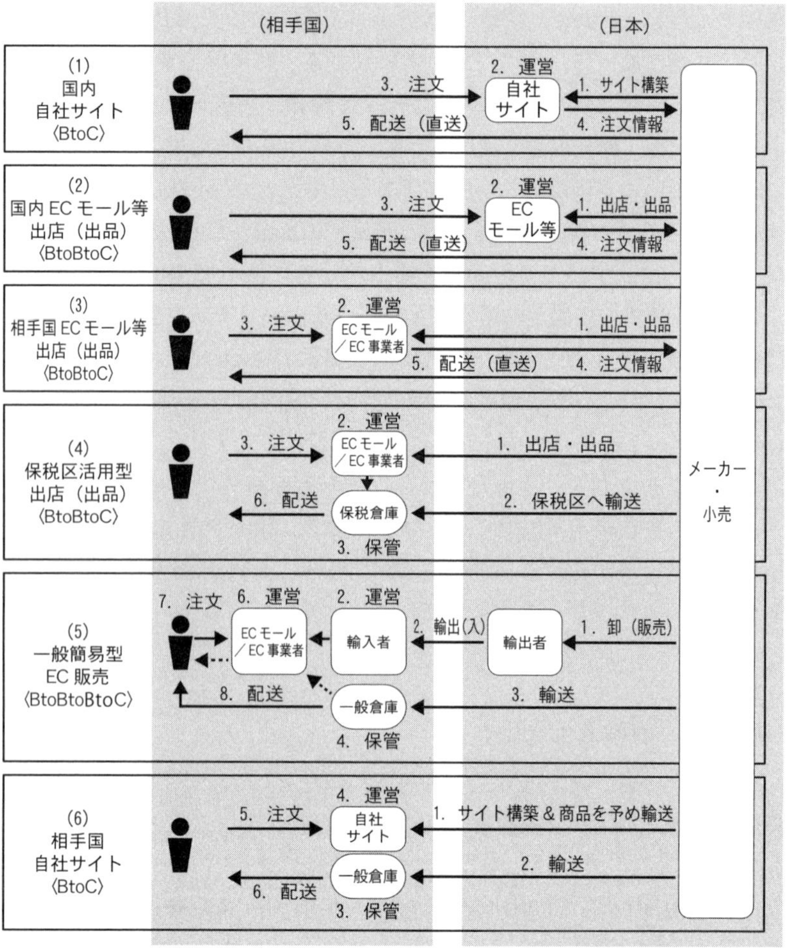

出所：経済産業省（2019）93 ページ。

出店（出品）する参入モード。出店（出品）に際しては，EC モール，EC サイト運営事業者との交渉が発生するため，専用の代行会社によるサポートを得るケースが多い。

(4) **保税区活用型出店（出品）**：保税区に指定された域内の倉庫に予め商品を輸送しておき，受注後保税倉庫から配送する参入モード。中国向け越境 EC

でよく活用されている。相手国からの発送であるため，直送と比較し配送期間が短くて済むメリットがある。

(5) **一般貿易型EC販売**：一般貿易同様に，国内の輸出者と相手国の輸入者との間で貿易手続きを行い，相手国側のECモールやECサイトで商品を販売する参入モード。一般的なB2B型貿易と海外販売チャネルを組み合わせて，ECを活用し，最終的に「B2B2C型」になるスタイルである。

(6) **相手国自社サイト**：相手国側で自社サイトを構築する参入モード。既に相手国において自社商品が浸透し，かつECサイトの運営を自社でコントロールできる体制を整えていれば取り組みやすいと考えられる。しかし，そのような企業は一部の大企業を除いて非常に少ないと考えられる。

以上，6つの参入モードのうち，(1)，(6) が自社サイトによる国際「B2C型」であり，(2) (3)，(4)，(5) がサポート企業 (B) を仲介とする国際「B2B2C型」である。いずれも商品の入り口と出口だけに着目すれば「B2C」となるので，広義には「国際B2C」の範疇に属すると考えられる。

自社サイトの場合は，海外で相当の知名度があり，決済，配送，クレーム対応などもすべて自社で行なう必要があることから，大きな売上の見込める大企業向けといえる。また，「B2B2C型」は，海外展開の「ガイド」や「オーガナイザー」の役割を果たす仲介企業である「B」が間に入って，一連のサポートをするため，大きな支出（投資）を見込めない中小企業にとって，主要な参入モードと考えられる。さらに，大企業にとっても自社サイトですべてを賄い，海外展開を行なうケースよりも，すでに世界で多く人々に知られ，大きな集客が見込める国際大手のプラットフォームを利用する方が，経費節減かつ売上向上に役立つケースが多分に発生する。いわゆる「内部化」よりも「外部化」(外部資源の活用）による市場利用の方が有利になるケースである。

それ故，本章では，サポート企業が活躍する国際「B2B2C」について以下では論じる。

3. サポート企業の存在

ビジネスチャンスがあっても，海外展開となると，中小企業にとっては，いろいろと難しい問題がある。第1に，どこの国に，どれだけ，いくらの価格で販売するのか，それは実際に可能なのか，いわゆるマーケティング・リサーチの問題がある。第2に，海外消費者向けサイトの構築に際して，言語・商習慣はもちろん，口コミや動画を連携させ，より魅力的なWEBサイトを作成する必要性がある。第3に，商品・ブランドの認知を海外でどのように果たしていくのか，大きな問題となる。第4に商品の販売に際して，受注・梱包・配送・国際決済・クレーム対応，税金といった一連の流れをいかに効率よく無事に果たしていくのか，人材の確保と採算の問題が存在する。いずれも大企業に比して経営資源の乏しい中小企業にとってはこれまで大問題であった。

これらを解決する能力を持っていると考えられるのがサポート企業である。サポート企業の多くは，対象国市場についての豊富な知識を持ち，（翻訳等の）言語対応，学習効果から生まれた魅力的な「見せ方」や「企画力」，販売に関する一連の業務ノウハウに関して，高い能力を持っている。

IPC（国際郵便機構）の「CROSS-BORDER E-COMMERCE SHOPPER SURVEY 2018」（世界41カ国調査）によると，消費者が最も使う越境ECサイトは，Amazon（23％），Alibaba（16％），eBay（14％）の順であり，この上位3社の展開するECモールで過半の国際小包53％をカバーしている[(1)]。

この国際大手3社と日本大手の楽天（海外販売）を加えた出店費比較をまとめてみたのが，図表13-2である。一見してわかることは，売上に対してAmazonとeBayが変動タイプ，Tmall（Alibabaグループ）と楽天が固定タイプである。これがどういう意味を持つかというと，たとえば，単品で月10万円（＝単価1,000円×100回）の売上を想定すると，Amazonは出店費＄39.9（月額）＋販売手数料0.6～1.5万円＋成約料$1.35×100回＝25,349～34,239円（為替レートは$1＝￥110で計算）となり，出店経費は売上の約25～34％となる。同様に，eBayは11,080円～48,651円（11.1％～48.7％）となる。Tmallは

92,740円（92.7%）にもなってしまうため，この段階では論外ということになる。ちなみに楽天は，サービス手数料4%（4,000円）のみであるが，事前に国内出店料19,500円かかるので合計23,500円（23.5%）となる。もし，月10万円規模の売上ならば，出店料に関しては，eBay＞楽天＞Amazon＞Tmallの順に有利となる。

しかし，10品目で月100万円（単価1,000円）の売上が見込めるなら，事情は変わってくる。同様に計算すると，Amazonは22〜31万円程度，eBayは同じく9〜14万円程度，Tmallは10〜20万円程度，楽天は10万円前後となって，4社の開きは縮まって10%〜30%程度となる。この場合，楽天，eBay，Tmallは同程度となりAmazonが不利となる。

以上から，売上の規模が大きくなれば，ECモールでの売上に占める出店料比率が低くなっていくということがわかる。従って，スタートアップとして楽天（海外販売）で様子をみて，以後，小ロットの輸出が続くようならばeBay，Amazonで米国向けを狙い，逆に大きな取引きが見込めるならば中国向けにTmallへ出店することが合理的な企業行動という結論になる。

しかし，越境ECにかかる費用は，上記の出店費用だけでは済まない。モール出店に当たっての言語（翻訳），宣伝・アピール，クレーム対応，配送など，自社で行なわなければならない負担も存在する。もちろん，大手（および関連企業）のプラットフォーマーには，こうしたことに対応できるサービスが多数存在している。しかし，出店料に加え，さらに高額な費用がかかるとしたら，

図表13-2　世界大手のECモール出店費（2019）

ECモール	国	月額	販売手数料	その他
Amazon	米国	$39.9	6-15%	成約料1.35ドル/1品目
eBay	米国	$26.9-324	4〜9%	出品手数料0.1ドル/1品目，PayPal手数料4%，低評価や売買の頻度が低い場合は取引停止
Tmall	中国	$417-833		保証金$25,000，技術サービス料月$417-833，支付宝（アリペイ）手数料1%，中国国外に自社ブランドをもつ企業
楽天	日本→海外	ゼロ	ゼロ	サービス手数料4%のみ。ただし，別途，国内出店登録費用（売上規模によって異なる）が必要

出所：各社発表・報道資料等より筆者作成。よって変動の可能性あり。

それに耐えられる中小企業はいったいどれくらい残るだろうか。いくら「越境EC はビジネスチャンス」だと思っても，小規模の取引しか見込まれない企業にとっては，出店料だけで売上の2～3割がかかり，加えて，その他の費用を合算すると，赤字領域に入ってしまうリスクが常に隣り合わせとなる。

これらの問題を回避するためには，小ロットで低い単価の輸出にも対応でき，言語，配送，決済，宣伝企画，クレーム対応などいっさいができて，かつ費用を低額に抑えられることができ，さらに，ターゲット層を見極め，ネットクーポンの配布，現地プロモーションのタイミング決定，インバウンド(2)との相乗効果，海外消費者の口込みの分析，等々，いわば，「かゆい所」にも手が届き，細やかで迅速な機動力を持つ，そういう画期的なプラットフォームが必要である。

越境 EC のうち，本章で注目するのは，サポート企業の存在であることはすでに述べた通りである。これは，「B2B2C 型」の真ん中の「B」であり，特に中小企業の海外進出について大きな役割を果たすと考えられる。その代表例として，豌豆公主（ワンドウ）というプラットフォームについて述べる。

豌豆公主（ワンドウ）は，日本で 2014 年に創業されたインアゴーラ社の開発したスマホ用のアプリ(3)であり，日本商品に特化した中国人消費者向けのプラットフォームである。2015 年 8 月のリリース以来，中国消費者向け日本商品特化型越境 EC ショッピングアプリとして，中国で注目されている。これまで中国人消費者が知らなかった日本商品の魅力を伝え，商品の使い方やライフスタイルの提案，ブランドストーリーやユーザーの口コミ等の「情報の越境」を行い，良質な日本製商品を中国人消費者に提供している。

インアゴーラ社の「越境プラン」では，取引き成立後の成果報酬タイプを採用している。そのため，中国のユーザー向けに商品情報の制作・翻訳，物流，決済，マーケティング，顧客対応などの全工程をインアゴーラが担っていて，日本の出店側は，インアゴーラの日本国内倉庫に商品を配送するだけ，初期設定費や固定費は 0（ゼロ）円で巨大な中国市場に出店することができるというものである。中国人消費者は，アリペイ，ウィーチャットペイ，アップルペイなど中国の主要な決済手段を使用できる一方，出店店舗の売上はインアゴーラ社から日本側出店企業に「円」通貨のみで振り込まれるという便利な仕組みになっている。

そして，成果報酬は売上の35％[4]である。小口の取引（月10万円程度）で大手のプラットフォームAmazonを使用した場合，出店料だけで売上の25～34％だったことを想起すると，豌豆公主（ワンドウ）の使用料は決して高くないことがわかるだろう。小口取引企業にとって，中国向けにTmall（売上の92.7％）を使うことは絶望的であるが，成果報酬型の豌豆公主（ワンドウ）ならば，対応の余地が広がることになる。

しかし，問題はそれだけでない。Amazon，eBay，Tmallなど，すでに国際的に信用を獲得した有名サイトには多くの消費者ユーザーが存在する。豌豆公主（ワンドウ）のような，ベンチャーのプラットフォームにおいて，はたして集客は十分に見込めるのだろうか。

ネットの時代，新しい技術が登場し，それを巧みにビジネスに取り入れることで，後発ベンチャーは，先発大企業とは異なるやり方で対応する。豌豆公主（ワンドウ）の場合，多くのネットワーク提携を通して，集客の問題を解決している。中国第2位のECプラットフォーム「京東（JD.com）」との連携，そしてAlibabaグループの中で出店料の安い「淘宝（Taobao）」（C2C）への連動，さらにはスマホ対応として女性ファッションに特化した「美麗説（HIGO）」，若い女性に人気ある中国版Instagramといわれる「小紅書（RED）」，中国越境ECで2017年に第1位に躍り出た「考拉（Kaola）」とのアプリ連動など数々の仕組みを作っている。ネットワークの時代は1社だけですべてを行なうのではなく，様々な個性を持つ他社との連携を組み合わせることで，販売チャネルを拡大し，急速な成長が可能になる。

もうひとつ，豌豆公主（ワンドウ）の特筆すべきことに，「KOL」の活用がある。「KOL」とは“Key Opinion Leader”の略で，ネット上のSNSで非常に大きな影響力を持つ個人ユーザーのこととである。Weibo（微博）[5]やWeChat（微信）[6]といった中国のSNSでは，フォロワー数が100～1,000万人といったアカウントを持つ飛び抜けて有力な個人が多数存在する。影響力の大きい個人が使った化粧品や衣服はそれだけでトレンドを生み出し，実際に使ってみた商品の感想はネット上で「拡散効果」をもたらす。従来の有名タレントを使った高額な広告配信とは異なったKOL活用によるプロモーションは，

SNSを活用した新しいビジネス手法である。豌豆公主（ワンドウ）の場合，KOLによる生中継や動画配信，そしてSNS上のKOL公式アカウントでの商品紹介も行っている。

以上，インアゴーラ社の豌豆公主（ワンドウ）について述べてきたが，同社では出店先企業との共同商品開発も手がけており，中国人消費者の嗜好をよく知る同社を連携パートナーとして利用することは，中小企業にとって大いに心強いと思われる。

4. 化粧品の事例

我が国の化粧品業界は，資生堂，コーセー，花王，ポーラ・オルビスといった大手4社に存在感(7)がある一方，企業数レベルでは中小企業が圧倒的に多いといわれている。厚生労働省（2017年）によると，化粧品の製造販売業が3,688社，製造業が3,598社，合計で7,286社の登録があり，業界団体の日本化粧品工業連合会の会員企業数だけでも1,210社に上る。

一方，化粧品出荷額は，経済産業省の生産動態統計によると2018年通期で1兆7,000億円を突破し，前年比5.7％で約930億円の増加，3年連続で過去最高を更新している。この増加の主たる要因は輸出である。財務省貿易統計によれば，輸出は2017年の2,040億円から2018年に4,299億円へと増加をみせており，純増は1,359億円，つまり出荷額の増加は外需（寄与率は1,359億円/930億円＝146.1％）によって支えられていることを示してる。さらに，最近の訪日外国人によるインバウンドも特殊な内需として出荷額の増加に寄与しているものと考えられるが，インバウンド需要が増加すると，これがまた帰国後のネット購買という次の好循環（＝越境EC）を生む契機になっていると推察される。

本章では，日本からのアジア（ASEAN）向け化粧品，特に中小企業向けに特化した越境ECサポート企業＝「プラネティア」を扱う。同社は，多言語でデジタルマーケティング支援を行なっているインフォキュービック・ジャパン(8)の関連企業として，2016年に誕生した企業である。自社で開発した口コミプラットフォーム「COSMERIA（コスメリア）」によって，台湾，香港，ASEAN 地域（シンガポール，インドネシア，フィリピン，タイ，マレーシア，ベトナム）に対して 8 つの多言語プラットフォームを設置し，「日本の化粧品でアジアに笑顔を！」を標語に越境 EC をサポートしている。

プラネティアの提供する料金体系は図表 13-3 に示した通りである。カテゴリーは「エントリー」（1 商品）から「コーポレート」（無制限）まで 3 種類となっており，初期費用は一律 3 万円，翻訳費用は 0 円，中小企業にとっては非常に参入しやすい条件になっている。また，注文の受付，配送，決済まですべてを代行することもでき，その場合は売上の 30%を成果報酬としてプラネティアが受け取ることになっている。前節で見たように，越境 EC の完全代行の場合，30%というのは妥当な報酬率と考えられる。

「COSMERIA」の特徴は，何といっても口コミサイトであり，同社の抱えるアジア 15 万人ユーザーからの生の声，率直な感想が寄せられる点にある。日本企業にとって，自社がいくら自信をもった品質であるとして商品を提供したとしても，現地での商品認知が進み，人気がなければ売れない。供給側の論理ではなく，需要側が反応しなければ売れることはない。特に海外では，現地の言葉・感性による口コミが大いに重要となる。ネットで口コミが多くなり，良い評判を重ねることが信用につながる。企業側による通り一遍の翻訳ではなく，現地の生活・習慣に根ざしたユーザー自身の言葉＝「評価」が現地消費者にダイレクトに響く，そうした魅力を伝えることこそが，最大のポイントである。

COSMERIA において，もうひとつ注目すべきことに，同社が実施している「COSMERIA of the Year」(9)という表彰制度がある。これは，同社の抱える

図表 13-3　COSMERIA の料金（2018 年 11 月現在）

カテゴリー	掲載商品数	初期費用	月額	翻訳費用	出品企業の専用キャンペーン
エントリー	1 商品	30,000 円	14,900 円	0 円	2 回 / 年（無料）
スタンダード	5 商品まで	30,000 円	29,800 円	0 円	4 回 / 年（無料）
コーポレート	無制限	30,000 円	49,800 円	0 円	6 回 / 年（無料）

注：代理販売の場合は売上の 30%。
出所：プラネティア WEB サイトより。

15万人ユーザーによる口コミの評点，口コミの数，口コミの質，モニターアンケート，SNSでのいいね・シェア・コメント，ファン投票，などのUGCコンテンツ(10)から総合的に審査決定されるというユーザー評価による「商品認証制度」である。

こうした「表彰制度」には，食品，飲料，化粧品などの分野を対象とし，ベルギーで実施されている「モンドセレクション」(11)という似たようなものがある。しかし，モンドセレクションの場合は，約70名の著名人・専門家（スターシェフ・大学教授，栄養士など）が，味，香り，外観，安全性などを評価する，いわば20世紀型の「権威の象徴」である。COSMERIAの場合は，実際のネット購買層に直結する「ユーザー評価」であり，多数による「消費者参加型」のものという点で大きく異なっている。21世紀に誕生したネットによるこうした手法は，20世紀型の専門家による表彰制度とは異なっており，大変興味深い。COSMERIAというプラットフォームを多くのユーザーが使い，信用されるにつれて，「COSMERIA of the Year」という称号は，「メイド・イン・ジャパン」のブランドと重なって，中小企業にとって販売促進の効果が期待できる。

ところで，いくら優れたサポート企業によるプラットフォームが誕生しても，利用する企業それ自体が主体性を持って絶えざる企業努力を行い，越境ECに取り組むことは，当然だが必要不可欠である。次節では，日本酒業界を事例にこの問題を考える。

5. 日本酒の事例

日本酒の国内出荷量は，若年層の日本酒離れと人口減少のために，長期的な減少傾向が続いている。出荷量は，1975年を基準（170万kl超）とすると，2010年以降，およそ1/3（60～52万kl）にまで大幅に減少している（図表13-4参照）。課税ベースにおいても，日本酒は，1975年から2017年までにおよそ1/4という大幅な低下を示し，酒類別シェアでは約30%から5%弱まで減少しており，我が国の酒類税収に占める日本酒の地位は極めて低くなっている

図表 13-4　日本酒の国内出荷量推移（千 kl）

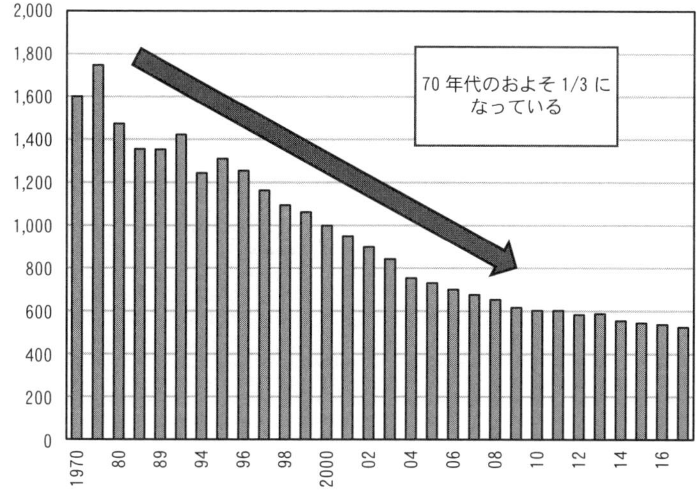

出所：国税庁「酒のしおり」平成 31 年 3 月版より筆者作成。

図表 13-5　酒税課税額の推移（億円）

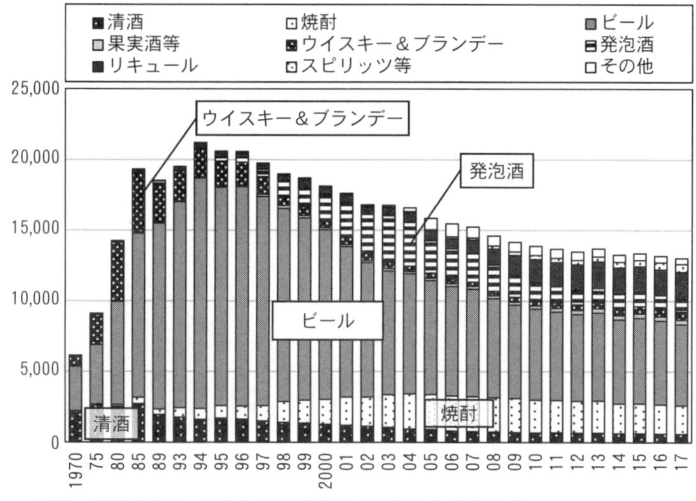

出所：国税庁「酒のしおり」平成 31 年 3 月版より筆者作成。

（図表 13-5 参照）。さらに，国税庁によると，企業数においても 70 年代の約 4,000 社から 2018 年には約 1,400 社程度にまで，およそ 1/3 に激減している。

このままでは江戸時代以前から続く300年以上の伝統を持つ日本酒の文化，そしてこの業界は衰退・滅亡の危機に瀕しているようにみえる。

しかしながら，近年，輸出が，海外での日本食ブーム等を背景に数量・金額共に大幅な増加傾向にある。2018年の輸出数量は2万5,746kℓと，21世紀に入って3.65倍の増加をみせている。輸出金額については，2013年に100億円を突破し，2018年に初の200億円超となり，9年間続けて史上最高を更新している。21世紀に入ってから，実に6.96倍の増加をみせているのである（図表13-6参照）。

ところで，日本酒の全出荷量のうち輸出量が占める割合は，まだ，たかだか3～4%程度に過ぎない。これでは本格的な輸出産業とは言えない。本節では，日本酒の輸出，特に中小企業の可能性について，以下，探っていきたい。

財務省の貿易統計（2018）によると，日本からの輸出は71カ国に及んでいる。その内，輸出金額トップ10の国と地域だけで金額ベースの87.1%を占め，数量ベースでは85.5%を占めている。同じくトップ5（アメリカ，香港，中国，韓国，台湾）では，金額ベースで77.5%，数量ベースで76.8%を占めている。このことは，日本酒の世界市場開拓において，上位の国だけに集中する非常に

図表13-6　日本酒の輸出（2001～18）

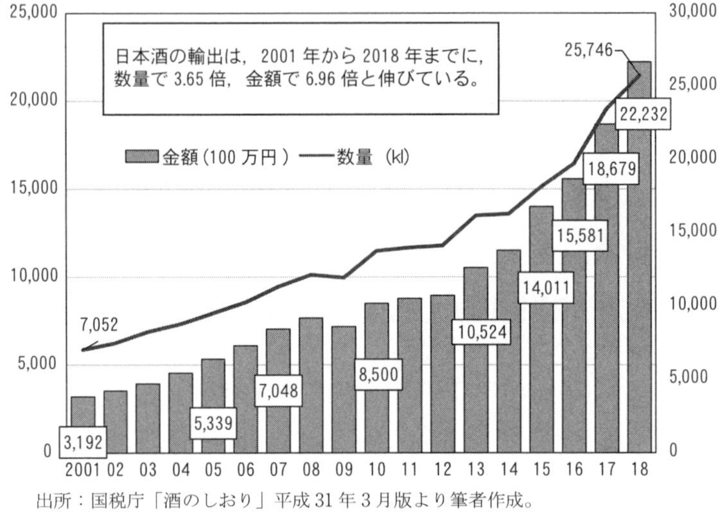

出所：国税庁「酒のしおり」平成31年3月版より筆者作成。

図表 13-7　日本酒の国別輸出（2018）

順位	国　名	金額 （百万円）	相対 シェア	累積 シェア	数量 （kl）	相対 シェア	累積 シェア	単価 （＝円 /L）
1	アメリカ	6,313	28.4%	28.4%	5,952	23.1%	23.1%	1,061
2	香港	3,774	17.0%	45.4%	2,097	8.1%	31.3%	1,800
3	中国	3,587	16.1%	61.5%	4,146	16.1%	47.4%	865
4	韓国	2,212	9.9%	71.5%	5,351	20.8%	68.1%	413
5	台湾	1351	6.1%	77.5%	2,238	8.7%	76.8%	604
6	シンガポール	837	3.8%	81.3%	610	2.4%	79.2%	1,372
7	カナダ	529	2.4%	83.7%	684	2.7%	81.9%	773
8	オーストラリア	446	2.0%	85.7%	502	1.9%	83.8%	888
9	ベトナム	440	2.0%	89.1%	462	1.8%	86.8%	952
10	イギリス	324	1.5%	87.1%	298	1.2%	85.0%	1,087
11	その他	2,419	10.9%	100.0%	3,407	13.2%	100.0%	710
	合計	22,232	100.0%		25,747	100.0%		863

出所：財務省貿易統計より筆者作成。

偏った状況であることを示している。さらに興味深いのは，輸出の金額を数量で割った単価（＝円 /ℓ）である。香港（1,800 円）を筆頭に，シンガポール（1,372 円），イギリス（1,087 円），アメリカ（1,061 円）と 1 ℓ当たり 1,000 円以上の国と地域が 4 つある一方で，トータルの金額ベース上位の韓国（413 円），台湾（604 円），中国（865 円）では，香港（1,800 円）の半分にも満たない状況である。つまり，どこの国と地域に対しても同じ市場条件ではないことを示しているのである。これらのことは，輸出に関心のある中小の酒造メーカーにとって，その個性に合わせて輸出先を選ぶ必要があるという点で，大いに注目しなければならない点だと思われる。

次に，日本酒メーカーの企業レベルをみてみよう。国税庁「清酒製造業の概況」（2018）によると，我が国の日本酒メーカーは 1,415 社ほど存在し，内欠損（赤字）企業が 32.7%となっている。事実，毎年 20～40 社ほどが倒産・廃業に追い込まれている。また，年間 1 万 kℓ以上を生産する大手 8 社[12]が国内製造量の約半分を担っている一方，わずか 200kℓ未満しか生産しない企業が 1,128 社（79.7%）となっている。全社平均では，1 社当たりの平均従業員 19.1 人，年間売上が約3億円，営業利益がわずかに約670万円である。

これらの事実は，我が国日本酒メーカーは，圧倒的に中小企業[13]が多いことを物語っている。その理由は，歴史的な成立プロセスから説明できる。帝国バンク（2017）では，1,254社の調査を実施し，創業100年以上の老舗清酒メーカーが903社，全体の約7割を占めていることを明らかにしている。その内，江戸時代以前の創業企業は413社，全体の約3割も存在しているのである。これらの企業の成立は，現代の機械制大工場によるものではなく，資本主義以前または初期における家内制手工業（マニュファクチャリング）によるものである。

そもそも日本酒は，経営者である蔵元（くらもと）の下に，酒作りの工程をすべて管理・統括する最高責任者の杜氏（とうじ）がいて，様々な工程のプロである蔵人（くらびと），麹（こうじ）作りの責任者である「麹師（こうじし）」など日本酒造りの職人集団からなる分業と協業によって生み出されるのが伝統的な製造方法である。「水・米・麹」といった3大要素を溶け込ませ，絶妙なハーモニーによる，「その土地の味わい」を作り出してきた歴史的背景の下，文化的な性格を持つ商品だといえる。それ故，現代のコモディティ化された自動車や家電製品の製造と違って，海外移転をして同じモノができるということはない。かつて，「門外不出」とされてきた日本酒の醸造技術は，現代でも酒蔵ごとに品質の異なる「地元の酒」として，その特徴があるように思われる。しかし，反面では，年によって，気温や日照時間などの気象条件によって米の作柄，品質が変化したり，杜氏の「経験と勘」に頼ったりせざるを得ないため，品質がばらつくという，他の業界ではあまりみられない現象が必然的に起こる。世界で売るためには，品質を常に一定水準以上に保つことが必要であり，これに現代の科学のメスを入れ，伝統を引き継ぎながらも「新しい日本酒」が開発されることが期待される。

こうした中，注目される日本酒メーカーとして山口県の旭酒造が挙げられる。旭酒造は，創業1948年で，現在は第4代目社長になっており，2018年11月時点で従業員245名（正社員137名，パート社員108名）の中小企業である。他社が様々な酒類の日本酒を製造するも業界全体が衰退を続ける中，1990年，第3代目社長の時に，「酔うため売るための酒ではなく味わう酒を求めて」

とのポリシーの下，純米大吟醸酒の「獺祭（だっさい）」)[14]の醸造が開始され，2019年時点での大吟醸酒生産は日本一になっている。旭酒造は，もともと酒処とは考えられていない山口県の小さな蔵から始まり，80年代の倒産（廃業）の危機を乗り越え，苦闘の末に誕生した「獺祭（だっさい）」は，今日までに旭酒造の売上を1984年（第3代目社長就任時）比で100倍以上に伸ばし，トップ8社入りを果たすまでになっている。2018年11月時点で世界30カ国以上に輸出し，2019年2月には業界で初めて海外売上が国内を上回るという快挙を成し遂げている。

旭酒造がユニークな点は以下の4点である。第1に，伝統的な杜氏制度を廃止したこと。杜氏による「経験と勘」に代って，社員による「数値やデータ管理」の仕事に変更した点。酒造りのあらゆるデータを収集し，解析する分析室を配置し，各工程の温度や湿度，アルコール度数などを一括管理していることである。第2に，品質を一定に保ちつつ，大量生産を両立したこと。伝統的な日本の酒蔵家屋を，2015年に建て替えて，12階建てのビルを建造し，大量生産のための生産と管理しやすい環境を整えたこと。マニュファクチャ段階から脱した点である。第3に，四季醸造（通年醸造）を行ったこと。これまでの酒造りは冬場に行われるのが伝統だったのに対し，旭酒造は室温を一定にすることで通年の酒造りを可能にしている。第4に，業界（企業）の刷新を恐れず勇気をもって事に挑む，「企業家精神」を持つ優れたトップリーダー[15]が存在したこと。「獺祭」の開発もそうだが，2017年には米国生産を発表し，今やネットでの海外販売においてもパイオニア的地位を築いている。

「獺祭」は，海外消費者向けの自社サイトはもちろん，本章で扱った越境EC大手3社にも出店し，その他多くのサイトからでも購入可能となっている。これは大手酒造メーカーを除いて，中小の中では旭酒造のみである。企業家精神とそれを理解する企業構成メンバーの並外れた努力は特筆に値する。

6. まとめ

本章では，越境ECを中心に，中小企業の可能性について，サポート企業の役割，企業自身の刷新の努力，について論じてきた。ICT の進展は，大企業だけでなく中小企業においても，世界市場を相手にビジネスができる多国籍企業になる可能性を広げている。その際，「国際 B2B2C」といった参入モードによるサポート企業「B」の存在は重要である。また，企業自身の努力も欠かせない。

越境 EC は，まだまだ発展段階にある。ネットが普及するにつれて，消費者の知識が向上し世界観やライフスタイルが変化してくると，企業側はこれまで以上に顧客満足度を上げるため，さらに工夫しなければならない。新しいビジネスは，モバイル決済の普及，人工知能，ビッグデータ，クラウドコンピューティング，バーチャルリアリティーといったテクノロジーを組み合わせて活用し，業界を越え，国境を越えた様々な企業との連携を通して，これまでのビジネスの在り方を一変させてしまう。我々は，今まで考えられなかった分野と手法で，「中小企業が多国籍企業になる日」を見るに違いない。

〔伊田昌弘〕

注

(1)　ただし，中国にみられる参入モード第 4 方式である「保税区型」は，あらかじめ中国側業者に商品を B2B として送るため，個人宛ての国際小包の把握をメインとした IPC（国際郵便機構）調査には限界があり，十分にカバーされていない可能性がある。この場合，「Alibaba」グループの実態は，もっと大きなシェアを占めると推察される。

(2)　観光庁によると，訪日外国人は 2013 年に始めて 1,000 万人を越えて以降，毎年増加し 2018 年にはとうとう史上最高の 3,000 万人を突破した。訪日外国人による経済効果を一般に「インバウンド」と呼ぶが，ネットの時代は日本旅行の「前」，「中」，「後」に至る，どの段階でもビジネスチャンスになることを注目し，越境 EC との連動を図ることが重要と考えられる。

(3)　スマホの登場により，インターネットアクセスのディバイスが固定系 PC によるものだけでなくなってきたことを反映して，移動系（モバイル系）による EC が盛んになってきた。特に，専用アプリのダウンロードによるショッピングは，新しいトレンドを生み出している。

(4)　インアゴーラ社の翁永飆社長インタビュー（2017 年 1 月 20 日）より。

(5)　Weibo（微博）は，個人が多数に向けて発信できる中国の SNS で，同社の発表（https://jp.weibo.com/z/weibo-3/）では 2019 年 1 月の時点でユーザー数は 7 億人を突破している。いわば，中国版の Twitter や Facebook と考えられる。

(6)　WeChat（微信）は，個人間のコミュニケーションツールであるが，企業も利用できる。いわば，中国版の LINE である。ユーザー数は，10 億人を突破している（親会社テンセントの発表：2019 年 1 月 9 日 http://tech.qq.com/a/20190109/005783.htm）

(7)　各社の財務データ（2018）によると，化粧品の大手 4 社の売上は資生堂（1 兆 947 億円），コーセー（3,330 億円），花王（2,796 億円），ポーラ・オルビス（2,486 億円），と巨額であり，合計約 2 兆円となる。これは国内出荷額（約 1.7 兆円）を越える金額となっており，各社の連結決算による海外生産による売上が計上されているためと考えられる。

(8)　インフォキュービック・ジャパンは，2007年に「多言語デジタルマーケティング」の会社として創業され，日本企業の海外進出支援にとどまらず，数多くの海外企業の日本進出支援も行なっている。越境ECにとどまらず，サイト制作，リスティング広告，アクセス解析などデジタルマーケティング全般を国別，業種別にきめ細かく扱い，企業サポートを行なっている。

(9)　2018年は，優れた商品であるとユーザーから評価された化粧品6部門で受賞した14企業が紹介されている。受賞企業の多くは中小企業であり，今後賞品認知が進むと考えられる。（同社のWEBサイト：https://www.planetia.info/cosmeria-of-the-year）

(10)　UGCコンテンツ（User-Generated Contents）とは，ユーザー生成コンテンツのことで，従来の企業側からの発信（広告宣伝）だけで商品が売れる時代は過去のものとなっている。

(11)　ベルギーの主催者側の発表によると，2018年度，応募2,820製品中，最高金賞407品，金賞1,350品あり合計で62.3%，銅賞以上の受賞は合計で91.2%に及んでいる。これは，商品自体の絶対評価に由来する結果だとしている。

(12)　大手8社とは，白鶴，月桂冠，宝ホールディング（松竹梅），大関，日本盛，小山本家（金紋世界鷹），菊正宗，黄桜の8社であり，業界における存在感が大きい。

(13)　我が国の中小企業基本法では，製造業の場合，資本金3億円以下または従業員数300人以下を中小企業と定義し，従業員数20人以下を小規模事業者（零細企業）と定義している。この基準に当てはまると日本酒業界における大企業はわずか6社のみであり，残りはすべて中小企業となる。国税庁調査（2018）における企業数では実に99.6%が中小企業である。

(14)　純米大吟醸酒とは，精米歩合が50%以下の日本酒の名称である。「獺祭（だっさい）」の場合，7昼夜（168時間）かけて精米歩合23%まで削った「磨き二割三分」という商品がある。現在までのところ，これ以上は精米比率の日本酒は存在しない。

(15)　旭酒造では，酒造りの前方過程である水田の米にも注目し，原料である「山田錦」の生産者とも協力し，徹底的なデジタル化を進めている。具体的には，栽培が難しいといわれる「山田錦」の安定供給のために，富士通と連携したクラウド「Akisai（秋彩）」を使って，水田にセンサーを設置し，刈り取り時期や肥料をまくタイミングをネット管理している。（「栽培実績・環境データの見える化により，山田錦の安定調達を目指す」https://www.fujitsu.com/jp/vision/customerstories/asahi-shuzo/）

参考文献

勝谷誠彦（2016）『獺祭 この国を動かした酒』扶桑社新書。

経済産業省（2019）「平成30年度 我が国におけるデータ駆動型社会に係る基盤整備（電子商取引に関する市場調査）」。

経済産業省（2018）「平成29年度 我が国におけるデータ駆動型社会に係る基盤整備（電子商取引に関する市場調査）」。

国税庁（2018）「清酒製造業の概況（平成29年度調査分）」。

国税庁（2019）『酒のしおり』平成31年3月。

財務省貿易統計（2019）「統計品別表2018」。

桜井博志（2014）『逆境経営―山奥の地酒「獺祭」を世界に届ける逆転発想法』ダイヤモンド社。

帝国データバンク（2017）「清酒メーカーの経営実態調査」。

日本経済新聞（2019）「飛躍に向けた地固めの年　旭酒造・桜井博志会長インタビュー」2019/1/1 6:00 電子版。

日本酒造組合中央会（2019）「日本酒の輸出総額が9年連続で過去最高額を記録」ニュースリリース 2019.2.7。

日本貿易振興機構（2018）「日本企業の越境 EC（電子商取引）の現状と課題」2018 年 3 月。
農林水産省政策統括官編（2016）「日本酒をめぐる状況」平成 28 年 3 月 22 日。
農林水産省（2018）「平成 29 年度 日本からの電子商取引（EC）を用いた農林水産物・食品の輸出に関する調査」平成 30 年 3 月。
山岸ロハン（2013）『海外 SEO SEM ウェブマーケティングで世界を制す』翔泳社。
旭酒造株式会社 WEB サイト：https://www.asahishuzo.ne.jp/（2019 年 6 月 6 日アクセス）。
インアゴーラ株式会社 WEB サイト：https://www.inagora.com/（2019 年 6 月 6 日アクセス）。
インフォキュービック・ジャパン WEB サイト（https://www.infocubic.co.jp/）（2019 年 6 月 6 日アクセス）。
厚生労働省（2019）厚生統計要覧（平成 29 年度）：https://www.mhlw.go.jp/toukei/youran/（2019 年 6 月 7 日アクセス）。
翁永飆社長インタビュー（2017 年 1 月 20 日）：https://netshop.impress.co.jp/node/3874（2019 年 6 月 6 日アクセス）。
プラネティア WEB サイト（https://www.planetia.info/）（2019 年 6 月 7 日アクセス）。
モンドセレクション WEB サイト（http://www.monde-selection.com/jp/）（2019 年 6 月 7 日アクセス）。
豌豆公主 WEB サイト（中国版）：https://www.wandougongzhu.cn/（2019 年 6 月 6 日アクセス）。
Alibaba-Research (2016), Global Cross Border B2C e-Commerce Market 2020: Report highlights & methodology sharing.
AliResearch (2019), Cross-border E-commerce: A New Pathway for SMEs to Connect to Global Markets.
Hymer, S. H. (1960), "The International Operations of National Firms: A Study of Direct Foreign Investment", PhD Dissertation. Published posthumously. The MIT Press, 1976. Cambridge, Mass.
IPC (2019), CROSS-BORDER E-COMMERCE SHOPPER SURVEY 2018.
PayPal (2015-18) Cross-Border Consumer Research, Published annually.
UNCTAD (2017), Information Economy Report 2017: Digitalization, Trade and Development, United Nations.

第14章

産業のオープン化と競争環境の変化に関する一考察

—自動車産業のエレクトロニクス化を通して—

1. はじめに

かつてデジタル家電や自動車は組込みシステム機器と言われていたが，近年，CPS（Cyber Physical System）製品ないしIoT（Internet of Things）製品と呼ばれるようになっている。CPSとは，コンピュータと物理世界がネットワークを介して結合したもので，人間やモノから得られる実世界（フィジカル空間）のさまざまなデータをセンサーなどの各種デバイスで収集し，それをサイバー空間上のクラウド技術やビッグデータ処理技術などを用いて分析し，そこで創出された情報を実世界で活用するシステムのことをいう。CPSはもともとネットワークに接続していない閉じられたエリアのフィードバック制御を行う組み込みシステム機器のことを指す用語だったが，それが今はクラウドとネットワークの発達によって，オープンなシステムを指すようになった。一方，IoTとは，様々なモノ（物）がインターネットに接続され，モノ同士が相互に制御したり，情報を蓄積，活用することを意味し，同様の概念である。

さまざまな機器がネットワークを介して結合するということは，オープン標準を利用することが前提であり，それに伴い従来の産業構造が変化し，ビジネス・エコシステム化することで，グローバルに事業を展開する多国籍企業の競争戦略も変化する。

本章では，あらゆる業界で進行している産業のオープン化に伴い現出している新たな競争環境における多国籍企業の企業行動について，自動車産業を事例に考察する。ここでいう産業のオープン化とは，産業レベルで情報を共有することを意味し，産業横断的に標準を数多く共有し，相互接続性が高い状態を想定している。考察にあたり，まず組込みシステム産業を歴史的に概観し，自動車のエレクトロニクス化，ネットワーク化によって，自動車産業にどのような新たな競争環境が生まれているのかを論じた上で，立本（2017）の所説に基づき，どのような競争戦略が必要なのかについて検討する。

2. 組込みシステム機器産業にみるオープン化

2-1. 組込みシステムの基本

組込みシステム（Embedded System）とは，「各種の機器に組み込まれてその制御を行うコンピュータシステム（高田, 2001）」である[1]。図表 14-1 を見ても分かる通り，組込みシステム機器は多岐にわたる。

組込みシステム機器に搭載される組込みシステムは CPU や ROM，RAM，センサーなどといったハードウェアと組込みソフトウェア（Embedded Software）から構成される。組込みソフトウェアは「何らかの機能を実現する

図表 14-1　組込みシステム機器産業の範囲

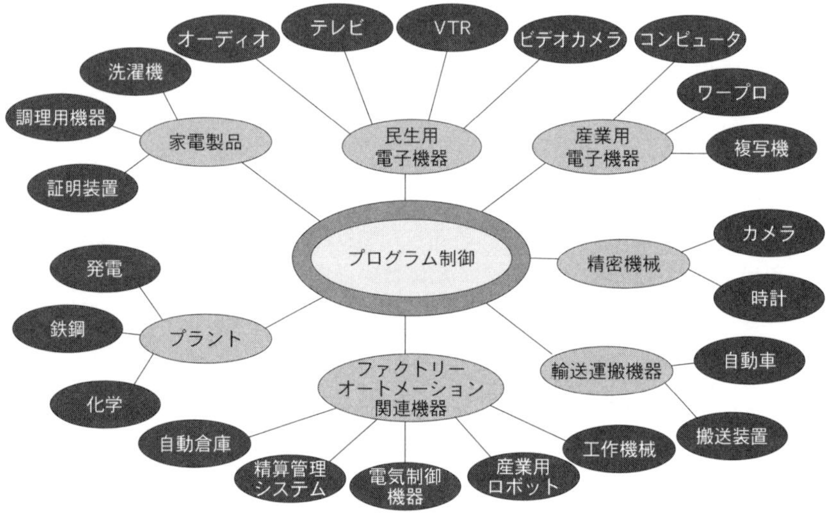

出所：特許庁資料室（http://www.jpo.go.jp/shiryou/, 2006 年 4 月アクセス）。

ためにハードウェアに実装されたプログラム」であり，組込みソフトウェアはファームウェア（firmware）とも呼称される。1990年代後半頃から家電製品の高付加価値化の鍵は実装される組込みソフトウェアが握っているといわれ，そのプログラム規模は一貫して増大してきた。

組込みシステムは図表14-2のように組込みソフトウェアの規模によって3つに大別できる。1つ目は独自に開発したアプリケーション・ソフトウェア（ASW）だけを実装したもの「A」，2つ目は標準化されたデバイス・ドライバなどの汎用性の高いシンプルなソフトウェアと独自に開発したアプリケーション・ソフトウェアを実装したもの「B」(2)，3つ目は標準化されたOSやミドルウェアなどの複雑な汎用ソフトウェアと独自に開発したアプリケーション・ソフトウェアを実装したもの「C」(3)，である。

図表14-2　組込みシステムの構成例

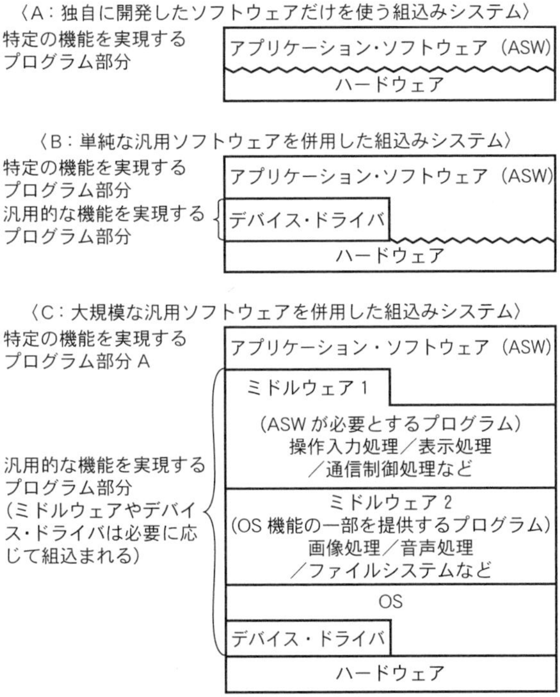

出所：筆者作成。

組込みソフトウェアで実現しようとする機能が高度化すればするほど，標準化された汎用性の高いソフトウェアと独自に開発したアプリケーション・ソフトウェアの双方のプログラム規模が拡大する。一般にA→B→Cの順番でプログラムは大規模化し，複雑化する。ここでいう汎用ソフトウェアとは，具体的に，モニター表示や通信制御，ファイルシステム，画像圧縮，データ保存などといった「汎用的な機能を実現するプログラム」であり，独自に開発したアプリケーション・ソフトウェアとは，モーター制御やセンサー監視，加熱制御，光ディスク処理などといった「特定の機能を実現するプログラム」のことをいう。OSなどの汎用的なプログラムは開発効率をあげるために既存プログラムが再利用される傾向が高く，図表14-2のBやCで示したデバイスドライバ，OS，ミドルウェアなどの汎用プログラムは既存のプログラムが再利用されることが多い。

2-2. 製品アーキテクチャーがモジュラー化するメカニズム

図表14-2のAのようなプログラム規模がそれほど大きくない組込みシステム機器では，ある機能のどこからどこまでをハードウェアが担い，どこからどこまでをソフトウェアが担うのかについて開発者の裁量性が高く，同じ機能を果たすプログラムであっても開発者が違えば異なる場合が少なくない。そのため，その開発を誰かが引き継ぐ場合，その文脈を理解する必要がある。また，情報を移転する際，受け手が利用可能な形にした上で移転されなければならない。つまり，そこには情報の粘着性（Sticky information）が存在し，それを誰もが理解できるようにするには費用が必要となる。情報の粘着性の提唱者であるHipple（1994）は情報の粘着性が発生する原因として，①情報そのものの特性，②移転される情報の量，③送り手と受け手の属性，の3つを挙げ，情報の属性が暗黙的であったり，量が多かったり，受け手と送り手のスキルや考え方に違い合ったりすると，取得，利用方法の学習，普及が難しく，費用が高まると指摘する。

それゆえ，組込みソフトウェアのプログラム規模が小さい場合は，少人数の開発者で固定的な関係の下，ハードウェア開発とソフトウェア開発はすり合わせながら開発した方が効率的となる。

90年代，かつて多くの日系企業は液晶テレビ，DVDプレイヤー，デジタルスチルカメラ，デジタル複合機などさまざまな組込みシステム機器産業において高い国際競争力を保有していた。その要因はいくつか挙げられるが，最大の要因は，当時，多くの組込みシステム機器の部品間特性がインテグラルでクローズドな専用部品（サブシステム）を利用することを前提としており（藤本,2003;延岡,2005)，加えて組込みソフトウェアのプログラム規模がそれほど大きくなく，継続的な取引がある固定的な関係を有する企業間ですり合わせながらものづくりを行う能力の高さが製品品質に反映していたからである。

しかし，プログラム規模が大きくなると，標準化された汎用ソフトウェアを利用することを前提にしたアーキテクチャーに変更しなければ，ソフトウェアの複雑性がかなり高くなってしまう。Brooks（1975）は，ソフトウェアには2つの複雑性があると指摘する。ひとつはハードウェアと比較してソフトウェアがきわめて精緻かつ入り組んだ論理構造を有している点である。それゆえバグの問題から解放れることは難しいと指摘する。もうひとつはソフトウェアそのものが目に見えず，可変性があるため，予算計画や生産計画といった経営管理やプロジェクトの進捗状況などの把握が難しい点である。

Brooksが指摘するように，ソフトウェアは階層構造を持つ論理構築物であり，整合性のある階層構造を意識することなしに複雑な機能を実現しようとすると，サブシステム間の調整が難しくなり，複雑性が急速に高まってしまう。また，ソフトウェアの複雑性が高まると，必然的にさまざまな不具合リスクが増加する。加えて，管理の難易度も向上する。そのため，冗長性は高くなるものの，不具合リスクを縮減するべく，図表14-2のCようにサブシステム間のインターフェースを標準化し，相互依存関係をできるだけシンプルにしたモジュラリティの高いアーキテクチャーを採用し，汎用化されたサブシステムを多用した方が，開発効率が向上すると同時に，不具合を縮減させることができる。それゆえ，プログラム規模が大きくなればなるほどアーキテクチャーはモジュラー化させざるを得ない。また，ソフトウェアは多くの企業と協業して開発されることが多いため，誰が携わっても品質が安定するようにプロジェクト管理方法や製法といったレベルでの標準化も志向しなければならない。

ここでいう標準化とは，共有化されたインターフェースならびにインターフェースを共有化するプロセスそのものを意味し，製品ないしそれを構成するサブシステム，開発プロセス，管理手法などが標準化の対象となる。標準化をすることでさまざまな調整コストを削減でき，イノベーションを促進することも可能となる（糸久, 2017）。

以上のことから，組込みソフトウェアの開発規模が大きくなればなるほど，さまざまなレベルで標準化が必要となり，その結果，製品アーキテクチャーはモジュラー化し，組織間関係もすり合わせ型から徐々に分業型となっていく。そして製品アーキテクチャーが標準化されると，参入障壁が低下し，新規参入が増大し，業界全体としてイノベーションが促進される。こうした傾向は，グローバルな競争圧力が高い業界ほど高くなる。

2-3. 組込みシステム機器産業が陥ったジレンマ

日本の組込みシステム機器産業の国際競争力が低下した2000年代前半に組込みシステム機器に実装された組込みソフトウェアのプログラム規模は急増した。経産省商務情報政策局がまとめた組込みソフトウェア産業実態調査報告書（2004, 2005）によると組込みソフトウェアの平均ソースコード行数は2002年に約49.5万行であったが，2003年に約99万行とたった一年でほぼ2倍に拡大し，新規開発したソースコード行数は2002年に約17.7万行であったが，2003年度に約31万行と2倍弱に拡大した。前述の通り，プログラム規模の拡大は不具合リスクを高める[(4)]。それを回避するために，製品アーキテクチャーをモジュール化したことは想像に難くない。但し，製品アーキテクチャーがモジュール化すると，製品差別化が困難になり，製品はコモディティ化していく。

また日本の組込みソフトウェア開発は，現在に至るまで外部委託の割合が非常に高いことが1つの特徴となっている。前述の報告書によると，外部委託を活用している割合は，2002年時点で欧州が35%，米国が47%であるのに対して（経産省, 2004），日本は2003年に82.6%と非常に高い（経産省, 2005）。このうち非グループ企業へ委託している割合は約46.1%，社内の別部門に委託している割合が35.0%，グループ企業に委託している割合が約4.4%，その他に委託している割合が14.5%となっており，日本は，グループ外への外部委託が多い。このことは費用が増大するだけでなく，不具合リスクを高める。

一般に，先進的な需要は企業にさまざまな無形資源をいち早く蓄積する機会をもたらすため，競争優位の源泉とされるが（Porter, 1992），組込みシステム機器産業では，先進的な需要に対応するために組込みソフトウェアの高機能化が不可欠であり，そのことが製品アーキテクチャーのモジュール化と製品のコモディティ化を招き，加えて，その開発のために人手不足から外部委託，海外委託を積極的に活用することで，企業に蓄積する無形資源を委託先にどんどん流出する，という事態に陥った。

実は，同様のことは，組込みシステム機器よりも前に，基幹系の業務システムのソフトウェア開発においても生じた。80年代，日本のソフトウェア産業はクローズド・システムの下，多くの日系大手ITベンダー企業はメインフレームを想定したソフトウェア開発をファクトリー方式で行い，工学的な品質管理を実施し，優れた基幹系の業務システムを開発する能力を有していた。Cusmano（1991）は，このことを日系企業の優位性と指摘した。しかし，90年代に入ると，コンピュータの急激なダウンサイジングの流れの中で，基幹系の業務システムのオープン化，すなわち，パッケージ・ソフトウェア（以下PSW）をベースとしたシステム開発・販売を手掛ける外資系企業が台頭すると，業務システムをフルカスタマイズする受注開発に注力し，PSWの開発や技術標準の確立などを軽視していた日系大手ITベンダー企業は外資系企業の後塵を拝することになった。その後，PSW利用が増大した業務システム市場において，日系大手ITベンダー企業は一貫して国際競争力を持つには至っていない。

さて，2000年代前半に組込みソフトウェアのプログラム規模が急増したデジタル家電を中心とする組込みシステム機器産業は，先進的な需要に対応するために急増した組込みソフトウェアの開発を外部委託，海外委託でしのぎながら，同時に，不具合リスクを縮減し，プロダクト品質を高めることを目指して，多くの企業が工学的なアプローチに基づく対策を講じた。

具体的に，プロダクト品質を高めるために，ソフトウェアプロセス，プロジェクト管理などの「管理に関わる標準」や「スキルに関わる標準」の整備および浸透を図り，それをサブシステムの開発に関わる委託先企業と共有し，共通理解の下でプロセス品質を向上させる仕組みを構築した（安田,2006）。

前述した通り，90年代後半，組込みソフトウェアのプログラム規模は比較的小規模なものが多いこともあり，「管理に関わる標準」についてあまり議論がされてこなかった。しかしながら，2000年代に入り，組込みソフトウェアの開発規模が急激に大きくなる中，不具合によるソフトウェアの手戻りが頻発し，開発効率が低下するプロジェクトが多くなった。不具合の多くはソフトウェアプロセスの中で埋め込まれるヒューマンエラーによるものである。具体的にデジタル複合機では，組込みソフトウェアのソースコード行数が100万行を越えたあたりからソフトウェアプロセスやプロジェクト管理の標準化に関する議論が起こり始めたという（福澤他,2006）。そのため，ソフトウェアプロセスのアセスメント規格であるCMMIなどを導入する，経産省の下部組織である独立行政法人情報処理推進機構（IPA）が制定したITスキル標準（ITSS）や組込みスキル標準（ETSS）などをエンジニアに習得させる，モデルベース開発を導入する，自動テストツールなどを積極的に導入する，などさまざまな方法を通じて不具合の縮減に努める企業が増加した。

この他，製品アーキテクチャーを変化させた企業も現れた。代表的なものは，パナソニックが2004年9月に発表したデジタル民生機器のプラットフォーム「UniPhierアーキテクチャー」であろう。パナソニックは，従来，携帯電話，デジタルカメラ，DVDプレイヤー，カーナビ，テレビなどさまざまなデジタル機器を個別のプラットフォームを用いて開発していたが，商品分野の壁を廃し，技術資産を共有，再利用することで製品開発の効率化を高めることを目指した。発表当時，将来的には外販することも計画されており，これを搭載したデジタル機器は，2007年には23品目，2008年には約200品目にまで拡大した（柴田,2012）。しかしながら，2008年以降，デジタル家電の不振が続き，2013年，UniPhier事業を行っていたLSI部門は本体から切り離され，富士通とともに設立したソシオネクストに移管され，道半ばにして終了している。

この取り組みは結果として大きな成果を出してはいないが，製品アーキテクチャーのモジュラリティが高まる中，製品分野をまたいだ共通のプラットフォームを構築し，それを外販することまで意識し，挑戦していたことは先進的な取り組みであった。

3. 自動車産業にみるオープン化

3-1. 自動車産業を取り巻く技術環境

従来，自動車は燃費や走行性能，制動性能，耐故障性などの機能品質が重視されていたが，現在では操作性，居住性，快適性，デザインやイメージなどの知覚品質，さらには機能安全といった消費者には評価されないものの，モノづくりの根幹にかかわる重要な機能品質がより重視されるようになっている。

たとえば，現在，ADAS（Advanced Driver Assistance System）と総称される衝突被害軽減ブレーキシステム(5)や車線逸脱防止システム(6)，自動追従システム(7)，駐車支援システム(8)などの運転者を支援する機能が既に一部普及価格帯の自動車にも実装されるようになっている。これら機能は走行性能を支援するだけでなく，安全性の強化，運転者の「判断」を支援することによる利便性の向上を目指したものである。さらに近い将来，「赤外線センサーで乗員の皮膚表面を検知して風を送る」，「運転者の疲労度に併せて車内の酸素濃度を変える」などの運転者を含む乗員の「認知」を支援する機能などが実装される段階にある。

また，2010年10月，大手IT企業であるGoogleが自動車の「自動運転」に関する研究開発を実施していることを発表以来，さまざまな企業が自動車の自動運転に関する研究開発，実証実験を行っている。一部の自動車メーカーはかなり以前より自動運転に関する研究を行っていたが(9)，商用化を本気で考えてはいなかった。しかし，Googleの動きに刺激される形で，2015年頃より既存の自動車メーカーの多くが本格的に研究開発，実証実験を行っており，現在，業界をまたいで自動車の自動運転を巡る競争は激化している。

自動車の自動運転が実用化されるには，従来の技術に加え，人工知能（Artificial Intelligence：AI）とクラウド技術が必須技術となる。そのため，その開発は，BMW，GM，Ford，トヨタや日産といった既存の自動車メーカーではなく，GoogleやApple，Baiduなどの大手IT企業，Teslaのような新興自動車メーカー，さらにはAI技術に優れたベンチャー企業や社会インフラ企業など，さまざまな企業がそれぞれの立場から研究開発，実証実験を行っている。

2018年現在，自動車メーカーは図表14-3に示したようなタイムスケジュールで自動運転を行う自動車をリリースすると発表している。自動運転を実現する自動車では1日あたり，1テラバイトの生データを生成するという（岡野，2015)。このような膨大な量のデータをリアルタイムで高速に演算処理するには，分散協調して処理する必要がある。また，自動運転を成立させるためには，さまざまなセンサーからの入力情報を補完する道路インフラや周辺の状況を詳細に把握可能な高精細な地図データ，カーナビで利用される人工衛星の位置から自動車の位置を特定する高精度なGPS（Global Positioning System）機能，さらには車車間や路車間，さらにはインターネットと接続してデータや情報を交換する無線通信技術なども必要不可欠な要素技術となり，これら技術を保有する企業と連携することが必要となる。こうした動向を踏まえ，日米欧の政府機関も法律の整備や補助金などによる助成はもちろん，さまざまな観点からこうした企業の取り組みを支援する国家的プロジェクトを推進している（内

図表14-3　世界主要乗用車メーカー　自動運転技術導入スケジュール一覧

メーカー	2017年	2018年	2019年	2020年	2021年	2022年	2023年	2024年	2025年	2026年	2027年	2028年	2029年	2030年
GM	レベル2	レベル3		レベル4										
Ford	レベル1				レベル4									
VW	レベル2				レベル4									
Audi	レベル3				レベル4									
Daimler	レベル2		レベル3		レベル4	レベル5								
BMW	レベル2				レベル4		レベル5							
現代自	レベル2			レベル4										レベル5
トヨタ	レベル2			レベル3					レベル4					
ホンダ	レベル2			レベル3					レベル4					
Renault/日産/三菱自	レベル2			レベル3			レベル5							

注：計画は各社広報及び報道を通じた発表に基づく。自動運転技術レベルはSAEの基準に基づく。
出所：FOURIN（2017）『世界乗用車メーカー年鑑2018』。

閣官房, 2017)。

3-2. 自動車における組込みソフトウェアの規模の拡大がもたらした変化

ADASのような諸機能は車内外の電子制御システムがネットワークで結合され，連携することで実現される。自動車1台に搭載される電子制御システムの演算機能を担うECU（Electric Control Unit）の数は92年時に多くても30個程度だったが，これが2005年時に50～70個程度[10]，2015年時に100個超に増大している[11]。ECUの開発工数の80%が組込みソフトウェアに関するものであり，自動車1台に用意される組込みソフトウェアのソースコード行数は，2007年，ラグジュアリー車で3,500万行に達していた（飯野, 2007)。これが2018年現在，自動車のソースコード行数は，1億行以上の規模まで拡大している（経済産業省, 2018)。トヨタでは，2005年時点で過去10年間でソフトウェアの開発量が15倍以上に増加[12]，日産自動車では，2007年時点で過去20年間で1,000倍に増加したという[13]。

実装される組込みソフトウェアが増加すると，前述の通り，ソフトウェアの不具合を原因とする欠陥や故障のリスクも増加する[14]。高速で移動する自動車の欠陥や故障は即人命を左右する事故に繋がるため，不具合を減少させる取組みは極めて重要な課題である。一概には言えないが業界関係者によれば，家電と比較すると要求される部品の精度は最低で20倍以上高いという。そのため極めて高い品質と精度を確保するための方策が必要となっている。こうした課題に対応するために2000年代に入り，自動車産業でも設計思想の見直しが行われている。

一般に，組込みシステム機器の開発においては，システム全体の機能，システムとしてのインテグリティ，設計効率性を高めるために，ハードウェアとソフトウェアの双方の観点からシステム・アーキテクチャーを検討する。ここでいうシステム・アーキテクチャーとはシステムを構成する機能および部品間の関係を示したものであり，システムを構成する各要素がどのように相互に作用し合うか，また一体となってどのように挙動するのかなどについて概念的に表現したものである。

トヨタは2000年代に入り，ソフトウェアの構造設計とプロセス改革に取り組んでいる。ソフトウェアの構造設計という観点から見ると，2001 年から「電子プラットフォーム」という概念を導入した（林, 2005）。従来，トヨタではハードウェア部品の構造を示す「車体プラットフォーム」に力点を置いたモノづくりを行っていたが，ソフトウェアやネットワークなどの電子系部品については十分な考慮がなされておらず，必要に応じてその都度対応していた。しかし，こうした対応方法ではいずれ破綻してしまうという危機感から，車全体で実現する機能を先に考え，その機能をハードウェアとソフトウェアの双方の観点からどのように実現するのかを検討し，部品に落とし込んでいく「電子プラットフォーム」という概念を提唱するようになった。電子プラットフォームは，車体プラットフォームの種類と，電子装備の数という 2 つの軸からなるマトリクスであり，ハードウェアとソフトウェアを分離する構造と，アプリケーションを抜き差しできるような拡張性の高い構造を実現することを狙ったものである。電子プラットフォームは適宜見直されており，2015 年 3 月，車体プラットフォーム「TNGA（Toyota New Global Architecture）」を発表した際，電子プラットフォームについては，プログラム作成の工数を大幅に削減するためにモジュラリティを高める工夫をしていると発表している[15]。近年では，2020 年にほぼ全ての乗用車に車載通信機（DCM：Data Communication Module）を標準搭載するのに併せて，セキュリティー機能を大幅に高めるなどの対策を発表している。

これに併せて，組織再編も漸進的に実施している。2007 年 4 月に技術開発本部の下に，BR（ビジネスレボリューション）制御ソフトウェア開発室を発足させた。それまでトヨタの車載ソフトウェア開発は，エンジン制御システム，ボディ制御システムなどの部門ごとに縦割りの組織構造の中でソフトウェア開発を行っており，それぞれのシステム制御に最適なソフトウェアの開発を優先し，プラットフォームを共有化するという考え方はなかったという（林, 2008）。しかし，複雑な機能連携を行う自動車開発ではこのソフトウェア開発体制そのものが不具合を起こす原因になりうるとの危機意識から各システム部門に横串しを通すこの組織を立ち上げた。2009 年 6 月に BR 制御ソフトウェア開発室は制御ソフトウェア開発部に格上げされ，さらに，2013 年に制御システム基盤開発部に名称変更された。この名称変更に伴い，各システムの制御ソフトウェアの開発だけでなく，ソフトウェアプロセスのマネジメントや様々な標準化などのソフトウェア開発の基盤となる業務を担うようになっている。

さらに，2016年にカンパニー制を導入した際に新設された先進技術開発カンパニーの下で，制御システム基盤開発部を含む電子技術領域ならびに制御技術領域の部署は，電子制御基盤技術部，電子プラットフォーム開発部，電子先行開発部，電子制御システム開発部，第1先進開発部，第2先進開発部，先進安全先行開発部などに再編され，自動車に実装されるソフトウェアの統合的かつ網羅的な開発を行う体制を整えている(16)。

4. 自動車産業における標準化領域の拡大

4-1. モノづくりの観点からの自動車産業のオープン化

自動車のエレクトロニクス化に伴い，トヨタに見られるように，自動車の製品アーキテクチャーは，ハードウェアとソフトウェアがシステムとして統合的に機能するように配慮されるようになり，従来に比べると，モジュラリティの高いアーキテクチャーになっている。これに伴い，さまざまなコンソーシアムが立ち上げられ，さまざまな標準化活動が行われている。標準化活動の範囲は，自動車の製品としての差別化に影響を与えないOSやデバイスドライバといった汎用性の高いソフトウェア，車内外の通信プロトコル，ソフトウェア開発プロセスならびにその評価基準，管理手法，機能安全やセキュリティーに関する考え方や評価基準などであり，産業のオープン化が進展してきた。こうしたオープン化の動きは主に欧米の自動車メーカーが主導する場合が多い。

実際に，業界標準となった車載電子制御システムのOSであるAUTOSARを発行するコンソーシアム「AUTOSAR Development Partnership」には開発の負担を減らすことを目指し，世界中から自動車関連の200以上の企業・団体が参加する(17)。具体的に① ソフトウェア・アーキテクチャー，② メソドロジー，③ アプリケーション・インターフェースに関する標準化活動を展開している。AUTOSARを利用することで，ハードウェアへの依存性を局所化することができ，サブシステムの再利用が容易になる。これに合わせて多くの

ITベンダーが新たに自動車業界に参入してきた。

図表14-4は，業界横断的な品質マネジメントシステム（QMS）や安全管理の手法（IEC 61508），ソフトウェア開発プロセス（CMMIやISO/IEC15504）などの標準が自動車産業用にカスタマイズされ，導入されていることを示したものである。

自動車産業向け品質マネジメントシステムであるIATF16949は，主として欧米自動車メーカーがサプライヤーの品質管理活動をアセスメントする規格である（藤原, 2002）[18]。これはISO/TC176がIATF（International Automotive Task Force）と共同して策定し，1999年にISO/TS16949として発行され，2016年にIATF16949に名称変更された。IATFとは欧米自動車メーカー8社（BMW, VW, Daimler, Fiat, Ford, GM, Renault, PSA）ならびに自動車産業団体5団体（AIAG（米），ANFIA（伊），FIEV（仏），SMMT（英），VDA（独））である。IATFのメンバーは，取引を望むサプライヤーに対し第三者機関による認証を受けることを必須としている。

図表14-4　品質に関する標準の変遷

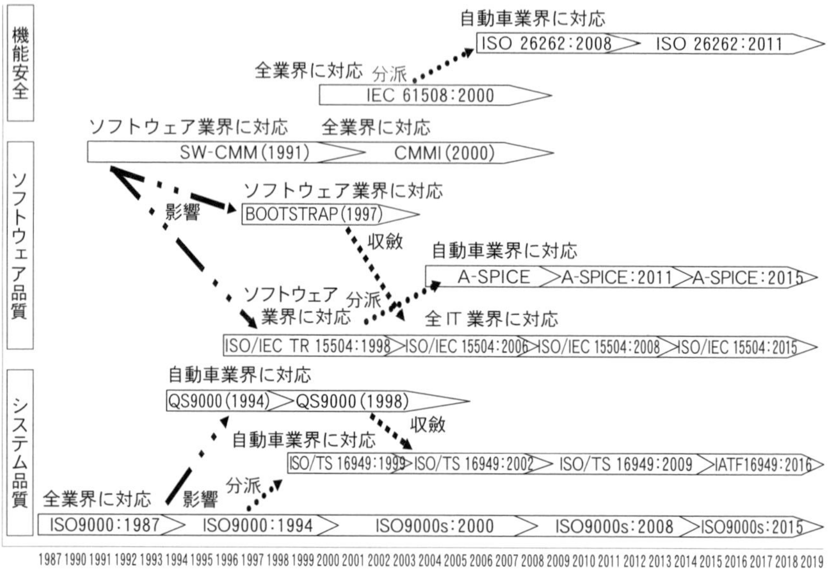

出所：筆者作成。

車載ソフトウェア開発プロセスアセスメントシステムであるAutomotive SPICEは，「高品質なソフトウェアは管理された開発プロセスから生まれる」という考えに基づき，開発プロセスの見える化を目指したフレームワークである。Automotive SPICEは，Automotive SIG（Special Interest Group）がISO/IEC15504（業界横断的ソフトウェアプロセスアセスメント規格）のフレームワークに基づき策定し，2005年に発行された（安田, 2008）。Automotive SIGは，Audi，BMW，Daimler，Porsche，VWを中核とする業界団体である。欧米の自動車メーカーを望むサプライヤーはこの標準規格に遵守していることを第三者機関から認証を受証明する必要がある。

ISO26262は車載電子システム向けの機能安全規格である。機能安全とは機能的工夫を導入することで，万一故障しても許容できるレベルの安全を確保することをいう。ISO 26262は，車載電子システムを開発するにあたり，設計，開発，運用，支援プロセスといった統合的な観点から機能安全が確保されるかどうかチェックするもので，ISO/TC22がIEC 61508（エレクトロニクス関連の機能安全規格）をベースに策定し，2011年に発行された。IEC61508は90年代に欧州で故障が原因で産業プラントの事故が発生したことに端を発して策定され，石油化学プラントや原子力発電，鉄道などの個別分野の機能安全規格が策定されており，その一環で車載電子システムについても策定された。日本を含む先進国の自動車メーカーとの取引を望むサプライヤーは，この認証を受けることが義務付けられている。

自動車のエレクトロニクス化，ネットワーク化がますます進展する中，車載電子システムの不具合は自動車メーカーあるいはサプライヤー単独では根絶することができない。それゆえ協調領域において工学的な観点からオープン標準を積極的に策定，導入し，自動車メーカーとサプライヤーが協力してシステマティックに対処することがますます必要となる。つまりモノづくりの観点からの自動車産業のオープン化は確実に進展する。

4-2. モビリティサービスの観点からの自動車産業のオープン化

現在，自動車は，「走る，曲がる，止まる」といった移動手段としての基本性能を向上させる以上に，移動時の不快な時間（渋滞や運転）から解放され，音楽や動画，インターネットなどの娯楽サービスを提供する空間に変貌することが期待されている。こうした自動運転を前提にした次世代モビリティサービスは「MaaS（Mobility as a Service）」と呼ばれ，多くの企業がさまざまな切り口からその実現を目指している。こうしたモビリティサービスの充実により，自動車は「所有」するものから「利用」するものという認識が強くなることが予想されている。

こうした状況を踏まえ，自動車メーカーは自らモビリティサービスを手掛けたり，同業種ならびに異業種のパートナー企業と連携してモビリティサービスのプラットフォームを提供するなどしている。

Daimlerは2008年から，BMWは2011年からそれぞれカーシェアサービス事業を立ち上げ，その後もモビリティサービス事業を展開するVBに積極的に出資するなどしていた両社は，2018年3月に事業統合を発表した。世界14カ国31都市，所有台数2万台超，会員数400万人を超える世界最大のカーシェア事業者となった両社は，2019年2月にカーシェア，ライドシェア，マルチモーダル，駐車場ソリューション，充電ソリューションなどのモビリティサービスを提供するプラットフォームプロバイダーとなることを表明した。

2016年5月に米ライドシェア大手Uberと提携することを発表したトヨタは，2018年1月に「e-Palette」と称するモビリティサービス・プラットフォームを提供することを目指すと表明し，その後，東南アジアのライドシェア大手Grabに10億ドル出資（2018年6月），Uberに5億ドル追加出資（同年8月），ソフトバンクと次世代モビリティサービスの共同会社を設立（同年10月），中国ライドシェア大手の滴滴出行に5億ドル出資（2019年5月），など，モビリティサービス分野での提携を積極的に展開している。

この他，日産は2019年2月にDeNAと提携し，無人運転車両を活用した交通サービス「Easy Ride」を目指すことを発表し，ホンダは2018年10月に自動運転車についてはGMと協業する一方，MaaSについてはトヨタ・ソフトバンクと協業することを表明しており，いずれの自動車メーカーもMaaSを見据え，さまざまな合従連衡を行ってている。

こうしたモビリティサービスの実現のために自動車産業では，今後ますますエレクトロニクス化，ネットワーク化，インテリジェント化が進展する。こうした動向も相俟って表層レベルの競争力に直結しにくいOSやデバイスドライバーなどのサブシステム，さまざまなインターフェース，開発プロセスや管理手法などの分野はオープン標準化が進展することは明らかといえる。

今後，既に実現しているライド系サービス，次世代モビリティサービスは，超高齢化社会を迎え，「ラストワンマイル」問題が喫緊の社会問題化しつつある日本にとって大いに期待される市場であり，自動車産業の新たなビジネスチャンスといえる。しかしながら，自動車メーカーが行っている自動車販売ビジネスとライド系サービスは共存しうるビジネスではあるものの，トレードオフ関係にもあり，モビリティサービスの充実は，自動車産業の業界構造に大きな影響を与えることが予想される。

ここまでモノづくりの観点ならびにモビリティサービスの観点からの自動車産業のオープン化について考察してきた。これらは，自動車メーカーの競争戦略と密接に関わる課題である。モノづくりの観点からの標準化は単に不具合のリスクを縮減し，プロダクト品質を高めることを目的にするのではなく，戦略的に行う必要がある。同様に，モビリティサービスの観点からプラットフォームの構築もまた，単に利用者の利便性を高めることを目的にするのではなく，戦略的に行う必要がある。90年代以降，デファクト標準やデジュリ標準，コンソーシアム標準といった標準を活用したグローバルな競争戦略の重要性が指摘されてきたが（新宅＆江藤, 2008；梶浦, 2009；内田, 2011；小川, 2015），立本（2017）はオープン標準が形成されることで産業がビジネス・エコシステム化する中での競争戦略は，従来のものとは大きく異なると指摘する。次節では，立本（2017）の所説を基にこの点について考察をする。

5. 自動車産業のビジネス・エコシステム化

立本（2017）は，オープン標準が頻繁に形成される業界では，産業がビジネス・エコシステム化し，従来の競争構造に大きな変化を与え，最終的にはグローバルな分業関係にまで影響を及ぼす，と指摘する。彼によれば，一般的な産業の主たるプレイヤーは直接財企業のみだが，産業がビジネス・エコシステム化すると，直接財企業に加え，補完財企業やシステムユーザー，プラットフォーム企業，さらには標準化団体などがプレイヤーとして加わる。ここでいう直接財企業とは，部材を取引する企業であり，補完財企業とは互いに直接取引はしていないが，一方の製品が売れると他方も売れるような関係にある企業のことをいう。例えばゲーム機に対するゲームソフト，DVDプレイヤーに対するDVDソフトのようなものが補完財である。両者はどちらか一方が売れれば，もう一方も売れる関係にある。システムユーザーとは，直接財と補完財を一緒に利用するユーザー，のことを意味する。プラットフォーム企業とは，プラットフォーム，すなわち，「異なる要素やグループを結びつけてネットワークを構築する基盤[19]」を提供する企業である。

ビジネス・エコシステム化した産業では，自社製品の競争力を上げることに力点を置く戦略を追求する企業よりも，プラットフォーム戦略，すなわち，「自社と補完財企業で形成されるエコシステムの拡大を目指す戦略」を追求する企業が競争優位を獲得する。なぜなら補完財企業の利用者が増えるようにさまざまな支援をすると，ネットワーク効果により，結果として自社のプラットフォームの需要が拡大するためである。

補完財の数が増え，そのことで自社の製品ないしプラットフォームを利用するユーザー数が拡大すると，時間の経過に従って，プラットフォーム企業の業界内でのプレゼンスは向上する。一方で，業界内の既存のリーダー企業の競争優位は揺らいでいく可能性が高い。

iphoneを提供するAppleは，同時にiTune Storeを運営することでコンテンツ企業（補完財）とユーザーを結びつけるインフラとルールを提供しており，これがiphoneの利便性を大きく向上させている。そして，今では業界内で通信会社よりも強い影響力を持つに至っている。ネットによる書籍仲介プラットフォームを提供していたAmazonは家電製品，日用品など取り扱う財（補完財）を増加させることで，利用者の利便性を大きく向上させ，今や小売業界でもっとも競争優位を保有する企業の一つとなっている。AppleやAmazonのようにビジネス・エコシステム化した産業では，補完財企業を支援することが重要な戦略課題となる。但し，プラットフォーム企業が業界内にある一定の競争地位を確保するということは，やがて既存のリーダー企業の競争地位が脅かされるリスクを秘める。

さらに彼は，プラットフォーム戦略を追求する具体的手段として，① オープン標準化を戦略的に活用する，② 複数の市場を媒介するハブに位置取りをする，③ 二面市場戦略，バンドリング戦略などを利用する[20]，などが有効と指摘する。

このような観点から，自動車産業を時系列に俯瞰すると，以下のようなことが指摘できよう。

2000年代初頭，市場競争が自動車のエレクトロニクス化を促し，開発における組込みソフトウェアの規模が急増した。そして，そのことが組込みソフトウェアの不具合リスクを増大させ，それを是正するためにシステム・アーキテクチャーやサブシステムのモジュール化，管理に関わる標準化などのさまざまな観点からのオープン化が進展した。これにより，主にエレクトロニクス関連の直接財企業の市場参入が促され，従来の競争環境が徐々に変容した。他方，クラウド技術やネットワーク技術のイノベーションの進展が自動車のライド系サービス関連の市場化を目指す補完サービス企業を誕生させ，それらのサービス利用者が増加，さらにクラウド技術やAI技術のイノベーションの進展が自動運転関連の市場化を目指す補完財企業をも誕生させ，既存の自動車メーカーの市場における競争行動を変容させている。具体的に補完サービス企業，補完財企業の台頭に伴い，彼らに協力する既存の自動車メーカーや，プラットフォーム企業を目指す既存の自動車メーカーが現れている。プラットフォーム戦略を追求する企業はいずれも補完財サービスならびに補完財企業を資金的に支援している。

既に自動車産業はビジネス・エコシステム化しつつある。そしてプラットフォーム企業が現れつつある現在，既存の自動車メーカーがプラットフォーム企業になるのか，あるいは異業種の企業がプラットフォーム企業になるかによって，産業構造やグローバルな分業関係は全く変わると思われる。

自動車メーカーにとって，最悪のシナリオは，これまで業界を主導してきた自動車メーカーに変わって，既存の自動車メーカーではない企業が業界を主導する地位を得て，業界構造を大きく変え，それに追随せざるを得ない状況に追い込まれることである。

現時点で，どの企業がプラットフォーム企業として成功するのか，全く予測できないが，立本（2017）が指摘するようにオープン標準をうまく活用して，ハブ位置取り戦略，二面市場戦略，バンドリング戦略を駆使することを意識することが必要といえよう。

〔安田賢憲〕

注

⑴　かつて，「特定の機能を実現するための必要十分条件を満たす，選択および交換不可能なハードウェアとソフトウェアで構成されるコンピュータシステム」が想定されていたが，近年は，ネットワークを介して，組込みシステム内のソフトウェア・プログラムを書き換えることも可能になっており，概念を拡張して考える必要がある。

⑵　デバイスドライバとは，ハードウェアを直接操作するソフトウェアのことをいう。一般にハードウェアメーカーが自社製品を制御するために提供する。デバイスドライバはOSごとに用意する必要がある。

⑶　ミドルウェアとは，一般的にはOSを除いて「標準で提供されるプログラム」のことをいう。OSを採用しないシステムにおいては，関数セットやライブラリ，デバイスドライバがミドルウェアに該当する。OSを採用したシステムでは，関数セットやライブラリ，アプリケーション・プログラムが必要とするOS側のプログラムがミドルウェアに該当する。ただし，この場合，デバイスドライバはOSが管理しており，アプリケーション・プログラムからは直接管理できないので，ミドルウェアの対象とはならない。

⑷　この点については，拙稿（2007）を参照のこと。

⑸　衝突被害軽減ブレーキシステムとは，前方歩行者，障害物を検知し，衝突を防止すべく，アクセルやブレーキをコンピュータで制御する先進ブレーキシステムのことをいう。

⑹　車線逸脱防止システムとは，車線逸脱を検知して警報を出力するシステムをいう。

⑺　自動追従システムとは，前方者との車間距離を確保し，自動で追従するシステムをいう。

⑻　パーキングアシストシステムとは，カメラによる周辺状況の認識・検知，超音波などによる死角検知などを行い，縦列駐車やバック駐車などを支援するシステムのことをいう。

⑼　トヨタは，1990年から交通事故軽減と予防安全技術の向上する手段として自動運転技術の開発を始めたという。（人とクルマの未来のテクノロジー展，展示資料より。2019年5月27日）

⑽　「自動車ソフト力が雌雄を決す」『日経ビジネス』2005年3月28日号，45-48ページ。

⑾　「カー・エレクトロニクスの今を知る」『日経Automotive』2015年11月号，91ページ。

⑿　「ECUやセンサー，レーダーの詰め込み技術で競う」日経Automotive Technology編『カー・エレクトロニクスのすべて』日経BP社，2005年，179ページ。

⒀　「プラットフォーム導入でソフト開発料とECUを減らす」『日経Automotive』2007年11月号，84ページ。

⒁　2014年2月にトヨタがプリウスの組込みソフトウェアの不具合を原因としたリコールの届け出を国土交通省に提出し，その対象範囲は190万台に及んだ。詳細については以下を参照のこと。「動かないコンピュータ」『日経コンピュータ』2014年4月3日，58-60ページ。

⒂　「車載電子機器は「接続部」で品質を確保」『日経ものづくり』，2015年10月，164-166ページ。

⒃　トヨタプレスリリース，2016年3月2日。

⒄　AUTOSARのHPより（https://www.autosar.org/）

⒅　米国OEMは入札時以降にサプライヤーが納入する部品の品質やコストを統制・管理するための手段として，1994年に自動車サプライヤー用の品質システムのアセスメント標準QS9000を発行し，その認証の取得を取引条件の一つとした。これはISO9001をカスタマイズしたもので，導入の結果，米国OEMの製品品質の向上があった。ISO/IEC16949は自動車サプライヤー用の品質システム標準である米国のQS9000やドイツのVDIA6.1，イタリアのAVSQ94などの後継標準として位置づけられている。藤原（2002）

⒆　立本（2017）は，プラットフォーム・ビジネスを「複数の補完財で構成されるシステム製品において，異なる財・ユーザー間のやり取りをマネジメントし，戦略的に利用するビジネス」と定義する。

⒇　立本（2017）は，二面市場戦略とは，2つの市場の両方と取引を行う企業が，「一方の市場にはディスカウント価格」，「他方の市場にはプレミアム価格」という価格戦略を取ることをいう。一方，バンドリング戦略とは，補完的な製品をセット販売したり，統合して販売したりする，と定義する。

参考文献

飯野浩道（2007）「自動車制御システム開発へのモデルベースデザインの適用考察とユーザーコミュニティ」『EDN Japan』5月号，118-122ページ。

糸久正人（2017）「標準化戦略」安本雅典・真鍋誠司編『オープン化戦略』有斐閣。

内田康郎（2011）「国際標準化プロセスに関する新たな課：「知財の無償化」がもたらす意味とその考察」『富大経済論集』56（3），439-465ページ。

岡野原大輔「今後10年の情報処理アーキテクチャーを探る」『日経エレクトロニクス』2015年5月号。

小川紘一（2015）『オープン&クローズ戦略 増補改訂版』翔泳社。

小川進（2000）「イノベーション発生の論理：情報の粘着性仮説について」『国民経済雑誌』182（1），85-98ページ。

柴田友厚（2012）『日本企業のすり合わせ能力―モジュール化を超えて』NTT出版。

新宅純二郎・江藤学編（2008）『コンセンサス標準戦略』日本経済新聞出版社。

高田広章（2001）「組込みシステム開発技術の現状と展望」『情報処理学会論文誌』42（4），930-938ページ。

立本博文（2011）「オープン・イノベーションとビジネス・エコシステム：新しい企業共同誕生の影響について」『組織科学』45（2），60-73ページ。

立本博文（2014）『戦略的標準化：国際標準化の戦略的活用」『知財管理』64（4），498-510ページ。

立本博文（2017）『プラットフォーム企業のグローバル戦略』有斐閣。

延岡健太郎（2005）「モジュラー型製品における日本企業の競争力―家電企業における組み合わせ能力の限界」『経済産業ジャーナル』2005年7月号。

林和彦（2005）「電子プラットフォームなくしてクルマの開発は立ち行かず」『カー・エレクトロニクスのすべて』日経Automotive，209-212ページ。

林和彦（2008）「車載組込みソフトウェア品質確保と開発効率向上」『富士通テン技法』52，3-6ページ。

福澤光啓・立本博文・新宅純二郎（2006）「ファームウェア・アーキテクチャの揺れ動きとその要因―デジタル複合機の事例―」『赤門マネジメント・レビュー』5（7），501-512ページ。

藤本隆宏（2003）「組織能力と製品アーキテクチャ―下から見上げる戦略論」『組織科学』36（4），11-22ページ。

藤原貞雄（2002）「世界自動車産業の1990年代とは何であったのか」『山口經濟學雜誌』50（2），

207-229 ページ。
安田賢憲（2004）「ソリューション・ビジネスに伴うソフトウェア生産の標準化の進展―中堅インテグレーダーP社の事例から―」『富士論叢』49（1），1-26 ページ。
安田賢憲（2006）「ソフトウェア開発・生産をめぐる標準化―ソフトウェアプロセスの標準化を巡る動向―」『社会システム研究』13，41-63 ページ。
安田賢憲（2007）「日本の組込みソフトウェア産業における外部委託・海外委託の現状と課題」『産業学会研究年報』22，67-78 ページ。
安田賢憲（2008）「車載ソフトウェアの開発プロセスの標準化動向―欧州 OEM が導入を進める Automotive SPICE を中心に―」『アジア経営研究』14，97-109 ページ。
安田賢憲（2008）「モデルベース開発が促す車載ソフトウェア開発環境の標準化動向」『富士論叢』52（2），20-23 ページ。
Baldwin, C. Y. and von Hippel, E. (2011), "Modeling a Paradigm Shift: From Producer Innovation to User and Open Collaborative Innovation," *Organization Science*, Vol.22, no. 6, pp.1399-1417.
Brooks, Jr., Frederick P. (1975), *The Mythical Man-Month: Essays on Software Engineering*. Addison-Wesley（フレデリック・P. ブルックス，Jr. 著，滝沢徹他訳『新装版 人月の神話』丸善出版，2014 年。）
Cusumano, M A. (1991), *Japan's Software Factory*, Oxford Univ. Press, 1991.（富沢宏之・藤井留美訳『日本のソフトウェア戦略』三田出版会，1993 年。）
Gawer, A. and Cusumano, M. A. (2002), *Platform Leadership: How Intel, Microsoft, and Cisco Drive Industry Innovation*, Harvard Business School Press.
Porter, M E. (1990), *The Competitive Advantage of Nations*, Jossey Bass.（マイケル・ポーター，土岐坤他訳（1992）『国の競争優位』ダイヤモンド社。）
Von Hippel, E. (1994), "Sticky information and the locus of problem solving: Implications for innovation," *Management Science*, 40 (4), 429-439.
経済産業省商務情報政策局（2004）「2004 年版組込みソフトウェア産業実態調査報告書」経済産業省。
経済産業省商務情報政策局（2005）「2005 年版組込みソフトウェア産業実態調査報告書－経営者・事業責任者向け調査」経済産業省。
経済産業省商務情報政策局（2005）「2005 年版組込みソフトウェア産業実態調査報告書－技術者個人向け調査」経済産業省。
内閣官房 IT 総合戦略室（2017）「ITS・自動運転を巡る最近の動向」(https://www.kantei.go.jp/jp/singi/it2/senmon_bunka/detakatsuyokiban/dorokotsu_dai7/shiryou3.pdf，2019年6月アクセス)。
経済産業省（2018）「自動車新時代戦略会議（第1回）資料（https://www.meti.go.jp/committee/kenkyukai/seizou/jidousha_shinjidai/pdf/001_01_00.pdf，2019 年 6 月アクセス）。

第15章
サービスのプロダクト化とタレントマネジメント
—コンサルティング業界の事例—

1. はじめに

本章の目的は，コンサルティング業界に焦点を当て，テクノロジーの進展がタレントマネジメントにどのような影響を与えるのかについての視座を提供することにある。タレントマネジメントとは，「グローバルな規模で組織の戦略的な優先事項を達成する上で重要な役割を果たす優秀な人材を引き付け，選別，開発し，維持すること」と定義されている（Scullion, Collings & Caligiuri, 2010:106）。コンサルティングファームは，マスメディアやビジネススクール等と同様に，流行の経営手法を生み出してきた（Abrahamson, 1996）。タレントマネジメント手法も例外ではなく，コンサルティングファームによって開発され，クライアントである多国籍企業に提供されてきた。一方で，例えばGE社のタレント識別に用いられていたナインボックスのように，ある企業で活用されているタレントマネジメント手法は，コンサルティングファーム等を通じてその他多国籍企業に普及されてきた（e.g., Stahl *et al.*, 2012）。このように，コンサルティングファームは多国籍企業のタレントマネジメントのあり方に影響を与えている。

コンサルティングファームを始めとする専門サービス企業は，プロフェッショナル・サービス企業とも称され，次の3つの特徴を持つ（西井, 2019）。第1は，「知識集約性」である。専門的サービスを提供するために，かなりの量の複雑な知識に依拠しており，その知識は従業員個人に体化している。第2は，「低資本集約性」である。サービスの生産が向上や設備といった非人的資産に依存している程度が低いことである。第3は，「専門的労働力」である。

プロフェッションに代表されるような専門職に依存している程度が製造業と比べて高い傾向にある点である。これらの特徴から，コンサルティングファームは，プロフェッショナル（タレント）がいてこそ成り立つビジネスであり，タレントの開発，育成は，それら企業の競争優位を左右する重要な鍵となっているといえる（Maister, 1993；Alvesson, 2004；Løwendahl, 2005）。

しかし，近年，テクノロジーの進展に伴い，専門サービス企業の提供するサービスのプロダクト化が進んできている現状が指摘されるようになった(Sawhney, 2017)。サービスのプロダクト化とは，「アルゴリズムによる自動化及びデータ分析のパワーを活用して，業務の複数の側面をプロダクト化すること」である（Sawhney, 2017, 14)。つまり，これまでタレントを介して提供していたサービスを，テクノロジーを利用して自動化できるかどうかを検討し，代替可能であればサービスの提供をテクノロジーに切り替えていくことを意味する。つまり，サービスのプロダクト化が進展することは，タレントにとっては，自らの業務の効率が上がることに繋がるが，一方で，「テクノロジーに代替されない能力とは何か」を真剣に問い，その能力を磨くことなしに今後の職の保証を得ることが難しくなることを意味する。サービスのプロダクト化に直面しているコンサルティングファームのタレントマネジメントを考察対象とすることで，多国籍企業のタレントマネジメントの将来の方向性について何らかの示唆を得ることができると考えられる。

以上の問題意識に基づき，第２節では，プロフェッショナル・サービスの特質とコンサルティングファームをはじめとする専門サービス企業において近年進んでいるサービスのプロダクト化について概観する。第３節では，これまでの議論を踏まえて，コンサルティングファーム２社の事例研究を行い，コンサルティング業界の動向やタレントマネジメントの現状，方向性について考察する。最後に結語として，未来の多国籍業のタレントマネジメントの方向性について論じる。

2. プロフェッショナル・サービスの特質とサービスのプロダクト化

2-1. プロフェッショナル・サービスの特質

サービスのプロダクト化に話を進める前に，プロフェッショナル・サービスの特徴について触れておきたい。西井（2013, 102-107）によると以下のような特徴を持つとされる。第1に，プロフェッショナル・サービスは，基本的に個別受注型（1対1）サービスであり，クライアントごとのカスタマイズを前提としている（Maister, 1993; Løwendahl, 2005; 西井, 2013）。したがって，プロフェッショナル・サービスの提供は，「差別化」を与件として事業活動を展開し，クライアントとの共同生産（co-production）によって商品が創られるという第2の特徴がある。第3に，モノとしての商品とは異なり，プロフェッショナル・サービスは，サービス一般の無形性，生産と消費の同時性という性質を持つため，クライアントが事前に客観的なサービスの評価を行うことが難しい。併せて，サービスを享受した後の成果についても客観的な評価を行うことが難しい。これらの要因により，第4の特徴として，プロフェッショナル・サービスにおける一般的な課金システムとして，「コミッション（commission）」と「フィー（fee）」という形態が主流となっている。コミッションとは，成功報酬を意味し，業務に成功したらその売り上げの何パーセントという形で報酬が決定される。一方で，フィーは，プロフェッショナル・サービスの提供者の専門知識に対して報酬が支払われることを意味する。多くのコンサルティングファームでは，コンサルタントごとに，クライアントに課金すべき1時間あたりの金額が決まっており，これはビリング・レート（billing rate）と呼ばれる。コミッションとは異なり，プロジェクトに投入された「コンサルタント数×ビリング・レート×実質労働時間」という計算によってフィーが算出される仕組みになっている。コンサルタントの報酬は，コンサルタントがクライアントのために費やした時間によって決定される。近年，このような特質を持つコンサルティングファームを始めとする専門サービス企業において，サービスのプロダクト化が進んでいることが指摘されるようになってきた。

2-2. 専門サービス企業におけるサービスのプロダクト化

Sawhney（2016）は，専門サービス企業が専門スタッフを増やさずに，コンピューターのアルゴリズムによる自動化やデータ分析の力を活用して収益を上げる方法として，サービスのプロダクト化という概念を提示している。サービスのプロダクト化とは，専門サービス企業が提供するサービスの一部分をシステム化し，データを活用して自動的にそのサービスの中身を改善し，結果として品質が向上したサービスに対する課金方法を変更することであるという。サービスのプロダクト化を行うには次の3つのステップが必要であるとされる。第1ステップは，プロダクト化の可能性を見つけることである。プロダクト化の可能性は，タスクが実行される頻度とそのタスクの実行に必要な能力（知識や判断力）のレベルによって把握することができる。頻繁に実行され，高度な能力を必要としないタスクは，プロダクト化に向いている作業と考えられている。第2ステップは，プロダクトを開発することである。世界4大会計事務所の1つであるデロイトは，監査のデジタル文書を分析する機械学習技術と自然言語処理を利用した「アルゴス」を開発した。アルゴスは，人間と交わすすべての対話から学習し，処理するすべての文書から学習するため，時間の経過とともに会計上のカギとなる情報を見つけ，抽出する作業が上達する。デロイトのアルゴスの事例は，デロイトの監査サービスを増強するが，監査サービスの代用品とはならないことを示している。それは，専門サービス企業が提供する高付加価値サービスには，専門知識，戦略思考，高度な意思決定が不可欠であり，プロフェッショナルは，技術に代替できない高度な役割を果たさねばならないからである。第3ステップは，プロダクトをマネタイズすることである。具体的には，サービスのプロダクト化による課金方法には取引ベースの課金と成果ベースの課金があるという。サービスの一部を自動化できる場合にはその商品の「量」の増加を活かすために，時間ベースの料金体系から取引ベース課金に，サービスに分析を付加した場合には，その商品の「質」の向上を活かすため成果ベース課金に移行すべきだと主張する。以上，Sawhney（2016）が提示したサービスのプロダクト化の特徴について概観した。サービスのプロダクト化が進むと，これまでそのサービスに従事していた人員は減少するが，プロフェッショナルは，より高度なスキルを必要とする仕事に専念することを求められるようになる。自身の能力を高めることができない人材はこれまでと同様の収入を得ることは将来難しくなっていく可能性が高くなる。

サービスのプロダクト化を進める1つのテクノロジーとして，近年注目を集めているArtificial Intelligence（以下，AI）技術がある。AI技術とは，AIを実現するために開発されている様々な技術を指し，音声認識技術，事前言語処理技術や画像処理技術等がある（新井, 2017, 14）。AI技術については，例えばAI技術が人間のように人格を持ち，労働者とそのまま置き換わるという誤解に基づいたイメージが持たれているきらいがあるが，AI技術は人にとって単なる道具にすぎない（野村, 2016；新井, 2017）。AI技術が，企業や業務フローに取り入れられるようになった大きな要因として，ソーシャルメディアや企業ウェブ，ウェブ広告メディアの浸透により，消費者がサービス提供企業に対し，リアルタイムに反応することを求めるようになったことが指摘されている（野村, 2016）。AI技術の企業での活用は，AI技術が担当可能なタスクの中で，効果的なもの，費用対効果の高いもの，従来にない高い性能（精度, 速度，品質，品質のばらつきのなさ等）が求められる領域で進んでいくと考えられている（野村, 2016）。

2013年にオックスフォード大学の研究者によって「コンピューター化に影響されやすい仕事」という研究論文が出された。そこでは702の職種が分析対象となっており，次のような結果が示されている。98–99％の確率で仕事が機械に代替される職業として，電話セールス員，文書管理・サーチャー，税務申告書代行者等裁量の余地が小さい職業があげられている。一方で，1％未満の確率で仕事が機械に代替されない職業としては，レクリエーション療法士，危機管理責任者，内科医・外科医等仕事を遂行する上での裁量の余地が大きく，コミュニケーション能力や判断力等が求められる職業があげられている（Fey and Osborne, 2013, 61–77）。

これまでの議論から，AI技術の活用は，費用対効果が高いタスク，従来にない性能が求められるタスクにおいて進んでいくこと，裁量の余地が大きい職業，コミュニケーション能力や判断力が求められる仕事では，AI技術を駆使しながら，AI 技術が代替することが難しい能力を磨いていくことが求められるようになってきたことが分かる。

次節では，まず初めに，サービスのプロダクト化に直面しているプライスウォーターハウスクーパーズ（PwC：PricewaterhouseCoopers）Japan にてどのようにコンサルティングのあり方やタレントマネジメントが変化してきているのかについての事例を考察する。次に，ケンブリッジ・テクノロジー・パートナーズ（CTP：Cambridge Technology Partners）の事例を取り上げ，テクノロジーによって代替することが難しい能力を構築するためのコンサルティングのあり方やそれを支えるタレントマネジメントについて考察する。

3. ケーススタディ

3-1. PwC Japan グループにおけるサービスのプロダクト化とタレントマネジメント(1)

PwC は，デロイトトウシュトーマツ，KPMG，アーンスト・アンド・ヤングと並び世界 4 大会計事務所・総合コンサルティングファームの一角を占めている。ロンドンを発祥の地とし，世界 157 か国 742 拠点に 27.6 万人以上のスタッフを有し，高品質な監査，税務，アドバイザリーサービスを提供している。PwC は，伝統的なコンサルティングファームの組織形態としてとらえられている同等の組織による連邦制組織（Federation of Equals）の形態をとっている。PwC のメンバーファームは，社名（ブランド）は共有しているが各メンバーファームはそれぞれ独立した法人であり，それらがグローバルネットワークを構成している。従って，本社，海外子会社という概念はない。また，本節で取り上げる PwC Japan グループは，PwC の Japan テリトリーに属し，日本における PwC グローバルネットワークのメンバーファーム及びそれらの関連会社の総称である。各法人はそれぞれ独立した別法人として事業を行っている。PwC Japan グループは，アシュアランス（会計監査，アドバイザリー業務）（PwC あらた有限責任監査法人，PwC 京都監査法人），コンサルティング（PwC コンサルティング合同会社），ディールアドバイザリー（M&A 関連業務）（PwCアドバイザリー合同会社），税務サービス（PwC税理士法人），法務サービス（PwC弁護士法人）から構成されている。それぞれがそれぞれの専門業務分野を担当し，独立性や情報管理の規則を厳格に順守しながら“One Team”として連携し，クライアントのニーズに応える体制をとっている（PwC Japan会社資料）。

(1)　ビジネス環境の変化：サービスのプロダクト化

PwCのビジネス環境が近年大きく変化してきている。主な要因として，第1にPwCの事業ドメイン，特にアシュアランス，税務サービス，法務サービス事業が，サービスのプロダクト化に直面していること，第2は，クライアントのビジネスがデジタルテクノロジーベースやオープンイノベーションを前提としたビジネスの展開へと移行していること及びミレニアル世代の台頭により，PwCが提供するコンサルティング・サービスやそのビジネスモデルの転換が求められるようになってきたことにある。

第1の要因は，アシュアランス，税務サービス，法務サービスという事業ドメインが，前節で概観してきたように，AI技術をはじめとするテクノロジーの進展により，これまでタレントを介して提供してきたサービスを，テクノロジーの活用によって代替し，業務の効率化を図るという流れに直面していることである。特にオーストラリアのPwCでは，サービスのプロダクト化がいち早く進んでおり，コンサルティングの典型的な報酬形態ではなく，デジタルベースのプロダクトを提供し，例えばサブスクリプションモデルやクラウドサービス等で定期的に報酬を得るというテクノロジーメインのビジネスモデルへの移行を進めている。タレントを中心としたビジネスからテクノロジーをメインとするビジネスへの転換は，オーストラリアだけではなく，PwCのグローバル戦略にも掲げられている。

タレントを中心としたビジネスを伝統的なコンサルティング・サービスと位置付けると，デジタルテクノロジーをメインとするビジネスは，収益モデルが変わるだけではなく，仕事を担当するタレントの数が伝統的なコンサルティング・サービスと比べて物理的に減少していくことを意味する。一般的に，デジタルテクノロジーをメインとするビジネスに移行すると，タレントのスキルがテクノロジーに代替されるので，仕事を担当するタレントのスキルの価値は低くなると考えられがちである。しかし，実際はそうではない。PwC では，デジタルテクノロジーメインのビジネスになるからこそ，それで代替することができない仕事を担当する一人一人のタレントのスキルやケイパビリティの価値は，デジタルテクノロジーの価値をより高めることができる程高くなければビジネスモデルとして成り立なくなると考えている。だからこそ，PwC は，多額の投資をして，デジタルアップスキルのためのプログラムを徹底的に行い，デジタルテクノロジーメインのビジネスに対応することのできる人材の育成に注力している。これもサービスのプロダクト化という現実に直面し，危機感を持っているからこその取り組みであるといえる。

第 2 の要因は，クライアントのビジネスの変化及びミレニアル世代の台頭によって，PwC のコンサルティング・サービスのあり方が変化してきたことである。従来，クライアントのビジネスは，一社で完結するケースが多くみられていたが，近年では，クライアントが業界を超えたオープンイノベーションを前提としたビジネスを展開しており，1 対 1 の個別受注型サービスの提供を行うことが難しくなってきた。第 1 の要因にもかかわるが，顧客のビジネスがデジタルベースに変わってきている状況をふまえ[2]，クライアントのイノベーションを実現するためのコンサルティング・サービスの提供が求められるようになってきた。またミレニアル世代の台頭は，PwC がクライアントのイノベーションを実現するためのデジタルサービスを提供することへの追い風となった。米国で広く用いられている世代別定義によれば，ミレニアル世代（ジェネレーション Y）とは，1981 年から 2000 年までに生まれた世代を指す（東洋経済, 2015）。その特徴は，第 1 に，物心がついたときからコンピューターがあったデジタル・ネイティブであること，第 2 に，多人種であることである。米国の 18 歳から 33 歳のうち 43％は白人以外の人種であり，多様な人種と共存することが当たり前となっている世代として考えられている。第 3 は，リーマンショックの洗礼を受け，16 歳から 24 歳の 2015 年時点の失業率が 12.2％という状況に直面していたこと，第 4 は，政治的に突出してリベラルな思想を持っていることにあると考えられている（東洋経済, 2015; 中沢, 2018）。これらミレニアル世代は，既存企業のビジネスのあり方，考え方とは異なる価値観を示す傾向にあるという。例えば，企業の存在意義として，社会課題と向き合う姿勢や，ダイバーシティ＆インクルージョンの実践等へ高い関心を寄せている。ミレニアル世代を引き付け，確保するためには，金銭的報酬にとどまらず，学習と成長を実感できるような非金銭的報酬を充実させること，多様性のある組織風土を醸成できる企業であること等が重要であるという（デロイトトーマツ，2018）。クライアントのビジネスの変化及びミレニアル世代の台頭により，PwCは，BXTコンセプトを核としたコンサルティング・サービスの提供に取り組みはじめた。

(2)　BXTコンサルティングとタレントマネジメント

BXTとは，イノベーション実現のフレームワークであり，Business，eXperience，Technologyを指す。Businessとは，価値を定義し，継続的に価値を提供する手段である。eXperienceは，価値を具現化する方法である。一般的に顧客体験と訳されるが，PwCが提唱するeXperienceとは，「直感的に面白く，これまでになかった体験をクライアントに提供する」という概念である。Technologyとは，価値提供の手段を実現するものである（PwC's Views, 2018）。以前のPwCは，BusinessとTechnologyはケイパビリティとして保有していたが，eXperienceに基づくコンサルティングを行うケイパビリティが十分であるとはいえなかった。そこで，eXperienceコンサルティングに強みを持つブティックファームやデジタルマーケティング会社の買収をグローバルな規模で行った。他のコンサルティングファームも，顧客体験をキーワードとするコンサルティング（CXコンサルティング：customer experience）を提供している。しかし，PwCは，競合社と異なり，既存のサービスにeXperienceコンサルティングを併せて提供するのではなく，「BXTコンサルティング」をブランド化して，これまでのコンサルティングのやり方を全てBXTコンサルティングとして提供しようとしている。PwC Japanのコンサルティング事業分野であるPwCコンサルティング合同会社には，現在約2,600名のコンサルタントがいるが，そのコンサルタント全員が将来的にeXperienceコンサルティングの提供をできるようにするための取り組みを行っている。1つはエクスペリエンスセンターの開設，もう1つはeXperienceコンサルティングの提供を目指したトレーニングである。

PwC Japanは，2018年にエクスペリエンスセンターを大手町に開設した。

エクスペリエンスセンターは，eXperienceの分析に基づいてクライアント企業のビジネスを再構築し，顧客企業のデジタル領域におけるイノベーション創出を目的とした施設である。ここでは，ブランド・マーケティング戦略策定，カスタマーエクスペリエンスのデザイン，デジタルサービスやラピットプロトタイピング，ファシリテーターによるワークショップなどのサービスを提供する。現在，PwCコンサルティング合同会社は，読売巨人軍とオフィシャルサプライヤー契約を締結し，球団初のオフィシャル・デジタルトランスフォーメーション(3)・アドバイザーとなった。BXTのコンセプトを用いて，東京ドーム巨人戦を対象に，来場者が体験したことのないような革新的なサービスを共同で開発し，観客動員数の増加等を目指している。

eXperienceコンサルティングを行うことに向け，PwCのデジタルサービスに所属するデザイナー，クリエイター，最新技術のエンジニアなど，「デザイン思考」で仕事をしてきた人材を集め，共感（Emphasize），問題定義（Define），創造（Ideate），プロトタイプ（Prototype），テスト（Test）といったデザイン思考のプロセスを，既存のビジネス（ロジカルシンキングなど従来型スキルに基づいてサービスを提供してきたコンサルタント）と融合させようと試みている。

これまでロジカルシンキングに基づきサービスを提供してきたコンサルタントにとって，デザイン思考を体得することは容易ではない。そこで，PwC Japanは，デザイン思考を行うための方法論である，Scan, Focus, Actという3ステップを用いて既成概念を吹き飛ばし，一気にアイデアをまとめる「デザインショップ」というワークショップ形式のサービスを行っている。このサービスは，ファシリテーター（異なる価値観をぶつけ合って化学反応を起こさせるリーダーシップを持つ人間）によってリードされ，レゴブロックを活用しながら，共感力や感情表現の言語化等を学習する。日本にファシリテーターは10数名いる（PwC Japanウェブサイト，Forbes Japanウェブサイト）。これらトレーニングは，新入社員からパートナー全員を対象に行われている。また，コーチングやメンタリングを通じて，対話力を磨くトレーニングも行われている。PwC Japanは，共感力，感情表現の言語化，対話力は，いずれもデジタルテクノロジーに代替することが難しい能力と考えている。これらの活動を通じて新しい価値の創出をストーリーで語ることができるタレントの能力構築を徹底的に図っている。

このように，PwC Japanでは，BXTコンサルティングを提供するために，全タレントを対象にデザイン思考を鍛えるトレーニングに力を入れている。他方，ミレニアル世代を対象に，PwCコンサルティング合同会社は，タレントマネジメントの一環としてSDGsの観点からも各種プログラムを展開している。SDGsとは，2015年国連本部において開催された国連持続可能な開発サミットにおいて採択された持続可能な開発目標（SDGs:Sustainable Development Goals）のことである。SDGsの特徴は，民間企業を社会課題の解決を担う主体として重視している点にある（デロイトトーマツ，2018）。デロイトトーマツのミレニアル報告書によると，ミレニアル世代は，企業活動は，財務成果だけではなく地域社会，環境の改善等のソフト面からも評価すべきであると考える傾向にあり，社会課題の解決に多大な関心を寄せている。従って，SDGsへの取り組みは，ミレニアル世代の人材を引き付け，優秀な人材の確保に繋がると考えられている。

PwCコンサルティング合同会社では，社会課題を体感するためのフィールドスタディを実施している。このフィールドスタディでは，ボランティア等は行わず，現地へ行き，見たことのない風景をみて，現地のものを食べ，現地の生活を体験する，というように五感を使って，その体験から湧き出る感情，現地で何を解決したいと感じるのか，ビジネスの観点からどんな解決の糸口が探れるのか，これらを考え抜くことを目的としている。また，プロボノ活動も行い，コンサルタント自身が持つスキルを用いていかにして社会課題を「ビジネス」の観点から解決していくかを考え，体感する経験を積ませている。これらの活動を通して，PwCコンサルティング合同会社は，若手人材に，売上利益，個人のキャリアアップやスキルの伸長だけを目指すタレントになるのではなく，持続可能な社会の創造など，それ以外の何かに“も”貢献できる役割を持つコンサルタントを目指すことを掲げている。換言すれば，PwCコンサルティング合同会社に集うタレントは，社会課題の解決に向けて，いかにして社会課題がビジネスとして成立するのかを徹底して考え抜くことが求められているということを意味する。PwCコンサルティング合同会社は，これらの活動をCSRの一環としてではなく，人材開発の一環として行っている。それは，第1に，SDGsは企業が取り組まねばならない事柄であること，第2に，SDGsの観点からのトレーニングプログラムは，BXTコンサルティングを行うためのクリエイティビティを高めるだけではなく，ミレニアル世代のタレントの内発的動機を高め，リテンションを図る取り組みであると考えていること，である。PwCコンサルティング合同会社では，過去に，社会課題の解決に対応する社内プログラムを構築しておらず，優秀な候補者を採用することや維持することができなかったという経験があった。

以上，PwC Japanのケースを通じて，サービスのプロダクト化を背景に，コンサルティングのあり方が変化してきていることについて概観した。このケースのポイントは，デジタルテクノロジーの進展を背景に，コンサルタントはテクノロジーに代替できない能力を構築することが求められるようになってきたこと。そのための取り組みとして，デザインシンキングやSDGsをふまえたトレーニング・プログラムがタレントマネジメントの一環として行われていること，デザインシンキングと併せて，社会的課題解決の実現性を高めるためには，ロジカルシンキングをフル活用しながらビジネスとしての持続性を検討しなければならないということにある。次は，デジタルテクノロジーに代替することが難しい能力を磨き上げる仕組みを持つコンサルティングファームの事例について概観する。

3-2. Cambridge Technology Partnersにおけるタレントマネジメント(4)

ケンブリッジ・テクノロジー・パートナーズ（Cambridge Technology Partners：以下CTP）は，1991年にアメリカマサチューセッツ州にて設立され，経営とITに関するコンサルティング・サービスを提供していたグローバルなコンサルティングファームだった。2001年に米国ノベル社（Novell, Inc.）に買収されるまで，M&Aを通じて技術の拡充と企業規模の拡大を図り，世界19か国，55拠点，4,500名の従業員を有するまでに急成長を遂げていた。CTP日本法人は，1997年に設立され，ノベルに買収された後もCTPブランドで事業を展開していた。2006年に，CTP日本法人は，日本ユニシス株式会社の傘下に入り，独立した事業会社としてCTPブランドを保持しながら事業を行っている。現在は，再グローバル化を目指して，北米，中国地域のパートナー[5]との提携を通じて，グローバルIT戦略の立案・推進，海外現地法人の業務改革やシステム導入，海外企業の日本進出等を支援している。

近年，CTPは，マーケティング・オートメーション（MA：Marketing Automation）の活用，インサイド・セールスの設置など，マーケティングからセールスプロセスのデジタル化に積極的に取り組んでおり，2019年度は，MAのトップベンダーであるMarketo[6]からチャンピオンの表彰を受賞した。他方，CTPは，デジタルテクノロジーに代替することが難しい能力を磨き上げる仕組みを社内外に構築し，新たな知識の創出を行っている。本項では，後者の視点からCTPのタレントマネジメントについて考察する。

(1)　ファシリテーション型コンサルティングとパートナーシップを通じたビジネス展開

CTPは，クライアントの成功に合わせて，上流からのシステム構築，それと同時並行で行う業務改革，組織改革を一貫して実施するコンサルティング・サービスの提供に重点を置いている（西井, 2013）。高水準のITコンサルティング・サービスを提供する上でのCTPの競争優位性は次の3点からもたらされているといえる。第1に，スピード導入手法である「ケンブリッジRAD」を競合他社よりも早く開発，構築したことにある。RADとは，タイトスケジュールをベースとするプロジェクトに適用されるソフトウェア開発メソドロジーである（Martin, 1991）。競合他社もRADを活用していたが，高いプロジェクト成功率[7]を上げることに苦戦していた。CTPは，M&Aや自社開発を通じてRADの適用範囲を拡張させる独自の進化を遂げることで，高いプロジェクト成功率を誇っている。第2は，納期・価格保証（Fixed Time/Fixed Price）サービスをクライアントに提供していることにある。一般的に，同業他社の多くが典型的な課金システムである時間単位あたりの報酬形態をとるため，プロジェクトにかかわる時間が経過するほどコンサルティングファームが儲かる仕組みとなっている。しかし，CTPは設立当初から納期・価格保証を採用し，クライアントに成果保証を行ってきた。先述したが，CTPのプロジェクト成功率は突出して高い。例えば，CTPがグローバルコンサルティングファームとして活躍していた1998年から2000年のプロジェクト成功率は，米国のITプロジェクトの成功率が26％[8]であるのに対して約90％だった。CTP日本法人のプロジェクト成功率は95.6％を誇っている（2008年6月末日時点，日本国内529プロジェクトでの実績値）[9]。第3は，ファシリテーション型コンサルティングである。CTPのコンサルティング・サービスは，様々なステークホルダーが全員参加し，合意形成をベースに課題解決を進めていく。討議や意思決定のプロセスはガラス張りにし，顧客とCTPが「One Team」になって成果創出を図る。CTPではこのアプローチを「ファシリテーション型コンサルティング」と呼んでいる（西井, 2013, 259）。

ファシリテーションは元々アメリカの心理学者グループで考案された体験学習の「手法」であると言われている。多様な人種，価値観を持つ人たちを束ね1つの目的に向かって活動するための技術をファシリテーションと呼ぶ（CTPウェブサイト）。CTPは設立当初からファシリテーション技術を用いて，ITコンサルティング・サービスを提供してきた。しかし，日本法人が設立された当時，日本ではファシリテーション技術の認知度は低かった。日本法人のスタートアップメンバーは，米国本社で，企業文化や納期・価格保証のビジネスモデルと併せてファシリテーション型コンサルティングの研修を受けた。また，本社で1年間働いて実践を積み，それらのノウハウを日本へ持ち帰った。一般的に，ファシリテーションは，会議進行の後方支援に焦点を当てた行為を指し，狭い意味合いでとらえられている（西井, 2013）。しかし，日本法人では，ファシリテーションを幅広くとらえ，「あるグループを何らかの結論や問題解決へ導くための一連のプロセス」（西井, 2013, 259），「人々の能力を最大限に引き出す技術」（CTPウェブサイト）と定義し，会議だけではなくプロジェクトの進行や企業・事業の変革までをその対象としている。ちなみに，CTPは，ファシリテーション型コンサルティングを用いて，2016年に高知県の宿毛市環境協会の地域創生プロジェクトの支援を行った。このことからも，ファシリテーション型コンサルティングが幅広く活用できることがわかる。日本法人が設立されてから，今日に至るまで，日本で多くのプロジェクト経験を積み重ねる中で，CTPは，ファシリテーションを1つの「コンサルティング・サービス領域（コンサルティング方法論）」にまで高めた。

CTPのファシリテーション型コンサルティングは，ケンブリッジのコンサルタントや企業変革を共に行うクライアント，ベンダーによるケンブリッジカルチャーの共有によって支えられている。ケンブリッジカルチャーは，ケンブリッジのコンサルタントがクライアントと共に成功するための具体的な振る舞い，求められる資質を示す6コアバリュー（価値観），ケンブリッジコンサルタントに求められる行動原則（FROGBB）[10]，プロジェクトチームのグラウンドルール，行動規範（ケンブリッジ・マジック）から構成されている。

もともと，CTPは，パッケージを持っている企業と，そのパッケージの導入を望むクライアントとの間に入り，ファシリテーション型コンサルティングを用いて，クライアントと共に企業変革に取り組んできた。このように，タレントを介してクライアントと共に汗をかきながら提供されるファシリテーション型コンサルティングは，テクノロジーに代替することが難しいコンサルティング・サービス，すなわちクリエイティブな活動であるといえる。CTPは，ITを強みとするコンサルティングファームであり，将来クライアントに提供するサービスにデジタル技術が組み込まれるようになってくるのは避けられないと認識している。CTPは，当初独自でAI技術を組み込んだサービスの提供を行うことを考えていたが，ディープラーニングを行うだけのデータを揃えることや，実証実験の段階からなかなか出ることが難しい現状にあること，特にAI技術といった場合に，自然言語処理，ディープラーニング等様々な領域・技術があり，AI技術をどう使うのかをファシリテートすることが非常に重要であるということに気が付いた。そこで，AI技術を自社で開発して持つのではなく，様々なAI技術に強みを持ち同時に価値観の合うスタートアップ企業等を提携し，新たなサービスの提供を行うことに向けて動いている。例えば，中国の提携先とは，CTPのファシリテーション型コンサルティングの方法を用いて，会議の効率化を図るためのアプリケーションの開発を進めている。海外展開についても，価値観の合うパートナーを探して，それら企業との提携を通じて，新しい商品・サービスの開発や，現地の日本企業にコンサルティング・サービスを提供しようと試みている。

CTPは，価値観が合い，ミッション・ビジョンに共通性が見いだせるパートナーを「ビジネスエコシステム・パートナー」と捉えており，彼らとビジネスを始める3か月から4か月前に，お互いをじっくり知る時間を作っている。

例えば，提携先のビジネスプロセスリエンジニアリングの案件を無償で行ったり，提携先での協働に向け，提携先の人材に日本に来てもらい，彼らにファシリテーション型コンサルティングの社内トレーニングを受けてもらう等を実践している。CTP と提携先が Win-Win の関係を構築し，ビジネス展開を図ることがCTP が掲げるビジネスエコシステムの構築の成功のカギを握っていると考えている。それは，CTP が，今日のように変動性（Volatility），不確実性（Uncertainty），複雑性（Complexity），曖昧性（Ambiguity），すなわち VUCA 環境下での「変革」を支援するためには，自社だけでビジネスを展開することは難しく，各領域（AI・デジタル，新規事業創造・イノベーション，マーケティング・営業改革，システム開発）のプロフェッショナル・カンパニーと連携し，多種多様なサービスを提供していくビジネスエコシステムの構築が重要であると考えているからである。CTP は，デジタル技術が代替することの難しいファシリテーション型コンサルティングの提供に特化し，新たな技術やサービスの提供は，それら技術に強みを持ち，同時に価値観の合う企業との連携・提携を通じて行っていく方向にある。

(2)　社内及び他社との連携による知識創造活動とタレントマネジメント

CTP は，新たなアイデアやサービスの創出を目指した取り組みとして，社内及び社外との連携を通じた知識創造活動を行っている。知識創造活動は，タレントマネジメント，特に教育訓練，インセンティブにうまく組み込まれている。

社内での知識創造活動の場として，オフサイトミーティング，プラスワン活動を取り上げることができる。Novell に買収された後，日本法人からは多くの優秀なコンサルタントが去り，2006 年に CTP が日本ユニシス傘下に入る時点では 32 名のメンバーしか残っていなかった。その時に残っていたメンバーは，CTP を再生すべくオフサイトミーティングを開き，CTP の競争優位の源泉とは何かについて話し合った。われわれが自らの手で会社を作る，という場として行われたオフサイトミーティングは，伝統となり今なお毎年開催されている。オフサイトミーティングは，毎年立候補した幹事メンバーが中心となってその年のテーマを決め，全社員が合宿をし会社の将来について真剣に議論する場となっている。2016 年のオフサイトミーティングは，CTP が誇れる No.1

商品を作るというテーマで開催され，プロジェクトリーダー育成に関する書籍が後に出版され，会議でのホワイトボードの板書等の機密情報を含む内容を撮影した写真データを個人のスマートフォンに保存することなく，指定したメールアドレスに自動的に送付するスマートフォンアプリケーション「セキュア・ショット」の開発にも繋がった(11)。

プラスワン活動とは，会社をより良くするために個々人が宣言して取り組む活動のことである。2017年から，プラスワン活動の一環として，ワークアウト活動が始まった。ワークアウト活動とは，CTPをより良くするためにコンサルタントが提案するアイデアに対して，経営陣がgoもしくはno goで判断する。この活動は社員全員に公開され，社員も，提案に賛成か反対かを投票できるようになっている。最終的に経営陣がgoと判断すれば，その場で予算が提案者に対して与えられる。この活動はコンサルタントに新しいアイデアを創出することを動機づける上で重要な役割を果たしている。また，プラスワン活動の他の事例として，CTPに転職してきたある技術者は，社内のどこに必要な知識があるのか，誰がその知識を持っているのかを検索するナレッジ・ポータルを開発した。ナレッジ・ポータルは，ファイルサーバー，イントラネット，Eメール，社内のSNSチャットを全て繋げて，検索したいキーワードにヒットするコンテンツを検索するツールであり，知識創造を促進する手段として重宝されている。オフサイトミーティングやプラスワン活動は，教育訓練として行われているが，プラスワン活動は業績評価の項目に入っており，新たなアイデアを提供した従業員には，インセンティブとしてボーナスが支給される。

次に，他社との連携を通じて知識創造を行う活動の場として，CTPのクライアントとのワークショップ（CPFA：Cambridge project facilitation association）やネットワーキング活動がある。CPFAは，CTPのコンサルタントと新旧クライアントによって年2回開催されるワークショップである。これは，CTPと共に企業変革に臨んだ元クライアントから，ファシリテーションに関するトレーニングを提供してほしいという要請をもらったことがきっかけで始まった。ワークショップでは，CTPのコンサルタントが教育訓練プログラムを提供し，ファシリテーション型コンサルティングのノウハウを元クライアントに共有する。元クライアントはCTPのコンサルタントに自社のビジネスケースやその後の経験を紹介する。このワークショップはCTPのコンサルタントにとって新たな知識を獲得する場になっているだけではなく，元クライアントにとっても，CTPのコンサルタントが持つファシリテーション型コンサルティングのノウハウやCTPの社内トレーニングを体得する機会となっている。

次に他社とのネットワーキング活動を通じた知識創造の場について紹介したい。CTPは，2016年度からGreat Place To Work® Institute（GPTW）が主催する「働きがいのある会社」ランキングにてベストカンパニーとして選出され表彰されてきた(12)。この活動を通じて知り合った複数企業と勉強会を開催し，CTPはファシリテーション型コンサルティングのノウハウを提供し，勉強会に参加している企業は，彼らのビジネスの状況や課題等をCTPと共有する。このネットワーキング活動は，CTPにとって新たな知識を獲得する機会であり，かつそれら企業との長期的な関係性を構築する重要な場となっている。他社との連携を通じた知識創造活動は，CTPのコンサルタントにとって，様々な人々と共同作業をするための教育訓練の場となっている。

以上，CTPのケースを通じて，デジタル技術に代替することが難しいファシリテーション型コンサルティング・サービスと，それらサービスを提供する能力を磨くための社内外での知識創造活動について概観してきた。CTPは，提携を通じたビジネス展開を図っているが，これは，彼らの競争優位の源泉であるケンブリッジカルチャーに基づくファシリテーション型コンサルティングをさらに磨き，その強みが大きくなるほど，それら方法論を持たないビジネスエコシステム・パートナーとの協働を行うことが難しくなるということを意味する。そのため，CTPは，提携先を知るための時間を取ること，その企業との協働に向けた取り組み（提供先にてサービスを提供する，提携先の人材に対して社内トレーニングを提供する等を行うことに十分な時間を使っている。）を行っている。また，自社内の人材を優秀なコンサルタントに育成するだけではなく，他社との連携を通じてファシリテーション型コンサルティングのノウハウを提供し，他社から新たな知識を獲得する機会を得ている。これはCTPにとって，他社と共同作業を行うことのできる人材へとコンサルタントを育成する教育の機会にもなっている。

4. おわりに

本章では，コンサルティングファームに焦点を当て，テクノロジーの進展がタレントマネジメントにどのような影響を与えているのかについて考察してきた。PwC Japanの事例を通じて，テクノロジーの進展が特定の部門にサービスのプロダクト化を迫っている現状にあること，それと併せて，クライアント側がオープンイノベーションを進めている現状とミレニアル世代の台頭によりコンサルティングのあり方が変化したこと，提供するコンサルティング・サービスの変化に伴い，デザインシンキングやSDGs，すなわち社会課題の解決という観点からタレントマネジメントが実践されていることについて概観した。PwC Japanの事例は，新たな視点からタレントマネジメントが実践されるようになっている現状を示している。興味深い点は，BXTコンサルティングを行う上で，デザインシンキングや社会課題解決の観点からタレントはトレーニングを受けているが，それらを実践するほど，ビジネス活動にどのように繋げていくのかを考える上でロジカルシンキングの実践が重要となるということである。

他方，CTPの事例は，技術が代替することの難しいファシリテーション型コンサルティングの提供に特化し，新たな技術やサービスの提供は，ビジネスエコシステムの観点から，価値観の合う企業との連携・提携を通じて行っていく方向にあることを述べた。CTPでは，社内及び他社との連携を通じて，ファシリテーション型コンサルティングのノウハウをパートナーと共有するだけではなく，自社のコンサルタントが新たな知識を獲得することができる機会，すなわち，知識創造活動の場を積極的・意図的に設け，彼らを技術に代替することが難しいクリエイティブな能力の創出活動に従事させていることである。

これらの事例研究を通じて，未来の多国籍企業に以下のインプリケーションを提示することができる。第1は，クリエイティブな能力への投資である。業務におけるAI技術の進展はますます進展し，その流れを止めることはできないだろう。だからこそ，個人は，AI技術を駆使し，AI技術に代替することが難しいクリエイティブな能力，例えば，共感力や対話力，アイデア創出等の能力をさらに磨く努力をしていく必要があるだろう。企業としては，高度な能力をタレントに身に着けてもらう仕組みや場を積極的に設けていく必要があるだろう。第2に，第1と関連するが，社会的な価値の創出が重要になってくるということである。2015年に国連本部でSDGsが採択され，企業は積極的に社会課題の解決をビジネスとして行わねばならなくなってきた。企業は，ミレニアル世代やポストミレニアル世代を引き付け，動機づけ，引き留める上で，社会課題の解決に向け，彼らの内発的動機を高めるトレーニングやプログラムを提供していく必要があるだろう。併せて，企業は30代後半以降の人材を対象に，社会課題の解決の重要性を理解し，実践してもらうためのトレーニングを提供する必要がある。これからの人材は，クリエイティブな能力に磨きをかける努力を重ね続けていくことが，今後ますます求められるようになる。

〔笠原民子〕

注

⑴　PwC Japanグループのケースは，2019年7月11日に実施したPwCコンサルティング合同会社 常務執行役・パートナー 野口功一氏，PwC Japan合同会社デベロップメントリーダー人事部沖　依子氏へのインタビュー調査に基づいて執筆している。なお，PwCグローバルネットワークの取り組みについて述べる場合は，PwC，PwC Japanグループの取り組みについて述べる場合には，PwC Japanと文中にて表記する。

⑵　例えば，金融業界のクライアントを考えた場合，世界経済に与える影響の大きさから様々な規制を受けており，PwC Japanは，その規制対応のための各種報告や内部統制の構築・運用を行ってきたが，今日の金融業界は新しいデジタルプレイヤーの参入を受け，これまでのビジネスモデルの見直しが迫られるようになってきているという（Forbes Japanウェブサイト：https://forbesjapan.com/articles/detail/19370）。

⑶　デジタルトランスフォーメーション（通称DX）とは，テクノロジーを活用してビジネスモデル全体を改善し，変化するビジネス環境に適応させることで，最終消費者にとってより優れた価値を提供できる状態にすることを意味する（PwC Japanウェブサイトhttps://www.giants.jp/G/gnews/news_3913931.html）。

⑷　CTPのケースは，2019年1月17日及び7月18日に実施した代表取締役社長鈴木努氏へのインタビュー調査及びKasahara（2019）に基づいて執筆している。

⑸　北米地域では，CALSOFT SYTEMS，中国では，方正璞華信息技術有限公司と提携を結びサービスの提供を行っている（CTPウェブサイト：https://www.ctp.co.jp/company/information/#anchor）。

(6) Marketoは，2006年に米国で創業したマーケティング専業ベンダーであり，世界39か国6,000社以上の企業に導入されているマーケティングオートメーションツールを提供している（Marketoウェブサイト：https://jp.marketo.com/）。2018年10月にアドビに買収された（アドビプレスリリース：https://news.adobe.com/press-release/corporate/adobe-completes-acquisition-marketo）。

(7) プロジェクト成功率とは，最初に取り決めされたあらゆる機能（features and functions）を，期日内，予算内でプロジェクトが完了することを意味する（CHAOS: A Recipe for Success-Software and Systems Engineering: http://www4.informatik.tu-muenchen.de/lehre/vorlesungen/vse/WS2004/1999_Standish_Chaos.pdf）。

(8) CHAOS: A Recipe for Success-Software and Systems Engineering（http://www4.informatik.tu-,uenchen.de/lehre/vorlesungen/vse/WS2004/1999_Standish_Chaos.pdf）.

(9) CTP website（https://www.ctp.co.jp/press/pr_20080707_01/）.

(10) FROGBBとは，「Fast（スピード導入サービスの提供）」，「Right（顧客にとって正しいことの追及）」，「Open（オープンに）」，「Guaranteed（成果保証）」，「Business Case（投資対効果や企業価値向上の追及）」，「Behavioral Focus（誠実に）」の頭文字を取ったものである（CTPウェブサイト：https://www.ctp.co.jp/company/）。

(11) CTPウェブサイト（https://www.ctp.co.jp/press/pr_20161013_01/）

(12) 2016年度は小規模部門（従業員25-99人）にて2位，2017年度は中規模部門（従業員100-999人）にて2位，2018年度は中規模門にて3位，2019年度は中規模部門にて10位に選出され，ベストカンパニーを受賞している（Great Place to Work® Institute Japan website（https://hatarakigai.info/ranking/japan/）. Present-CTP has been nominated for the best company award thrice times in the past.）。

参考文献

新井紀子（2017）『AI　VS. 教科書が読めない子どもたち』東洋経済新報社。

安宅和人（2019）『イシューからはじめよ：知的生産の「シンプルな本質」』英治出版。

西井進剛（2013）『知識集約型企業のグローバル戦略とビジネスモデル：経営コンサルティングファームの生成・発展・進化』同友館。

西井進剛（2019）「第12章　プロフェッショナル・サービスと国際ビジネス」安室憲一監修『安室憲一の国際ビジネス入門』白桃書房。

野村直之（2016）『人工知能が変える仕事の未来』日本経済新聞出版社。

Abrahamson, E.（1996）, "Management fashion," *Academy of Management Review*, 21（1）, pp.254-285.

Alvesson, M.（2004）, *Knowledge work and knowledge-intensive firms*, New York: Oxford University Press.

Bostrom, N.（2016）, Superintelligence: Paths, Dangers, Strategies, Oxford University Press.（倉骨彰訳『スーパーインテリジェンス：超絶AIと人類の命運』日本経済新聞出版社。）

Kasahara, T.（2019）, "Knowledge transfer and creation systems: perspectives on corporate socialization mechanisms and human resource management," in J. Cantwell & T. Hayashi（eds.）*Paradigm Shift in Technologies and Innovation Systems*, Springer Nature, Singapore Pte Ltd., pp.265-293.

Frey, C. B. and Osborne, M. A.（2013）, "The future of employment: how susceptible are jobs to computerization?," *Oxford Martin School*, working paper.

Lødendahl, B. R.（2005）, *Strategic management of professional service firms*（third edition）, Copenhagen, DK: Copenhagen Business School Press.

Maister, D. H. (2003), *Managing the professional service firm*, New York: Free Press.
Martin, J. (1991), *Rapid application development*, New York: Mcmillan Publishing.
Stahl, G. K., Björkman, I., Farndale, E., Morris, S., Paauwe, J., Stiles, P. & Wright, P. M. (2012), "Six principles of effective global talent management," *Sloan Management Review*, Vol.53 (2), pp.25-32.
Sawhney, M. (2016), "Putting products into services," *Harvard Business Review*, September 2016, pp.82-89.（倉田幸信訳「サービス企業の成長の限界を突破するプロフェッショナルサービスを『機械化』する３つのステップ」，ダイヤモンドハーバードビジネスレビュー，January 2017, pp.12-22）。

参照 URL

CTP ウェブサイト（https://www.ctp.co.jp/）（2019 年 7 月 20 日アクセス）
Deroitte ウェブサイト（https://www2.deloitte.com/jp/ja/pages/about-deloitte/articles/dtc/sdgs-outline.html）（2019 年 7 月 20 日アクセス）
Great Place to Work® Institute Japan ウェブサイト（https://hatarakigai.info/ranking/japan/）
PwC Japan ウェブサイト（https://www.pwc.com/jp/ja.html）（2019 年 7 月 20 日アクセス）
PwC's View　第 12 号　特集　「ERM（全社的リスクマネジメント）」Vol.12, January 2018（https://www.pwc.com/jp/ja/knowledge/pwcs-view/2017012.html）（2019 年 7 月 20 日アクセス）
東洋経済（2015）「米国さとり世代『ミレニアルズ』の破壊力」（https://toyokeizai.net/articles/-/87338?page=4）（2019 年 7 月 20 日アクセス）
中沢　潔「ニューヨークだより」20018 年 10 月号（https://www.ipa.go.jp/files/000069835.pdf）（2019 年 7 月 20 日アクセス）
読売巨人軍ウェブサイト（https://www.giants.jp/G/gnews/news_3913931.html）（2019 年 7 月 20 日アクセス）

あとがき

多国籍企業学会の前身である多国籍企業研究会は，1972年12月に，入江猪太郎先生（当時，近畿大学教授・神戸大学名誉教授），板垣与一先生（当時，貿易研修センター理事・一橋大学名誉教授），山城章先生（当時，山城経営研究所所長・一橋大学名誉教授），山本登先生（当時，慶応大学教授）を代表理事とする学者・専門家42名によりスタートしました。

この会が，多国籍企業研究，とりわけ日本の多国籍企業研究に極めて重要な貢献をしたことは，今日では伝説のようになっています。実際，この会は，小島清先生，小林規威先生，池本清先生，竹田志郎先生，江夏健一先生，吉原英樹先生，安室憲一先生のようなレジェンドを輩出しています。

この会には，大きな特徴がありました。メンバーシップをクローズドにしていたことです。選ばれた者しか入会を認められませんでした。そして，この選ばれたメンバーが，富士教育研修所や，不死王閣に集い，寝食を共にし，大家も若手も分け隔て無く，夜通し自由闊達な議論を行いました。こうした会の運営スタイルは，若手の育成に繋がり，優れた研究を世に送り出すことに繋がりました。

ただ，時代はいつまでもこのような運営を許してくれませんでした。時を経るにつれ，ファウンダーを直接知る人も少なくなりました。一方，社会の変化が速くなり，研究分野がいやまして多様化・細分化していくとともに，研究の重点もめまぐるしく変わっていきました。

メンバーシップをオープンにしよう。そして，学会にしよう。こういう声が研究会内のそこかしこから上がってきました。こうして，研究会のなかでいくつかの改革を行った後，2007年8月に学会として改めてスタートを切ることになりました。

もちろん，多国籍企業学会は多国籍企業研究会から多くのものを継承しています。一つは，多国籍企業という事象に対して経営学と経済学の両面から接近することです。そして，もう一つは，その時その時において最も重要なテーマを扱うことです。

学会を発足するに先立ち，私たちは，BRICs と BOP に腰を据えて取り組むことにしました。多国籍企業研究会最後の第 41 回東西合同研究会の統一論題「BRICs と多国籍企業」，多国籍企業学会の第 1 回全国大会の統一論題「BRICs の台頭と多国籍企業の戦略転換―新興市場の動向への対応」，第 3 回全国大会の統一論題「多国籍企業の理論と戦略のニューフロンティア」，第 4 回全国大会の統一論題「新興国企業と多国籍企業―BOP ビジネスの新展開」は，この流れに沿うものです。こうした一連の研究の成果は，多国籍企業研究会創立 40 周年記念出版『多国籍企業と新興国市場』に結実しました。

経済危機を追った大会もあります。第 2 回全国大会の統一論題「試練を迎えた世界経済と多国籍企業」は，サブプライム危機（およびリーマンショック）後の経済と企業戦略のあり方を扱ったものです。また，第 5 回全国大会の統一論題「揺れる世界経済と多国籍企業の新たな課題」は，欧州債務危機とグローバルビジネスのあり方を扱ったものです。

主催校の土地柄を活かした大会もあります。第 6 回全国大会の統一論題「日本中小企業のアジア進出」は，主催校の阪南大学が地域の中小企業と連携してアジア進出という課題解決に取り組んできた蓄積が背景にあります。

業種にフォーカスを置いた大会もあります。第 7 回全国大会の統一論題「サービス業における多国籍企業化の特性について」は，コンサルティング，ICT，不動産投資信託など多様なサービス業の多国籍化について考察したものです。

研究アプローチを扱った大会もあります。第 8 回全国大会の統一論題「日本における多国籍企業研究スタイルの探求」は，理論，ケース（フィールド），集計値といった研究スタイルを，日本ならではの研究という視点から議論したものです。また，第 9 回全国大会の統一論題「多国籍企業研究のヒストリカルアプローチ」は，多国籍企業研究に対する経営史的接近と研究史を見たものです。

そして第 10 回全国大会の統一論題「未来社会における多国籍企業」でとり

あげたのは，ITARI（IT，AI，Robot，IoT）に導かれた未来でした。

その後，第11回全国大会の統一論題「多国籍企業が超える境界の再考」では，外部化，グローバルバリューチェーン，国境の問題を考え，第12回全国大会の統一論題「地政学リスクと多国籍企業―問われるグローバル戦略調整能力」では，こうしたグローバルバリューチェーンに忍び寄るリスクについて考えました。

本書は，多国籍企業学会発足10周年記念出版であり，第10回全国大会の統一論題での議論をベースにしています。

浅川報告では，未来社会におけるイノベーションでは「フリーイノベーションパラダイム（自己充足目的の個人・集団が関心を共有するコミュニティーに集いイノベーションを自発的に展開する）」の妥当性が濃くなるが，自己充足志向のフリーイノベーションをただ受け身で待っていればよいはずもなく，イノベーションエコシステムを誘導する存在として多国籍企業（メタナショナル）が重要な役割を果たし得ることが指摘されました。

伊田報告では，ITARIによって，安い人件費を求めただけの海外進出はなくなり，多国籍企業におけるコミュニケーションのあり方も，垂直的なものからグリッド的なものに変わることが指摘されました。

内田報告では，IoTが知財の業際化と国際化の同期化を促すが，様々な用途に対応する技術の開発は国境や業界を越えた企業で構成されるコンソーシアムの中で行われ，より多くのユーザーを取り込むため知財は無償化されること，そしてその上でコンソーシアムに参加する企業は利益を回収する方途を別途に模索することが指摘されました。

徳田報告では，欧州委員会と民間企業が官民連携を図りながらオープンイノベーションを推進し，CPS（サイバーフィジカルシステム）のエコシステムを構築しようとしているというEUでの動きについて，現状が紹介され，その意図が指摘されました。

野辺氏の講演では，自動運転（レベル4以上）によって，自動車会社は，モノづくりからモビリティーサービス事業への転換が求められるが，ニーズが明確な欧米や中国に比べ，ニーズが見えにくい日本ではその転換への動きが鈍いことが指摘されました。

以上の議論をとおして伝わってきたのは，このままいくと日本ならびに日本企業は未来社会に立ち後れてしまうのではないかという強い危機感でした。そして，未来社会では人はどうなるのだろうかという不安でした。

未来社会を肯定的に描いたのは，コトラー＝カルタジャヤ＝セティアワン（2010）のマーケティング3.0です。マーケティング3.0では，新しい財やサービスがコミュニティーに集う消費者たちによって共創されること，消費者は自己実現欲求に基づいて行動すること，消費者は人々が不安に思っている社会的問題の解決への一助になれたときに精神に感動を覚えること，が説かれています。まさに理想社会の到来です。

しかしながら，私たちが第12回全国大会で取り上げた地政学リスクで透けて見えたのは，社会の動きに対する人々の怒りでした。ITARIも，ほんの一握りの人のグリードに支配されるのでは，怒りの対象になってしまうでしょう。

未来を創り出すのは人間です。ITARIも企業も本来，その人間に奉仕すべきものです。ならば，人間は賢明であらねばなりません。賢明であるならば，人間は良い未来に向かって歩むことができます。そして，私たちの学会には，その良き方向に向けて人類を導くために何らかの提言を行う使命があります。本書がそうした提言を探る第一歩となることを願って，あとがきとさせていただきます。

田端昌平（近畿大学経営学部教授）

索　引

事項索引

数字・アルファベット

ア行

サ行

タ行

ナ行

ハ行

マ行

ヤ行

ラ行

人名索引

未来の多国籍企業
―市場の変化から戦略の革新、そして理論の進化―

2020年1月31日　第1版第1刷発行　　検印省略

監修者　浅川和宏・伊田昌弘
　　　　臼井哲也・内田康郎

著　者　多国籍企業学会

発行者　前野　隆

東京都新宿区早稲田鶴巻町533
発行所　株式会社　文眞堂
電　話　03（3202）8480
FAX　03（3203）2638
http://www.bunshin-do.co.jp
郵便番号（162-0041）振替00120-2-96437

印刷・モリモト印刷　製本・高地製本所
定価はカバー裏に表示してあります
©2020　ISBN978-4-8309-5060-5　C3034